Die Immobilien-Ertragsteuer

Teil I: Steuerrecht und Selbstberechnung

Teil II: Vertragsgestaltung und Haftung

Dr. Roman Thunshirn

Steuerberater und Wirtschaftsprüfer in Wien

Mag. Franz Podovsovnik

Rechtsanwalt in Wien

Mag. Alexandra Arsenijevic

Rechtsanwältin in Wien

Zitiervorschlag: *Thunshirn/Podovsovnik/Arsenijevic*, Die Immobilien-Ertragsteuer (2014), Rz.

Bibliografische Information der Deutschen Nationalbibliothek

Die Deutsche Nationalbibliothek verzeichnet diese Publikation in der Deutschen Nationalbibliografie; detaillierte bibliografische Daten sind im Internet über http://dnb.d-nb.de abrufbar.

ISBN 978-3-7073-2203-3

© LINDE VERLAG Ges.m.b.H., Wien 2014
1210 Wien, Scheydgasse 24, Tel.: 01/24 630
www.lindeverlag.at

Druck: Hans Jentzsch u Co. Ges.m.b.H.
1210 Wien, Scheydgasse 31

Vorwort

Das 1. Stabilitätsgesetz 2012 hat mit 1.4.2012 die theoretische und praktische Grundkonzeption der Ertragsbesteuerung von Immobilienveräußerungen neu ausgerichtet: Ab 1.4.2012 erfasst die Veräußerungs-Ertragsbesteuerung auch die Vermögenssubstanz von Grundstücken des Privatvermögens, also auch Familienwohnungen, Zweit- oder Ferienwohnsitze und brachliegende Grundstücke. Die bisherigen Befreiungen werden in eingeschränkter Form adaptiert bzw übernommen. Gleichzeitig wird die Ertragsbesteuerung einheitlich mit 25 % sowohl für den Bereich der Einkommensteuer als auch der Körperschaftsteuer festgelegt. Im Gegenzug besteht für die Einkommensteuer ein weitgehendes Werbungskostenabzugsverbot. Allerdings bestehen für den Altbestand in Form der Pauschalbesteuerung und des Inflationsabschlags bedeutende Erleichterungen.

Notare und Rechtsanwälte werden – wenn sie als Parteienvertreter auftreten – ab 1.1.2013 zur Einbehaltung und Abfuhr der „Immobilienertragsteuer" verpflichtet. Sie sind angehalten, die Einkommensteuer für Immobilientransaktionen zu berechnen, einzubehalten und an das Finanzamt abzuführen. Zur Sicherung dieser Pflichten werden umfangreiche Haftungsbestimmungen für Parteienvertreter eingeführt. Damit ergeben sich auch Änderungen und neue Herausforderungen für die Abwicklung von Grundstückskaufverträgen und des Treuhandbuches sowohl für „Zivilrechtler" als auch „Steuerrechtler".

Wir haben versucht sowohl die steuerlichen als auch die zivilrechtlichen Themen zu bearbeiten und so „verzahnt" darzustellen, wie es für die Praxis notwendig ist. Wesentliches Augenmerk wird auf die umfassende Diskussion der ImmoESt-Tatbestände, auf die Berechnung, Befreiungen und auf die Abfuhrpflicht gelegt. Ergänzend haben wir haftungs- und strafrechtliche Rahmenbedingungen aufgenommen und die zu beachtenden zivilrechtlichen Erfordernisse für Parteienvertreter im Zusammenhang mit der Vertragserstellung und der Treuhandfunktion behandelt.

Wie sich nach etwas mehr als einem Jahr gezeigt hat, ist eine Reihe von Themen der Immobilienertragsteuer noch immer sehr unklar und strittig. Auch nur die beispielsweise Aufzählung dieser unklaren Bereiche würde den Rahmen eines Vorworts sprengen. Wir haben versucht, die Literatur und Judikatur bis zum Zeitpunkt der Kontrolle der Druckfahnen zu berücksichtigen.

Wir danken an dieser Stelle allen jenen, die an der Entstehung dieses Buches mitgewirkt haben. Besonderen Dank möchten wir unseren (Ehe-)PartnerInnen, Kindern und Büropartnern aussprechen, die in der Zeit der Entstehung dieses Buches viel Geduld aufgebracht haben. Besonderer Dank gebührt auch Herrn Mag *Klaus Kornherr*, der uns unermüdlich Anregungen und Vorschläge unterbreitet hat und ohne den dieses Buch nicht entstanden wäre. Zuletzt bedanken wir uns bei Herrn MMag *Alexander Riha* für die umsichtige und aufmerksame Betreuung der Druckfahnen.

Wien, im Dezember 2013

Aleksandra Arsenijevic
Roman Thunshirn
Franz Podovsovnik

Disclaimer

Dieses Buch stellt eine wissenschaftliche Aufarbeitung ausgewählter steuerlicher Rahmenbedingungen von Immobilientransaktionen auf abstrakter Basis dar. Wir weisen ausdrücklich darauf hin, dass daraus keinerlei verlässlichen Rechtsfolgen abgeleitet werden können. Jede Immobilientransaktion bedarf einer konkreten eingehenden Prüfung und Aufarbeitung der jeweils aktuellen Rechtslage bzw Rechtsfolgen. Die Autoren übernehmen keinerlei Gewähr oder Haftung für die Richtigkeit und Vollständigkeit des Inhalts von Informationen, welche in diesem Buch enthalten sind. Sie übernehmen auch keinerlei Gewähr für irgendwelche Schlussfolgerungen von Lesern sowie für künftige Änderungen der Rechtslage, Judikatur oder Lehre.

Die Autoren haben entsprechend ihrer beruflichen Schwerpunkte die jeweiligen Kapitel bearbeitet. *Aleksandra Arsenijevic* und *Franz Podovsovnik* haben die juristischen bzw zivilrechtlichen Teile, *Roman Thunshirn* hat die steuerlichen Teile erstellt.

Inhaltsverzeichnis

Abkürzungsverzeichnis

A	Ansicht
aA	anderer Ansicht
aaO	am angeführten Ort
AbgÄG	Abgabenänderungsgesetz
ABGB	Allgemeines bürgerliches Gesetzbuch
abl	ablehnend
Abs	Absatz
Abschn	Abschnitt
abw	abweichend
aF	alte Fassung
AFS	Zeitschrift für Abgaben-, Finanz- und Steuerrecht
AG	Aktiengesellschaft
AktG	Aktiengesetz
Anm	Anmerkung
AnwBl	Österreichisches Anwaltsblatt
AÖF	Amtsblatt der österreichischen Finanzverwaltung
ARGE	Arbeitsgemeinschaft
Art	Artikel
ausl	ausländisch(er)
BAO	Bundesabgabenordnung
BauherrenVO	Bauherrenverordnung
BaurechtsG	Baurechtsgesetz
BBG	Budgetbegleitgesetz
Bd	Band
BewG	Bewertungsgesetz 1955
BFH	Bundesfinanzhof
BgA	Betrieb gewerblicher Art
BGBl	Bundesgesetzblatt

BGH	Bundesgerichtshof
BlgNR	Beilagen zu den stenographischen Protokollen des Nationalrats
BMF	Bundesministerium für Finanzen
Bmgl	Bemessungsgrundlage
Bsp	Beispiel
bspw	beispielsweise
BStBl	Bundessteuerblatt
B-VG	Bundesverfassungsgesetz
bzw	beziehungsweise
d	deutsche(r)
DBA	Doppelbesteuerungsabkommen
ders	derselben
dglA	der gleichen Ansicht
dh	das heißt
EB	Erläuternde Bemerkungen
ErbStG	Erbschafts- und Schenkungssteuergesetz 1955
Erk	Erkenntnis
ErlRV	Erläuternde Bemerkungen zur Regierungsvorlage
ESt	Einkommensteuer
EStG	Einkommensteuergesetz 1988
EStR	Einkommensteuer-Richtlinien
etc	et cetera
EU	Europäische Union
EuGH	Europäischer Gerichtshof
ev	Eventuell
EW	Einheitswert
EWG	Europäische Wirtschaftsgemeinschaft
EWIV	Europäische wirtschaftliche Interessenvereinigung
EWIVG	EWIV-Ausführungsgesetz
f	Folgende
FA	Finanzamt
ff	fortfolgende
FinStrG	Finanzstrafgesetz
FJ	Finanzjournal
FJGVR	Finanzjournal – Gebühren und Verkehrsteuerrundschau

FN	Fußnote
GB	Grundbuch
GebG	Gebührengesetz 1957
GebR	Gebührenrichtlinien
gem	Gemäß
GenG	Genossenschaftsgesetz
Ges	Gesellschaft
GeS	Zeitschrift für Gesellschafts- und Steuerrecht
GesbR	Gesellschaft bürgerlichen Rechts
GesRZ	Zeitschrift „Der Gesellschafter"
GesSt	Gesellschaftsteuer
GGG	Gerichtsgebührengesetz
GmbH	Gesellschaft mit beschränkter Haftung
GP	Gesetzgebungsperiode
GrESt	Grunderwerbsteuer
GrEStG	Grunderwerbsteuergesetz 1987
GuB	Grund und Boden
GZ	Geschäftszahl
hA	herrschende Ansicht
hL	herrschende Lehre
hRsp	herrschende Rechtsprechung
iaR	in aller Regel
idF	in der Fassung
idR	in der Regel
idS	in diesem Sinne
idZ	in diesem Zusammenhang
ieS	im engeren Sinn
IF	In Folge
iHv	in Höhe von
ImmoESt	Immobilienertragsteuer
ImmoInvFG	Immobilien-Investmentfondsgesetz
inl	inländisch(er)
insb	insbesondere
iSd	im Sinne der/des
iVm	in Verbindung mit

iwS	im weiteren Sinn
iZm	im Zusammenhang mit
JBl	Juristische Blätter
Jud	Judikatur
Kap	Kapitel
KapAnsRL	Kapitalansammlungsrichtlinie
KapGes	Kapitalgesellschaft
KEG	Kommandit-Erwerbsgesellschaft
KG	Kommanditgesellschaft
KSt	Körperschaftsteuer
KStG	Körperschaftsteuergesetz 1988
KStR	Körperschaftsteuerrichtlinien
KVG	Kapitalverkehrsteuergesetz
leg cit	legis citatae
lit	litera
Lit	Literatur
LRL	Liebhabereirichtlinien 2012
LStR	Lohnsteuerrichtlinien 2002
lt	laut
LuF	Land- und Forstwirtschaft
mA	meiner Ansicht nach
mE	meines Erachtens
Mio	Millionen
MU	Mitunternehmerschaft/Mitunternehmer
mwN	mit weiteren Nachweisen
Nov	Novelle
Nr	Nummer
Ö	Österreich
OEG	Offene Erwerbsgesellschaft
OG	Offene Gesellschaft
OGH	Oberster Gerichtshof
OHG	Offene Handelsgesellschaft
ÖStZ	Österreichische Steuer-Zeitung
ÖStZB	Die finanzrechtlichen Erkenntnisse des VwGH und des VfGH, Beilage zur Österreichischen Steuer-Zeitung

OT	Organträger
PersonenGes	Personengesellschaft
Pkt	Punkt
PSG	Privatstiftungsgesetz
RdW	Recht der Wirtschaft
RFH	Reichsfinanzhof
RL	Richtlinie
Rs	Rechtssache
Rsp	Rechtsprechung
RStBl	Reichssteuerblatt
RV	Regierungsvorlage
RWZ	Zeitschrift für Rechnungswesen
Rz	Randziffer
s	siehe
S	Seite
SBV	Sonderbetriebsvermögen
Slg	Sammlung
sog	so genannt(e)
st	ständige(r)
StabG	Stabilitätsgesetz 2012
stfr	steuerfrei
StGB	Strafgesetzbuch
StiftEG	Stiftungseingangssteuergesetz
StiftESt	Stiftungseingangssteuer
StNr	Steuernummer
Stpfl	Steuerpflichtiger
stpfl	steuerpflichtig
str	strittig
strl	steuerlich
SWI	Steuer und Wirtschaft International
SWK	Steuer- und Wirtschaftskartei
TP	Tarifpost
tw	teilweise
u	und
ua	unter anderem

uam	und andere mehr
uE	unseres Erachtens
UFS	Unabhängiger Finanzsenat
UGB	Unternehmensgesetzbuch
UmgrStG	Umgründungssteuergesetz
UmgrStR	Umgründungssteuerrichtlinien
UmwG	Umwandlungsgesetz
USt	Umsatzsteuer
UStG	Umsatzsteuergesetz 1994
UStR	Umsatzsteuerrichtlinien
uU	unter Umständen
va	vor allem
VfGH	Verfassungsgerichtshof
vgl	vergleiche
vH	von Hundert
VO	Verordnung
VuV	Vermietung und Verpachtung
VwGH	Verwaltungsgerichtshof
WBl	Wirtschaftsrechtliche Blätter
WEG	Wohnungseigentumsgesetz 2002
WG	Wirtschaftsgut
WGG	Wohnungsgemeinnützigkeitsgesetz 1979
WRG	Wasserrechtsgesetz
Z	Ziffer
zB	zum Beispiel
ZGV	Zeitschrift für Gebühren und Verkehrsteuern
zT	zum Teil
zust	zustimmend

Literaturverzeichnis

Achatz/Kirchmayr, Körperschaftsteuergesetz Kommentar (2011)

Aigner, Neuordnung der Rentenbesteuerung durch das Steuerreformgesetz 2000, NZ 1999, 362

Arnold/Arnold, Kommentar zum Grunderwerbsteuergesetz 1987, 1. Auflage (2013)

Arnold/Stangl/Tanzer, Privatstiftungs-Steuerrecht (2006)

Arnold/Torggler/Kalss ua (Hrsg), Die GmbH & Co KG – Gedenkschrift für Wolf-Dieter Arnold (2011)

Atzmüller, Einkommensteuerliche Änderungen durch das BBG 2011 – ein Überblick, RdW 2010, 804.

Baldauf, Abgeltungen für Wertminderungen des Grund und Bodens, SWK 10/2013, 536

Bammer/Fuhrmann/Ledl (Hrsg), Handbuch Immobilienbewirtschaftung, 2. Auflage (2013)

Barta, Zivilrecht – Grundriss und Einführung in das Rechtsdenken, http://www.uibk.ac.at/zivilrecht/buch

Beiser, § 295a BAO – Ereignisse mit Wirkung für die Vergangenheit (Teil I in ÖStZ 7/2005, Art-Nr 2005/263; Teil II in ÖStZ 8/2005, Art-Nr 2005/289)

Beiser, Das Baurecht im Lichte des 1. StabG 2012, SWK 29/2012, 1238

Beiser, Das Baurecht in der ImmoESt, RdW 2013, 418

Beiser, Die Bemessung der Immobilienertragsteuer im Fall einer Grundstücksveräußerung aus einem Unternehmen, SWK 25/2013, 1101

Beiser, Die Ertragsbesteuerung von Grundstücksveräußerungen bei Personengesellschaften, RdW 2012, 428

Beiser, Die Ertragsbesteuerung von Immobilien im Licht des Gleichheitssatzes, SWK 18/2012, 826

Beiser, Die Gewinnrealisierung im Steuerrecht und Handelsrecht, ÖStZ 2001, 335

Beiser, Die neue Grundstücksbesteuerung bei Erbteilungen bis zur Einantwortung, RdW 2012, 746

Beiser, Die neue Immobilienbesteuerung (Teil I), NZ 2013/77

Beiser, Die neue Immobilienbesteuerung bei Zwangsversteigerungen, Die Koordination von GrESt und ImmoESt mit der Exekutionsordnung (EO), RdW 2013, 48

Beiser, Die neue Immobilienbesteuerung idF AbgÄG 2012, SWK-Spezial 2012

Beiser, Die neue Immobilienbesteuerung im Insolvenzverfahren, Die Koordination von GrESt und ImmoESt mit der Insolvenzordnung (IO) RdW 2013, 47

Beiser, Einkünfte aus Vermietung und Verpachtung im Licht der Reinvermögenszugangstheorie – neue Antworten auf alte Fragen, RdW 2013, 157

Beiser, Einkünfte aus Vermietung und Verpachtung im Licht der Reinvermögenszugangstheorie – neue Antworten auf alte Fragen, Rdw 2013, 171

Beiser, Gebäude: Teilwertabschreibung oder außergewöhnliche Abnutzung?, ÖStZ 2010, 77

Beiser, Gemeinnützige Wohnbauträger in der Immobilienertragsteuer, Befreiung des unentbehrlichen Hilfsbetriebs, SWK 13/14/2013, 646

Beiser, Grund und Boden und die fiktiven Anschaffungskosten nach § 30 Abs 4 EStG. Eine Auslegung nach Wortlaut, Wille und Gleichheitssatz, SWK 12/2013, 603

Beiser, Grund und Boden: Fiktive Anschaffungskosten nach § 30 Abs. 4 EStG auch bei einer Gewinnermittlung nach § 5 EStG, SWK 7/2013, 383

Beiser, Grundstücksverlosungen – Kumulation von Gebühren und Grunderwerbsteuer?, SWK 13/14/2009, 475

Beiser, Steuern, Ein systematischer Grundriss, 11. Auflage (2013)

Beiser, Teilentgeltliche Grundstücksveräußerungen in der ESt ab 1.4.2012, RdW 2012, 426

Beiser, Und noch einmal: Gemeinnützige Wohnbauträger in der Immobilienertragsteuer. Befreiung nur des unentbehrlichen Hilfsbetriebs, SWK 26/2013, 1140

Bendlinger, Steueroasen und Offshore-Strukturen (2013)

Bergmann, Personengesellschaften im Ertragsteuerrecht (2009)

Bertl/Eberhartinger/Egger ua (Hrsg), Immobilien im Bilanz- und Steuerrecht (2007)

BMF, Einkommensteuerrichtlinien (EStR), Stand 24.7.2013

BMF/JKU Linz (Hrsg), Einkommensteuer Körperschaftsteuer Steuerpolitik – Gedenkschrift für Peter Quantschnigg, 1. Auflage (2010)

Bodis, Grundstückszuwendungen an Stiftungen – Versuch einer verfassungskonformen Besteuerung, RdW 2011, 693

Bodis/Hammerl, EStR-Wartungserlass 2013: Neue Grundstücksbesteuerung (I, II), RdW 2013, 411

Bodis/Mayr, Auswirkungen der neuen Grundstücksbesteuerung auf Körperschaften, RdW 2012, 245

Bodis/Pampel, Grundstückszuwendung an eine Stiftung unter Auflage, RdW 2010, 119

Bodis/Schlager, Immobilienertragsteuer – Erhebungssystem der neuen Grundstücksbesteuerung, RdW 2012, 182

Bollenberger/Kellner, ImmoESt: keine Sondermassekosten, ÖBA 2013, 1947

Boruttau, Grunderwerbsteuergesetz, 17. Auflage (2011)

Bovenkamp/Fuhrmann/Kühmayer ua (Hrsg), Immobilienbesteuerung Neu, 1. StabG 2012, 2. Auflage (2013)

Bruckner, Aktuelle Zweifelsfragen zur Schenkung von Liegenschaften, SWK 35/36/2000, 813

Bruckner, Begutachtungsentwurf StabG 2012: Die geplanten Änderungen bei der Besteuerung von Immobilien, ÖStZ 2012, 101

Bruckner, Die neue ImmoESt im 1. StabG 2012 (BGBl I 2012/22), ÖStZ 2012, 177

Czurda in *Arnold* (Hrsg), Kommentar zum Grunderwerbsteuergesetz 1987, 1. Auflage (2013)

Damböck/Galla/Nowotny, Verrechnungspreisrichtlinien (2012)

Dannecker/Kert, Verfolgungshandlungen als Ausschlussgrund für die Selbstanzeige nach § 29 Abs 3 lit a FinStrG, taxlex 2006, 656

Doralt, Einkommensteuergesetz Kommentar, fortgeführt von *Kirchmayr/Mayr/Zorn*, 16. Lieferung (Stand 1.1.2013)

Doralt, StabG 2012 und Steuerpolitik, RdW 2012, 537

Doralt/Ehrke-Rabel/Ruppe, Grundriss des Österreichischen Steuerrechts Band 2, 6. Auflage (2011)

Doralt/Mayr/Ruppe, Grundriss des Österreichischen Steuerrechts Band 1, 11. Auflage (2013)

Dorazil/Taucher, GrEStG, 4. Auflage (2004)

Ehrke/Pilz, Steuerbefreiungen bei Ausgliederungen, RFG 2003, 58

Eichinger, Bedeutung von Bedingungen in Veräußerungsgeschäften iSd § 30 EStG idF 1. StabG 2012, taxlex 2012, 397,

Ellinger/Iro/Kramer/Sutter/Urtz, BAO-ON- Kommentar zur BAO, Online-Ausgabe (2012)

Fellner, Finanzstrafgesetz I, 6. Auflage (2012)

Fellner, Gebühren und Verkehrsteuern, Band II, Grunderwerbsteuer, 11. Auflage (2012)

Fellner, Grundstückserwerb im „Bauherrenmodell“, ÖStZ 1996, 499

Fingernagel, Geht die Herstellerbefreiung bei unentgeltlichem Erwerb auf den Rechtsnachfolger über?, RdW 2012, 692

Fraberger/Papst, Die ausländische Privatstiftung als „starker Treuhänder“, taxlex 2010, 100

Fritz-Schmied, Die Durchbrechung des Maßgeblichkeitsprinzips iZm Veräußerungen von Kapitalanlagen und Grundstücken, SWK 28/2012, 1197

Fröhlich, Der Zuflusszeitpunkt bei Schuldübernahme; ÖStZ 1997, 241

Fuhrmann/Kunisch, Das Baurecht im Steuerrecht, ZLB 2010, 78

Fuhrmann/Kunisch, Immobilienbewertung im Steuerrecht, ZLB 2009/12

Fuhrmann/Lang, Die vermögensverwaltende Personengesellschaft – Abgrenzungsfragen und Gestaltungsüberlegungen im Zusammenhang mit einer betrieblichen Tätigkeit, in Kammer der Wirtschaftsreuhänder (Hrsg), Personengesellschaften, Gedenkschrift Karl Bruckner (2013), 213

Fuhrmann/Lang, Immobilienbesteuerung NEU, taxlex 2012, 173

Grill, Die Haftung des Parteienvertreters für die ImmoESt, 17/2013, 390

Gruber, Immobilienbesteuerung im Verlassenschaftsverfahren, ecolex 2012, 918

Gruber/Vondrak, Immobilienbesteuerung NEU – die Änderungen im EStG, ecolex 2012, 368,

Hammerl/Mayr, Die neue Grundstücksbesteuerung, RdW 2012/167

Hämmerle, Müssen Pfandgläubiger für die Immobilienertragsteuer aufkommen?, ZIK 2012, 176

Hänsel, Steuerreformgesetz 2000: Die Neuregelung der Rentenbesteuerung, FJ 2000, 34

Harrer, Die Personengesellschaft als Trägerin eines Unternehmens (2010)

Haunold/Kovar/Schuch/Wahrlich, Immobilienbesteuerung, 3. Auflage (2013)

Heffermann, Unternehmensnachfolge und Immobilien, Die Immobilien-Privatstiftung aus steuerlicher Sicht, ZUS 2012, 78.

Herzog, Die neue Immobilienbesteuerung ab 1.4.2012, SWK-Heft 11/2012, 563

Hilber, Private Grundstücksveräußerungen seit 1.4.2012, ecolex 2012, 372

Hofmann, Die neue Immobilienbesteuerung und Umgründungen, SWK 17/2012, 810

Hofstätter/Reichel/Fellner/Fuchs/Büsser/Zorn: Die Einkommensteuer, Band III, Kommentar (54. Lieferung, Stand 2013)

Holoubek/Lang (Hrsg), Allgemeine Grundsätze des Verwaltungs- und Abgabenverfahrens (2006)

Huber, Immobilienertragsteuer und betriebliche Gewinnermittlung, SWK 2/2013, 59

Huber/Pichler, Kein Hauptwohnsitz ab Anschaffung, taxlex-SRa 2012/123

Huber-Wurzinger, Die Besteuerung von Grundstücksveräußerungen im Ausland, SWK 9/2013, 475.

Hügel/Salzig, Mietkauf, 2. Auflage (2010)

Jakom/*Baldauf*, EStG, 2013

Jappel, Treuhandschaften: Zivilrecht – Allgemeines Steuerrecht – Kapitalverkehrsteuern (1998)

Jilz/Kaluza, Die Land- und Forstwirtschaft-Pauschalierungsverordnung 2015, SWK 19/2013, 863

Kammer der Wirtschaftstreuhänder (Hrsg), Personengesellschaften, Gedenkschrift Karl Bruckner (2013)

Kanduth-Krisen, OGH: Immobilienertragsteuer ist keine Sonderrmasseforderung. Anmerkungen zu OGH 8 Ob 141/12m, ZIK 2013/181

Kanduth-Kristen, Private Grundstücksveräußerungen nach dem 1. StabG 2012, wobl 2013, 223

Kanduth-Kristen, Steueroptimierung bei Unternehmensübertragung unter besonderer Berücksichtigung der Grundstücksbesteuerung nach dem 1. StabG 2012, ÖStZ 2013/434

Kanduth-Kristen, Veräußerung von Mitunternehmeranteilen unter besonderer Berücksichtigung der Grundstücksbesteuerung nach dem 1. StabG 2012, in

Kammer der Wirtschaftstreuhänder (Hrsg), Personengesellschaften, Gedenkschrift Karl Bruckner (2013), 203

Kanduth-Kristen, Zweifelsfragen zum Inflationsabschlag gem. § 30 Abs. 3 EStG, SWK 6/2013, 354

Kienapfel/Höpfel/Kert, Grundriss des Strafrechts, Allgemeiner Teil, 14. Auflage (2012)

Kirchmayr/Achatz, Gemischte Schenkungen iRd Grundstücksbesteuerung Neu, taxlex 2012, 169

Klausberger/Klausberger, Der Verlustvortrag im Nachlass – das vergessene Erbe. Eine Darstellung des aktuellen Rechtsstandes zur Übertragbarkeit des Verlustabzugsrechts nach § 18 Abs 6 EStG von Todes wegen, NZ 2011, 32

Knechtl, Neue Steuerbefreiung für Bodenwertminderung, taxlex 2013, 45

Kohler, Gewerblicher Grundstückshandel und Immobilienertragsteuer – Ausnahme von der Abfuhrverpflichtung, SWK 6/2013, 359

Kohler, ImmoESt: Selbstberechnung kann zum Chaos führen, SWK 31/32 /2012, 1375

Kohler/Wakounig/Berger, Steuerleitfaden zur Vermietung, 9. Auflage (2011)

Koller/Schuh/Woischitzschläger (Hrsg), Handbuch zur Praxis der steuerlichen Betriebsprüfung (Stand: 25. Lieferung, April 2013)

König/Schwarzinger (Hrsg), Körperschaften im Steuerrecht, Festschrift für Wiesner (2004)

Kopecky, Die Haftung im österreichischen Steuerrecht (1971)

Korntner, 1. StabG 2012 – Die steuerrechtl Maßnahmen, FJ 12, 117

Korntner, Die Verteilung von Einkünften auf mehrere Besteuerungsperioden, sonstige periodenübergreifende Regelungen und rückwirkende Ereignisse im österreichischen Ertragsteuerrecht (Teil I), FJ 2010, 309

Kovar, Einlagen von Grundstücken und Veräußerung von zuvor eingelegten Grundstücken, SWK 34/2012, 1473

Koziol/Bydlinsky/Bollenberger, Kurzkommentar zum ABGB, 3. Auflage (2010)

Koziol/Welser, Grundriss des bürgerliches Recht Band II, 13. Auflage (2007)

Krassnig, Inkonsistenzen bei der Gebäude-AfA im Lichte der neuen Immobilienbesteuerung, SWK 17/2013, 779

Kührer/Baumgartner, Immobilienertragsteuer und Selbstberechnung für Notare, SWK 30/2012, 1274

Kunisch, Behördlicher Eingriff im Abgabenrecht, ZLB 4/2013, 75

Labner, Fiktive Anschaffungskosten bei privater Grundstücksveräußerung, taxlex 2013, 182

Lang, Die beschränkte Körperschaftsteuerpflicht der zweiten Art kraft „umfassender Befreiung", ÖStZ 2012, 449

Lang/Loukota, EG-Grundfreiheiten und beschränkte Steuerpflicht (2006)

Lang/Schuch/Staringer (Hrsg), Die Ansässigkeit im Recht der Doppelbesteuerungsabkommen (2008)

Lang/Schuch/Staringer (Hrsg), Die Diskriminierungsverbote im Recht der Doppelbesteuerungsabkommen (2006)

Lang/Schuch/Staringer (Hrsg), Die österreichische DBA-Politik (2013)

Lang/Schuch/Staringer (Hrsg), Körperschaftsteuergesetz Kommentar (2013)

Langheinrich/Ryda, Die neue Besteuerung für Grundstücksveräußerungen, ein Ersteinstieg in das Rechtsinstitut der Immobilienertragsteuer, FJ 2012, 185

Lässig in *Höpfel/Ratz (Hrsg)*, Wiener Kommentar FinStrG, 2. Auflage (2012)

Leitner, Handbuch verdeckte Gewinnausschüttung (2010)

Leitner Thomas, Die Abgrenzung zwischen Schein- und Umgehungsgeschäft, SWK 2/2012, 75.

Leitner Thomas, Einkommensteuerrechtliche Konsequenzen der Rückabwicklung einer Grundstücksveräußerung, ÖStZ 2013, 275

Leitner/Brandl, Finanzstrafrechtlicher Rechtsprechungs- und Literaturüberblick mit Anmerkungen, taxlex 2011, 429

Leitner/Plückhahn, Finanzstrafrecht kompakt, 2. Auflage (2013)

Leitner/Toifl/Brandl, Österreichisches Finanzstrafrecht, 3. Auflage (2008)

Leitner/Urtz, Nochmals: Steuerfreie Veräußerung von sowie Pauschalierung für Grund und Boden auch beim § 5 EStG-Gewinnermittler, SWK 22/2013, 964

Ludwig/Widinski, Generationenwechsel, Festschrift für Bruckner (2008)

Macher, Besteuerung ausländischer Unternehmer, SWI 1996, 212

Marchgraber, Schuldzinsenabzug bei der Veräußerung fremdfinanzierter Immobilien, ÖStZ 2013, 383

Marschner, Die für Stiftungen relevanten Änderungen im Sparpaket (1.StabG 2012), ZfS 2012, 59

Marschner, Nachträgliche Ausgaben bei Einkünften aus Vermietung und Verpachtung, SWK 33/2012, 1407

Marschner, Schenkung von Liegenschaften noch im Oktober sinnvoll, SWK 30/2012, 1265

Marschner, Steuerliche Änderungen für Privatstiftungen zum Jahresende, ZfS 2012, 158

Marschner/Puchinger, Der Ministerialentwurf zum Budgetbegleitgesetz 2012, Eine erste Analyse, FJ 2011, 336

Mayr, Gewinnrealisierung (2001)

Mayr, Grund und Boden: Keine 86%-Pauschalregelung bei der Gewinnermittlung nach § 5 EStG!, SWK 22/2013, 962

Mayr, Grundstücksbesteuerung im betrieblichen Bereich, RdW 2013, 42

Mayr/Schlager, Mitunternehmerschaft: Erwerb eines privaten Grundstücks vom Gesellschafter, in Kammer der Wirtschaftstreuhänder (Hrsg), Personengesellschaften, Gedenkschrift Karl Bruckner (2013), 191

Meinke, Kommentar ErbStG, 16. Auflage (2012)

Moser, Die neue Immobilienbesteuerung ab 1. 4. 2012, bauaktuell 2012, 105

Moser, Die neue Immobilienbesteuerung ab 1.4.2012, ARaktuell 12, 18 und CFO-aktuell 12, 74

Moser, Rückwirkende Besteuerung im österr StRecht am Beispiel der Immobilienbesteuerung ab 1.4.12, Teil I und II, taxlex 2012, 220 und 253

Moser, Vermögensbesteuerung – Status quo – Eine Substance-over-Form-Betrachtung SWK 15/2013, 697

Moshammer/Tumpel, Der Ministerialentwurf zum Abgabenänderungsgesetz 2012, SWK 20/2012, 905

Mühlhauser, Ausmessung inflationsbedingter Scheingewinne bei Grundstücken im Allgemeinen und der Immobilienertragsteuer auf Betriebsvermögen im Besonderen, FJ 4/2012, 105

Novacek, VwGH zur Vererblichkeit des Verlustvortrages, FJ 2013, 252

Nunner-Krautgasser, Zur insolvenzrechtlichen Qualifikation von Steuern aus Anlass von 8 Ob 141/12m, Zak 2013/565

Obereder, Nochmals: Gemeinnützige Wohnbauträger in der Immobilienertragsteuer – Eine Replik, SWK 23–24/2013, 1019

Papst, Immobilienertragsteuer für Altgrundstücke: 15 % oder 3,5 %?, SWK-Heft 19/2012, 870

Perthold/Plott (Hrsg), SWK-Spezial Stabilitätsgesetz 2012 (2012)

Perthold/Vaishor, Private Grundstücksveräußerungen durch natürliche Personen, in *Perthold/Plott* (Hrsg), Stabilitätsgesetz 2012, SWK-Spezial 2012

Petritz/Reinhold, Ausgewählte ertragsteuerliche Problemstellungen im Bereich der Abgrenzung Vermögensverwaltung und Gewerbebetrieb unter besonderer Berücksichtigung der Abfärbetheorie, in Kammer der Wirtschaftstreuhänder (Hrsg), Personengesellschaften, Gedenkschrift Karl Bruckner (2013), 237

Petritz/Reinold, Immobilien und Privatstiftungen: ein umsatz- und ertragsteuerl Überblick aufgrund jüngster Rechtsprechung und Gesetzesänderungen, ZUS 12, 76

Pinetz, Die Gesamtnutzfläche bei Sonderausgaben zur Wohnraumschaffung, Entscheidungsbesprechung UFS Innsbruck 25. 4. 2013, RV/0658-I/10, ecolex 2013, 374

Pircher, Die Betriebsaufgabe und die Gebäudebegünstigung im Lichte des 1. StabG 2012, SWK 16/2012, 757

Pircher, Nochmals: Steuerfreie Veräußerung von und Pauschalierung für Grund und Boden auch beim § 5 EStG-Gewinnermittler, SWK 19/2013, 860

Prechtl/Aigner, SWK-Spezial Gemischt genutzte Gebäude (2005)

Prodinger, Einbeziehung eines Vorbehaltsfruchtgenusses in die Grunderwerbsteuerbemessungsgrundlage, SWK 11/2013, 594

Prodinger, Gewerbliche Vermietung im Lichte des Abgabenänderungsgesetzes 2012 – Eine Antwort des BMF in der BMF-Info zur neuen Grundstücksbesteuerung scheint im Lichte des AbgÄG 2012 neu zu beurteilen zu sein, SWK 9/2013, 469

Prodinger, Spekulationsfrist bei Veräußerung eines Anteils an einer grundstücksverwaltenden Personengesellschaft, SWK 12/2012, 613.

Prodinger, SWK-Spezial Immobilienvermietung zwischen Gesellschaft und Gesellschafter (2013)

Prodinger, Totalgewinnermittlung im Lichte des Abgabenänderungsgesetzes 2012, SWK 1/2013, 25

Prodinger, Veräußerungsüberschuss bei Liebhabereibetrachtung, SWK 14/2012, 705

Prodinger, Verkauf und Entnahme eines Grundstücks aus einer KG, SWK 23/24/2012, 1005

Puchinger, Die RV zum 1. StabG 2012, FJ 2012, 69

Puchinger/Marschner, Der Ministerialentwurf zum Budgetbegleitgesetz 2011–2014, Eine erste Analyse, FJ 2010, 343

Quantschnigg/Mayr, Gebäude, Grundstücke und Grund und Boden im EStG, RdW 2007, 118

Quantschnigg/Renner/Schellmann/Stöger (Hrsg), Die Körperschaftsteuer 1988, Loseblattausgabe (23. Lieferung, 2013)

Quantschnigg/Schuch, Einkommensteuer-Handbuch (1993)

Rattinger in *Melhardt/Tumpel* (Hrsg), UStG (2012)

Reckenzaun, Sondermasseforderung Immo-ESt, ZIK 2012/297

Reger/Hacker/Kneidinger, Finanzstrafgesetz, 3. Auflage (2003)

Reger/Nordmeyer/Hacker/Kuroki, Das Finanzstrafgesetz Band I, 4. Auflage (2013)

Ritz, Bundesabgabenordnung, 5. Auflage (2013)

Ritz, Feststellungsbescheide (§ 188 BAO), in Kammer der Wirtschaftstreuhänder (Hrsg), Personengesellschaften, Gedenkschrift Karl Bruckner (2013), 547

Rummel (Hrsg), ABGB Kommentar, 3. Auflage (2012)

Ruppe, Übertragung von Einkunftsquellen, in *Tipke*, DJStG 1979, 20 ff

Ruppe/Achatz, Umsatzsteuergesetz, 4. Auflage (2011)

Ryda/Langheinrich, Die Entfaltung einer gewerblichen Tätigkeit in steuerrechtlicher Sicht und deren Abgrenzung zu im Bereich der Vermögensverwaltung angesiedelten Gestion, Teil I, FJ 2/2011, 49; Teil II, FJ 3/2011, 87

Ryda/Langheinrich, Die neue Besteuerung für Grundstücksveräußerungen, FJ 2012, 185

Ryda/Langheinrich, Einkünfte im Sinne des § 32 EStG 1988 (Teil II), FJ 2009, 224.

Sauer, Die Einräumung eines Baurechts aus verkehrssteuerlicher Sicht, ecolex 1993, 554

Scheil, Verbandsverantwortlichkeit der Eigentümergemeinschaft, wobl 2006, 349

Schilcher, Grenzen der Mitwirkungspflichten im Lichte des Gemeinschaftsrechts (2008)

Schiller, Baurecht und Superädifikat, ZLB 2010/76

Schlager, Auswirkungen des Sparpakets auf die Unternehmensbesteuerung, RWZ 2012/21, 66

Schrottmeyer/Stocker, Zum Tatbegriff der Abgabenhinterziehung und Bezugspunkt des Vorsatzes, ecolex 2010, 1196

Schwandtner in *Urtz* (Hrsg), Die neue Immobiliensteuer nach dem 1. StabG 2012, ÖStZ Spezial (2012)

Schwarz, Grundstücksveräußerungen im betriebl Bereich nach dem 1.4.2012, VWT 12, 88

Steckenbauer, Die Definition des steuerpflichtigen Grundstücks iSd § 30 Abs 1 EStG, in *Urtz* (Hrsg), Die neue Immobiliensteuer nach dem 1. StabG 2012, ÖStZ Spezial (2012)

Stingl, 1. Stabilitätsgesetz – Neue Bestimmungen zur Immobilienveranlagung, immolex 12/2012, 102

Stingl, Baurechtseinräumung statt Besteuerung des Spekulationsgewinns, immolex 2004, 273

Stingl, Praxishinweise zur neuen Immobilienbesteuerung, immolex 2013,10

Stingl/Nidetzky, Handbuch Immobilien & Steuern, 22. Aktualisierungslieferung (Stand: 2013)

Stoll, Auskunftspflichten und Geheimnisschutz im Abgabenrecht, in *Ruppe* (Hrsg), Geheimnisschutz im Wirtschaftsleben (1980)

Stoll, BAO-Kommentar (1994)

Stoll, Ertragsbesteuerung der Personengesellschaften (1977)

Stoll, Publikums-(Abschreibungs-)Gesellschaften (1985)

Straube (Hrsg), Wiener Kommentar zum Unternehmensgesetzbuch, 4. Auflage (2013)

Studera/Thunshirn, Handbuch Besteuerung von Grundstücks-Liegenschaftstransaktionen (2013)

Sulz/Oberkleiner in *Bovenkamp/Fuhrmann/Kühmayer/Reisch/Resch/Sulz* (Hrsg), Immobilienbesteuerung NEU, 2. Auflage (2013)

Takacs, Grunderwerbsteuergesetz, 5. Auflage (2009)

Tanzer/Unger, BAO, 3. Auflage (2010)

Taucher, Auseinandersetzungen im Zuge der Scheidung, Klarstellungen durch VwGH-Erk. vom 23.4.1998, 95/15/0191, SWK 23/1998, 490

Thunshirn, Immobilienertragsteuer: Aspekte der Anwendung auf Personengesellschaften, in Kammer der Wirtschaftstreuhänder (Hrsg), Personengesellschaften, Gedenkschrift Karl Bruckner (2013), 169

Thunshirn, Immobilienertragsteuer: Finanzstrafrechtliche Aspekte für Parteienvertreter, ecolex 2013, Heft 9/2013, 752

Thunshirn, Immobilienertragsteuer: Haftungstatbestände für Parteienvertreter, ecolex 2013, Heft 9/2013, 757

Thunshirn, Contra BMF: Doch uneingeschränkt 3,5 % Pauschalbesteuerung für bis 31.3.2012 selbst hergestellte Gebäude?, ecolex 1/2014, 74.

Thunshirn/Studera, Die Immobilienertragsteuer – neue Verpflichtungen für Parteienvertreter!, Teil I–III, ecolex 2012, Heft 8 (724), 9 (815), 10 (921)

Tschiderer/Mayr/Kanduth-Kristen in *Berger/Bürgler/Kanduth-Kristen/Wakounig* (Hrsg), UStG-ON (2013)

Tumpel, Fachlexikon Steuern, (2007)

Twaroch/Wittmann/Frühwald, Kommentar zum Bewertungsgesetz, (23. Lieferung, 2012)

Urban, Änderung der Rentenbesteuerung aufgrund der Steuerreform 2000, FJ 1999, 182

Urnik/Fritz-Schmied (Hrsg), Jahrbuch Bilanzsteuerrecht 2012 (2012)

Urnik/Ketter, Die systematische Erfassung von Grundstückstransaktionen gegen Rentenvereinbarungen: Status Quo und Optimierungsüberlegungen, in *Urnik/Fritz-Schmied* (Hrsg), Bilanzsteuerrecht – Jahrbuch 2013, 105

Urnik/Ketter, Zur Komplexität der Überleitung unternehmensrechtlicher Ergebnisse auf die steuerlich relevanten Werte bei Immobilientransaktionen – eine rechtsformdifferenzierende Betrachtung, in *Urnik/Fritz-Schmied* (Hrsg), Bilanzsteuerrecht – Jahrbuch 2013, 79

Urtz (Hrsg), Die neue Immobiliensteuer nach dem 1. StabG 2012, ÖStZ Spezial (2012)

Urtz, Befreiungen bei der neuen ImmoSteuer, ÖBA 2012, 682

Vaishor, Steuerpflicht der entgeltl Ablöse von Fruchtgenussrechten an Liegenschaften?, SWK 12/2012, 605

Wagner, Neuerungen im Immobiliensteuerrecht durch das AbgÄG 2012, ecolex 2013, 161

Wanke/Rainer, Verpachtung von Fischteichen ist umsatzsteuerfrei, UFSjournal 2013, 368

Weissel, Immobilienertragsteuer im Insolvenzverfahren – ein befriedigendes Regelwerk?, ZIK 2013/8, 11

Wiesner, Liegenschaftsveräußerung nach Einbringung gem Art III UmgrStG, RWZ 2012, 36

Wiesner/Grabner/Wanke, EStG Online – Sonderausgabe zum EStG 1988 (2011)

Wild, Baurechte nach dem 1. StabG 2012, taxlex 2012, 365

Wild, Fruchtgenussrechte nach dem 1. StabG 2012, RdW 2012, 490;

Wilhelmer, Selbstberechnung von Steuern/Gebühren: Haftung und Versicherung des Parteienvertreters, RdW 2013/263

Wimpissinger, Windkraftanlagen: sie rotieren nicht nur, sie sind auch beweglich, ÖStZ 2013, 287

Wolf, Das Erbe teilen, aber richtig – die steuerneutrale Erbteilung, SWK 30/2013, 1312

Wolf, Die Immobilienertragsteuer bei Einlagen und Umgründungen, SWK 9/2013, 494

Wurm, Erneute Erweiterung der beschränkten Steuerpflicht für inländische Körperschaften, SWK 10/2012, 533

Zorn, Besteuerung der Geschäftsführung (1992)

Zorn, VwGH zur Vererblichkeit des Verlustvortrag, RdW 2013, 354

Teil I
Immobilienertragsteuer – Steuerrecht

1. Zielsetzung der Immobilienertragsteuer

Das Ertragsteuerrecht regelt die Besteuerung natürlicher Personen im EStG, während die Besteuerung juristischer Personen im KStG KStgeregelt ist. Das KStG verweist vielfach auf das EStG, welches daher tw auch in der KSt anwendbar ist. Ist der Verkäufer eine natürliche Person oder eine Personengesellschaft mit natürlichen Personen als Gesellschafter, unterliegt der Gewinn aus dem Verkauf einer Liegenschaft der ESt, andernfalls der KSt. Durch das 1. StabG 2012 kommt es zu einer umfangreichen Novellierung der Besteuerung von privaten und betrieblichen Immobilienveräußerungen. Die Neuregelung betrifft das EStG, aber auch Privatstiftungen, Körperschaften des öffentlichen Rechts sowie gem § 5 KStG *„beschränkt steuerpflichtige"* Körperschaften der „3. Art" (zB gemeinnützige Rechtsträger). Für „normale" § 7-Abs-3-Körperschaften kommen nur einige Bestimmungen wie etwa der Inflationsabschlag (nur für GuB des Anlagevermögens), nicht jedoch die Mitteilungs- und Selbstberechnungspflicht (§ 30c EStG) zur Anwendung.

I/1

Konzeptionell knüpft § 30c EStG (dh die ImmoESt-Pflicht, welche die Parteienvertreter mitzuteilen und zu melden haben) an die GrESt-Pflicht. Dh § 30c EStG gilt nur bei Vorliegen eines grunderwerbsteuerlichen Tatbestandes.[1] Andernfalls kommt es zur Vorauszahlungspflicht des Verkäufers (§ 30b EStG) ohne Mitwirkung des Parteienvertreters. Der „besondere" Steuersatz von 25 % wird in Form der *„Immobilienertragsteuer"* (§ 30b EStG, „ImmoESt") erhoben. Der Begriff „ImmoESt" gilt nur für die vom Parteienvertreter gem § 30c EStG entrichtete Steuer. Einkünfte, die mit dem besonderen Steuersatz erfasst werden, sind bei der Berechnung der ESt nicht zu berücksichtigen. Die ESt für private Grundstücksveräußerungen gilt mit Entrichtung gem § 30c EStG als abgegolten. Dies gilt dann nicht, wenn die der Selbstberechnung zugrunde liegenden Angaben nicht den tatsächlichen Umständen entsprechen. IdF besteht Veranlagungspflicht; die ImmoESt gilt dann als Vorauszahlung (auch häufig *„ImmoESt-VZ"* genannt).[2] Ungeachtet dessen kommt auch hier der 25 %ige Steuersatz zur Anwendung.

I/2

---

1   *Bodis/Schlager*, RdW 2012, 173 f; EStR Rz 6701; *Studera/Thunshirn*, Handbuch Besteuerung Grundstückstransaktionen (2013), Rz 601.
2   *Studera/Thunshirn*, Handbuch Besteuerung Grundstückstransaktionen (2013), Rz 606; *Urtz* in *Urtz* (Hrsg), ImmoESt, 193.

Der Steuersatz gilt auch im *betrieblichen Bereich*, nicht jedoch bei betrieblichen Immobilienunternehmen (§ 30a Abs 3 EStG). Bei betrieblichen Einkünften entfaltet die ImmoESt keine Abgeltungswirkung; es ist hier immer eine Steuererklärung abzugeben.

I/3 § 30c gilt nicht nur für Verkäufe, sondern auch für alle anderen Formen, die zu einer *„Realisierung"* iSd Steuerrechts führen, etwa Tausch, Versteigerung, Verlosung, Liquidation, Sacheinlage bzw alle entgeltlichen Vorgänge. Im betrieblichen Bereich gelten auch Entnahmen und Zuschreibungen als Veräußerung. Daraus ergibt sich, dass bei einigen Tatbeständen (zB Entnahme) mangels Vorliegens eines GrESt-Tatbestandes keine Selbstberechnung erfolgt. Soferne der Vorgang nicht unter das GrEStG fällt, ist der Anwendung des § 30c EStG nämlich der Boden entzogen. Dazu zählen weiters auch der Verkauf ausländischer Grundstücke und die Veräußerung von Anteilen an Personengesellschaft.[3]

I/4 Die Bmgl für die ImmoESt ist nicht eigens definiert. Relevant ist der nach den allgemeinen (Gewinnermittlungs-)Vorschriften errechnete Veräußerungsgewinn unter Berücksichtigung der Regeln der §§ 30 ff EStG (ua: Inflationsabschlag, Abzug von Instandsetzungsaufwendungen, pauschale Gewinnermittlung).[4] Die Selbstberechnungspflicht besteht auch bei der *Pauschalbesteuerung*. Werden mehrere Grundstücke verkauft, ist eine Zusammenrechnung unzulässig. Für einen allfälligen Verlustausgleich dient die Veranlagungsoption.

I/5 § 30c EStG enthält zwei unterschiedliche sich ergänzende Mitteilungspflichten:[5]

- **Mitteilungspflicht 1:** Soferne der Parteienvertreter nur eine Abgabenerklärung gem § 10 GrEStG, nicht jedoch eine Selbstberechnung der GrESt (§ 11 GrEStG) vornimmt, ist er zur Meldung nach § 30c Abs 1 EStG verpflichtet.[6] Die Mitteilung hat die am Veräußerungsgeschäft beteiligten Parteien unter Angabe ihrer StNr und die Höhe der nach den Angaben des Steuerpflichtigen zu entrichtenden besonderen Vorauszahlung zu enthalten. Eine Verpflichtung zur Überprüfung der Angaben des StPfl hinsichtl der Höhe der besonderen Vorauszahlung besteht nach dem Gesetzeswortlaut nicht. Nach Ansicht des BMF sowie nach der Datenerfassungsmaske (Handbuch Immobilienertragsteuer, 30) ist auch die Einkunftsart anzugeben. Die Mitteilungspflicht besteht *unabhängig* davon, ob private oder betriebliche Einkünfte vorliegen und ob überhaupt ImmoESt anfällt. Sie knüpft immer an einen GrESt-Tatbestand

---

3   Ausführlich *Thunshirn*, Immobilienertragsteuer: Aspekte der Anwendung auf Personengesellschaften in Kammer der Wirtschaftstreuhänder (Hrsg), Personengesellschaften, Gedenkschrift Karl Bruckner (2013), 169; *Thunshirn/Studera*, ecolex 2012, 922; EStR Rz 6631 sowie Rz 6022a; *Kanduth-Kristen*, Private Grundstücksveräußerungen nach dem 1. StabG 2012, wobl 2013, 223.

4   *Thunshirn/Studera*, ecolex 2012, 922; *Urtz* in *Urtz* (Hrsg), aao, 173 sowie 185.

5   *Studera/Thunshirn*, Handbuch Besteuerung Grundstückstransaktionen (2013), Rz 603; Jakom/*Kanduth-Kristen* EStG, 2013, § 30c Rz 5 ff; *Urtz*, aao, 187; EStR Rz 6728.

6   EStR Rz 6728; *Urtz*, aao, 205 f.

an. Sie besteht auch bei befreiten Vorgängen, bei den Nichtanwendungsfällen (§ 30a Abs 3 und 4 EStG) sowie bei fehlender Abfuhrpflicht.

- **Mitteilungspflicht 2**: Wenn der Parteienvertreter hingegen eine Selbstberechnung iSd § 11 GrEStG vornimmt, so ist er zur Meldung und Abfuhr gem § 30c Abs 2 EStG verpflichtet. Er hat dem für den Steuerpflichtigen (Verkäufer) zuständigen Wohnsitz-FA, wenn aus dem zugrundeliegenden Erwerbsvorgang Einkünfte gem § 2 Abs 3 Z 1–3 oder 7 EStG erzielt werden, Folgendes mitzuteilen:
  - Die am Veräußerungsgeschäft beteiligten Parteien unter Angabe ihrer StNr,
  - die für die Selbstberechnung der ImmoESt notwendigen Daten, also insb Einkunftsart, Bmgl bzw den Hinweis auf eine allfällige Befreiung,
  - die steuerpflichtige Person,
  - die selbstberechnete ImmoESt.

Die Mitteilungspflichten bestehen auch dann, wenn die Bmgl Null oder negativ bzw die Veräußerung gem § 30 befreit ist, gar keine ImmoESt anfällt oder das Grundstück im Rahmen eines Verfahrens gem § 133 ff EO veräußert wird.[7] IdF ist in der Mitteilung anzugeben, warum die Selbstberechnung unterbleibt. | I/6

Die Mitteilungspflicht der Parteienvertreter besteht nach dem BMF[8] auch für nicht der ImmoESt unterliegende Veräußerungen (§ 30a Abs 3), wie insb bei Veräußerung von Umlaufvermögen sowie bei gewerblichen Immobilienunternehmern. Das BMF schließt auch hier eine Steuerabfuhr aus Gründen der Vorsicht nicht aus. Dies bedarf uE aber einer ausdrücklichen Vereinbarung zwischen Steuerpflichtigen und Parteienvertreter. | I/7

Selbstberechnung: IF einer Selbstberechnung der GrESt kommt es zur verpflichtenden Selbstberechnung und Haftung für den Parteienvertreter, soferne ImmoESt anfällt und keine Ausnahme vorliegt. | I/8

Gem § 41 Abs 1 Z 10 und § 42 Abs 1 Z 5 EStG unterliegen Einkünfte aus privaten Grundstücksveräußerungen der Erklärungspflicht, wenn keine ImmoESt entrichtet wurde oder keine Abgeltung (§ 30b Abs 2 EStG) eintritt. Dies gilt auch bei einem Veräußerungsverlust. Die Verletzung dieser Pflicht ist uU nach dem FinStrG strafbar.[9] Den Käufer selbst trifft keine Meldepflicht nach dem EStG (aber nach § 10 GrEStG). | I/9

§§ 30b und c EStG treten für Tatbestände ab 1.1.2013 in Kraft. Eine vorzeitige freiwillige Anwendung war möglich. Dessen ungeachtet gelten die materiellen Bestimmungen der §§ 30 ff ab 1.4.2012. | I/10

---

7   Jakom/*Kanduth-Kristen*, EStG, 2013, § 30c Rz 5; § 30c Abs 4. TS EStG idF AbgÄG 2012.
8   BMF, Handbuch Immobilienertragsteuer, 30; aA Jakom/*Kanduth-Kristen* EStG, 2013, § 30c, Rz 5.
9   § 51 FinStrG; s Kap II/3.; zust *Studera/Thunshirn*, Handbuch Besteuerung Grundstückstransaktionen (2013), Rz 605, sowie *Urtz*, aao, 210.

I/11 **Verfassungskonformität:** Sowohl die Selbstberechnungpflicht als auch die de facto bestehende Rückwirkung werfen Zweifel an der Verfassungskonformität auf. Ein Beispiel drängt sich auf: Z 7–9 des § 30 Abs 8 EStG idF des StRefG 2000, BGBl I 1999/106 hatte den Banken eine umfassende Abzugsteuerpflicht auferlegt. Der VfGH[10] hielt es angesichts der in diesem Fall gegebenen *geringen Intensität* der wirtschaftlichen und rechtlichen Beziehungen zum eigentlichen Steuerschuldner für unsachlich, in solchen Fällen dem Kreditinstitut das Risiko der Verfolgung zivilrechtlicher Regressansprüche aufzubürden oder ihm zuzumuten, durch zivilrechtliche Gestaltungen für die eigene Absicherung vorzusorgen.

> „In Fällen wie den vorliegenden, wo eine bloß lose Beziehung gegeben ist und nicht vorhergesehen werden kann, ob überhaupt und – wenn ja – in welcher Höhe ein steuerpflichtiger Spekulationsertrag erzielt werden wird, erscheinen Kautionszahlungen nicht tauglich und überschießend. Da sich die Unverhältnismäßigkeit dieser Verpflichtungen bereits aus den Steuerabfuhrtatbeständen des § 30 Abs 8 EStG selbst ergibt, kann es dahingestellt bleiben, ob sich gleichartige Konstellationen auch in Zusammenhang mit den einschlägigen Vorschriften des InvFG 1993 ergeben.“

Weiters hat der VfGH keine Rechtfertigungsgründe erblickt:

> „Dem Gesetzgeber steht es zwar grundsätzlich frei, mit einer bestimmten Besteuerungsform sachlich gerechtfertigte Zielsetzungen auch dann umzusetzen, wenn dies einen gewissen administrativen Aufwand fordert, es ist jedoch nach den verfassungsrechtlichen Wertungen grundsätzlich Sache des Bundes, den mit der Erhebung der Spekulationsertragsteuer verbundenen administrativen Aufwand selbst zu tragen, die Abwälzung dieses Aufwandes auf am Steuerschuldverhältnis nicht beteiligte Dritte bedürfte einer besonderen sachlichen Rechtfertigung.“

---

10   VfGH 15.3.2000G 141/99.

2. Persönlicher Anwendungsbereich: Für welche Verkäufer gilt die ImmoESt?

2.1. Einleitung und Übersicht

Die ImmoESt (dh die Mitteilungs-und Abfuhrpflichten des § 30c EStG) gilt *nicht* **I/12**
für alle Rechtsträger als Verkäufer, sondern *nur* für jene,

(i) die unter das EStG fallen, sowie für
(ii) *die* im KStG ausdrücklich angeführten juristischen Personen.

> Der Parteienvertreter muss sich daher davon überzeugen, wer aus steuerlicher Sicht
> Verkäufer ist und wie dieser zu qualifizieren ist. Die Person des Käufers ist völlig unbe-
> achtlich. Hierbei sind insb Treuhandverhältnisse und das wirtschaftliche Eigentum zu
> beachten.

Folgende Personen fallen bei Verwirklichung einer steuerpflichtigen Veräuße- **I/13**
rung sowie bei Vorliegen eines GrESt-Tatbestandes unter die Mitteilungs- und
Selbstberechnungspflicht:

- unbeschränkt steuerpflichtige natürliche Personen
- beschränkt steuerpflichtige natürliche Personen
- inländische juristische Personen des öffentlichen Rechts (Ausnahme: Veräußerung im Rahmen eines BgA, wenn dieser nach dem UGB zur Rechnungslegung verpflichtet ist)
- bestimmte inländische juristische Personen des Privatrechts (Steuerpflichtige
  der „3. Art", s später)
- bestimmte ausländische juristische Personen, soweit diese beschränkt steuerpflichtig sind (jene, die im Inland weder ihre Geschäftsleitung noch ihren Sitz
  [§ 27 BAO] haben, mit ihren Einkünften iSd § 21 Abs 1 KStG).
- Gesellschafter von Personengesellschaft des UGB (OG, KG, EWIV) und von
  Gemeinschaften (ARGE, GesbR), wenn sie zu den obigen Rechtsträgern zählen
- Mit- und Wohnungseigentümer, wenn sie zu den obigen Rechtsträgern zählen

2.2. Natürliche Personen als Verkäufer

2.2.1. Unbeschränkt steuerpflichtige natürliche Personen

I/14 *Unbeschränkt* steuerpflichtig sind natürlichen Personen, die im Inland einen Wohnsitz oder gewöhnlichen Aufenthalt haben, mit ihrem Welteinkommen.[11] Staatsbürgerschaft, Geschäftsfähigkeit oder Volljährigkeit sind unerheblich. Die unbeschränkte Steuerpflicht besteht unabhängig davon, *wo* steuerpflichtige Einkünfte vorliegen (*Wohnsitzprinzip*). Dieser uneingeschränkte Besteuerungsanspruch kann durch DBA oder innerstaatliche Maßnahmen (§ 48 BAO) eingeschränkt sein, was idR für im Ausland gelegene Immobilien gilt. Für *ausländische Grundstücke* wird das Besteuerungsrecht aufgrund eines DBA idR dem *Lagestaat* zugewiesen.[12] In Ö kommt idF entweder die Befreiungs- oder die Anrechnungsmethode zur Anwendung.[13]

I/15 Die unbeschränkte Steuerpflicht beginnt mit Begründung eines Wohnsitzes oder gewöhnlichen Aufenthaltes bzw mit der Geburt. Sie endet analog dazu mit dem Tod bzw mit der Aufgabe des Wohnsitzes oder des gewöhnlichen Aufenthaltes. Durch die Begründung eines Zweitwohnsitzes tritt dann keine unbeschränkte Steuerplicht ein, wenn die ZweitwohnsitzVO anwendbar ist.[14] Ergänzend angemerkt sei, dass die Konkurseröffnung nichts an der Steuerpflicht ändert.[15]

I/16 Ansässigkeit[16] und Mittelpunkt der Lebensinteressen: Bei einem *Doppelwohnsitz* wird die Ansässigkeit auf Grund des Gesamtbildes, in erster Linie aufgrund der persönlichen, aber auch der wirtschaftlichen Verhältnisse beurteilt.[17] Wesentlich ist der *„Mittelpunkt der Lebensinteressen"*. Dieser setzt eine gewisse Dauerhaftigkeit, aber keine ständige Anwesenheit voraus (zB: ein Aufenthalt von mehr als 183 Tagen in Ö spricht bei Doppelwohnsitz für Ansässigkeit in Ö).[18] Eine Person kann zwar mehrere Wohnsitze, jedoch nur einen Mittelpunkt der Lebensinteressen haben. Unter persönlichen Beziehungen sind dabei all jene zu verstehen, die jemanden aus in seiner Person liegenden Gründen, insbesondere auf Grund der

---

11 § 1 Abs 1 iVm Abs 2 sowie Abs 4 EStG.

12 S Liste der DBA, welche Ö abgeschlossen hat: www.bmf.gv.at/steuern/int-steuerrecht/oesterreichi-sche-doppelbesteuerungsabkommen.html.

13 *Pamperl*, Die Methoden zur Vermeidung der Doppelbesteuerung in den österreichischen DBA, in *Lang/Schuch/Staringer* (Hrsg), DBA-Politik (2013); EStR Rz 6631; *Studera/Thunshirn*, Handbuch Besteuerung Grundstückstransaktionen (2013), Rz 577 ff und 585 ff..

14 VO des BMF betreffend inländische Zweitwohnsitze, BGBl II Nr 2003/528; eingehend auch EStR Rz 7744.

15 Während des KO-Verfahrens sind Abgaben mit an den Masseverwalter zuzustellenden Bescheiden festzusetzen.

16 Eingehend *Lang*, Die Ansässigkeit als das Kriterium für die Besteuerung im Quellenstaat nach den Verteilungsnormen des OECD-Musterabkommens, in *Lang/Schuch/Staringer* (Hrsg), Ansässigkeit (2008).

17 VwGH 18.1.1996, 93/15/0145; 22.3.1991, 90/13/0073; EStR Rz 7593; *Stürzlinger*, Der Mittelpunkt der Lebensinteressen als Tie-Breaker nach Art 4 Abs 2 OECD-MA, in *Lang/Schuch/Staringer* (Hrsg), Ansässigkeit (2008); Jakom/*Marschner* EStG, 2013, § 1 Rz 20.

18 Jakom/*Marschner* EStG, 2013, § 1 Rz 20; UFS 13.7.12, RV/2124-W/08.

Geburt, der Staatsangehörigkeit, des Familienstandes und der Betätigungen religiöser und kultureller Art, an ein bestimmtes Land binden. Der Mittelpunkt der Lebensverhältnisse einer verheirateten Person ist idR am Ort des Aufenthaltes ihrer Familie zu finden. Diese Annahme setzt idR die Führung eines gemeinsamen Haushaltes sowie das Fehlen ausschlaggebender und stärkerer Bindungen zu einem anderen Ort, etwa aus beruflichen bzw gesellschaftlichen Gründen, voraus.[19] Bei von der Familie getrennter Haushaltsführung kommt es auf die Umstände der Lebensführung an, wie etwa das Bestehen einer eigenen Wohnung, eines selbständigen Haushalts, gesellschaftlicher Bindungen oder auch auf den Pflichtenkreis einer Person.[20]

Lässt sich bei Doppelwohnsitz der Mittelpunkt der Lebensinteressen nicht feststellen, sind als weitere Kriterien in subsidiärer Reihenfolge der gewöhnliche Aufenthalt und die Staatsbürgerschaft beachtlich.[21] Ein Verständigungsverfahren ist dann erforderlich, wenn sämtliche Abgrenzungsmerkmale versagen. Die OECD-Musterabkommen enthalten ähnliche Kollisionsregeln.[22]

Für die Auslegung der Begriffe *„Wohnsitz"* und *„gewöhnlicher Aufenthalt"* ist § 26 BAO relevant. Unter *„Wohnung"* sind Räume zu verstehen, die nach den Verhältnissen des Steuerpflichtigen ein seinen Bedürfnissen angemessenes Wohnen zulassen. Relevant ist die tatsächliche, nicht die rechtliche Verfügungsmacht.[23] Eine vorübergehende Unterkunft stellt keine Wohnung dar. Der Steuerpflichtige muss die Wohnung unter objektiv erkennbaren Umständen innehaben, also für den eigenen Wohnbedarf tatsächlich nützen können.[24] Eine unmöblierte Wohnung erfüllt diese Voraussetzungen nicht. Auch einfach eingerichtete Zweitwohnungen können einen Wohnsitz begründen.[25] Nicht ortsfeste Unterkünfte stellen keinen Wohnsitz dar. **I/17**

Ein *im Ausland vorübergehend tätiger Ehegatte* behält bei aufrechter Ehe idR den Wohnsitz der Familie bei.[26] Arbeitet eine Person überwiegend im Ausland, leben aber seine Ehepartner bzw seine minderjährigen Kinder in Ö und wird die inländische Wohnung anlässlich von Ö-Aufenthalten benutzt, verfügt diese Person über einen inländischen Wohnsitz.[27] **I/18**

---

19 UFS 7.7.2011, RV/0687-G/07; *Bendlinger*, Steueroasen und Offshore-Strukturen (2013).
20 UFS 7.7.2011, RV/0687-G/07 mit H auf VwGH 28.5.2008, 2007/15/0209.
21 EStR Rz 7594.
22 *Bendlinger*, Steueroasen und Offshore-Strukturen (2013); Jakom/*Marschner* EStG, 2013, § 1 Rz 7, 20; *Dommes/Metzler*, Das Staatsangehörigendiskriminierungsverbot bei natürlichen Personen, in *Lang/Schuch/Staringer* (Hrsg), Diskriminierungsverbote (2006).
23 VwGH 26.11.1991, 91/14/0041.
24 VwGH 16.9.1992, 90/13/0299.
25 Ausnahme: ZweitwohnsitzVO.
26 EStR Rz 22.
27 EStR Rz 22.

Minderjährige Kinder haben einen von den Eltern abgeleiteten Wohnsitz (Ausnahme: Kinder von Gastarbeitern, die nur in den Ferien die Eltern besuchen). Volljährige Kinder mit eigenem Hausstand haben einen eigenen Wohnsitz, auch wenn ihnen die Eltern an deren Wohnsitz ein Zimmer zur Verfügung stellen. Ausgenommen davon sind am Studienort wohnende Studenten, die wirtschaftlich vom Elternhaus abhängig sind; sie behalten bei fortdauernder Wohnmöglichkeit bei den Eltern deren Wohnsitz als abgeleiteten Wohnsitz bei.

I/19 Der *gewöhnliche Aufenthalt* ist ein Faktum. Er verlangt die körperliche Anwesenheit sowie eine sachlich-räumliche Beziehung zum Aufenthaltsort.[28] Die unbeschränkte Steuerpflichtig tritt (*rückwirkend*) ein, wenn der Aufenthalt im Inland länger als sechs Monate andauert.[29] Eine Person kann mehrere Wohnsitze haben, jedoch nur einen gewöhnlichen Aufenthalt. Der Aufenthalt muss insb nicht freiwillig und auch nicht am selben Ort sein.[30] Vorübergehende Anwesenheiten zu Besuchs- oder Erholungszwecken begründen keinen gewöhnlichen Aufenthalt. Mehrere vorübergehende Aufenthalte sind aber zusammenzurechnen, wenn der Wille erkennbar ununterbrochen auf Fortsetzung des Aufenthaltes gerichtet ist.[31]

I/20 **Grenzgänger:** Kehrt dieser täglich zu seinem Wohnsitz im Ausland zurück, hat er keinen inländischen Aufenthalt. Übernachtet er an den Arbeitstagen am Arbeitsort, begründet dies einen inländischen Aufenthalt.

Ausländische Arbeitnehmer, die eine Arbeitserlaubnis für die Dauer von mehr als sechs Monaten haben und sich nicht nur vorübergehend in Ö aufhalten, haben von Beginn an den gewöhnlichen Aufenthalt in Ö.[32]

I/21 Die *Aufgabe des inländischen Wohnsitzes* löst grundsätzlich gem § 31 Abs 2 Z 2 EStG nur dann eine Wegzugsbesteuerung[33] aus, wenn dadurch DBA-rechtlich der Verlust des inländischen Besteuerungsrechtes eintritt. Bei Immobilien führt der Wegzug idR nicht zur Wegzugsbesteuerung, da die Immobilie gem § 98 Abs 1 Z 7 EStG iVm den DBAs in Ö steuerhängig[34] bleibt. Dasselbe gilt analog für den Zuzug: Das Besteuerungsrecht bleibt idR im Lagestaat.[35]

Einkünfte, die vor Begründung der unbeschränkten Steuerpflichtige erzielt wurden, sind nicht zu erfassen, außer sie fließen danach zu.[36] Das gilt vice versa bei Wegfall der unbeschränkten Steuerpflicht. Bei Anwendung von DBAs kann aber dem Kausalitätsprinzip Vorrang vor dem Zuflussprinzip zukommen.

---

28 VwGH 31.3.1992, 87/14/0096; Jakom/*Marschner* EStG, 2013, § 1 Rz 46; EStR Rz 23.
29 Jakom/*Marschner* EStG, 2013, § 1 Rz 48.
30 EStR Rz 24.
31 VwGH 5.7.1983, 82/14/0178; EStR Rz 24.
32 EStR Rz 25.
33 Jakom/*Marschner* (2013), § 1 Rz 6 f.
34 EStR Rz 6, 2517a; *Studera/Thunshirn*, Handbuch Besteuerung Grundstückstransaktionen (2013), Rz 577.
35 EStR Rz 6631 und 6.
36 VwGH 17.5.1963, 0871/62; EStR Rz 19.

2.2.2. Beschränkte steuerpflichtige natürliche Personen

Fehlt ein „*Wohnsitz*" bzw „*gewöhnlicher Aufenthalt*", so liegt bei Immobilienbe- I/22
sitz in Ö „beschränkte" Steuerpflicht vor. Beschränkt Steuerpflichtige unterliegen
mit Einkünften aus der Veräußerung von in Ö gelegene Grundstücken gem § 98
Abs 1 Z 7 EStG der beschränkten Steuerpflicht und damit dem Regime der
§§ 30 ff EStG.

Neben den Einkünften aus privaten Grundstücksveräußerungen iSd § 98 Abs 1 I/23
Z 7 EStG sind für Grundstücksveräußerungen im Rahmen der Einkünfte iSd § 98
Abs 1 Z 1–3 EStG die Regelungen der §§ 30 EStG anzuwenden, also insb die Entrichtung der ImmoESt sowie die Mitteilungs- und Selbstberechnungspflicht.
Nach den EStR[37] unterliegen auch Einkünfte aus der Veräußerung eines einem
ausländischen Betrieb zugehörigen, inländischen Grundstücks grundsätzlich
dem besonderen Steuersatz von 25 %.

2.2.3. ImmoESt im Todesfall, Besteuerung von Verlassenschaften

Mit Todestag treten die Erben (nach der Erbquote) in die steuerliche Rechtsstel- I/24
lung des Erblassers ein.[38] Sie bilden eine Miteigentumsgemeinschaft. Der *ruhende
Nachlass* selbst ist kein Steuersubjekt (Ausnahme: bei Herrenlosigkeit; er gilt
dann als nicht rechtsfähiges Zweckvermögen [§ 1 Abs 2 Z 3 KStG]; das gilt analog
für das Massevermögen im Verlassenschaftskonkurs). Zu beachten ist, dass Ver-
lustvorträge des Erblassers nach jüngster Ansicht des BMF (BMF-Info zur Ver-
erbung von Verlustvorträgen in Hinblick auf VwGH vom 25.4.2013, 2010/15/
0131, 2011/15/0143) nur dann auf Erben übergehen, wenn diese den verlustver-
ursachenden Betrieb zu Buchwerten fortführen.

Im Rahmen einer Einnahmen-Ausgaben-Rechnung ermittelte Einkünfte, die I/25
noch vom Erblasser erwirtschaftet wurden, aber erst nach seinem Tod zufließen,
sind den Erben zuzurechnen. Nach den EStR bestehen keine Bedenken, die Einkünfte bei Fortsetzung der Einnahmen-Ausgaben-Rechnung zeitanteilig zuzu-
ordnen.[39] Ebenso gilt nach den EStR, dass – wenn mehrere Personen zu Erben
eines Betriebes berufen sind, dieser aber nur von einem Erben gegen fremdübliche Abfindung weitergeführt wird – die weichenden Erben hinsichtlich der Un-
terschiedsbeträge zwischen den auf sie entfallenden Betriebsvermögensanteilen
und den erhaltenen (höheren) Abfindungen einen Veräußerungsgewinn erzie-

---

37   EStR Rz 7985; *Studera/Thunshirn*, Handbuch Besteuerung Grundstückstransaktionen (2013),
      Rz 577 f.
38   EStR Rz 9; VwGH 13.3.1997, 96/15/0102; Jakom/*Marschner* EStG, 2013, § 1 Rz 6; *Quantschnigg/
      Schuch*, ESt-HB, § 1 Rz 4 ff; Jakom/*Kanduth-Kristen* EStG, 2013, § 2 Rz 6; zur jüngsten Einschrän-
      kung der Vererblichkeit von Verlustvorträge siehe VwGH 25.4.2013, 2010/15/0131, 2011/15/0143;
      BMF-Info zur Vererbung von Verlustvorträgen in Hinblick auf VwGH vom 25.4.2013, 2010/15/
      0131, 2011/15/0143; *Zorn*, VwGH zur Vererblichkeit des Verlustvortrag, RdW 2013, 354; *Novacek*,
      VwGH zur Vererblichkeit des Verlustvortrages, FJ 2013, 252.
39   EStR Rz 109.

len.[40] In diesem Veräußerungsgewinn „steckt" uE ein der ImmoESt zugänglicher aliquoter Grundstücksanteil.

I/26 Eine *Nachlassteilung* durch Wertausgleich mit nicht zur Erbmasse zählenden Wirtschaftsgüter bzw Bargeld bewirkt so lange keine Gewinnverwirklichung, als der gemeine Wert der für die Übertragung des Betriebes erhaltenen Quote der Nachlassgegenstände die einzelne Ausgleichszahlung übersteigt. Miterben bleibt es unbenommen, Vereinbarungen zu treffen, wem die Einkünfte aus der Verlassenschaft bis zur Einantwortung zufließen sollen.[41]

I/27 Einkünfte aus einem *Legat* sind dem Legatar ab dem Tag zuzurechnen, an dem ihm die Einkunftsquelle tatsächlich übertragen wird.[42] Sie sind bereits davor zuzurechnen, wenn er diese bereits selbst bewirtschaftet und ihm die Früchte daraus zufließen.

2.3. Personenvereinigungen und Personengesellschaften als Verkäufer

I/28 Darunter fallen *Personengesellschaften* des UGB (OG, KG), die EWIV und andere Personenvereinigungen *ohne eigene Rechtspersönlichkeit* wie bspw die *ARGE*. Aus ertragsteuerlicher Sicht gilt nicht die Gesellschaft bzw Personenvereinigung als Verkäufer, sondern wegen des *Transparenzprinzips* deren Gesellschafter. Siehe eingehend und zur Besteuerung bei einer stillen Gesellschaft Kap I/17.

2.4. Miteigentümer- und Wohnungseigentümer als Verkäufer

I/29 Jeder *einzelne* Miteigentümer und nicht die Gemeinschaft ist steuerpflichtig. In die ImmoESt-Mitteilung sind die Miteigentümer aufzunehmen. Der Veräußerungserlös ist auf diese entsprechend ihrer Beteiligung aufzuteilen. Die ImmoESt ist nach den *individuellen Verhältnissen* der einzelnen Miteigentümer zu ermitteln, s analog Kap I/17.5. Dies ist etwa dafür wesentlich, ob Alt- oder Neuvermögen vorliegt. Auch Befreiungen stehen nur jenen Personen zu, die die Voraussetzungen erfüllen. Die ImmoESt ist für jeden einzelnen (Mit-)Wohnungseigentümer gesondert auf dessen Abgabenkonten abzuführen.[43] Bei einer Eigentümerpartnerschaft (gemeinsames Wohnungseigentum gem § 13 WEG) liegt eine Gemeinschaft vor; die ImmoESt ist diesfalls uE für die Partnerschaft abzuführen. Die EStR enthalten keinen Hinweis auf diese Fälle.

---

40 VwGH 26.5.1998, 93/14/0191.
41 VwGH 11.12.1990, 90/14/0079.
42 VwGH 6.6.1978, 2913/76; 21.4.2005, 2003/15/0022; 29.3.2007, 2004/15/0140.
43 EStR Rz 6709.

Veräußerung von allgemeinen Teilen von im Wohnungseigentum stehenden Lie-   **I/30**
genschaften (§ 30b Abs 6 EStG): Zum Anwendungsbereich der Sondernorm und
der Ermittlung der ImmoESt s Kap I/16.4.5.[44] Bei einer Veräußerung von allgemeinen Teilen von Liegenschaften (§ 30b Abs 6 EStG) ist die pauschal ermittelte
ImmoESt für die WE-Gemeinschaft auf deren Abgabenkonto abzuführen.

2.5. Juristische Personen als Verkäufer

2.5.1. Konzeption der ImmoESt bei juristischen Personen

Juristische Personen gelten als *Körperschaften* iSd KStG. Es besteht keine Identi-   **I/31**
tät zwischen dem in § 1 KStG verwendeten steuerlichen Begriff der *„Körper-*
schaft" und dem entsprechenden zivilrechtlichen Begriff, der Begriff *Körperschaf-*
ten stellt einen Sammelbegriff dar.[45] Als *unbeschränkt steuerpflichtige Körper-*
schaften gelten (§ 1 Abs 2 KStG) nur juristische Personen des privaten Rechts, Betriebe gewerblicher Art von Körperschaften des öffentlichen Rechts und
nichtrechtsfähige Personenvereinigungen, Anstalten, Stiftungen und andere
Zweckvermögen. Die Aufzählung des § 1 Abs 2 KStG ist erschöpfend. Eine Erweiterung durch Auslegung oder Analogie ist nicht zulässig.[46]

Alle anderen Körperschaften sind beschränkt steuerpflichtig

Steuerpflicht der ersten Art: In Anlehnung[47] an § 1 Abs 2 KStG sind in § 1 Abs 3
Z 1 all jene Gebilde definiert, die mangels inländischer Anknüpfung (fehlende inländische Geschäftsleitung oder Sitz) der *beschränkten* Steuerpflicht unterliegen
(*territorial beschränkte Steuerpflichtige oder beschränkte Steuerpflichtige der ersten*
Art).[48] Dazu gehören nach § 1 Abs 3 Z 1 lit a KStG Körperschaften, Personenvereinigungen und Vermögensmassen, die einer inländischen juristischen Person
vergleichbar sind, sowie nach § 1 Abs 3 Z 2 lit b KStG nichtrechtsfähige Personenvereinigungen, Anstalten, Stiftungen und andere Zweckvermögen.

Steuerpflicht der zweiten bzw dritten Art: Hierbei handelt es sich um funktional
beschränkt steuerpflichtige Rechtsträger. Dazu zählen inländische Körperschaften des öffentlichen Rechts (§ 1 Abs 3 Z 2 KStG) und Körperschaften sowie Gebilde, welche nach § 5 KStG oder einem anderen BG von der KSt-Pflicht befreit
sind (§ 1 Abs 3 Z 3 KStG; *funktionell beschränkte Steuerpflicht oder beschränkte*
Steuerpflicht der zweiten Art).[49]

---

44   Eingehend auch *Studera/Thunshirn*, Handbuch Besteuerung Grundstückstransaktionen (2013),
     Rz 590 ff.
45   *Lang/Schuch/Staringer*, KStG (2013), § 1 Rz 8.
46   KStR Rz 2.
47   *Lang/Schuch/Staringer*, aao, § 1 Rz 8.
48   *Lang/Schuch/Staringer*, aao, § 1 Rz 8.
49   *Lang/Schuch/Staringer*, KStG (2013), § 1 Rz 9; KStR Rz 130.

Hinsichtlich der ImmoESt sind jene Körperschaften, welche unter die ImmoESt fallen, von jenen, die von deren Anwendung befreit sind, zu unterscheiden. Diese Unterscheidung hat mit jener in beschränkt und unbeschränkt steuerpflichtige Körperschaften *nichts* zu tun. Insb ist daher auch bei *Vereinen* bzgl der ImmoESt zu differenzieren, ob sie gemeinnützig/mildtätig sind oder nicht.

I/32 Die *unbeschränkte Steuerpflicht* erstreckt sich gem § 1 Abs 2 KStG auf alle in- und ausländische Einkünfte. Als *unbeschränkt steuerpflichtige Körperschaften* gelten:

- Juristische Personen des privaten Rechts (bspw GmbH, AG, Vereine etc)
- BgA von Körperschaften des öffentlichen Rechts
- Nichtrechtsfähige Personenvereinigungen, Anstalten, Stiftungen und andere Zweckvermögen

I/33 Beschränkt steuerpflichtig sind demnach: [50]

- **Erste Art (§ 1 Abs 3 Z 1 KStG):** Ausländische Körperschaften, die im Inland weder Geschäftsleitung noch Sitz haben, mit ihren Einkünften iSd § 21 Abs 1 KStG. Dazu zählen Körperschaften, Personenvereinigungen und Vermögensmassen, die einer inländische juristischen Person vergleichbar sind, nichtrechtsfähige Personenvereinigungen, Anstalten, Stiftungen und Zweckvermögen
- **Zweite Art (§ 1 Abs 3 Z 2 KStG):** Inländische Körperschaften des öffentlichen Rechts mit ihren Einkünften iSd § 21 Abs 2 und 3 (dh außerhalb eines BgA)
- **Zweite (§ 1 Abs 3 Z 3 KStG, dritte) Art:** Körperschaften, soweit sie nach § 5 oder nach anderen BG von der KSt-Pflicht befreit sind, mit ihren Einkünften iSd § 21 Abs 2 und 3

I/34 Die *Einkommensermittlung* für Körperschaften ergibt sich aus dem EStG sowie aus den besonderen Bestimmungen des KStG. Soweit spezielle Bestimmungen des KStG vom EStG wie bspw die ImmoESt abweichen, gehen diese als Spezialnormen vor.[51] Soweit das KStG ergänzende Regelungen enthält, treten diese zu den Vorschriften des EStG hinzu (zB Einlagen, Entnahmen, Einkommensverwendung, Befreiungstatbestände, Betriebsausgabenabzug).

Gem § 24 Abs 3 Z 4 KStG sind die §§ 30b und c EStG *nicht* anzuwenden auf Körperschaften iSd § 1 Abs 2 und Abs 3 Z 1 KStG, soferne diese unter § 7 Abs 3 KStG fallen, sowie auf Privatstiftungen. E contrario gilt daher, dass nach § 21 Abs 3 Z 4 KStG Veräußerungen von Grundstücken durch beschränkt Steuerpflichtige der zweiten Art (§ 1 Abs 3 Z 2 und 3 KStG), durch unbeschränkt Steuerpflichtige (§ 1 Abs 2 KStG), soferne diese nicht unter § 7 Abs 3 KStG fallen, sowie durch beschränkt Steuerpflichtige der ersten Art (§ 1 Abs 3 Z 3 KStG), soferne auch diese nicht unter § 7 Abs 3 KStG fallen, den §§ 30b und c EStG unterlie-

---

50 KStR Rz 130 ff.
51 KStR Rz 360, 1501 u 1542; zum Anwendungsbereich des EStG ganz generell im KStG s KStR Rz 294
    sowie *Achatz/Bieber* in *Achatz/Kirchmayr* (Hrsg), KStG, § 7 Rz 35.

gen.[52] Die Abgeltungswirkung gem § 24 Abs 2 KStG gilt sinngemäß für die selbstberechnete ImmoESt.[53]

Die im EStG enthaltenen Regeln über Grundstücksveräußerungen sind – soweit das KStG nicht abweicht – auch im Bereich des KStG anzuwenden.

2.5.2. Körperschaften, welche unter die ImmoESt fallen

Gem § 24 Abs 3 Z 4 KStG sind die §§ 30b und c EStG *nicht* anzuwenden auf Kör- **I/35** perschaften iSd § 1 Abs 2 und 3 Z 1 KStG, soferne diese unter § 7 Abs 3 KStG fallen, sowie auf Privatstiftungen. Demnach sind die Bestimmungen der §§ 30b und c EStG auf alle anderen Körperschaften, das sind jene iSd § 1 Abs 3 Z 2 und 3 KStG, sowie andere Körperschaften, die nicht unter § 7 Abs 3 KStG fallen, anzuwenden.[54]

Das bedeutet für die Anwendung der §§ 30b und c EStG:

- **Beschränkt Steuerpflichtige erster Art:**[55] ausländische Körperschaften, die im Inland weder Geschäftsleitung noch Sitz haben, mit ihren Einkünften iSd § 21 Abs 1 KStG. Dazu zählen Körperschaften, Personenvereinigungen und Vermögensmassen, die einer inl juristischen Person vergleichbar sind, nicht rechtsfähige Personenvereinigungen, Anstalten, Stiftungen und Zweckvermögen. §§ 30b und c EStG sind *nur* anzuwenden, wenn die Körperschaft *nicht* unter § 7 Abs 3 fällt.
- **Beschränkt Steuerpflichtige zweiter Art (§ 1 Abs 3 Z 2 KStG):** inländische Körperschaften des öffentlichen Rechts mit ihren Einkünften iSd § 21 Abs 2 und 3 (dh außerhalb eines buchführungspflichtigen BgA). §§ 30b und c EStG sind immer anzuwenden,
- **Beschränkt Steuerpflichtige zweiter Art (§ 1 Abs 3 Z 3 KStG):** Körperschaften, soweit sie nach § 5 oder nach anderen Bundesgesetz von der KSt-Pflicht befreit sind, mit ihren Einkünften iSd § 21 Abs 2 und 3. §§ 30b und c EStG sind immer anzuwenden, ausgenommen das veräußerte Grundstück gehört zum unentbehrlichen (Hilfs-)Betrieb.

Steuerpflichtige der ersten Art (§ 1 Abs 3 Z 1 KStG): Das ImmoESt-Erhebungs- **I/36** system (§§ 30b f EStG) ist *nur* anzuwenden, wenn die Körperschaft *nicht* unter § 7 Abs 3 KStG fällt.[56]

---

52 KStR Rz 1501, 1542; Beiser, Und noch einmal: Gemeinnützige Wohnbauträger in der Immobilienertragsteuer, SWK 26/2013, 1140.
53 KStR Rz 1501, 1542.
54 *Bodis/Mayr*, RdW 2012, 239; *Thunshirn/Studera*, ecolex 2012, 724 f; *Studera/Thunshirn*, Handbuch Besteuerung Grundstückstransaktionen (2013), Kap 3.54.3; Beiser, Und noch einmal: Gemeinnützige Wohnbauträger in der Immobilienertragsteuer, SWK 26/2013, 1140; *Obereder*, SWK 23/24/2013, 1019.
55 KStR Rz 1542; *Lang*, Die beschränkte Körperschaftsteuerpflicht der zweiten Art kraft „umfassender Befreiung", ÖStZ 2012/864, 449; *Wurm*, SWK 10/2012, 533.
56 KStR Rz 1542.

I/37 **Nicht rechnungslegungspflichtige BgA:** Nach den Gesetzesmaterialien ergeben sich für BgA zwar grundsätzlich keine Änderungen durch das 1. StabG 2012, da Veräußerungsgewinne aus Grundstücken, die dem Betriebsvermögen eines BgA zugerechnet werden, schon nach der früheren Rechtslage im Rahmen der Gewinnermittlung des BgA zu erfassen waren. Allerdings gilt nach § 24 Abs 3 Z 4 KStG das Erhebungssystem nach §§ 30b für unbeschränkt steuerpflichtige Körperschaften nur dann nicht, wenn diese unter § 7 Abs 3 KStG fallen.[57] Die §§ 30b f EStG gelten daher nur für BgA, die nicht rechnungslegungspflichtig sind und damit nicht unter § 7 Abs 3 KStG fallen. Obwohl sie unbeschränkt steuerpflichtig sind, fallen daher *nicht buchführungspflichtige BgAs von Körperschaften* des öffentlichen Rechts unter §§ 30b f EStG.[58]

I/38 Zu den *beschränkt Steuerpflicht der zweiten Art*, welche unter §§ 30b f EStG fallen, zählen daher insb

- inländische Körperschaften des öffentlichen Rechts mit ihren Einkünften iSd § 21 Abs 2 und 3 (dh außerhalb eines buchführungspflichtigen BgA)
- bestimmte staatsnahe Einrichtungen, zB bereichsweise die ÖBB gem § 50 Abs 2 BundesbahnG
- (Sonder-)Kreditinstitute iSd § 5 Z 3 und 4 KStG
- Beteiligungsfondsgesellschaften iSd § 5 Z 4 KStG gem dem BetFG
- Bodenreformgemeinschaften und Siedlungsträger iSd § 5 Z 5 KStG: Personengemeinschaften in Angelegenheiten der Bodenreform, Siedlungsträger, die nach den zur Ausführung des § 6 Abs 2 Landwirtschaftliches Siedlungs-GrundsatzG erlassenen landesgesetzlichen Vorschriften anerkannt sind
- gemeinnützige, mildtätige und kirchliche Rechtsträger iSd § 5 Z 6 KStG (*Ausnahme*: Veräußerung von dem *unentbehrlichen Hilfsbetrieb* gehörigen Grundstücken: Befreiung nach § 21 Abs 3 Z 4 iVm Abs 2 Z 3 Teilstrich 6 KStG)[59]
- gemeinnützige Wohnbauträger (*Ausnahme*: Veräußerung von dem *unentbehrlichen Hilfsbetrieb* gehörigen Grundstücken: Befreiung nach § 21 Abs 3 Z 4 iVm Abs 2 Z 3 Teilstrich 6 KStG)[60]
- gemeinnützige Kapitalgesellschaften[61]
- gem § 5 Z 9 lit a KStG befreite landwirtschaftliche NutzungsGen
- gemeinnützige Bauträger iSd § 5 Z 10 und § 6a KStG

---

57   *Bodis/Mayr*, RdW 2012, 239; *Studera/Thunshirn*, Handbuch Besteuerung Grundstückstransaktionen (2013), Rz 655.

58   KStR Rz 1542, *Studera/Thunhirn*, aao, Rz 655 f.

59   *Bodis/Mayr*, RdW 2012, 245; KStR Rz 1501; *Beiser*, SWK 13-14/2013, 646; *Studera/Thunshirn*, Handbuch Besteuerung Grundstückstransaktionen (2013), Rz 660; *Wurm*, SWK 10/2012, 533.

60   KStR Rz 212; zur Ausnahme von der ImmoESt ausführlich *Obereder*, SWK 23/24/2013, 1019; unklar *Beiser*, SWK 13-14/2013, 646.

61   Der Verweis auf § 21 Abs 2 Z 3 KStG führt dazu, das Verkäufe aus dem unentbehrlichen Hilfsbetrieb eines gemeinnützigen Rechtsträgers immer steuerfrei sind und nicht unter § 30–30c EStG fallen; vgl *Bodis/Mayr*, RdW 2012, 245; *Beiser*, SWK 13-14/2013, 646.

- Privatstiftungen, aber nur soferne sie unter § 5 Z 6 und 7 KStG fallen (siehe Kap I/2.5.5.) Berufs- und Interessensvertretungen (§ 5 Z 13 KStG [Gewerkschaften])
- Mittelstandsfinanzierungsgesellschaften (§ 5 Z 14 iVm § 6b KStG).
- Privatstiftungen sind – auch wenn sie beschränkt steuerpflichtig sind – gem iSd § 24 Abs 3 Z 4 KStG von der Anwendung der §§ 30b und 30c EStG befreit (Ausnahme: unter § 5 Z 6 und 7 KStG fallende Privatstiftungen, siehe Kap I/2.5.5.).

2.5.3. Nicht unter die ImmoESt fallende Körperschaften

Folgende inländische juristische Personen fallen *nicht* unter §§ 30b und c EStG: **I/39** Neben (fast allen, siehe Kap I/2.5.5.) Privatstiftungen handelt es sich hierbei primär um jene, die unter *§ 7 Abs 3 KStG* fallen, also gem URG zur Rechnungslegung (Bilanzierung = Kaufleute) verpflichtet sind. Dazu zählen:

- Körperschaften, die auf Grund ihrer Rechtsform nach dem UGB zur Rechnungslegung verpflichtet sind wie idR[62] AG, GmbH, SE, Sparkassen etc sowie Genossenschaften, soweit sie gem § 189 UGB iVm § 22 GenG zur Rechnungslegung verpflichtet sind (Ausnahme: gemeinnützige/mildtätige GmbH und AG)
- BgA von öffentlichen Körperschaften („großer" BgA), wenn sie iSd UGB zur Rechnungslegung verpflichtet sind und daher unter § 7 Abs 3 KStG fallen[63]
- Beschränkt Steuerpflichtige der *„ersten Art"*, soferne sie unter § 7 Abs 3 KStG fallen[64]

Neben den unter § 7 Abs 3 KStG fallenden Rechtsträgern sind noch folgende Körperschaften von den §§ 30b und c EStG befreit:

- Veräußerungen aus dem *unentbehrlichen Hilfsbetrieb* von gemeinnützigen Rechtsträgern, wozu auch gemeinnützige Wohnbauträger zählen (Befreiung nach § 21 Abs 3 Z 4 iVm Abs 2 Z 3 Teilstrich 6 KStG)[65]

2.5.4. Juristische Personen des öffentlichen Rechts als Verkäufer

Körperschaften des öffentlichen Rechts (mit Ausnahme von BgA, wenn diese **I/40** nach dem UGB zur Rechnungslegung verpflichtet sind) fallen ab 1.4.2012 mit ihren Grundstücksverkäufen unter §§ 30–30c EStG. Das betrifft Verkäufe aus dem Hoheitsbereich und aus nicht buchführungspflichtigen BgA.

---

62   EStR Rz 403; KStR Rz 341.
63   *Bodis/Mayr*, RdW 2012, 239; *Studera/Thunshirn*, aao, Rz 660; KStR Rz 1542.
64   KStR Rz 1542.
65   *Bodis/Mayr*, RdW 2012, 239; *Oberender*, SWK 23/24/2013, 1019; *Studera/Thunshirn*, aao, Rz 660; *Beiser*, SWK 13-14/2013, 646.

Begründung: Gem § 1 Abs 3 Z 2 KStG unterliegen inländische Körperschaften öffentlichen Rechts im Hoheitsbereich der beschränkten Steuerpflichtigen der „zweiten Art". Das bedeutet, dass nur die in § 21 Abs 2 und 3 KStG enthaltenen Tatbestände der KSt unterliegen. Die Steuerpflicht erstreckt sich auf steuerabzugspflichtige Einkünfte iSd § 21 Abs 2 und 3 KStG. §§ 30b und 30c EStG sind anzuwenden.[66]

> Bei Verkäufen durch Körperschaften des öffentlichen Rechts ist immer zu prüfen, ob die verkaufte Immobilie (zumindest anteilig) einem buchführungspflichtigen BgA zuzurechnen ist.

I/41 Die *Befreiungen* des § 30 Abs 2 Z 3 (behördliche Eingriffe) und 4 (bestimmte Tauschvorgänge) EStG gelten gem § 4 Abs 3a Z 1 EStG auch für Körperschaften *und* BgA, ebenso jene nach § 3 Abs 1 Z 33 EStG.[67] Dazu zählen die Befreiungen für Gewinne aus der Veräußerung von Grundstücken infolge eines behördlichen Eingriffs oder zur Vermeidung eines solchen nachweisbar unmittelbar drohenden Eingriffs, Einkünfte aus Tauschvorgängen im Rahmen eines Zusammenlegungs- oder Flurbereinigungsverfahrens sowie im Rahmen behördlicher Maßnahmen zur besseren Gestaltung von Bauland nach den für die bessere Gestaltung von Bauland geltenden Vorschriften.[68]

Weiters kommt der *Inflationsabschlag* zur Anwendung sowie in manchen Fällen die *Pauschalbesteuerung* (§ 4 Abs 3a, Z 3 lit a EStG [wenn der GuB zum 31.3.2012 nicht steuerverfangen war]). Für BgAs kommt der Inflationsabschlag nur für den *nackten GuB* zur Anwendung (§ 4 Abs 3a, Z 3 lit b EStG).[69]

I/42 **Nur für den Hoheitsbereich einer Körperschaft (nicht für BgA) gilt:**[70] Stfr sind selbst hergestellte Gebäude, soweit sie innerhalb der letzten zehn Jahre nicht zur Erzielung von Einkünften gedient haben. Die Befreiung wird de facto häufig nicht zum Tragen kommen, wenn auch nur geringste Einkommenserzielung vorhanden war (zB durch einen BgA, der das Gebäude genutzt hat). Ob etwa eine Vermietung steuerbefreit war, ist unerheblich.[71]

I/43 Begünstigungen für den *Hoheitsbereich*:

- „Altgrundstücke" (die am 31.3.2012 nicht steuerverfangen waren) sind gem § 30 Abs 4 EStG (*Pauschalbesteuerung*) begünstigt, jedoch nicht befreit.[72]

---

66 *Bodis/Mayr*, RdW 2012, 239.
67 *Bodis/Mayr*, RdW 2012, 239.
68 S im Detail Kap I/16.5.4. f.
69 *Bodis/Mayr*, Rdw 2012, 239.
70 *Bodis/Mayr*, RdW 2012, 239; *Studera/Thunshirn*, aao, Rz 1536 ff.
71 *Bodis/Mayr*, Rdw 2012, 239.
72 Zust *Bodis/Mayr*, Rdw 2012, 239; zur Herstellerbefreiung für Gebäudeneuerrichtungen auf **vor** bzw **nach** dem 31.3.2002 angeschafften GuB siehe *Thunshirn*, Contra BMF: Doch uneingeschränkt 3,5 % Pauschalbesteuerung für bis 31.3.2012 selbst hergestellte Gebäude?, ecolex 1/2014, in Druck; sowie Kap I/16.5.3.

● Anwendung des Inflationsabschlags

Zu beachten ist idZ, dass bei Grundstücken, die einem BgA zugehören, der Inflationsabschlag nur auf den GuB[73] anzuwenden ist, während bei Grundstücken des Hoheitsbereiches dieser auf GuB und Gebäude anzuwenden ist.

Es ist darauf hinzuweisen, dass die Begünstigungen im Rahmen einer Ausgliederung iSd Art 34 BBG 2001 ertragsteuerlich nicht gelten.[74] Auch gem Art 34 BBG 2001 begünstigte Ausgliederungen führen daher zur ImmoESt-Besteuerung[75] (Ausnahme: Ausgliederungen aus einem BgA können gem Art III UmgrStG steuerneutral sein). **I/44**

2.5.5. Privatstiftungen als Verkäufer

Privatstiftungen fielen nach dem 1. StabG 2012 unter das neue Regime der §§ 30–30c EStG. Das AbgÄG 2012 hat sie jedoch wieder – trotzdem sie idR nicht unter § 7 Abs 3 KStG fallen – aus dem Anwendungsbereich der §§ 30b und c EStG herausgenommen (§ 24 Abs 3 Z 4 KStG idF AbgÄG 2012). Zu diesem Zweck wurde mit dem StabG § 13 KStG geändert. Die anderen Bestimmungen des EStG über Grundstücksveräußerungen sind auf Privatstiftungen anzuwenden.[76] Daher sind für Privatstiftungen iSd § 13 KStG die Bestimmungen über den Inflationsabschlag auch für Gebäude sowie idR über die Pauschalbesteuerung (§ 30 Abs 4 EStG) anzuwenden. **I/45**

Es ist zwischen betrieblich veranlassten (§ 4 Abs 11 Z 1 EStG) und eigen- bzw gemischtnützige Privatstiftungen zu unterscheiden. Letztere fallen nur dann und so lange unter § 7 Abs 3 KStG, als sie der in § 13 Abs 1 KStG verankerten Offenlegungspflicht nicht nachkommen. Ungeachtet dessen besteht gem § 24 Abs 3 Z 4 KStG die Befreiung von der ImmoESt wörtlich für „Privatstiftungen". ME fallen jedoch trotz des an sich klaren Wortlautes in § 24 Abs 3 Z 4 KStG jene Privatstiftungen, welche nach § 5 Z 6 und 7 KStG befreit sind, unter §§ 30b und c EStG. **I/46**

2.5.6. Ausländische juristische Personen als Verkäufer

Ausländische juristische Personen fallen nur, soweit sie *beschränkt steuerpflichtig* sind, unter die ImmoESt und damit prinzipiell unter die Selbstberechnungspflicht. Beschränkt steuerpflichtig nach § 1 Abs 3 Z 1 KStG sind ausländische Körperschaften, die im Inland weder Geschäftsleitung noch Sitz (§ 27 BAO) haben, mit ihren Einkünften iSd § 21 Abs 1 KStG. Darunter fallen insb ausländische **I/47**

---

73 *Bodis/Mayr*, Rdw 2012, 239; *Studera/Thusnhirn*, Handbuch, Rz 1544.
74 *Studera/Thunshirn*, Handbuch Besteuerung Grundstückstransaktionen (2013), Kap 15.
75 Im Detail *Studera/Thunshirn*, Handbuch Besteuerung Grundstückstransaktionen (2013), Kap 15.2. und 15.5.
76 *Studera/Thunshirn*, Handbuch Besteuerung Grundstückstransaktionen (2013), Rz 657; *Marschner*, Steuerliche Änderungen für Privatstiftungen zum Jahresende, ZfS 2012, 158.

Kapitalgesellschaft ohne rechnungslegungspflichtige Betriebsstätte sowie ausländische Vereine mit ihrem inländischen Grundbesitz. Gem § 24 Abs 3 Z 4 KStG sind diese Körperschaften von der Anwendung der §§ 30b und c EStG befreit, wenn sie unter § 7 Abs 3 KStG fallen, wenn sie also bilanzierungspflichtig sind. Andernfalls fallen sie unter §§ 30b u c EStG. Für deren unentbehrlichen inländischen Hilfsbetrieb gilt die ImmoESt jedoch nicht.

I/48 Soferne ausländische Körperschaften hingegen mit den in § 7 Abs 3 KStG genannten Körperschaften vergleichbar sind, werden sie diesen gleichgestellt, wenn sie in Ö unbeschränkt steuerpflichtig sind; Die Bestimmungen der §§ 30b und c EStG sind demnach nicht anzuwenden.[77]

2.5.7. Exkurs: Partielle Anwendung von Bestimmungen des EStG auf Immobilien von juristischen Personen, die nicht unter die ImmoESt fallen

I/49 Körperschaften, die den Gewinn gem § 7 Abs 3 KStG ermitteln, sind von einzelnen Bestimmungen der neuen Immobilienbesteuerung ausgenommen.[78] Das bedeutet: Die §§ 30b f EStG sind auf Körperschaften, die unter § 7 Abs 3 KStG fallen, und auf Privatstiftungen nicht anzuwenden (§ 24 Abs 3 Z 4 KStG). Das Betriebsausgabenabzugsverbot des § 4 Abs 3a EStG ist auf Körperschaften iSd § 7 Abs 3 KStG nicht anzuwenden (§ 12 Abs 2, letzter TS KStG). Betriebsausgaben iZm Grundstücksveräußerungen dürfen daher bei Körperschaften iSd § 7 Abs 3 KStG im Rahmen der Gewinnermittlung unbeschränkt abgezogen werden. Für alle anderen Körperschaften, die *nicht* unter § 7 Abs 3 KStG fallen, gilt das Abzugsverbot.

I/50 Auch § 4 EStG ist grundsätzlich auf Körperschaften nach § 7 Abs 3 KStG anzuwenden.[79] Gem § 4 Abs 3a EStG iVm § 7 Abs 3 sowie § 12 Abs 2 KStG gilt für Grundstücke von unter § 7 Abs 3 KStG fallende Körperschaften Folgendes:

- **§ 4 Abs 3a Z 1 EStG:** Die Befreiungsbestimmungen für Abgeltungen von Wertminderungen, für einen (drohenden) behördlichen Eingriff sowie für Zusammenlegungen, Flurbereinigungen und Baulandumlegungen sind anzuwenden. Diese gilt auch für Kapitalgesellschaften.
- **§ 4 Abs 3a Z 3 lit b EStG:** Bei der Veräußerung von *GuB* ist ein *Inflationsabschlag* zu berücksichtigen, soweit die Veräußerung nicht unter den § 30a Abs 3 Z 1–4 EStG oder Abs 4 EStG fällt. Insb gewerbliche Grundstücksunternehmer dürfen daher den Inflationsabschlag nicht ansetzen. Es gilt gem leg cit 2. Satz eine Sonderregelung: Wurde GuB mit dem Teilwert eingelegt oder auf

---

77   Die „Isolationstheorie" ist nicht anzuwenden.

78   *Bodis/Mayr*, Rdw 2012, 239; *Studera/Thunshirn*, Handbuch Besteuerung Grundstückstransaktionen (2013), Rz 658 ff; *Huber*, Immobilienertragsteuer und betriebliche Gewinnermittlung, SWK 2/2013, 59.

79   *Achatz/Bieber* in *Achatz/Kirchmayr* (Hrsg), KStG, § 7 Rz 35 sowie KStR, Rz 294.

Grund des Wechsels der Gewinnermittlungsart steuerneutral auf den Teilwert auf- oder abgewertet, ist für den Inflationsabschlag der Zeitpunkt der Einlage oder des Wechsels der Gewinnermittlung maßgeblich. Eine derartige Bewertung kann mE aber nur für Körperschaften gelten, die umgegründet wurden, vor Umwandlung dem EStG unterlagen (und während dieser Zeit den Teilwert aus einer Einlage bzw eines Wechsels der Gewinnermittlungsart angesetzt haben) und aufgrund des Buchwertfortführungsgebots diesen Wert noch immer angesetzt haben. Für andere mit dem Teilwert bewerteten GuB gilt die Sonderregelung des § 4 Abs 3a. Der Inflationsabschlag steht daher auch sämtlichen Körperschaften – aber nur für den GuB – grundsätzlich zu.[80] Durch den Verweis des § 4 Abs 3a Z 2 EStG auf § 30a Abs 3 Z 1–4 EStG kommt der Inflationsabschlag für Körperschaften aber dann nicht zur Anwendung, wenn einer der Ausnahmetatbestände vorliegt.

- Die Befreiung des § 3 Abs 1 Z 33 EStG ist anzuwenden.[81]
- **§ 4 Abs 3a Z 3 lit c EStG:** Ein Auf- oder Abwertungsbetrag nach § 4 Abs 10 Z 3 lit a EStG idF vor dem StabG 2012 ist gewinnwirksam anzusetzen. Diese Bestimmung ist auf Körperschaften iSd § 7 Abs 3 KStG nicht anwendbar.
- **§ 4 Abs 3a Z 4 EStG:** Bei der Veräußerung eines mit dem Teilwert eingelegten Grundstückes des Betriebsvermögens gilt der Unterschiedsbetrag zwischen dem Teilwert im Einlagenzeitpunkt und den Anschaffungs- oder Herstellungskosten als Einkünfte aus privaten Grundstücksveräußerungen. Als Veräußerungserlös gilt der Teilwert im Einlagenzeitpunkt. Soweit das Grundstück am 31.3.2012 nicht mehr steuerverfangen war oder es ohne Einlage nicht mehr steuerverfangen gewesen wäre, kann § 30 Abs 4 EStG (*Pauschalbesteuerung*) angewendet werden. Diese Bestimmung ist zur Gänze auf Körperschafteb iSd § 7 Abs 3 KStG nicht anwendbar.
- **§ 4 Abs 3a Z 5 EStG:** Müssen Grundstücksteile im Zuge einer Änderung der Widmung auf Grund gesetzlicher Vorhaben an die Gemeinde übertragen werden, sind die Anschaffungskosten der verbleibenden Grundstücksteile um die Anschaffungskosten der übertragen Grundstücksteile zu erhöhen. Diese Regelung ist auch bei Körperschaften (auch jene iSd § 7 Abs 3 KStG) anwendbar.

Die *Verlustverrechnungsbeschränkung* des § 6 Z 2 lit d EStG ist auf Körperschaften nach § 7 Abs 3 KStG nicht anzuwenden (§ 7 Abs 3 3. Satz KStG). Verluste aus der Veräußerung und Teilwertabschreibung von Grundstücken sind daher bei Körperschaften nach § 7 Abs 3 KStG unbeschränkt abzugsfähig.[82] Bei anderen Körperschaften gilt die Verlustverrechnungsbeschränkung.

I/51

---

80   *Bodis/Mayer*, RdW 2012, S 242; *Studera/Thunshirn*, Handbuch Besteuerung Grundstückstransaktionen (2013), Rz 656 ff; *Huber*, Immobilienertragsteuer und betriebliche Gewinnermittlung, SWK 2/2013, 59.
81   *Bodis/Mayr*, Rdw 2012, 239*Huber*, Immobilienertragsteuer und betriebliche Gewinnermittlung, SWK 2/2013, 59.
82   *Bodis/Mayr*, Rdw 2012, 239.

2.6. Treuhänder und Treugeber als Verkäufer

I/52 Gem § 24 BAO werden ertragsteuerlich Treuhandimmobilien dem Treugeber zugerechnet. § 30 EStG gilt daher immer nur mit Wirkung für den Treugeber. Zur Begriffsbestimmungen im Zivilrecht versus Steuerecht s eingehend Kap I/7.

3. Grundstücksbegriff:
Was gilt als „Grundstück" iSd ImmoESt?

3.1. Die unterschiedlichen rechtlichen Grundstücksbegriffe

Der Grundstücksbegriff des StR ist hochgradig different oder wie *Viskorf*[83] fest-   **I/53**
hält, *„doppeldeutig"*. Es ist notwendig, die Begriffe anhand der verschiedenen
Normen zu erläutern. Der Begriffsumfang des EStG deckt sich nicht mit jenem
des GrEStG sowie des UStG und weicht auch vom zivilrechtlichen Begriff ab.[84]

3.2. Der Grundstücksbegriff des EStG

3.2.1. Begriffsbildung und Wirtschaftsguteigenschaft

Der Grundstücksbegriff des EStG (*„Grundstück"*) weicht vom GrEStG ab. Er ist   **I/54**
nicht vollständig aus dem EStG, jedoch aus der Rsp[85] ableitbar und umfasst unbebaute und bebaute Grundstücke, Gebäude, Superädifikate, Eigentumswohnungen, Grundstücksanteile[86], „grundstücksgleiche Rechte" (Baurecht, Bergbaube-
rechtigungen und Realkonzessionen)[87], Grundstücksbestandteile und „fiktive"
Grundstücke. Betriebsvorrichtungen, Dienstbarkeiten und Mobiliar fallen weder
unter den Begriff des Grundstückes nach § 2 GrEStG noch unter jenen nach § 30
EStG.

Zentral für das EStG ist der Begriff *„Wirtschaftsgut"*. Darunter sind alle im wirtschaftlichen Verkehr nach der Verkehrsauffassung selbstständig bewertbaren
Güter jeder Art zu verstehen.[88] Nach dem VwGH[89] umfasst der Begriff *„in den
tatsächlichen Zuständen auch konkrete Möglichkeiten und Vorteile für den Be-*

---

83   in *Boruttau*, GrEStG[17], § 2 Rz 15.
84   *Studera/Thunshirn*, Handbuch Besteuerung Grundstückstransaktionen (2013), Kap 2.
85   *Quantschnigg/Mayr*, RdW 2007, 118; Jakom/*Marschner* EStG, 2013, § 4 Rz 136; EStR Rz 6621 ff; *Stu-
      dera/Thunshirn*, Handbuch Besteuerung Grundstückstransaktionen (2013), Rz 461 ff.
86   Jakom/*Kanduth-Kristen* EStG, 2013, § 30 Rz 9; *Hammerl/Mayr*, RdW 12, 167; ausführlich *Studera/
      Thunshirn*, Handbuch Besteuerung Grundstückstransaktionen (2013), Rz 461 ff; *Herzog*, Die neue
      Immobilienbesteuerung ab 1.4.2012, SWK-Heft 11/2012, 563; *Perthold/Vaishor*, Private Grund-
      stücksveräußerungen durch natürliche Personen in *Perthold/Plott* (Hrsg), Stabilitätsgesetz 2012,
      SWK-Spezial 2012, 12; teilweise aA *Beiser*, Die neue Immobilienbesteuerung idF AbgÄG 2012,
      SWK-Spezial 2012, Pkt 2.4. und 2.6.
87   Das Baurecht gehört nicht zum GuB, sondern ist ein unbewegliches abnutzbares Wirtschaftgut;
      Jakom/*Kanduth-Kristen*, aao; *Doralt/Kempf* in *Doralt*, EStG[15], § 30 Rz 42.
88   *Doralt*, EStG[15]; § 4 Rz 36.
89   Uva 19.5.2005 2000/15/0093.

trieb, deren Erlangung sich der Unternehmer etwas kosten lässt und die nach der Verkehrsauffassung einer besonderen Bewertung zugänglich sind". Er deckt sich nicht mit dem Begriff der „Sache" und ist weitgehend mit dem unternehmensrechtlichen Begriff „Vermögensgegenstand" ident.[90]

I/55 Ein *Wirtschaftsgut* braucht nicht rechtlich selbständig zu sein, muss aber selbständig bewertungsfähig sein, was dann anzunehmen ist, wenn hierfür im Rahmen des Kaufpreises des Unternehmens ein besonderes Entgelt angesetzt wird.[91] Ob nach dem Privatrecht eine selbständige Sache vorliegt, hat bloß Indizfunktion. Einzelveräußerbarkeit ist nicht erforderlich.[92] *Einheitlich* ist ein Wirtschaftsgut dann, wenn die Bestandteile in einem einheitlichen Nutzungs- und Funktionszusammenhang stehen.[93] Nicht die Widmung, sondern die *allgemeine Verkehrsauffassung* ist relevant.[94]

I/56 Der Begriff „Gebäude" bestimmt sich nach der Verkehrsauffassung. Als „Gebäude" ist jedes Bauwerk zu verstehen, das „*durch räumliche Einfriedung Menschen und Sachen einen Schutz gegen äußere Einflüsse gewährt, den Eintritt von Menschen gestattet, mit dem Boden fest verbunden und von einiger Beständigkeit ist*". In der UFS-Judikatur, der die EStR allerdings nicht gefolgt sind, finden sich aber vereinzelt auch davon abweichende (weitergehende) Gebäudebegriffe, wonach es nicht erforderlich sein soll, dass ein Bauwerk zum Aufenthalt von Menschen bestimmt ist, sondern es bereits genüge, wenn Menschen sich in ihm aufhalten können. Diese Voraussetzung sei dann erfüllt, wenn das Bauwerk normale Eintrittsmöglichkeiten und einen nicht nur vorübergehenden Aufenthalt von Menschen erlaubt. Unzulänglichkeiten bautechnischer Art wie Luftdurchzug, Lärmbelastung, niedrige Temperaturen etc stünden dem ebensowenig entgegen wie die Möglichkeit, sich nur in Schutzkleidung im Gebäude aufzuhalten.[95] Es ist mit dem Boden fest verbunden, wenn es derart verankert ist, dass die Verbindung nicht durch bloßen Abtransport beseitigt werden kann. Lässt sich die Verbindung des Bauwerkes zum Boden (ohne Zerstörung) lösen, darf der Abtransport nicht Kosten verbunden sein.[96] Unbeachtlich ist, ob ein Bauwerk auf Dauer oder auf begrenzte Zeit errichtet wird. Bei einem bebauten Grundstück bilden Gebäude und GuB eine Einheit.[97] Bei Bauwerken, die typische Merkmale eines Gebäu-

---

90 *Doralt*, EStG[15]; § 4 Rz 36.
91 *Doralt*, EStG[15], § 4 Rz 36 f; VwGH31.10.1999 94/15/0088; Bilanzierungsfähigkeit ist irrelevant.
92 VwGH 16.11.93 90/14/0077; VwGH 19.9.95 92/14/0008.
93 Jakom/*Marschner*, aao, § 4 Rz 68; *Doralt*, aao, Rz 38.
94 *Doralt*, EStG[15], § 4 Rz 36 mwN.
95 VwGH 21.09.2006, 2006/15/0156; ihm folgend EStR Rz 3140 ff; *Quantschnigg/Schuch*, ESt-HB, § 8 Tz 7.1 ff; Jakom/*Kanduth-Kristen* EStG, 2013, § 8 Rz 9; ausf *Studera/Thunshirn*, Handbuch Besteuerung Grundstückstransaktionen (2013), Rz 65 ff; weitergehend UFS 22.9.2005, RV/0106-K/05 (Autowaschstrasse) sowie 31.10.2007, RV/2427-W/07 (Güllekanal) mit Verweis auf BFH 14.11.1975 III R 150/74; kritisch *Wimpissinger*, ÖStZ 2013, 521.
96 EStR Rz 3140 bspw zum Gewächshaus: VwGH 21.9.2006, 2006/15/0156.
97 Jakom/*Marschner* EStG, 2013, § 4 Rz 136; VwGH 18.12.2001, 97/14/0034; irreführend EStR Rz 513.

des aufweisen, ist die Zweckbestimmung oder das Wertverhältnis für die Beurteilung unbeachtlich.[98] Frei stehende Maschinenumhüllungen gelten nicht als Gebäude, da sie aus Sicherheitsgründen nur in Betriebspausen betreten werden können, nicht aber während des sich ständig wiederholenden Betriebsvorganges.[99] Ob ein einheitliches oder mehrere Gebäude vorliegen, ist nach bautechnischen Kriterien iSd Verkehrsauffassung zu entscheiden. Die Frage der wirtschaftlichen Zusammengehörigkeit ist idZ irrelevant.[100] Eine nicht einfach zu klärende Frage ist, ob – wenn sich mehrere Gebäude auf einem Grundstück befinden – ein einheitliches Gebäude oder mehrere Gebäude vorliegen.[101]

Eigentumswohnungen sind eigene unbewegliche Wirtschaftsgüter. IdR zählen das zugeordnete Kellerabteil und der zugeordnete Stellplatz zu dessen Bestandteilen. Nur ausnahmsweise können mehrere Eigentumswohnungen als ein einheitliches Wirtschaftsgut anzusehen sein, wenn es sich um eine wirtschaftliche Einheit handelt (zB Zusammenfassung mehrerer Eigentumswohnungen zu einem Büro). Miteigentumsanteile gelten, auch wenn grundbücherlich gesicherter Bestandrechte bestehen nicht, als Eigentumswohnung und daher nicht als Grundstück. Sie sind aber iSd LVO als eigenes Wirtschaftsgut anzusehen (§ 1 Abs 2 Z 3 LVO).[102] **I/57**

Unter dem ertragsteuerlichen Begriff „*Grund und Boden*" (GuB") ist im Gegensatz zum „Grundstück" lediglich der nackte GuB zu verstehen.[103] Auch mit ihm fest verbundene Sachen zählen generell nicht zum GuB.[104] Selbständig bewertbare Wirtschaftsgüter zählen idR niemals zum GuB.[105] Sie gelten aber mitunter als Grundstück iSd § 30 EStG bzw maW als Grundstücksbestandteil, s näher Rz I/69. Daher zählen bspw Glashäuser, Glasbeete, Pumpenanlagen, Baumschulanlagen, uä nicht zum GuB, gelten aber als Grundstück iSd § 30 EStG.[106] Nach den EStR (Rz 577 bzw – unklar – Rz 6621) spricht aber nichts dagegen, „*für Zwecke der Besteuerung von Gewinnen aus der Veräußerung von solchen Wirtschaftsgüter, die nach der Verkehrsauffassung derart in einem engen Nutzungs- und Funktionszusammenhang mit einem Grundstück stehen, dass sie die Nutzung dieses Grundstücks ermöglichen oder verbessern wie zB Wege, Zäune, Parkplätze, Brücken, Schwimmteiche, Biotope, Drainagen u dgl) diese als GuB zu behandeln.*" Die Frage **I/58**

---

98 EStR Rz 3140 mwN.
99 EStR Rz 3140a; VwGH 22.4.2009, 2007/15/0307; aA UFS 17.9.2008, RV/0038-L/06 *Kesselhaus*.
100 Jakom/*Marschner* EStG, 2013, § 4 Rz 137; *EStR* Rz 564.
101 Jakom/*Marschner*, aao, Rz 137.
102 Jakom/*Marschner*, aao, § 4 Rz 144.
103 *Doralt*, EStG[15], § 4 Rz 119; *EStR* Rz 577.
104 *Doralt*, EStG[15], § 4 Rz 119; *Quantschnigg/Mayr*, aao, 118.
105 VwGH 29.3.2001, 2006/15/0112; Jakom/*Marschner* EStG, 2013, § 4 Rz 149.
106 EStR Rz 577 sowie Rz 6621; Jakom/*Marschner* EStG, 2013, § 4 Rz 149; Jakom/*Kanduth-Kristen*, EStG, 2013, § 30, Rz 12 betr Wege, Straßen, Platzbefestigungen, Brücken, Zäune u dgl: „*sie können allerdings nicht losgelöst von GuB übertragen werden, so dass deren Übertragung seitens des BMF unter § 30 subsumiert wird*" mit Verweis auf BMF 3.9.2012, BMF-010203/0402-VI/6/2012, Punkt 44; ebenso *Beiser* SWK 12, 1240.

der Abschreibbarkeit nach den §§ 7 und 8 EStG ist idZ von der Frage der Subsumation unter ein Grundstück iSd § 30 EStG zu unterscheiden.

Das Recht, ein Grundstück als Mülldeponie zu nutzen, stellt idR ein eigenes Wirtschaftsgut dar,[107] ebenso das Recht auf Schotter- und Sandgewinnung oder einen Teich zu graben und zu betreiben.[108] Allerdings ist die Rsp kasuistisch: Bei ausgearbeiteten Schottergruben, die zum Zweck der Errichtung einer Bauschuttdeponie als Deponieraum erworben wurden, handelt es sich um kein von GuB gesondert zu betrachtendes Wirtschaftsgut.[109] Veräußert aber der Grundeigentümer mit dem Grundstück verbundene Rechte (zB zur Nutzung als Mülldeponie), so ist insoweit eine gesonderte (immaterielle) Wirtschaftsguteigenschaft denkbar.[110]

I/59 Durch die die Errichtung eines Gebäudes auf einem früher angeschafften GuB wird nach *bisheriger* hA im Geltungsbereich der früheren Spekulationsbesteuerung *kein* neues Wirtschaftsgut angeschafft. Das Gebäude wurde *Bestandteil* des einheitlichen Wirtschaftsguts „Grundstück".[111] Die steuerlich relevanten Fristen begannen nach früherer Ansicht demnach bereits mit der Anschaffung des Grundstückes.[112] Die Bauführung war irrelevant. Nach den EStR soll dies nun *nicht mehr* gelten, s dazu Rz I/70.

Der spätere Erwerb eines Superädifikats durch den Grundeigentümer wird unstrittig als Anschaffung eines neuen Wirtschaftsguts behandelt.[113]

I/60 Für die *Abgrenzung*, ob ein Grundstück *bebaut* oder *unbebaut* ist, gilt § 55 BewG.[114] Demnach gelten auch Grundstücke mit Gebäuden als unbebaut, wenn der Wert und die Zweckbestimmung des Gebäudes gegenüber Wert und Zweckbestimmung des GuB von untergeordneter Bedeutung sind, zB Abbruchgebäude, Hütten etc.[115]

I/61 *Anteile an grundstücksbesitzenden Personengesellschaften* gelten ertragsteuerlich als Grundstücke. Die Anschaffung/Veräußerung des Anteils gilt als Grundstücksanschaffung/–veräußerung, s im Detail Kap I/17.

I/62 Auch der Anspruch auf Veräußerung eines Grundstücks wird demnach hinsichtlich § 30 EStG wie eine unmittelbare Grundstücksanschaffung behandelt.[116]

---

107 Str s *Doralt*, EStG[15], § 4 Rz 120 f; relevant ist uE die Erschließung und die Möglichkeit der Nutzung.
108 Jakom/*Marschner* EStG, 2013, § 4 Rz 173 zu „Bodenschatz".
109 EStR Rz 577 u Rz 6621 mit H auf VwGH 11.12.1996, 94/13/0179.
110 EStR Rz 577; VwGH 18.2.1999, 97/15/0015.
111 VwGH 26.11.1991, 91/14/0196; *Doralt/Kempf*, aao, § 30 Rz 106; *Fingernagel*, RdW 2012/723, 692.
112 Jakom/*Kanduth-Kristen* (2013), § 30 Rz 35; *Doralt/Kempf*, aao Rz 106.
113 *Studera/Thunshirn*, Handbuch Besteuerung Grundstückstransaktionen (2013), Rz 1362, 1370; *Doralt/Kempf*, aao Rz 41.
114 *Quantschnigg/Schuch*, ESt-HB, § 8 Tz. 7.1 ff.
115 Jakom/*Kanduth-Kristen* EStG, 2013, § 30 Rz 62; EStR 6655.
116 S die vergleichbaren Ausführungen in *Quantschnigg/Schuch*, ESt-HB, § 30, Rz 14; zust Jakom/*Kanduth-Kristen* EStG, 2013, § 31 Rz 11.

Bestandteile und Zubehör: Hier weicht das EStG vom ABGB und GrEStG ab. **I/63** Als unbeweglich ieS gelten nur Teile, denen typischer Gebäude- bzw GuB-Charakter beizumessen ist. Dies ist dann der Fall, wenn sie nur mit einer wesentlichen Beeinträchtigung ihrer Substanz bzw unverhältnismäßig hohen Kosten entfernt werden können und dadurch nicht woanders verwendet werden können. Ungeachtet dessen können derartige Wirtschaftsgüter steuerlich ein von GuB und Boden getrenntes selbständiges Wirtschaftsgut darstellen und bei Nutzung zur Einkunfteserzielung einer gesonderten Absetzung für Abnutzung zugänglich sein. Dies ändert aber nichts an deren Subsumation unter § 30 EStG, denn sie können nicht losgelöst von GuB übertragen werden, sodass deren Übertragung unter § 30 EStG zu subsumieren ist.[117] Die Beurteilung richtet sich nach der *Verkehrsauffassung*. Immobilienähnliche Anlagen wie Gleisanlagen, Hochspannungsleitung, Tunnel und Kanalanlagen gelten als unbeweglich und werden unter § 30 EStG subsumiert. Nach der Rsp ist etwa auch eine Wassertransportleitung selbständig und unbeweglich.[118]

Selbständig bewertbar *und unter § 30 EStG zu subsumieren* sind Wege, Straßen, Trassen, Holzbezugsrechte, Platzbefestigungen, Brücken, Zäune und Parkplätze.[119] Nach den EStR werden weiters auch Wegerechte an fremden Grundstücken und ähnliche Grunddienstbarkeiten, Brücken, Schwimmbecken, Schwimmteiche und Biotope, Geländegestaltungen, Drainagen, Wehranlagen, gemauerte Essplätze, Gartenlauben und Gartenhäuschen unter § 30 EStG subsumiert.[120]

Nicht unter § 30 EStG subsumierbar: Ebenso selbständig, jedoch aus steuerlicher Sicht *kein* (Bestandteil des) Grundstück und daher auch nicht unter iSd § 30 EStG subsumierbar sind das Jagdrecht, das stehende Holz, Tiere und Bodenschätze.[121] Zum (strittigen) Fischereirecht siehe Rz I/76 ff.

Unselbständig und daher Bestandteil des Grundstücks und unter § 30 subsumierbar sind Heizungs-, Solar- und Stromanlage, Fußboden, Malerei, Ver- und Entsorgungseinrichtungen, gemauerter Kachelofen, baulich integrierte Abluft- bzw Klimaanlage, Sanitäreinrichtungen.[122] Einrichtungsgegenstände sind steuerlich idR nicht Bestandteil des Gebäudes, sondern selbständig und beweglich. Das gilt auch für eingebaute Möbel, mobile Trennwände uä.[123]

---

117 EStR Rz 6621; zust Jakom/*Kanduth-Kristen* EStG, 2013, § 30, Erz 12.
118 VwGH 11.11.92, 91/13/00 33.
119 *Doralt*, EStG[15], § 6 Rz 8 f; *Herzog*, SWK 2012, 565; zust Jakom/*Kanduth-Kristen* EStG, 2013, § 30, Rz 12.
120 EStR Rz 6621; Jakom/*Kanduth-Kristen* EStG, 2013, § 30, Rz 12; BMF 3.9.12, BMF-010203/0402-VI/6/2012, Punkt 44; ebenso *Beiser*, SWK 2012, 1240.
121 EStR Rz 6621; Jakom/*Kanduth-Kristen* EStG, 2013, § 30, Rz 12.
122 Uva Jakom/*Marschner* EStG, 2013, § 4 Rz 138.
123 *Studera/Thunshirn*, Handbuch Besteuerung Grundstückstransaktionen (2013), Rz 79 f.

I/66 Die Eigenschaft als *Betriebsanlagen und –vorrichtung* gem § 2 Abs 1 Z 1 GrEStG ist für das EStG und das UStG irrelevant. Betriebsanlagen und Betriebsvorrichtungen sind aber idR selbständig und nicht als Teil des Gebäudes anzusehen. Sie fallen nicht unter die §§ 30 ff EStG.

3.2.2. Der § 30-Grundstücksbegriff

I/67 Das EStG kennt einen einheitlichen Grundstücksbegriff, der sich aus der Rsp sowie aus § 30 EStG, jedoch nicht aus dem GrEStG ergibt.[124] Für § 30c EStG ist daher der *Grundstücksbegriff* des § 30 Abs 1 EStG iVm jenem des GrEStG relevant. Nur Grundstücke iSd § 30 EStG können unter § 30c EStG fallen. Ist dies der Fall, so ist vom Parteienvertreter zu prüfen, ob auch ein Vorgang iSd GrEStG vorliegt. § 30 EStG definiert nunmehr für Zwecke der Ertragsbesteuerung ausdrücklich *„seinen" Grundstücksbegriff,* der nach Ansicht von *Hammerl/Mayr*[125] *„aufgrund diverser Begriffsmissverständnisse in der Vergangenheit"* erfolgt ist. Nach *Hammerl/Mayr* umfasst der Begriff des Grundstückes Grund und Boden, Gebäude und Rechte, die den Vorschriften des bürgerlichen Rechts über Grundstücke unterliegen. Grundstücke sind damit nach *Hammerl/Mayr* grundsätzlich der umfassende Begriff; Grund und Boden sowie das Gebäude sind Teile eines Grundstücks, die im Falle einer separaten Veräußerung (zB Veräußerung eines Superädifikats) ebenfalls als (Teile des) Grundstücks erfasst werden. Die Definition der *„Rechte"* entspricht nach *Hammerl/Mayr* der *bisherigen* gesetzlichen Formulierung und umfasse daher insb Baurechte oder Fischereirechte. Aufgrund dieser Begriffsdefinition fallen nach *Hammerl/Mayr* andere Vermögenswerte, die zwar zivilrechtlich als Zugehör von Grund und Boden gelten, ertragsteuerlich aber als selbstständige Wirtschaftsgüter anzusehen sind, nicht in das Besteuerungsregime für Grundstücke, wozu insb stehendes Holz, die stehenden Ernte und Sonderkulturen zählen.

Demnach umfasst § 30 EStG folgende „*Grundstückskategorien*":

- den (nackten) GuB
- Gebäude einschließlich Gebäude auf fremdem GuB (Superädifikate)
- grundstücksgleiche Rechte
- (unselbständige) Grundstücksbestandteile (nicht mit Zugehörsbegriff des ABGB deckungsgleich)[126]

Es besteht im Übrigen Einvernehmen, dass sich der Grundstücksbegriff des neuen § 30 EStG an der bisherigen Terminologie des nahezu ident textierten § 30

---

124 Jakom/*Kanduth-Kristen* EStG, 2013, § 30, Rz 11.
125 *Hammerl/Mayr*, StabG 2012: Die neue Grundstücksbesteuerung, Rdw 2012, 167 mit Hinweis auf *Quantschnigg/Mayr*, RdW 2007, 118; die EStR haben eine mit *Hammerl/Mayr* idente Begriffsdefinition in EStR Rz 6621; jedoch mE dennoch unklar, ob tatsächlich umfassend; siehe *Studera/Thunshirn*, Handbuch Besteuerung Grundstückstransaktionen (2013), Rz 461 ff.
126 EStR Rz 6621.

Abs 1 Z 1 lit a EStG „alte" Fassung orientiert.[127] Daher zählen auch ausländische Grundstücke dazu.[128]

Grund und Boden: Nach Rz 577 der EStR wurde und wird auch nach Inkrafttre-   **I/68** ten des 1. StabG im Bilanzsteuerrecht unter Grund und Boden nur der *nackte* GuB (auch wenn dieser bebaut ist) verstanden.[129] *Strittig* ist insb seit dem 1. StabG 2012 allerdings, ob verschiedene Begünstigungen für den GuB auch für bebauten GuB gelten bzw ob auch im Falle der Bebauung das Gebäude selbständig oder einheitlicher Bestandteil des GuB war bzw ist (s Rz I/70 „Aufgabe der Einheitstheorie"). Selbständig bewertungsfähige Wirtschaftsgüter werden ganz generell, auch wenn sie mit GuB fest verbunden und zivilrechtlich Grundstückszubehör sind, einkommensteuerlich nicht zum GuB gerechnet.[130] Dazu gehören[131] Betriebsanlagen (zB Hochöfen, Silos), Glashäuser, Glasbeete, Brücken, Pumpanlagen usw, aber auch Baumschulanlagen. Ein selbständiges Wirtschaftsgut (und daher nicht GuB) ist bspw auch ein Wegerecht am Nachbargrundstück.[132] Selbständig bewertbare Wirtschaftsgüter zählen somit niemals zum GuB.[133]

Für die Abgrenzung, ob ein Grundstück bebaut oder unbebaut ist, gelten die Bestimmungen des BewG. Zum nackten GuB zählen demnach Gebäude, wenn deren Wert und Zweckbestimmung gegenüber jenem des GuB von untergeordneter Bedeutung ist, zB Abbruchgebäude, Hütten etc.[134]

Nach Rz 6621 der EStR gehören alle Aufwendungen, welche die Nutzbarkeit des Grundstücks erst ermöglichen (zB Anlegerbeiträge für die Aufschließung des Grundstücks durch Straßen oder Gehsteige), als Anschaffungsnebenkosten zum GuB.

> „Aufschließungsbeiträge zur Versorgung mit Wasser (Entsorgung von Abwasser) und Energie sind bei bebauten oder in Bebauung befindlichen Grundstücken als Anschaffungs- bzw. Herstellungsnebenkosten des Gebäudes zu werten, sonst ebenfalls Anschaffungsnebenkosten von Grund und Boden."

Nicht zum GuB zählen jedoch[135] Holzbezugsrechte[136], Fischereirechte (aber grundstücksgleiches Recht, s unten), Jagdrechte[137], Teilwaldrechte[138] und Bau-

---

127 *Hammerl/Mayr*, RdW 2012, 167; *Studera/Thunshirn*, Handbuch Besteuerung Grundstückstransaktionen (2013), Rz 461 f; aA *Beiser* SWK 2012, 1243
128 *Quantschnigg/Schuch*, ESt-HB, § 30 Rz 1; Jakom/*Kanduth-Kristen* EStG, 2013, § 30 Rz 7.
129 *Doralt*, EStG[15], § 4 Rz 119; *EStR* Rz 577.
130 *Doralt*, EStG[15], § 4 Rz 119; *Quantschnigg/Mayr*, aao, 118; *Hammerl/Mayr*, StabG 2012: Die neue Grundstücksbesteuerung, Rdw 2012, 167.
131 VwGH 11.4.1958, 1314/56; 30.6.1987, 86/14/0195.
132 EStR Rz 577 mit H auf VwGH 27.10.1976, 1418/74.
133 VwGH 29.3.2001, 2006/15/0112; Jakom/*Marschner* EStG, 2013, § 4 Rz 149
134 Jakom/*Kanduth-Kristen* EStG, 2013, § 30 Rz 62; *EStR* 6655; *Studera/Thunshirn*, Handbuch Besteuerung Grundstückstransaktionen (2013), Rz 70.
135 EStR Rz 577 ff.
136 VwGH 21.10.1960, 0113/60.
137 VwGH 11.12.1990, 90/14/0199; VwGH 16.11.1993, 90/14/0077.
138 VwGH 19.9.1995, 92/14/0005.

rechte (aber grundstücksgleiches Recht, s unten) sowie Anteilsrechte an einer Agrargemeinschaft.

I/69   Als *Grundstücksbestandteile* iSd § 30 EStG gelten Wirtschaftsgüter, die nach der Verkehrsauffassung mit GuB, Gebäuden oder grundstücksgleichen Rechten in einem derart *engen Nutzungs- und Funktionszusammenhang* stehen, dass sie die Nutzung dessen ermöglichen oder verbessern und daher nicht eigenständig übertragen werden können bzw idR im Zuge der Veräußerung mitübertragen werden müssen.[139] Dazu zählen bspw Zäune, Parkplätze, Wege, Wegerechte und ähnliche Grunddienstbarkeiten, Brücken, Schwimmbecken/-teiche, Geländegestaltungen, Drainagen, gemauerte Essplätze sowie Gartenlauben und -häuschen. An ihrer Eigenschaft als selbständige Wirtschaftsgüter ändert dies jedoch nichts.[140] Nach Rz 577 der EStR bestehen für Zwecke der Besteuerung von Gewinnen aus der Veräußerung von Grundstücken auch keine Bedenken, diese Wirtschaftsgüter dem GuB zuzurechnen.

Dies gilt auch, wenn derartige Wirtschaftsgüter einer gesonderten AfA zugänglich sind (zB Platzbefestigungen zwecks Beseitigung von Löchern und Unebenheiten oder Platzbefestigungen zur Schaffung von Parkplätzen).[141]

Hingegen sind Grundstücksbestandteile, welche aus der *Nutzung* des GuB entstehen und land- oder forstwirtschaftlichen Zwecken dienen (stehende Ernte, stehendes Holz), vom Grundstücksbegriff *nicht* umfasst, selbst wenn sie in einem einheitlichen Vorgang mit dem GuB veräußert werden.[142]

I/70   **Gebäude:** Bei Herstellung eines Gebäudes auf einem bereits angeschafften GuB entstand bis 31.3.2012 nach überwiegender Ansicht kein neues Wirtschaftsgut. Für die Berechnung der Spekulationsfrist gem § 30 EStG aF wurde auf die Anschaffung von GuB abgestellt. Nach *Kanduth-Kristen*[143] sei *„aufgrund der eindeutigen Differenzierung zw GuB und Gebäude durch das 1. StabG 2012 jedoch gem § 30 EStG nF eine getrennte Betrachtung erforderlich (etwa hinsichtlich des für GuB und Gebäude bei Veräußerung nach § 30 Abs 3 zustehenden Inflationsabschlags)."* Auch nach Ansicht des BMF[144] handelt es sich bei GuB, Gebäuden und grundstücksgleichen Rechten ab 1.4.2012 um jeweils selbständige Wirtschaftsgüter. Ab In-Kraft-treten des 1. StabG 2012 sei daher nach dem BMF die *Einheitstheorie* auf bebaute Grundstücke nicht mehr anzuwenden. Daher sei ab diesem

---

139   EStR Rz 577 sowie Rz 6621.
140   EStR Rz 577.
141   EStR Rz 6621; VwGH 20.5.2010, 2006/15/0238.
142   EStR Rz 6621.
143   Jakom/*Kanduth-Kristner* EStG, 2013, § 30, Rz 22; zust *Bodis/Hammerl*, EStR-Wartungserlass 2013: Neue Grundstücksbesteuerung (I), RdW 2013, 411; *Kanduth-Kristen*, Zweifelsfragen zum Inflationsabschlag gem. § 30 Abs 3 EStG, SWK 6/2013, 354.
144   EStR Rz 6654; *Bodis/Hammerl*, RdW 2013/411; krit zur bisherigen Einheitstheorie, *Beiser*, ÖStZ 2010, 77; unklar Jakom/ *Kanduth-Kristner*, aao, § 30, Rz 22.

Zeitpunkt auch die Beurteilung, ob Altvermögen vorliegt, für jedes Wirtschafts-gut (GuB und Gebäude) selbst zu treffen. Die Ansicht der EStR führt zu folgen-dem Ergebnis: Wird auf vor dem 31.3.2002 angeschafftem GuB nach dem 31.3.2012 ein Gebäude errichtet oder ein grundstücksgleiches Recht eingeräumt, stellt das Gebäude oder grundstücksgleiche Recht Neuvermögen dar.

Bei Errichtung von Zu- oder Anbauten sowie bei Aufstockungen wird vom ur-sprünglichen Anschaffungs- oder Herstellungszeitpunkt des Gebäudes auszuge-hen sein, sofern nicht aufgrund des Umfangs der Baumaßnahmen von einer Neu-herstellung auszugehen ist.[145]

Nach Ansicht des Autors und von Teilen der Lehre[146] sowie der jüngeren Rsp des BFH folgend war die Einheitstheorie schon bis dato unzutreffend. Ungeachtet dessen ergibt sich aus der Herstellerbefreiung des § 30 EStG „alt" iZm der Über-gangsbestimmung des § 30 Abs 4 EStG idgF, dass ein *einheitlicher Fristenlauf* für das auf einem vorher angeschafften GuB errichtete Gebäude unzutreffend er-scheint. Daraus leitet sich auch ab, dass die Einheitsheorie im Gesetz keine De-ckung fand. Nach bisheriger unstrittiger Ansicht ändert die Bebauung nämlich aufgrund des *Nämlichkeitsprinzips* nichts am Wirtschaftsgut „Grundstück". Auf-grund des Nämlichkeitsprinzips[147] beseitigt etwa auch die Teilung eines Wirt-schaftsgutes der Größe nach nicht deren Identität; es besteht vielmehr Teiliden-tität.[148]

Als *grundstücksgleiche Rechte* kommen nach hA nur zivilrechtlich selbständige **I/71** Rechte in Frage, die den für Grundstücke geltenden zivilrechtlichen Vorschriften hinsichtlich des Erwerbes unterliegen und für sich gesondert (ohne GuB) über-tragbar sind.[149] Grundstücksgleiche Rechte idS sind nach Rz 6622 der EStR:

Baurechte an fremden Grundstücken:[150] Das „Baurecht" am eigenen Grund-stück stellt einen Ausfluss des Eigentumsrechts dar. Die Einräumung eines Bau-rechts an einem privaten Grundstück gegen einen Bauzins ist nach dem BMF als Einkünfte aus VuV zu erfassen.[151] Anderer Ansicht ist zT die Lehre,[152] die solche Zahlungen als Grundstücksveräußerungen unter § 30a EStG subsumiert. Unklar ist, wenn der Grundeigentümer einem Dritten gegen Abstandszahlung die Er-

---

145   Jakom/ *Kanduth-Kristner*, aao, § 30, Rz 22.
146   *Doralt*, EStG, § 6 Rz 8; *Beiser*, ÖStZ 2010, 77 mwN; iZm § 30 EStG „alt" auch *Quantschnigg/Schuch*, ESt-HB, § 30 Rz 9; jüngst *Thunshirn*, Contra BMF: Doch uneingeschränkt 3,5 % Pauschalbesteue-rung für bis 31.3.2012 selbst hergestellte Gebäude?, ecolex 1/2014, in Druck.
147   *Quantschnigg/Schuch*, Est-HB, § 30 Rz 23; UFS 10.1.2008, RV/0336-S/07.
148   UFS 10.1.2008, RV/0336-S/07; *Doralt/Kempf*, EStG, § 30 Tz 63 unter Berufung auf den BFH; *Quantschnigg/Schuch*, ESt-HB, § 30 Rz 23.
149   EStR Rz 6621; Jakom/*Kanduth-Kristner* EStG, 2013, § 30, Rz 13.
150   *Hammerl/Mayr*, RdW 2012, 167 f; Jakom/*Kanduth-Kristner*, aao; *Doralt/Kempf* in *Doralt*, EStG[15], § 30 Rz 42; *Kohler/Nidetzky*, SWK 1990, A I 279.
151   EStR Rz 6622; VwGH 26.7.2006, 2006/14/0024; aA *Beiser*, RdW 2013, 418.
152   *Beiser*, RdW 2013, 418 mwN.

richtung eines Bauwerkes erlaubt, woran dieser auch wirtschaftliches Eigentum erwirbt. UE liegen hier ebenfalls Einkünfte aus VuV vor. Unter die ImmoESt fällt (bloß) die Veräußerung des Baurechts bzw des im Baurecht errichteten Gebäudes an einen Dritten sowie Ablösen.[153]

- *Fischereirechte* an fremden Gewässern.[154]
- *Bergwerksberechtigungen* nach dem MinRoG. *Bergwerksberechtigungen* gelten als unbewegliche Sache und sind in das Bergbuch einzutragen.[155]
- Als *„grundstücksgleiche Rechte"* gelten auch das Grubenmass, Überscharrungen, Realkonzessionen wie Apotheken- und Brauereirealrechte,[156] Fischereirechte[157] sowie Maria-Theresia-Konzessionen.[158]

I/72 *Keine grundstücksgleichen Rechte* sind nach hA[159] Jagdrechte, Fischereirechte an eigenen Gewässern, Wasserrechte nach dem WRG und persönliche *Dienstbarkeiten*.[160] Persönliche *Dienstbarkeiten* wie zB Wohnrechte gelten steuerlich als bewegliche Rechte. Dies gilt selbst dann, wenn sie verbüchert werden. *Grunddienstbarkeiten* (zB Wegerecht) sind hingegen nicht getrennt vom herrschenden Grundstück übertragbar.[161]

Wirtschaftsgüter, die aus der Nutzung des Grundstücks entstehen und land- und forstwirtschaftlichen Zwecken dienen (zB stehendes Holz), gelten ebenso unstrittig nicht als Grundstück.[162]

I/73 *Ausländische Liegenschaften* gelten wie auch nach der früheren Auslegung des § 30 EStG als Grundstück iSd § 30 EStG gF.[163] Bei diesen ist zu unterscheiden, ob sie bei einer „gedanklichen" Veräußerung zum 31.3.2012 steuerhängig gewesen wären oder nicht.[164] Nach Ansicht des BMF ist hierbei nicht relevant, ob nach dem anzuwendenden DBA Österreich ein Besteuerungsrecht zukommt. § 30 EStG gilt wohl auch für ausländische Baurechte und Superädifikate sowie ver-

---

153 Umfassend *Studera/Thunshirn*, Handbuch Besteuerung Grundstückstransaktionen (2013), Kap 10 u 13; EStR Rz 6622.

154 EStR Rz 6622. Das „Fischereirecht" am eigenen Gewässer stellt einen Ausfluss aus dem Eigentumsrecht dar.

155 *Spielbüchler* in *Rummel*, ABGB I³, § 298 Rz 4.

156 *Quantschnigg/Schuch*, § 28 Rz 7; *Doralt*, EStG¹⁵, § 28 Rz 23; *Hammerl/Mayr*, RdW 2012, 167 f; *Thunshirn/Studera*, ecolex 2012, 725 ff, *Steckenbauer* in *Urtz* (Hrsg), Die neue Immobiliensteuer nach dem 1. StabG 2012, ÖStZ Spezial (2012), 28.

157 *Hammerl/Mayr*, RdW 2012, 167 f; EStR RZ 6621; Jakom/*Kanduth-Kristner* EStG, 2013, aao.

158 *Quantschnigg/Schuch*, § 28 Rz 7; *Doralt*, EStG¹⁵, § 28 Rz 23.

159 So auch EStR Rz 6622.

160 EStR Rz 6622.

161 EStR Rz 6622.

162 EStR Rz 6621.

163 EStR Rz 6631 ff; *Studera/Thunshirn*, Handbuch Besteuerung Grundstückstransaktionen (2013), Rz 465; *Huber-Wurzinger*, SWK-Heft 9/2013, 475.

164 EStR 6631.

gleichbare ausländische Personengesellschaften. Eine der Besteuerung entgegenstehende Regelung in DBAs bleibt durch § 30 EStG unberührt.[165]

Sonderfälle/"fiktive" Grundtücke: Als Grundstück iSd § 30 EStG gelten kraft gesetzlicher Bestimmung auch: I/74

- Anteile an Personengesellschaft und an anderen Vereinigungen, soferne diese Grundstücke in ihrem wirtschaftlichen Eigentum besitzen (s Kap I/17.)
- Mit- und Wohnungseigentumsanteile
- Treugeber-Grundstückseigentum
- Wirtschaftliches Eigentum

Wirtschaftliche „*Eigentumssurrogate*" wie liegenschaftsähnliche Rechte, Mietablösen, Entgelt für den Verzicht auf ein Vorkaufsrecht und Optionen gelten nicht als Grundstück[166] und führen allenfalls zu Einkünften aus VuV oder aus Leistungen.[167] I/75

3.2.3. Zweifelsfragen zur Grundstückseigenschaft

3.2.3.1. Fischereirechte

Fischereirechte an fremden Gewässern stellen gem EStR Rz 5009 ein grundstücksgleiches Recht dar. Die Besteuerung des Gewinnes aus der Veräußerung unterliegt daher dem § 30 EStG, wobei die pauschale Gewinnermittlung (§ 30 Abs 4) nicht anwendbar ist, weil es sich hier *nicht* um GuB handelt. Das „*Fischereirecht*" am eigenen Gewässer stelle hingegen nur einen Ausfluss aus dem Eigentumsrecht dar.[168] Die Ausführungen zum Baurecht gelten nach Ansicht der EStR analog. I/76

Dies ist aber nicht eindeutig. *Studera/Thunshirn*[169] weisen darauf hin, dass der Begriff „*grundstücksgleiche Rechte*" erst durch das AbgÄG 2012 aufgenommen wurde. Dies hatte nach Ansicht der Autoren nur klarstellende Bedeutung. Allerdings könne dies deswegen zweifelhaft sein, da die vorherige Bestimmung noch von „*anderen Rechten*" sprach. Die Literatur hat dem Entfall dieses Begriffes bisher keine Bedeutung beigemessen.[170] Es fragt sich daher, warum der Gesetzgeber nach einer offensichtlichen Überarbeitung des Grundstücksbegriffs das Wort „*andere Rechte*" nicht mehr aufgenommen hat. Die Frage, ob die Verpachtung eines Fischereirechts gem § 6 Abs 1 Z 16 UStG umsatzsteuerbefreit ist, ist aktuell I/77

---

165 *Studera/Thunshirn*, Handbuch Besteuerung Grundstückstransaktionen (2013), Rz 465; *Kovar/Haller* in *Haunold* et al (Hrsg), Immobilienbesteuerung², 228 ff.
166 *Studera/Thunshirn*, Handbuch Besteuerung Grundstückstransaktionen (2013), Rz 41 ff; auch e contrario ableitbar aus der fehlenden Erwähnung in EStR Rz 6621.
167 EStR Rz 6622.
168 EStR Rz 6622.
169 *Studera/Thunshirn*, Handbuch Besteuerung Grundstückstransaktionen (2013), Rz 461; zustimmend *Beiser*, Die neue Immobilienbesteuerung idF AbgÄG 2012, SWK-Spezial 2012, Pkt 2.6; *Beiser*, Die neue Immobilienbesteuerung (Teil I), NZ 2013, 77.
170 *Steckenbauer*, aao, 28.

beim VwGH (Amtsbeschwerde zu 2011/15/0123) beim VwGH anhängig. Der St-pfl (Berufungswerber) nahm als Steuerfreiheit gem § 6 Abs 1 Z 16 UStG an: *„Er habe Liegenschaften, auf denen sich Gewässerflächen befinden, verpachtet."* Das Fi-nanzamt ging davon aus, dass ein Fischereirecht nicht zu den in der Befreiung an-geführten grundstücksgleichen Rechten gehöre: *„Auch wenn die Pachtverträge über die Teiche – und nicht bloß hinsichtlich des Fischereirechts – abgeschlossen worden seien, sei der Hauptzweck der Pacht, die Gewässerflächen fischereiwirt-schaftlich zu bewirtschaften."* Der EuGH[171] hat zur USt festgestellt, dass der Begriff der *„Vermietung von Grundstücken"* dahingehend definiert sei, dass dem Mieter vom Vermieter eines Grundstücks auf bestimmte Zeit gegen eine Vergütung das Recht eingeräumt wird, dieses Grundstück in Besitz zu nehmen und jede andere Person von diesem Recht auszuschließen. Dasselbe gelte für ein grundstücksglei-ches Recht. Der UFS[172] ist unter Berufung auf den EuGH der Ansicht, dass auf den *Verkauf von Fischereirechten* die Befreiung des § 6 UStG für die VuV von „Grundstücken" nicht anwendbar sein könne, da das Fischereirecht an sich nicht das Recht umfasst, das *„Grundstück"* in anderer Form als für das Fischen zu nut-zen und andere Personen davon auszuschließen. Unter H auf den EuGH[173] sei es ein wesentliches Merkmal des Grundstücks, dass es mit einem bestimmten Ab-schnitt der Erdoberfläche verbunden ist. Ein fest abgegrenztes Gelände, selbst wenn es von Wasser überflutet ist, kann als Grundstück qualifiziert werden. Nach Ansicht von *Ruppe/Achatz* und dem folgend die hA[174] ist die bloße Verpachtung eines Fischereirechts nicht steuerfrei sei. Nur die Vepachtung des gesamen Grundstücks *samt Fischereiberechtigung stellt eine umsatzsteuerfreie Grund-stücksverpachtung dar.* Nach dieser Literatur wird die Anwendbarkeit der Steuer-befreiung des § 6 Abs 1 Z 16 auch bei der Verpachtung von Fischereirechten für möglich gehalten, wenn mit der Einräumung einer ausschließlichen Berechti-gung zur Fischerei in einem bestimmten Gewässer das Recht einhergeht, andere an der Fischerei in diesem Gewässer zu hindern, und zudem weitere Vorausset-zungen (Mietzins, Mietdauer) erfüllt sind. Der UFS[175] hat in seiner Entscheidung vom 27.5.2011, RV/0329-K/10, mit ausführlicher Begründung dargelegt, dass ein Fischereirecht an einem fremden Gewässer, das mit dem Eigentum an einer Lie-genschaft verbunden ist, als Grunddienstbarkeit eine unbewegliche Sache darstel-le und demnach als Berechtigung, auf welche die Vorschriften des bürgerlichen Rechtes über Grundstücke Anwendung finden, einzustufen sei. Die Verpachtung

---

171 Urteil vom 6.12.2007, C-451/06, Rs *Gabriele Walderdorff*.

172 UFSK GZ RV/2685-W/09, 17.12.2010, Fischereirechte als grundstücksgleiche Rechte; eingehend dazu *Wanke/Rainer*, Verpachtung von Fischteichen ist umsatzsteuerfrei, UFSjournal 2013, 368.

173 EuGH, Urteil C-166/05 vom 7.9.2006, Rs *Rudi Heger*, Rz 20.

174 *Achatz/Ruppe*, UStG⁴ (2011) § 6 Tz. 393; *Rattinger* in *Melhardt/Tumpel*, UStG (2012) § 6 Rz 286; *Tschiderer/Mayr/Kanduth-Kristen* in *Berger/Bürgler/Kanduth-Kristen/Wakounig*, UStG-ON 2.02, § 6 Rz 255 und Rz 449; eingehend zum aktuellen Diskussionsstand *Wanke/Rainer*, Verpachtung von Fischteichen ist umsatzsteuerfrei, UFSjournal 2013, 368.

175 UFS vom 27.5.2011, RV/0329-K/10, mit *Spielbüchler* in *Rummel*, ABGB³, § 383 Anm 4.

eines solchen Fischereirechts unterliege daher der unechten Steuerbefreiung des § 6 Abs 1 Z 16 UStG 1994. Gegen dieses Erkenntnis ist ebenfalls Amtsbeschwerde anhängig.

Das Fischereirecht ist nach Ansicht von *Studera/Thunshirn* ein Privatrecht.Wo nicht der Eigentümer des Gewässers selbst berechtigt ist, wird es als Dienstbarkeit angesehen. Es könne somit als grundbücherlich eingetragene Servitut (= ein beschränkt dingliches Recht) ausgebildet sein. Jedoch wird im Unterschied zu Grundstücken für Fischereirechte im GB keine eigene EZ angelegt und Fischereirechte können daher auch nicht wie ein Grundstück oder ein Baurecht grundbücherlich belastet oder veräußert werden. Auch nach § 4 Abs 3 NÖ FischereiG ist das Fischereirecht ein selbständiges, mit GuB nicht verbundenes Recht. Es kann nach den allgemeinen Vorschriften über den Erwerb und den Besitz von Privatrechten erworben und besessen werden. Somit ist davon auszugehen, dass das Fischereirecht zumindest umsatzsteuerlich ein vom Grundeigentum verschiedenes Recht ist.[176]

Zivilrechtlich sind Rechte, die mit dem Besitz eines Grundstücks verbunden sind, dessen Bestandteil (§ 442 ABGB) und gelten daher als Grundstück. Soweit mit einem Grundstück Dienstbarkeiten verbunden sind, erstreckt sich bspw bei Vermietung und Verpachtung solcher Grundstücke der ermäßigte Steuersatz auch auf Entgeltteile, die für die Dienstbarkeit gezahlt werden.[177] Auch nach älterer hM[178] war umsatzsteuerlich das Jagdrecht kein grundstücksgleiches Recht. Hingegen wurde das Fischereirecht als grundbuchsfähige Grunddienstbarkeit und somit als grundstücksgleiches Recht angesehen.

Der UFS[179] hat aus umsatzsteuerlicher Sicht zum *Jagdrecht* festgestellt, dass sowohl bei Fischerei als auch bei Jagdrecht nicht die Inbesitznahme eines Grundstückes, sondern die Entnahme von Tieren im Vordergrund steht. Ob es sich um ein grundstücksgleiches Recht handelt, musste hier nicht geprüft werden. Entscheidend sei aber, dass jemand aufgrund der eingeräumten Berechtigung ein Grundstück alleine wie ein Eigentümer in Besitz nimmt und alle anderen von der Nutzung des Grundstückes ausschließen kann.[180] Demnach sei das Nutzungsrecht ein immaterieller Gegenstand und kein Grundstück.

Die Anknüpfung an die umsatzsteuerliche Kriterien erscheint mE aufgrund des vom EStG abweichenden umsatzsteuerlichen Grundstücksbegriffes nicht eindeutig zielführend. Unter § 30 EStG fällt nach Ansicht der EStR nur die Veräußerung durch den Fischereiberechtigten. UE fällt die Veräußerung eines Rechtes nur

I/78

---

176 *Scheiner/Kolacny/Caganek*, UStG 1994, § 6 Abs 1 Z 16, Anm 26.
177 *Ruppe/Achatz*, UStG⁴ § 6 Tz 390.
178 Insb zum UStG 1972, zB *Ruppe/Achatz*, aao, Tz 389 ff zu § 6.
179 UFSW, GZ RV/1025-W/08, 29.10.2008.
180 *Haunold/Tumpel/Widhalm*, SWI 2008, 274.

dann unter § 30 EStG, wenn es sich um ein grundstücksgleiches Recht handelt. Dies ist nach der jeweiligen Gestaltung des konkreten Rechtes zu beurteilen. Wird ein in Form eines Bestandrechtes eingeräumtes Fischereirecht veräußert, so fällt dies – weil Bestandrechte nicht als grundstücksgleiche Rechte gelten – nicht unter § 30 EStG. Sollte das Fischereirecht als Grunddienstbarkeit anzusehen sein, so kommt mE § 30 EStG zur Anwendung. Das bloße Recht zu fischen stellt ohne Hinzutreten weiterer Rechte, wie insb Dritte davon auszuschließen, mE kein grundstücksgleiches Recht dar. Hinsichtlich des Fischereirechtes an fließenden Gewässern handelt es sich in den meisten Fällen um Fischereirechte an fremden Gewässern. Nach § 2 WRG sind die im Anhang A aufgezählten Ströme, Flüsse, Bäche und Seen öffentliche Gewässer. Darüber hinaus sind aber auch alle anderen Gewässer öffentliche Gewässer, soweit sie nicht nach dem WRG als Privatgewässer bezeichnet werden. Sie gehören somit dem öffentlichen Gut an, das nach § 287 ABGB im Eigentum des Bundes oder des Landes steht und nur dem Gebrauch durch jedermann dient. Unter diesem Aspekt stellt ein Fischereirecht an einem Fließgewässer nach den EStR[181] idR ein Fischereirecht an einem fremden Gewässer dar und es liegt daher ein grundstücksgleiches Recht vor.

3.2.3.2. Entschädigungen

I/79 Als *Entschädigungen* gelten Ausgleichzahlungen aus vertraglichen Vereinbarungen, aufgrund Gesetz, Richter- und Behördenspruch, Ausgleichzahlungen aufgrund Ansprüche gegen die öffentliche Hand, Schadenersatzansprüche und Versicherungsersatzleistungen. Es ist zu unterscheiden, ob die Entschädigung für entgangene Einnahmen oder für eingetretene Wertminderungen des Grundstückes geleistet wird.

I/80 *Entschädigungen* sind innerhalb *jeder* Einkunftsart möglich, was sich aus § 32 Abs 1 Z 1 EStG ergibt.[182] Im außerbetrieblichen Bereich folgten sie bislang der Quellentheorie, also der Besteuerung an der Quelle. Ausdruck der Quellentheorie ist, dass der Veräußerung einer Einkunftsquelle die Entschädigung für den Verlust derselben gleichzusetzen ist. Nach überwiegender Meinung ist im außerbetrieblichen Grundstücksbereich die Quellentheorie entfallen und an deren Stelle die Reinvermögenstheorie getreten.[183] Entschädigungen bzw zusammengeballte Einkünfte werden innerhalb der jeweiligen Einkunftsart aufgrund des *Leistungs-*

---

181 Rz 6621; zu Fischereirechten in einem land- oder forstwirtschaftlichen Betriebsvermögen Rz 5009.
182 VwGH 14. 6. 1988, 87/14/0171; *Korntner*, FJ 2010, 309.
183 Schlüssig ableitbar aus den Ausführungen von *Bodis/Mayr*, Auswirkungen der neuen Grundstücksbesteuerung auf Körperschaften, RdW 2012, 245, die eine Subsumation von Entschädigungen unter § 30 EStG verneinen; jüngst ausdrücklich *Baldauf*, Abgeltungen für Wertminderungen des Grund und Bodens, SWK 10/2013, 536; *Jakom/Laudacher* EStG, 2013, § 2 Rz 4; *Beiser*, RdW 2013, 167 mit V auf *Beiser*, Steuern[10] (2012), Rz 52 sowie *Beiser*, Zur Quellentheorie und deren Aufspaltung einer Einkunftsquelle in Fruchtziehung und Stamm, ÖStZ 2000/791, 390; zur Quellentheorie: VwGH 16.9.1986, 83/14/0123; *Jakom/Kanduth-Kristen* EStG, 2013, § 32 Rz 15, mwN; *Vaishor*, SWK 2012/ 12, 605.

fähigkeitsprinzips in manchen Fällen über mehrere Perioden verteilt besteuert (§ 37 Abs 3 EStG) oder sonst wie begünstigt (etwa Übertragung stiller Reserven).[184] Dies trägt dem Gleichheitsgrundsatz Rechnung. Danach muss die Besteuerung an die persönliche Leistungsfähigkeit und demnach auch an die persönliche Steuerleistungsfähigkeit anknüpfen, die im zur Verfügung stehenden Einkommen zum Ausdruck gebracht wird. Schwankende Einkünfte und dadurch unregelmäßiges Einkommen beeinträchtigt das Leistungsfähigkeitsprinzip. Verteilungsfähig sind etwa gem § 37 Abs 3 EStG auf Grund des behördlichen Eingriffs aufgedeckte stille Reserven. Verteilt wird der Unterschiedsbetrag zwischen dem Entschädigungserlös und dem Buchwert. Andere Aufwendungen, die mit der (drohenden) Enteignung im Zusammenhang stehen, sind als Betriebsausgabe abzuziehen.

Entschädigungen folgten (zumindest bis Inkrafttreten des 1. StabG) dem Besteuerungsregime der entschädigten Quelle[185] (*Quellentheorie*).[186] Daher waren Entschädigungen für die Vermögenssubstanz während der früheren Rechtslage steuerfrei, wenn sie außerhalb der Spekulationsfrist erfolgten.[187]   **I/81**

Wie insb *Baldauf* und *Beiser*[188] festhalten, ist die Quellentheorie durch das 1. StabG aufgegeben worden. Nach *Beiser* gehört bei einem Mietgebäude, welches der Einkunftserzielung dient, die Versicherungsleistung „in einer systemkonsistenten Gesamtbetrachtung" zu den Einkünften.

> „Die Ersatzleistung sei somit ebenso wie im Betriebsvermögen eine ertragsteuerpflichtige Einnahme. Das Mietgebäude dient der Einkunftserzielung; die Versicherung des Mietgebäudes gegen Schäden dient ebenso der Einkunftserzielung: Die versicherte Gebäudesubstanz gehöre in einer systemkonsistenten Gesamtbetrachtung der §§ 28 und 30, 30a–c EStG ebenso zur Einkunftserzielung wie im Betriebsvermögen. Ersatzleistungen aus einer Neuwertversicherung kürzen die Herstellungskosten aus dem Wiederaufbau."[189]

Beiser hält diese Lösung jedoch für systemwidrig und hält eine analoge Übertragung stiller Reserven nach § 12 EStG bei den Einkünften aus VuV ebenso sachlich (Art 7 B-VG) geboten wie im Betriebsvermögen. Demgegenüber sei ein Ersatz (Schadenersatz) im Privatvermögen ohne Einkunftserzielung nicht einkommensteuerpflichtig. § 30 EStG erfasse nach *Beiser* nach Wortlaut und Ziel „*Grundstücksveräußerungen*". *Schadenersatz* sei nicht als Veräußerungsentgelt

---

184 Uva *Korntner*, FJ 2010, 309; so auch *Beiser*, RdW 2013, 167, der die analoge Übertragung stiller Reserven auch auf außerbetriebliche Einkünfte für angemessen hält.

185 *Beiser*, RdW 2013, 171 mit V auf *Beiser*, Steuern¹⁰ (2012), Rz 52 sowie *Beiser*, Zur Quellentheorie und deren Aufspaltung einer Einkunftsquelle in Fruchtziehung und Stamm, ÖStZ 2000/791, 390.

186 *Quantschnigg/Schuch*, ESt-HB, § 2 Rz 12 mwN; BFH 02.04.1976 VI R. 67/74.

187 *Quantschnigg/Schuch*, ESt-HB, § 20 Rz 40 ff; EStR Rz 4868 f; *Beiser*, RdW 2013, 167.

188 *Baldauf*, Abgeltungen für Wertminderungen des Grund und Bodens, SWK 10/2013, 536; *Beiser*, RdW 2013, 167; zustimmend *Bodis/Mayr*, Auswirkungen der neuen Grundstücksbesteuerung auf Körperschaften, RdW 2012, 245, die eine Subsumation von Entschädigungen unter § 30 EStG verneinen.

189 *Beiser*, Neuwertversicherungen im Bilanz- und Steuerrecht, ÖStZ 2011/1071, 601 ff.

iSd § 30 EStG zu qualifizieren; ein Schadensfall sei keine Veräußerung. Versicherungsleistungen für rein private nicht der Einkunftserzielung diendende Gebäude sollen nach *Beiser* wie auch nach *Baldauf* nicht zu den Einkünften gehören.

I/82   Nach weitergehender Ansicht von *Baldauf*[190] sind Entschädigungen für die **Wertminderung** von Grund und Boden außerhalb der betrieblichen Einkunftsarten *„weiterhin nicht steuerbar"*. Hauptanwendungsfall sei die Zahlung eines privaten Liftbetreibers für die Einräumung von Servituten für Zwecke der Ausübung des Wintersports (hier liegt kein öffentliches Interesse iSd § 3 Abs 1 Z 33 EStG 1988 vor). Handle es sich um Servituten, die unwiderruflich sind und sich auf unbeschränkte Zeit erstrecken, sei die Entschädigungszahlung idR auf mehrere Komponenten aufzuteilen, insb in eine solche für die Benützung der Sache und in eine weitere für die Minderung des Bodenwerts. Entgeltanteile für die Benützung der Sache waren schon bisher steuerpflichtig. Sie sind es weiterhin. Entgeltanteile für die Wertminderung des GuB unterlagen bislang nicht der ESt.. Im betrieblichen Bereich sind sie ab 1.4.2012 steuerpflichtig, im außerbetrieblichen Bereich sind sie nach *Baldauf* nicht steuerbar. Nach *Baldauf* umfasst § 30 EStG nur die Erlöse aus der privaten Grundstücksveräußerung, dh der Übertragung des wirtschaftlichen Eigentums von Grundstücken. Entgelte für die Wertminderung von Grundstücken, die mit keinem Übertragungsvorgang in Zusammenhang stehen, sind nicht erfasst. Der Tatbestand des § 30 EStG erstrecke sich daher auch nur auf Erlöse aus der *Veräußerung* des Vermögensstamms. Erlöse aus seiner Wertminderung sind nach *Baldauf „mangels entsprechenden Tatbestands unverändert nicht steuerbar"*. Die bislang geltende „Quellentheorie" des außerbetrieblichen Bereichs sei eben nur eingeschränkt, nicht aufgegeben. Die Steuerpflicht einer Entschädigung für Wertminderung einer Liegenschaft könne nach *Baldauf* auch nicht darauf gestützt werden, dass es sich um die Abgeltung einer *partiellen Veräußerung* handeln solle. Eine solche Überlegung möge im (voll steuerpflichtigen) betrieblichen Bereich eine *„gewisse wirtschaftliche Berechtigung"* haben, um den *„besonderen Steuersatz für jenen Teil der Entschädigungszahlung fruchtbar zu machen, der eine Teilwertabschreibung wegen Wertminderung des GuB übersteigt"*.

I/83   Die Zahlung für die Aufgabe eines dinglichen Rechts gilt jedoch nach bisheriger Ansicht unter besonderen Umständen als Veräußerung der Einkunftsquelle. Dem widerspricht, folgt man den oa Autoren, die Aufgabe der Quellentheorie, siehe Rz I/80. In diesem Sinne zwar zustimmend *Bodis/Mayr*,[191] zu Entschädigungen im Bereich der außerbetrieblichen Einkünfte finde sich hierfür allerdings

---

190   Baldauf, Abgeltungen für Wertminderungen des Grund und Bodens, SWK 10/2013, 536; siehe auch *Herzog*, Die neue Immobilienbesteuerung ab 1. 4. 2012, SWK 11/2012, 563; dem scheint auch das BMF zu folgen, nachdem es in den Ausführungen zu Rz 585 immer nur von „betrieblichen" Grundstücken spricht; anderes könnte aus Rz 6653 geschlossen werden, wo undifferenziert Entschädigungen für Wertminderungen als steuerpflichtig angesehen werden; aA *Beiser*, Einkünfte aus Vermietung und Verpachtung im Licht der Reinvermögenszugangstheorie – neue Antworten auf alte Fragen, Rdw 2013, 171.

191   VwGH 10.2.1987, 86/14/0125.

„keine diesbezügliche gesetzliche Bestimmung. Vertretbar erschiene es allerdings, die Entschädigungszahlungen als Teilveräußerung anzusehen, womit auch im Bereich des § 30 EStG eine Steuerpflicht gegeben wäre".

ME ist die Qualifikation als *„Teilveräußerung"* grundsätzlich denkbar, da ja § 30 EStG nicht nur die Veräußerung, sondern auch etwa die Enteignung als steuerpflichtig sieht. Insoferne mag es unverständlich sein, dass Entschädigungen für Wertminderungen steuerfrei bleiben sollen. Dies entspricht auch der Reinvermögendzuwachstheorie. Vom dogmatischen Standpunkt ist mE somit entgegen *Baldauf* der Ansicht von *Beiser* zu folgen (siehe Rz I/81), wonach unterschieden wird, ob das Grundstück der Einkunftserzielung dient oder nicht.

Zum Verzicht auf ein Optionsrecht s *Studera/Thunshirn*, Handbuch Grundstückstransaktionen (2013), Kap 13. Die Veräußerung eines *Vorkaufsrechtes* fällt unter § 31 EStG.[192]

Versicherungsleistungen, die einen Ersatz für entgangene Einnahmen iSd § 32 Z 1 EStG udgl darstellen, sind unbeschränkt steuerpflichtig. Das gilt bspw für Versicherungsleistungen, die dem Vermieter eines zur Erzielung von Einkünften aus VuV dienenden Hauses im Schadensfall zufließen und die nicht nur die Einbuße der Vermögenssubstanz, sondern auch Ertragsausfälle abgelten. Diese sind jedenfalls hinsichtlich des über die Abgeltung der Vermögenseinbuße hinausgehenden Teiles steuerpflichtig.[193] Auch Schadenersatz, der mit dem Mietobjekt zusammenhängt, gehört zu den VuV-Einkünften,[194] es sei denn, er stellt ein Entgelt für die Minderung der Vermögenssubstanz dar (zB Versicherungsentschädigungen wegen Zerstörung eines Mietobjektes). Nach mE zutreffender Ansicht von *Beiser*[195] ist bei einem vermieteten Gebäude auch der die Vermögenssubstanz betreffend Schadenersatz steuerpflichtig bzw kürzt er allenfalls die Wiederherstellungskosten aus dem Wiederaufbau. **I/84**

Eine bei Zerstörung des Mietwohnhauses an sich zulässige Absetzung für außergewöhnliche technische Abnutzung darf im Ergebnis daher insoweit nicht berücksichtigt werden, als ihr eine Versicherungsentschädigung gegenübersteht. Die Versicherungsentschädigung stellt im betrieblichen Bereich immer eine laufende Betriebseinnahme dar, selbst wenn es daraufhin zur Betriebsbeendigung infolge höherer Gewalt kommt.[196]

§ 3 Abs 1 Z 33 EStG befreit *Abgeltungen für Wertminderungen* von Grundstücken auf Grund von Maßnahmen im *öffentlichen Interesse*. Das gilt nach den EStR[197] zB **I/85**

---

192   *Quantschnigg/Schuch*, § 30 Rz 1; Jakom/*Kanduth-Kristner* EStG, 2013, § 30 Rz 7.
193   EStR Rz 4869 und 6410; ebenso Jakom/*Kanduth-Kristen* EStG, 2013, § 32 Rz 1 ff; *Ryda/Langheinrich*, Einkünfte im Sinne des § 32 EStG 1988 (Teil II), FJ 2009, 224.
194   VwGH 21.3.1972, 2123/71; EStR Rz 6410.
195   *Beiser*, RdW 2013, 171.
196   *Pülzl/Pratter/Rainer*, SWK Heft 30/2007, 1209.
197   Rz 6653.

für Entschädigungen wegen einer Überspannung durch eine Starkstromleitung, Errichtung einer Pipeline oder eines Abwasserkanals. Mangels einer ausdrücklichen Bestimmung kürzen derartige Entschädigung nicht die Anschaffungskosten. § 6 Z 10 EStG ist mangels Anschaffung/Herstellung nicht anwendbar.

Von der Abgeltung der Wertminderung sind allerdings jene Beträge zu unterscheiden, die für eine Servitutseinräumung empfangen werden. Insoweit liegen steuerpflichtige Einkünfte vor.[198] Bei einer Veräußerung des Grundstücks ist die Befreiung des § 3 Abs 1 Z 33 EStG nicht anwendbar. Wurde eine Abgeltung für Wertminderung im öffentlichen Interesse empfangen, ist die Wertminderung aber nicht eingetreten (zB die Starkstromleitung wurde nicht errichtet), und muss keine Rückzahlung geleistet werden, fällt die Befreiung nachträglich weg. In diesem Fall werden Einkünfte aus Duldungsleistung vorliegen (§ 29 Z 3 EStG). Wie unter Rz I/82 erwähnt, soll dies nach *Baldauf* nicht für private Gebäude bzw für nicht betriebliche Gebäude gelten (aA *Beiser*, siehe Rz I/81, zweifelnd *Bodis/ Mayr*, siehe Rz I/83).

I/86 *Versicherungsleistungen* sind betriebliche Einnahmen, wenn die Versicherung im Interesse des Betriebes abgeschlossen oder die Prämie für Betriebsvermögen bezahlt wurde.[199] Im Schadensfall erhaltene Versicherungsleistungen waren zumindest nach früherer Rechtslage im außerbetrieblichen Bereich außerhalb der Spekulationsfrist nach den EStR nicht steuerbar, soweit sie als Entgelt für die Minderung des Vermögens gelten.[200] Zu den Änderungen durch das 1. StabG siehe Rz I/81. Dies gilt für einen Totalschaden wie für eine Reparatur. Gem § 20 Abs 2 EStG sind aus Eintritt/Beseitigung des Schadens anfallende Aufwendungen nicht abzugsfähig, soweit sie durch die Versicherungsentschädigung abgegolten sind.

I/87 Entschädigungen für *Wertminderung* an **GuB** galten nach früherer Ansicht[201] als Einkünfte aus dessen Veräußerung. § 3 Abs 1 Z 33 EStG enthält nun eine Befreiung für bestimmte Wertminderungen: Tritt die Wertminderung auf Grund einer Maßnahme im öffentlichen Interesse ein, ist die Entschädigung gem § 3 Abs 1 Z 33 EStG steuerfrei.[202] Besteht kein öffentliches Interesse für die auslösende Maßnahme, gilt die Entschädigung als Einnahme. Nach *Baldauf*, siehe Rz I/82, führt die neue Regelung des § 3 Abs 1 Z 33 EStG nicht dazu, dass nunmehr sämtliche Entschädigungen bei Nichtvorliegen der Befreiung steuerpflichtig wären. Anderer bzw differenzierter Ansicht sind *Beiser* und *Bodis/Mayr*, siehe oben Rz I/82 und I/83. Die Entscheidungen der Finanzbehörden sowie der Gerichte bleiben abzuwarten.

---

198 Rz 6409.
199 VwGH 20.2.1991, 90/13/0210 (*Kraftfahrzeuge*); EStR RZ 1072.
200 VwGH 14.6.1988, 87/14/0014; VwGH 19.9.1989, 89/14/0107; EStR Rz 4869 (möglicherweise Redaktionsversehen!).
201 Jüngst *Bodis/Mayr*, Rdw 2012, 239 („*vertretbar erschiene...*"); *Doralt*, EStG[15], § 4 Rz 122 mwN; Jakom/*Marschner* EStG, 2013, § 4 Rz 152, aA EStR Rz 1038.
202 *Bodis/Mayr*, Rdw 2012, 239; EStR Rz 1038 und 4179; vgl § 3 Abs 1 Z 33 EStG Rz 6653.

Str ist zuletzt, ob §§ 30 ff EStG und damit der besondere Steuersatz zur Anwendung kommt. Nach den EStR[203] soll mangels Veräußerung eines Grundstücks der für Grundstücksveräußerungen anzuwendende besondere Steuersatz (§ 30a EStG) nicht anwendbar sein. Folgt man der Ansicht von *Bodis/Mayr*,[204] so könnte eine Subsumation unter den Sondersteuersatz nur dann zutreffend bzw angemessen sein, wenn man den Ersatz als „Teilveräußerung" (siehe Rz I/83) ansieht. Dies würde mE auch dem Leistungsfähigkeitsprinzip entsprechen.

Aufgrund von vor dem 1.4.2012 geschlossenen Verträgen gezahlte Entschädigungen für Bodenwertminderungen sind die Grundablösen steuerfrei. Wird die Entschädigung für guten Bodenzustand (besondere Bodenqualität) gewährt, so bleibt sie ebenfalls steuerfrei. Werden Entschädigungen von Wertminderungen von Grundstücken aufgrund von nach dem 31.3.2012 geschlossenen Verträgen gezahlt, bleiben sie dann steuerfrei, wenn die für die Wertminderung kausale Maßnahme im öffentlichen Interesse steht.[205]

Entschädigungen für Jagd- und Fischereiausübungsverbote sind steuerpflichtig.[206] Wird im Vertrag oder Vergleich nicht auf eine Jagd- bzw Fischereiausübung Bezug genommen, gilt Folgendes: Ist die Entschädigung für ein Jagd- bzw Fischereiausübungsverbot in der Entschädigung für Wertminderung des GuB enthalten, dann ist der auf die Jagd bzw Fischerei entfallende Betrag herauszulösen und zu versteuern. Als steuerpflichtiger Betrag kann ein Betrag iH des durchschnittlichen Ertragswertes der Jagd bzw Fischerei der letzten drei Jahre (durchschnittlicher Verpachtungszins; Reinerlös, wenn selbst betrieben) angesetzt werden. § 3 Abs 1 Z 33 EStG ist nicht anzuwenden, weil es sich hier um von GuB verschiedene Wirtschaftsgüter handelt. **I/88**

Wird eine Betätigung als Liebhaberei beurteilt, unterliegen auch daraus resultierende Entschädigungen und nachträgliche Einkünfte nicht der ESt. **I/89**

3.2.4. Keine Grundstücke iSd § 30 EStG

Keine Grundstücke bzw keine grundstücksgleichen Rechte sind nach den EStR[207] insb:

Jagdrechte: Dies ist untrennbar mit dem Eigentum an GuB verbunden und kann als selbständiges dingliches Recht nicht begründet werden. Mangels selbständigen Rechts kann daher kein grundstücksgleiches Recht vorliegen. **I/90**

Fischereirechte an eigenen Gewässern. **I/91**

---

203 EStR Rz 1038.
204 *Bodis/Mayr*, Rdw 2012, 239;
205 Rz 4174, 6653.
206 EStR Rz 5185.
207 EStR Rz 6622.

I/92 **Wasserrechte** nach dem WRG.

I/93 **Dienstbarkeiten:** Persönliche Dienstbarkeiten (zB Wohnrechte) sind als bewegliche Rechte einzustufen. Dies gilt auch, wenn sie verbüchert werden. Grunddienstbarkeiten sind nicht getrennt vom herrschenden Grundstück übertragbar. Einkünfte iZm solchen Rechten fallen nicht unter § 30 EStG.

I/94 **Fruchtgenussrechte** zählen nicht zum GuB und führen zu VuV-Einkünften.[208] Nach den EStR kommt die Befreiung des § 30 Abs 2 Z 3 EStG (Befreiung für behördliche Eingriffe) bei Beträgen, die für eine zwangsweise Servitutseinräumung empfangen werden (zB Nutzungsentgelt für Duldung Leistungsrecht) nicht zur Anwendung, weil kein GuB vorliegt.[209] Die Überlassung eines dinglichen Nutzungsrechtes (zB Fruchtgenussrecht, Dienstbarkeit) führt zu VuV-Einkünften.[210] Ob die Veräußerung eines dinglichen Rechts zulässig ist, richtet sich nach der wirtschaftlichen Betrachtungsweise und dem ABGB. Die Weitergabe eines Fruchtgenussrechtes ist zivilrechtlich unwirksam.[211]

I/95 **Teilwaldrecht:** Erlöse aus der Veräußerung eines Teilwaldrechts stellen nach der Rsp[212] keine Entschädigung für die Aufgabe einer Nutzungstätigkeit dar, sondern Beträge, die für eine erbrachte Leistung vereinnahmt werden. Teilwaldrechte gelten als Anteilsrechte; die Veräußerung gilt als Veräußerung eines Rechtes. Der Teilwaldberechtigte besitzt ein Nutzungsrecht (Fruchtgenussrecht), aber kein Recht am GuB des im Eigentum eines Dritten stehenden Grundstückes, selbst wenn das Nutzungsrecht mit dem Anspruch verbunden ist, mit GuB abgefunden zu werden oder eine Entschädigung zu erhalten, in deren Berechnung ein bestimmter Anteil am Bodenwert einfließt. Dieses Recht gilt nicht als grundstücksgleiches Recht (§ 30 Abs 1).[213]

I/96 Das **stehende Holz, die stehende Ernte und das Feldinventar** zählen – da sie aus der Nutzung des Grundstücks entstehen und land- und forstwirtschaftlichen Zwecken dienen – nicht zum GuB. Sie fallen nicht unter § 30 EStG.[214] Dies gilt auch dann, wenn sie in einem einheitlichen Vorgang mit dem GuB veräußert werden.[215] Bodenschätze, Holzbezugsrechte sowie Tiere gelten nicht als Grundstücksbestandteil.[216] Die Veräußerung von Abbaurechten begründet Einkünfte

---

208 MwN *Steckenbauer*, aao, 29 f; EStR Rz 115a u 119.
209 EStR Rz 6653 u 5078.
210 Jakom/*Laudacher* EStG, 2013, § 28 Rz 72; EStR Rz 115a; str s *Vaishorn*, SWK 2012/12, 605; *Steckenbauer*, aao, 29 f; EStR Rz 115a u 119.
211 *Kletečka* in *Koziol/Welser*, Bürgerliches Recht I[13], 426 mwN; *Studera/Thunshirn*, Handbuch Besteuerung Grundstückstransaktionen (2013), Rz 463, 1386 ff.
212 VwGH 8.10.1991, 91/14/0013; *Ryda/Langheinrich*, FJ 2009, 181.
213 VwGH 23.10.1990, 90/14/0169; EStR RZ 6622.
214 *Thunshirn/Studera*, aao; *Steckenbauer*, aao, 29; EStR Rz 579; EStR Rz 6622.
215 EStR Rz 6622.
216 Zust bezgl dem stehenden Holz und der Ernte *Hammerl/Mayr*, RdW 2012, 167 f.

aus VuV.[217] Der Abbau einer fixen Menge begründet zwar keine Einkünfte aus VuV, es liegt aber auch kein Grundstücksverkauf vor.[218]

3.2.5. Grundstückseigenschaft von Anteilen an Personengesellschaften

§§ 30–30b EStG gelten für Anteile an grundstücksbesitzenden Personengesellschaften und –vereinigungen sowie für in deren Besitz stehende (ausländische) Immobilien, wenn diese in Österreich besteuert werden dürfen.[219] Dies wurde durch § 32 Abs 2 EStG idF AbgÄG 2012 klargestellt. Die Anschaffung oder Veräußerung einer unmittel- oder mittelbaren Beteiligung an einer Personengesellschaft gilt demnach als Anschaffung bzw Veräußerung der anteiligen Wirtschaftsgüter; s im Detail Kap I/17. Daraus folgt im Ergebnis:

I/97

- Verkauft eine betriebliche Personengesellschaft ein *Grundstück*, fällt dies als Grundstücksveräußerung unter § 30 EStG, wird als betriebliche Einkünfte qualifiziert und wird analog der Beteiligungsquote bei jedem Gesellschafter erfasst. § 30c EStG kommt zur Anwendung, jedoch (da betriebliche Einkünfte) ohne Abgeltungswirkung.
- Verkauft ein Gesellschafter einer betrieblichen Personengesellschaft seinen *Anteil*, so fällt dies hinsichtlich des anteiligen Grundstückes, so wie der vorige Fall ebenfalls, unter § 30 ff EStG. § 30c EStG kommt mangels Vorliegens eines GrESt-Tatbestandes nicht zur Anwendung.
- Veräußert der Gesellschafter eine zu seinem *Privatvermögen gehörige Immobilie fremdüblich* an die Mitunternehmerschaft, ist dieser Vorgang in einen Einlage- und einen Anschaffungsvorgang aufzuspalten. Der Transfer bzw die Einlage von Grundstücken aus dem Privatvermögen in die Gesellschaftssphäre ist, soweit es zu *keiner* Quotenverschiebung kommt, keine Veräußerung, sondern eine nicht steuerpflichtige Einlage.[220] § 30c EStG kommt nur zur Anwendung, insoweit es zur Quotenverschiebung kommt.
- Verkauft eine *vermögensverwaltende Personengesellschaft* ein Grundstück, so liegt eine private Grundstücksveräußerung iSd § 30 vor und wird entsprechend der Beteiligungsquote bei jedem Gesellschafter erfasst. § 30c EStG kommt zur Anwendung (da nicht betriebliche Einkünfte: Abgeltungswirkung).
- Verkauft ein Gesellschafter einer vermögensverwaltenden Personengesellschaft seinen *Anteil*, so fällt dies gem seiner Beteiligungsquote unter § 30 ff EStG. Mangels eines GrESt-Tatbestandes kommt § 30c EStG nicht zur Anwendung.

---

217 *Doralt*, EStG[15], § 28 Rz 26; EStR Rz 6410b.
218 *Doralt*, aao, Rz 27.
219 *Thunshirn*, Immobilienertragsteuer: Aspekte der Anwendung auf Personengesellschaften in Kammer der Wirtschaftstreuhänder (Hrsg), Personengesellschaften, Gedenkschrift Karl Bruckner (2013).
220 EStR Rz 5927.

- Bei fremdüblicher Veräußerung von Gesellschaftsvermögen in das Privatvermögen des Gesellschafters liegt hinsichtlich des nach dem Beteiligungsverhältnis auf ihn entfallenden Teils der Immobilie eine unter § 30a EStG fallende Entnahme und im Übrigen eine Veräußerung vor. Beides fällt unter § 30c EStG.

- Soweit ein Gesellschafter mit der Personengesellschaft, an der er beteiligt ist, in *betriebliche Beziehung* tritt, sind die dem allgemeinen Geschäftsverkehr entsprechenden (fremdüblichen) Geschäfte zur Gänze als Veräußerung zu behandeln.[221] Bei Veräußerung aus dem eigenen Betrieb des Gesellschafters in das Gesellschaftsvermögen und umgekehrt liegt daher zur Gänze (also auch hinsichtlich der eigenen Quote) eine unter § 30 c EStG fallende Veräußerung vor.[222]

- Bei „*Umwandlung*" einer Hausgemeinschaft in eine vermögensverwaltende KG bei gleich bleibenden „Anteilsverhältnissen ist ein bloßer Wechsel der Rechtsform zu erblicken. Dies fällt unter das GrEStG, aber nicht unter §§ 30 ff. Die Umwandlung einer bloßen Hausgemeinschaft bei gleichzeitiger Aufnahme einer betrieblichen Tätigkeit (bspw Grundstückshandel) gilt als Einlage, siehe Kap I/9.3.23.

3.2.6. Maschinen, Betriebsvorrichtungen und Einrichtung

I/98 Als ertragsteuerlich unbeweglich gelten nur Teile, denen typischer Gebäudecharakter beizumessen ist. Nur diese fallen auch unter § 30 EStG. Dies ist dann der Fall, wenn sie nur mit einer wesentlichen Beeinträchtigung ihrer Substanz bzw mit unverhältnismäßig hohen Kosten entfernt werden können. Die Qualifikation als Betriebsvorrichtung iSd GrEStG ist von jener als Grundstück iSd EStG unabhängig.

I/99 *Maschinen oder sonstige Vorrichtungen* iSd § 2 Abs 1 Z 1 GrEStG gelten steuerlich als beweglich.[223]

I/100 *Einrichtungsgegenstände* (Möbel) sind steuerlich nicht Bestandteil des Gebäudes, sondern selbständige bewegliche Wirtschaftsgüter; § 30 ff EStG gilt nicht.[224] Als beweglich gelten[225] insb auch eingebaute Möbel, mobile Trennwände uä.[226]

3.2.7. Treuhandansprüche

Siehe Kap I/7.

---

221   VwGH 16.6.1970, 0405/68; 16.3.1979, 2979/76.
222   EStR Rz 5928.
223   *Studera/Thunshirn*, Handbuch Besteuerung Grundstückstransaktionen (2013), Rz 82 f.
224   *Studera/Thunshirn*, Handbuch Besteuerung Grundstückstransaktionen (2013), Rz 468.
225   Keine Bindung an das GrEStG.
226   *Studera/Thunshirn*, Handbuch Besteuerung Grundstückstransaktionen (2013), Rz 82 f.

3.3. Zivilrechtlicher Grundstücksbegriff

3.3.1. Liegenschaft und Grundstück

Als Grundstück wird im allgemeinen Sprachgebrauch eine *unbewegliche Sache* **I/101**
bezeichnet. Darunter fallen unbebaute und bebaute Grundstücke, Bauwerk wie
Gebäude und Wohnung, grundstücksgleiche Rechte und andere unbewegliche
Sachen wie Straßen, Tunnel etc. Zum Grundstück werden auch Gewässer, See-
parzellen, unterirdische Stollenanlagen sowie ähnliche Anlagen gezählt. Zum
dem ABGB entsprechenden Begriff der „Liegenschaft"[227] zählen neben dem einzelnen Grundstück auch Liegenschaftsanteile[228] und WE. Das gilt selbst bei einem
Veräußerungsverbot. Das partnerschaftliche WE kann nicht anteilsmäßig Gegenstand des Rechtsverkehrs sein (§ 13 WEG). Der Partneranteil ist daher keine selbständige Liegenschaft. Selbständig ist nur die gesamte Eigentumswohnung. Anteile an Gesellschaften gelten, anders als nach dem EStG, zivilrechtlich niemals als
Grundstück.

3.3.2. Grundstückszugehör als Oberbegriff (§ 294 ABGB)

Unter „*Zugehör*" versteht man das, was mit einer Sache in fortdauernde Verbin- **I/102**
dung gesetzt wird. Dazu gehört nicht nur der Zuwachs, solange er nicht abgeson-
dert ist, sondern auch die Nebensachen, ohne welche die Hauptsache nicht ge-
braucht werden kann oder die das Gesetz oder der Eigentümer zum fortdauernden
Gebrauche der Hauptsache bestimmt hat.[229] Die Zugehöreigenschaft wird durch
körperliche und/oder wirtschaftliche Zusammengehörigkeit begründet. Es muss
unterschieden werden in Bestandteil und Zubehör („*Pertinenz*", „*Zugehör ieS*").

3.3.3. Grundstücksbestandteile

Als „*Bestandteil*" gilt zivilrechtlich eine Sache, die mit einer anderen Sache kör- **I/103**
perlich verbunden ist. Bestandteile sind selbständig oder unselbständig. Unselbständige Bestandteile sind mit einer anderen Sache so eng verbunden, dass eine
Trennung den wirtschaftlichen Wert des Bestandteils oder jenen der Hauptsache
zerstören würde (zB das auf dem Grundstück errichtete Gebäude). Unselbständige Bestandteile sind nicht sonderrechtsfähig. Sie teilen das rechtliche Schicksal
der Hauptsache. Selbständige Bestandteile sind zwar auch körperlich mit einer
anderen Sache verbunden, jedoch ohne erheblichen Wertverlust trennbar. Sie
sind sonderrechtsfähig. Es können daran auch (dingliche) Rechte begründet und
erhalten werden (zB Eigentumsvorbehalt oder Pfandrecht).[230]

---

227   *Kletečka* in *Koziol/Welser*, Bürgerliches Recht I[13], 244 ff.
228   Zum „Stockwerkseigentum" *Kletečka*, aao, 294; neues Stockwerkseigentum kann nicht mehr begrün-
      det werden.
229   *Kletečka*, aao, 294; *Barta*, Zivilrecht, Kap 8, D. II.9.
230   *Kletečka*, aao, 247; *Barta*, aao, Kap 8/D/II/10).

I/104 *Unselbständige Bestandteile eines Grundstücks* sind insb der natürliche und künstliche Zuwachs, das auf dem Grundstück errichtete Gebäude[231] und die Bodenschätze. Unselbständige Bestandteile *eines Gebäudes* sind Fenster, Dachstuhl, Bodenbelag, Stiegen, Kellerabteile, Jalousien und Versorgungsleitungen.[232] Zum zivilrechtlichen Grundstück zählen auch abweichend vom EStG auf diesem wachsende Bäume, Pflanzen und natürliche Früchte, die Fische eines Teiches und das Wild, solange sie nicht gefangen oder erlegt worden sind (§ 295 ABGB).

I/105 Als *selbständiger Bestandteil* gilt hingegen etwa ein Öltank, wenn er ohne Zerstörung oder wirtschaftliche Vernichtung vom Gebäude getrennt werden kann, oder ein Schaufensterkasten. Nach *Fellner*[233] gelten aber auch aus GrESt-Sicht Sanitäreinrichtungen, Wohnungstür, Zentralheizungskessel, Duschkabine, Durchlauferhitzer und Waschbecken als unselbständige Bestandteile. Sie sind aus Sicht der GrESt Zugehör und gelten gem § 2 Abs 1 GrEStG als Grundstück.[234]

3.3.4. Grundstückszubehör (Zugehör ieS oder Pertinenz)

I/106 Gem § 297 Abs 1 ABGB versteht man unter Zubehör *„bewegliche Sachen, die, ohne Bestandteile der Hauptsache zu sein, dem wirtschaftlichen Zwecke der Hauptsache zu dienen bestimmt sind und zu ihr in einem dieser Bestimmung entsprechenden räumlichen Verhältnisse stehen. Eine Sache ist nicht Zubehör, wenn sie im Verkehre nicht als Zubehör angesehen wird."* Bei der Beurteilung, ob eine Sache Zubehör ist oder nicht, kommt es zivilrechtlich auf den Willen des Eigentümers an, eine Sache einer Hauptsache zu widmen. [235]

Aus ertrag- und umsatzsteuerlicher Sicht ist das anders: Primär wird entgegen dem GrEStG nicht auf den Willen des Eigentümers, sondern auf die *allgemeine Verkehrsauffassung* abgestellt. Insofern ist entgegen dem GrEStG unter Zubehör jenes zu verstehen, was für die typische wirtschaftliche Verwendung Grundstücken nach allgemeiner Verkehrsauffassung üblich ist.

I/107 Nach dem ABGB sind drei kumulative Kriterien für die Zubehöreigenschaft relevant:[236]

- Das Zubehör muss dem dauernden Gebrauch der Hauptsache gewidmet sein
- Identität zwischen Eigentümer (Berechtigten) der Haupt- und Nebensache[237]
- Räumliches Naheverhältnis und tatsächliche Zweckdienlichkeit für die Hauptsache

---

231 *Kletečka*, aao, 248.
232 *Takacs*, GrEStG[5], § 2 Tz 2.4.
233 GrEStG, § 2 Rz 26; *Takacs*, GrEStG[5], § 2 Tz 2.6 b.
234 Zust *Koziol/Bydlinsky/Bollenberger*, ABGB[3], § 297, Rz 5; abl *Fellner*, aao: Bei der Frage der Selbständigkeit ist nicht nur von technischen Kriterien, sondern auch von der Verkehrsauffassung auszugehen.
235 *Koziol/Bydlinsky/Bollenberger*, aao, § 297 Rz 2.
236 Str, s *Koziol/Bydlinsky/Bollenberger*, aao, § 297 Rz 2; *Kletečka*, aao, 249.
237 Str, abl *Koziol/Bydlinsky/Bollenberger*, aao, § 297 Rz 2; sowie *Kletečka*, aao, 249 mwN.

Wesentlich ist nach dem Zivilrecht die Widmung des Zugehörs für die Hauptsache. Das Erfordernis des räumlichen Nahverhältnisses ist nicht eng auszulegen. Es genügt, dass es in einem solchen räumlichen Verhältnis zur Hauptsache steht, das es dessen Zwecken dient. Auch das Zubehör ist aus zivilrechtlicher Sicht sonderrechtsfähig. Es teilt nur *im Zweifel* das rechtliche Schicksal der Hauptsache.[238] Für die ESt und USt besteht eine solche Zweifelsregelung nicht. Während aus zivilrechtlicher eine Maschine oder sonstige Vorrichtung, die seiner Anlage zählt, als Grundstückszugehör gilt, fällt dieses steuerlich nicht unter das Grundstück.[239]

Gebäude gelten für sich alleine zivilrechtlich nicht unbedingt als unbeweglich. Sie I/108 gelten nur dann als Grundstück, wenn sie Zugehör des GuB sind. Gebäude auf fremdem Grund gelten daher zivilrechtlich als bewegliche Sache, steuerlich hingegen – wenn sie fest gebaut sind – immer als Grundstück.

Auch *Rechte* können Grundstückszubehör sein, sofern sie nach dem Gesetz nicht I/109 schon als Grundstück erklärt werden. Bsp sind die einem Grundstück dienende Servitut oder ihm dienende Mietrechte[240], Reallasten, Holzbezugs-, Fischerei- und Jagdrechte.[241] Wie *Takacs* hinweist, ist davon die Eigenjagd als Zubehör zum Grundstück ausgenommen. Nach hA zählen auch Weide-, Weg- und Fahrrechte, Bergwerksberechtigungen und Wasserbenützungsrechte dazu. Nicht zum Grundstück zählen Forderungen aus Mietverhältnissen, die Mietzinsreserve und der Reparaturfonds.

Die Zugehöreigenschaft endet, wenn die Haupt- oder Nebensache untergeht, die I/110 Nebensache der Hauptsache nicht mehr dient, die Verbindung aufhört oder die Widmung aufgelöst wird (zB Rechtsverzicht). Aus Sicht des GrEStG ist relevant, dass im Falle der Auflösung der Zubehöreigenschaft vor Grundstücksverkauf dieses nicht mehr zum Grundstück zählt.[242]

3.3.5. Grundstücksgleiche Rechte

Gesetzlich als unbeweglich erklärt sind das *Baurecht* (BauRG) sowie die *Berg-* I/111 *werksberechtigung* (§ 40 MinroG). Ein Baurecht ist das dingliche, veräußerliche und vererbliche Recht auf oder unter der Bodenfläche eines fremden Grundstücks ein Bauwerk zu haben. Das errichtete Bauwerk gilt als unselbständiger Bestandteil des Baurechts.[243] Dem Bauberechtigten stehen am Bauwerk die Rechte eines Eigentümers und am Grundstück jene eines Nutznießers zu. Der Bauberechtigte kann sein Recht auch durch Inbestandgabe nutzen. In diesem Fall kann der Bestandnehmer ein Superädifikat errichten. Der Berechtigte kann das Bau-

---

238 *Koziol/Bydlinsky/Bollenberger*, aao, § 297 Rz 6 mwN.
239 § 2 Abs 1 Z 1 GrEStG; analog Mineralgewinnungsrechte und Apothekengerechtigkeiten (leg cit Z 2).
240 vgl die Bsp bei *Barta*, aao.
241 *Takacs*, GrEStG[5], § 2 Tz 2.9.
242 *Takacs*, aao, § 2 Tz 6.1 sieht man von Missbrauchsfällen ab.
243 *Kletečka*, aao, 434.

recht belasten; nach hA kann ein Unterbaurecht begründet werden.[244] Bei nachträglicher Vereinigung von Grund und Gebäude kann ein „Eigentümerbaurecht" entstehen.[245]

3.3.6. Superädifikate/Gebäude auf fremdem Grund

I/112 Gem § 435 ABGB handelt es sich bei einem Superädifikat um ein Gebäude, welches auf fremden Grund in der Absicht aufgeführt ist, dass es nicht dauernd darauf verbleiben soll (sofern nicht bereits Zugehör zum Grundstück). Nach dem ABGB gilt, dass ein von einem Dritten errichtetes Gebäude idR dem Grundeigentümer zufällt, wenn es zwischen dem Errichter und dem Grundeigentümer keine abweichende Vereinbarung gibt (*„superficies solo cedit"*). Der Begriff des „Gebäudes auf fremdem Boden" geht steuerlich über jenen des Zivilrechts hinaus.[246]

3.4. Grunderwerbsteuerlicher Grundstücksbegriff

I/113 Gem § 2 GrEStG sind Grundstücken jene iSd bürgerlichen Rechtes, sofern sie im *Inland*[247] gelegen sind. Was als *Zugehör* zu gelten hat, bestimmt sich ebenfalls nach dem Zivilrecht. Zum Grundstück werden jedoch *nicht* gezählt:

1. Maschinen und sonstige Vorrichtungen aller Art, die zu einer Betriebsanlage gehören sowie
2. Gewinnungsbewilligungen (BergG) bzw Apothekengerechtigkeiten.

3.4.1. Grundstücksbestandteile nach dem GrEStG

I/114 Zum Grundstück zählen auch dessen Bestandteile. Die Zuordnung erfolgt analog zum Zivilrecht. Sowohl selb- als auch unselbständige Bestandteile gelten als unbeweglich,[248] auch wenn der Bestandteil sein eigenes rechtliches Schicksal haben kann. Das Zugehör ieS ist solange Bestandteil, als es nicht von der Hauptsache getrennt ist.[249] Der in der Praxis häufig gewählte Weg, das Zugehör soweit möglich den Käufern der Liegenschaft aufgrund eines eigenen Rechtsgeschäfts zu übertragen, führt stets zu Prüfung des wahren Willens der Vertragsparteien.[250]

I/115 Die Zugehöreigenschaft wird aber abweichend vom Zivilrecht nicht alleine durch die zivilrechtlichen Kriterien, sondern auch nach der Verkehrsauffassung bestimmt.[251] Zum Zugehör zählen typischerweise[252] Einbauten, Versorgungsleitun-

---

244 *Kletečka*, aao, 435.
245 *Kletečka*, aao, 435; str ist, ob dies auch ohne Vereinigung zulässig ist.
246 *Takacs*, aao, § 2 Tz 5.7; VwGH 12.12.1985, 85/16/0064; nach hA ein eigener strl Begriff.
247 *Fellner*, GrEStG[11] (2012), § 2 Rz 5; *Takacs*, § 2 Tz 1.3c; *Viskorf* in *Boruttau*, GrEStG[17], § 2 Rz 21 f.
248 VwGH 3.12.1981, 81/16/0005; hinsichtlich von Bestandteilen s *Viskorf* in *Boruttau*, aao, § 2 Rz 36.
249 *Fellner*, aao, § 2 Rz 15.
250 *Takacs* aao, § 2 Tz 1.2 u 6.1.
251 VwGH 10.7.1957, 675/56 Slg 1686 F; *Fellner*, aao, § 2 Rz 12 u 16.
252 *Takacs*, § 2 Tz 2; umfassend *Viskorf* in *Boruttau*, aao, § 2 Rz 36 f; zu beachten ist, dass § 2 Abs 1 dGrEStG abw vom öGrEStG nur Bestandteile, nicht jedoch des Zugehör ieS, umfasst (*ders*, § 2 Rz 95).

gen, Fenster, Zäune, der Zuwachs, Schaufensterkästen, Sanitäreinrichtungen, Duschkabinen, Thermen, Öltank, Klimaanlage, Fertiggaragen uä. Einrichtungsgegenstände sind nach den Umständen des Einzelfalls zu beurteilen.[253] Eine Einbauküche, Einbauschränke, Badezimmer-, und Kücheneinrichtung, die nicht ohne Beeinträchtigung entfernbare Gartenhütten uä zählen aus Sicht des GrEStG zum *Zugehör* ieS und gelten daher als Grundstück. Im Übrigen ist relevant, ob die Gegenstände ohne Beeinträchtigung ihres Wertes entfernt werden können und anderswo verwendbar sind.[254]

> Maschinen und Vorrichtungen sonstiger Art, die zu einer Betriebsanlage gehören, gelten gem § 2 Abs 1 Z 1 GrEStG nicht als Bestandteil einer Liegenschaft. Wesentlich ist idZ die Zugehörigkeit zu einer Betriebsanlage.

Für das *Inventar* gilt eine Erleichterung:[255] Es bestehen beim Kauf von Gebäuden samt Inventar keine Bedenken, den von den Parteien gewählten Wertansatz anzuerkennen, wenn   **I/116**

a) eine detaillierte Liste mit Bewertung der einzelnen Inventargegenstände vorliegt,
b) der Kaufpreis des Inventars 10 % des Gesamtkaufpreises (max 7.300 €) nicht übersteigt und
c) die Wertansätze für die einzelnen Gegenstände unter den Anschaffungskosten von vergleichbaren neuwertigen Gegenständen liegen.

Wird der Kaufpreis für das Grundstück samt „allem tatsächlichen und rechtlichen Zubehör" festgelegt, so ist „in diesem Preis ein Entgelt für auf den Käufer gekommene Sachen, denen die Zubehöreigenschaft fehlt, nicht enthalten." Es ist daher vom Kaufpreis kein Abschlag vorzunehmen.[256] Bei Möbeln und Einrichtung ist auf die Umstände des Einzelfalles abzustellen, insb auf Art und Weise der Anpassung der Gegenstände an die räumlichen Verhältnisse des Aufstellungsortes. MaW ist deren Einstufung davon abhängig, ob sie so entfernbar und anderswo verwendbar sind, dass keine wirtschaftliche Beeinträchtigung verbunden ist.[257] Stehen Einrichtungsgegenstände in einer solchen Verbindung mit dem Gebäude, dass ihre Abtrennung wirtschaftlich nicht sinnvoll ist, spricht dies für das Vorliegen von unselbständigen Bestandteilen. Nicht die physische Möglichkeit der Abtrennbarkeit, sondern die wirtschaftliche Zweckmäßigkeit ist relevant.[258] Enthält die Inventarliste Gegenstände mit dem Vermerk „Tischlerarbeit nach Maß", ist anzunehmen, dass diese speziell an die räumlichen Verhältnisse angepasst wurden, wodurch ihre Abtrennung nicht sinnvoll ist. Geräten (Geschirr-   **I/117**

---

253 *Fellner*, aao, § 2 Rz 17 ff mwN.
254 *Fellner*, aao, § 2 Rz 18.
255 BMF 4.10.1996, 10 1001/4-IV/10/96, SWK-Heft 1997, 49.
256 *Fellner*, aao, § 5 Rz 62 unter H auf VwGH 29.1.1970, 355/68.
257 *UFS* 3.5.2010, GZ RV/2524-W/07.
258 *UFS* aao; wirtschaftlichen Zweckbestimmung (*UFS* 18.5.2005, RV/0498-I/04).

spüler, E-Herd, Kühl-Gefrierkombination und Rasenmäher), welche bereits einer erheblichen Abnutzung unterlagen, kann kaum mehr ein Verkehrswert zugeordnet werden.[259] Gem § 119 Abs 1 BAO ist es Pflicht des Steuerpflichtigen, die für Bestand und Umfang der Steuerpflicht bedeutsamen Umstände vollständig und wahrheitsgemäß offenzulegen. Der Steuerpflichtige hat entsprechende Unterlagen beizubringen. Erhöhte Mitwirkungspflichten bestehen bei Begünstigungen sowie bei Behauptung von ungewöhnlichen und unwahrscheinlichen Sachverhalten.[260] Eine erhöhte Mitwirkungspflicht besteht auch, wenn die Behauptungen des Steuerpflichtigen mit den Erfahrungen des täglichen Lebens in Widerspruch stehen.[261]

I/118   Nach dem GrEStG können abweichend vom EStG auch Rechte Zugehör einer Liegenschaft sein.[262] Das gilt aber nur dann, wenn das Recht nicht schon selbst als fiktives Grundstück gilt, wie etwa das Baurecht.[263] Teils abweichend vom EStG gelten Grunddienstbarkeiten, Holzbezugs-, Wasserbenutzungsrechte, Reallasten, Fischerei- und Jagdrechte als Grundstückszugehör und nicht als eigenes Vermögensgut.

3.4.2. Maschinen und Betriebsvorrichtungen: keine Grundstückseigenschaft

I/119   Gem § 2 Abs 1 Z 1 GrEStG gelten „Maschinen und sonstige Vorrichtungen aller Art, die zu einer Betriebsanlage gehören" nicht als Grundstück. Die Eigenschaft als Betriebsanlage und –vorrichtung ist für das EStG und UStG irrelevant. Dazu zählen[264] Hallenbäder, Kessel-, Wehr-, Schleusen- und Kläranlagen, Kräne, Hochöfen, Transformatoren, Gasometer, eingebaute Backöfen, Tanks, Druckrohrleitungen, Schächte, Stollen, Brunnen, Wasserkraftwerke, das Hotelinventar, Parkplätze, Umzäunungen, Straßenbauten, Wege- und Platzbefestigung bei gewerblich genutzten Grundstücken, Stollen, Hoch- und Schmelzöfen, Flussbett, industrielle Wasserbecken, Pumpenhäuser, Schienen, Laderampen, Drehscheiben, Wassertürme, Signalmasten, Turbinen, Kühl- und Heizanlagen, Mautstraßen, Lawinenschutzeinrichtungen, spezieller Bodenbelag, Trockenschuppen, Wildwasserverbauten, Einrichtungen eines Campingplatzes, Rohstoffbunker, Unterkünfte-Container, Zelt- und Traglufthallen, demontierbarer Silo, etc. Die Behandlung von Gewächshäusern ist str.[265] Wesentlich ist die Abgrenzung dahingehend, ob der Gegenstand zur „Betriebsanlage" oder zum „Gebäude" zählt.[266]

---

259   *UFS* 3.5.2010, GZ RV/2524-W/07 mit H auf dazu *UFS* 04.05.2006, RV/0124-W/05
260   VwGH 28.3.2000, 96/14/0107; Jakom/*Lenneis* (2013), § 4 Rz 279; *Ritz*, BAO⁴, § 115 Tz 13.
261   *Ritz*, aao, § 115 Tz 13.
262   *Fellner*, aao, § 2 Rz 14 mwN.
263   *Takacs* , § 2 Tz 2.9a.
264   *Fellner*, aao, § 2 Rz 31 ff; *Takacs*, § 2 Tz 3.4 ff.
265   *Takacs*, § 2 Tz 2.13b; *Fellner*, aao.
266   *Fellner*, aao, § 2 Rz 32 mwN; zB zählt die Sprinkleranlage zum Gebäude (*ders* § 2 Rz 26).

Gebäudeteile gelten idR nicht als Maschinen und sonstige Vorrichtungen.[267] Maßstab ist stets die Verkehrsauffassung.[268]

Zu den *„sonstigen Vorrichtungen"* zählen Umzäunungen, Weg- und Platzbefesti- I/120 gung. Generell gelten als „Vorrichtungen", die zu einer Betriebsanlage gehören, alle Gegenstände, die Zubehör eines Unternehmens sind. Der VwGH[269] hat die Einrichtung eines Hotels, zumindest soweit die Einrichtung überdurchschnittlich war und einer Tradition des Hotels entsprach, als sonstige Vorrichtung bezeichnet und damit von der GrESt ausgenommen. *„Betriebsvorrichtungen"* sind demnach keine Maschinen, sondern andere Einrichtungen, deren Aufgabe es ist, der Erreichung eines bestimmten wirtschaftlichen Zwecks zu dienen. Unter Betriebsanlagen verstehe man eine Anlage, die gegenüber dem Grundstück einen bestimmten wirtschaftlichen Zweck erfüllt.[270] Betriebsanlagen und Betriebsvorrichtungen sind idR selbständig und nicht Teil des Gebäudes. Freistehende Maschinenumhüllungen gelten nicht als Gebäude, soferne sie nicht betreten werden können. Die Rsp ist sehr kasuistisch.[271]

Auch *Windkraftanlagen* sind weder iSd GrEStG noch iSd der ImmoESt Grund- I/121 stücke, sondern bewegliche Sachen.[272] Sie stellen keine Gebäude dar und sind auch nicht fest mit GuB verbunden. Der Turm bietet zwar meist die Möglichkeit zum Zutritt für Menschen, er dient jedoch nicht dem Schutz vor äußeren Einflüssen.[273]

3.4.3. Gebäude auf fremdem Grund

Als „Gebäude auf fremdem Boden" gelten iSd GrEStG zunächst (aber nicht nur) I/122 „Superädifikate, welche von einiger Beständigkeit sind". Als Gebäude gelten „Bauwerke, die durch räumliche Einfriedung Personen, Tieren oder Sachen Schutz vor äußeren Einflüssen gewähren, den Zutritt von Menschen gestatten, mit dem Grund und Boden fest verbunden und von einiger Beständigkeit sind". Dazu zählen Praterhütten, gemauerte Häuser auf den Gründen des Stifts Klosterneuburg, Hallen, Überdachungen, Flugdächer, Schrebergartenhütten uä.[274]

Das GrEStG geht über den zivilrechtlichen Begriff hinaus[275] und erfasst auch Gebäude, die dem Grundeigentümer gehören (zB wenn der Eigentümer eines Gebäudes auf eigenem Grund einem anderen das Recht einräumt, das Gebäude auf

---

267 Uva VwGH 22.2.1988, 86/15/0123; *Fellner*, aao, § 2 Rz 33.
268 *Takacs*, § 2 Tz B 2.8. mit H auf *Twaroch/Wittmann/Frühwald*, Kommentar zum Bewertungsgesetz, 246.
269 VwGH 19.12.1974, 1159/73.
270 VwGH 19.2.1970, 1750/69; UFS 17.9.2008, RV/0038-L/06.
271 UFS 17.9.2008, RV/0038-L/06; UFS 8.11.2007, RV/0543-G/05.
272 Eingehend *Wimpissinger*, ÖStZ 2013, 521.
273 *Wimpissinger*, ÖStZ 2013, 521.
274 Uva VwGH 9.4.1981, 2238/80 sowie *Takacs* § 2 Tz 5.6; *Wimpissinger*, ÖStZ 2013, 521.
275 *Fellner*, aao, § 2 Rz 52; *Takacs*, aao, § 2 Tz 5.5.

eigene Rechnung zu verwerten oder diesem ohne Übertragung des Grundstückes die Möglichkeit verschafft, das bereits errichtete Gebäude auf eigene Rechnung zu verwerten [der Pächter überlässt nach Ende des Vertrages das von ihm errichtete Gebäude dem Grundeigentümer gegen Zahlung]).[276]

3.5. Grundstücksbegriff im Umsatzsteuerrecht

I/123 Das UStG kennt keinen eigenständigen Grundstücksbegriff, sondern knüpft am Grundstücksbegriff des GrEStG an. Die Bestimmung des § 6 Abs 9 lit a UStG, der Umsätze mit „Grundstücken" von der USt befreit, verweist direkt im Gesetzestext auf § 2 GrEStG.[277] Ob tatsächlich GrESt, ist für die Anwendung der Befreiungsbestimmung nicht relevant, wird aber idR der Fall sein. Die Befreiung umfasst bebaute und unbebaute Grundstücke sowie Baurechte und Bauten auf fremdem Grund (Superädifikate). Miteigentumsanteile an Grundstücken werden im GrEStG als selbständige Grundstücke angesehen und sind ebenfalls von der Befreiung des § 6 Abs 9 lit a UStG erfasst. Dies gilt auch dann, wenn mit Ihnen Wohnungseigentum verbunden ist.[278] Tritt der Erwerber einer Liegenschaft als Bauherr auf, liegt hinsichtlich der Errichtung des Gebäudes eine Werklieferung vor und die Befreiung für Grundstücksumsätze kommt nicht zur Anwendung. Stfr gem § 6 Abs 1 Z 9 lit a UStG sind somit die Umsätze von unbebauten Grundstücken, bebauten Grundstücken (Grund und Gebäude), Gebäuden auf fremdem Grund (Superädifikate) und Baurechten.

I/124 Die Befreiung des § 6 Abs 1 Z 9 lit a UStG kommt auch dann zur Anwendung, wenn ein Grundstück im Rahmen eines Unternehmenskaufs mitübertragen wird. Aus umsatzsteuerlicher Sicht liegt bei der Unternehmensveräußerung im Ganzen zwar ein einheitlicher Vorgang vor, das Entgelt ist jedoch aufgrund der Sonderregelung des § 4 Abs 7 UStG auf die einzelnen übertragenen Aktiva aufzuteilen.

I/125 Nach den §§ 294–297a ABGB gehört zu den Grundstücken auch das *Zugehör* (Bestandteile und Nebensachen). Gebäude auf fremdem Grund (Superädifikate und andere Gebäude auf fremdem Grund) sind nach ABGB bewegliche Sachen, werden aber gem § 2 Abs 2 GrEStG den Grundstücken gleichgestellt. Sie fallen daher ebenfalls unter die Befreiung des § 6 Abs 1 Z 9 lit a UStG.

I/126 Bei *Einbauten und Einrichtungsgegenständen* ist zu unterscheiden, ob sie unselbständige Bestandteile des Grundstücks geworden sind. Sind sie nicht fest mit dem Grundstück verbunden, sondern lassen sich von ihm trennen, sind sie von der Steuerbefreiung nicht erfasst. Nach der Rsp des VwGH[279] gelten als unselbständige Bestandteile des Grundstücks bspw Einbauschränke, Kücheneinbauten und

---

276 *Takacs*, aao, § 2 Tz 5.5e; *Fellner*, aao, § 2 Rz 58.
277 *Ruppe/Achatz*, UStG, § 6 Rz 190.
278 *Ruppe/Achatz*, UStG, § 6 Rz 197.
279 VwGH 27.6.1988, 86/15/0076.

sanitäre Anlagen. Diese sind beim Verkauf eines Grundstücks von der Steuerbefreiung mit umfasst. Hingegen sind Möbel, die nach Maß angefertigt wurden, oder ein bloß mit der Wand verschraubter Schrank nicht Grundstücksbestandteile.[280] Der auf selbständige Bestandteile entfallende Anteil des Kaufpreises ist mit dem Normalsteuersatz zu besteuern. Das Entgelt ist entsprechend in einen steuerfreien und steuerpflichtigen Teil aufzuteilen. Wurden von einem Mieter Einbauten vorgenommen und werden diese an den Grundstücks-(Wohnungs-)eigentümer übertragen, kommt bei der Übertragung der Normalsteuersatz zur Anwendung, da kein Grundstück iSd GrEStG vorliegt.[281]

Betriebsvorrichtungen gelten nicht als Grundstück und sind nicht von der Steuerbefreiung erfasst. **I/127**

---

280   VwGH 24.2.1992, 90/15/0146.
281   VwGH 19.02.2002, 99/14/0286 mit V VwGH 20.07.1999, 98/13/0219.

4. Immobilienertragsteuer und wirtschaftliche Betrachtungsweise

4.1. Zurechnung und wirtschaftliche Betrachtungsweise

I/128 Für die Zugehörigkeit eines Wirtschaftsgutes zum steuerlichen (Betriebs-)Vermögen ist ganz allgemein *nicht* das *zivilrechtliche Eigentum*, sondern das *wirtschaftliche Eigentum* maßgebend.[282] Für die ESt ist aufgrund der *wirtschaftlichen Betrachtungsweise* (§§ 21–24 BAO) keine strikte Bindung an das Zivilrecht gegeben. Steuerlicher Eigentümer des Grundstückes muss daher nicht unbedingt auch der zivilrechtliche Eigentümer sein. IdR ist dem zivilrechtlichen Eigentümer aber auch das wirtschaftliche Eigentum zuzurechnen. Gem § 24 Abs 1 BAO ergibt sich, dass für die Zurechnung, soweit nichts anderes bestimmt ist, folgende Vorschriften gelten:

> „[…]…
>
> b) Wirtschaftsgüter, die zu treuen Händen übereignet worden sind, werden dem Treugeber zugerechnet.
>
> c) Wirtschaftsgüter, die zu treuen Händen für einen Treugeber erworben worden sind, werden dem Treugeber zugerechnet.
>
> d) Wirtschaftsgüter, über die jemand die Herrschaft gleich einem Eigentümer ausübt, werden diesem zugerechnet. […]"

Unter *wirtschaftlichem Eigentümer* ist derjenige zu verstehen, dem eine Sache bei wirtschaftlicher Anknüpfung zuzurechnen ist.[283] Gem § 24 Abs 1 Z 4 BAO werden Wirtschaftsgüter, über die jemand die Herrschaft gleich einem Eigentümer ausübt, auch diesem zugerechnet. Gleich einem Eigentümer übt derjenige die Herrschaft aus, der auf Dauer in der Lage ist, andere von der Verfügungsgewalt und der Nutzung auszuschließen.[284]

Damit wirtschaftliches Eigentum vom zivilrechtlichen Eigentum abweicht, muss der wirtschaftliche Eigentümer in der Lage sein, sowohl die positiven Befugnisse (Gebrauch, Verbrauch, Belastung, Veräußerung) auszuüben als auch den negativen Inhalt des Eigentumsrechts (Ausschluss Dritter von der Einwirkung auf die Sache, auch gegenüber dem Eigentümer auf Dauer) geltend zu machen.[285]

---

282 EStR Rz 456 mit Verweis auf EStR Rz 123 ff.
283 *Ellinger/Iro/Kramer/Sutter/Urtz*, BAO, § 24 Rz 12; *Jakom/Laudacher* (2013), § 2 Rz 58; *Stoll*, BAO § 24, Rz 303; *Fraberger/Papst*, taxlex 2010, 100.
284 Ellinger ua, aao, § 24 Rz 8.
285 EStR Rz 122; VwGH 24.11.1982, 81/13/0021.

Unter wirtschaftlichem Eigentum iSd § 24 Abs 1 lit d BAO ist die *tatsächliche Herrschaft* über ein Wirtschaftsgut gleich einem (zivilrechtlichen) Eigentümer zu verstehen.[286] Nach der Rsp ist wirtschaftlicher Eigentümer idR der zivilrechtliche Eigentümer. Zivilrechtliches und wirtschaftliches Eigentum decken sich jedoch dann nicht, wenn ein anderer als der zivilrechtliche Eigentümer dazu in der Lage ist, sowohl *die positiven Befugnisse*, die Ausdruck des zivilrechtlichen Eigentums sind (insbesondere Gebrauch, Verbrauch, Veränderung, Belastung und Veräußerung), als auch den *negativen Inhalt des Eigentumsrechts* (den Ausschluss Dritter von der Einwirkung auf die Sache) geltend zu machen.[287]

Voraussetzung für die Zurechnung des wirtschaftlichen Eigentums ist daher nicht eine zivilrechtlich notwendige dingliche Berechtigung, jedoch der Bestand der Befugnisse, die positiven und negativen Aspekte des Eigentumsrechts auszuüben. Wirtschaftlicher Eigentümer kann nach W*erndl* daher *„nur jemand sein, dem eine Rechtsposition zukommt, die sich von der des zivilrechtlichen Eigentümers nur durch das Fehlen einer dinglichen Berechtigung unterscheidet, welche aber durch ein einseitiges Gestaltungsrecht erzwungen werden kann".[288]* Damit ist wie *Thomas Leitner* zutreffend hinweist zumindest *„ein (zivilrechtlich durchsetzbarer) obligatorischer Anspruch vorauszusetzen, der der Person eine dem zivilrechtlichen Eigentümer ähnliche Stellung zu verschaffen vermag."[289]*

§ 24 Abs 1 lit b und c BAO sind insofern restriktiv auszulegen: Die Zurechnung zum *Treugeber* erfolgt nur dann, wenn dieser effektiv die Verfügungsgewalt über das Treugut ausübt.[290] Hat der Treuhänder faktische Verfügungsmacht, so sind ihm die Einkünfte und das Grundstück zuzurechnen.[291] Dies gilt bei treuwidrig ausgeübter Treuhandschaft wie auch wenn treuhandtypische Beschränkungen nicht oder nicht mehr oder in stark reduzierter Form bestehen.[292] Entscheidend ist, wer auf die Einkunfterzielung tatsächlich Einfluss nimmt, indem er am Wirtschaftsleben teilnimmt, Marktchancen ausnützen und Leistungen erbringen oder verweigern kann.[293] **I/129**

---

286 *Stoll*, BAO-Kommentar I 285; jüngst iZm der ImmoESt *Thomas Leitner*, ÖStZ 2013, 275.
287 Vgl VwGH 31.5.2011, 2008/15/0153; 29.7.2010, 2007/15/0248; 25.11.2009, 2008/15/0039; 8.7.2009, 2006/15/0264; 4.3.2009, 2004/15/0115; 12.12.2007, 2006/15/0123; 28.11.2007, 2007/14/0021; 25.1.2006, 2002/13/0042 mwN zur Vorjudikatur.
288 *Werndl*, Wirtschaftliches Eigentum, 166 f; VwGH 9.6.1986, 84/15/0119, ÖStZB 1987, 132 (zu einer Grundstücksveräußerung); krit *Stoll*, BAO-Kommentar I, 286; jüngst *Th. Leitner*, ÖStZ 2013, 275.
289 *Th. Leitner*, ÖStZ 2013, 275 mit H auf *Doralt/Kempf* in *Doralt/Kirchmayr/Mayr/Zorn*, EStG, 16. Lieferung (2013), § 30 Rz 24: *„Für die Erzielung eines Veräußerungsgewinnes durch Anschaffungs- und Veräußerungsgeschäfte ist nicht der Besitz und die tatsächliche Verfügungsmöglichkeit entscheidend; dazu genügt der obligatorische Anspruch".*
290 *Fraberger/Papst*, aao; VwGH 31.3.1998, 98/13/0039.
291 *Stoll*, aao, 304; *Laudacher*, aao, Rz 58; *Jappel*, Treuhandschaften, 90.
292 *Stoll*, aao; *Fraberger/Papst*, aao.
293 *Fraberger/Papst*, aao; *Ruppe* in *Tipke*, DJStG 1979, 20 ff.

4.2. Typische Beispiele für die wirtschaftliche Betrachtungsweise

I/130 Vom Zivilrecht abweichende *Zurechnungen* sind insb in folgenden Fällen denkbar:

- **Eigentumsvorbehalt:** Steuerlicher Eigentümer ist der Vorbehaltskäufer[294]
- **Treuhandvertrag:** Steuerlicher Eigentümer ist der Treugeber
- **Leasing:** Steuerlicher Eigentümer ist idR der Leasinggeber, es sei denn, das Leasinggut wird ausnahmsweise dem Leasingnehmer zugerechnet[295]
- **Miet-/Ratenkauf:** Käufer ist idR wirtschaftlicher Eigentümer.
- **Nutzungsvertrag:** Der Abschluss eines Nutzungsvertrages kann ausnahmsweise als Anschaffungsgeschäft angesehen werden, *„wenn es sich von Anfang an um eine beide Vertragspartner bindende, den späteren Kaufvertrag wirtschaftlich vorwegnehmende Vereinbarung handelt".*[296]

I/131 Überhaupt ist die Bezeichnung des Vertrages unmaßgeblich. Wird ein schriftliches Anbot auf Abschluss eines Wohnungskaufvertrages vom Käufer unterfertigt, so wird hiermit ein Kaufvertrag abgeschlossen, auch wenn der „Ausführungsvertrag" erst später unterfertigt wird.

4.3. Wirtschaftliche Betrachtungsweise: Beurkundungsmängel, Scheingeschäfte und Vertragsmängel

4.3.1. Beurkundungsmängel

Siehe Kap I/10.2.

4.3.2. Vertragsmängel

I/132 Verschiedene Vertragsmängel führen zivilrechtlich zur *absoluten Unwirksamkeit* (Nichtigkeit) des Geschäftes. Dazu zählen etwa die fehlende Geschäftsfähigkeit, fehlende Vertretungsmacht, Unmöglichkeit, Unerlaubtheit und die Nichteinhaltung zwingender Formvorschriften. Andere Mängel (zB Irrtum, Verkürzung über die Hälfte des wahren Wertes, Wucher etc) hindern zivilrechtlich das Entstehen des Vertrages (zunächst) nicht. Sie bedürfen erst der erfolgreichen Geltendmachung des Mangels durch Vertragsanfechtung und führen allenfalls zur Vertragsauflösung oder -anpassung.

Davon weicht das Steuerrecht infolge der wirtschaftlichen Betrachtungsweise idR ab, wenn trotz Vertragsmangel am Vertrag festgehalten wird und ungeachtet der Anfechtbarkeit wirtschaftliches Eigentum übertragen wurde. Steuerrechtlich sind

---

294 EStR Rz 133.
295 *Studera/Thunshirn*, Handbuch Besteuerung Grundstückstransaktionen (2013), Kap 13.
296 VwGH 7.4.1981, 3294/80.

daher idR sowohl absolut als auch relativ unwirksame Verträge solange wirksam, als es zu keiner Vertragsauflösung und Beseitigung des vertragswidrigen Zustands kommt.

Unabhängig vom steuerlichen Rückwirkungsverbot stellt nach EStR Rz 6623 die gerichtliche ex-tunc-Auflösung eines Veräußerungsvertrages nach den §§ 870, 871 oder 932 ABGB ein rückwirkendes Ereignis iSd § 295a BAO dar. Das BMF geht bei späterer Vertragsauflösung somit nur in manchen Fällen von einem rückwirkenden Ereignis aus, in anderen Fällen führt die Vertragsauflösung zu einem neuerlichen Erwerbsvorgang, siehe Kap I/6, zu den Rechtsfolgen bedingter Verträge sowie Kap I/10.

4.3.3. Scheingeschäfte

Gem § 23 BAO sind *Scheingeschäfte* und andere Scheinhandlungen für die Erhebung von Abgaben ohne Bedeutung. Wird durch ein Scheingeschäft ein anderes Rechtsgeschäft verdeckt, so ist steuerlich das verdeckte Rechtsgeschäft maßgebend. Es ist steuerlich irrelevant, dass ein Verhalten gegen ein gesetzliches Verbot oder die guten Sitten verstößt. Ist ein Vertrag wegen eines Formmangels oder wegen des Mangels der Rechts- bzw Handlungsfähigkeit zivilrechtlich nichtig, so ist dies steuerlich *„insoweit und so lange ohne Bedeutung, als die am Rechtsgeschäft beteiligten Personen dessen wirtschaftliches Ergebnis eintreten und bestehen lassen"* (§ 23 Abs 3 BAO). **I/133**

Gem § 23 Abs 4 BAO ist die *Anfechtbarkeit eines Vertrages* für die Erhebung von Abgaben insoweit und so lange ohne Bedeutung, als nicht die Anfechtung mit Erfolg durchgeführt ist. §§ 21 ff BAO sind in der ESt als auch in der GrESt anzuwenden.[297] Mängel, die bloß zu einer Anfechtung berechtigen, sind irrelevant. Derartige Mängel werden nur und erst dann wirksam, wenn die Vertragsanfechtung durchgeführt worden ist. Selbst wenn ein Kaufvertrag aus Sicht der GrESt unwirksam ist, ergibt sich aus § 1 Abs 2 GrESt die Steuerpflicht, wenn der Erwerber aus wirtschaftlicher Sicht eine Verwertungsbefugnis eingeräumt bekommen hat. Dies kann etwa in der Gewährung der Bebauung zum Ausdruck kommen. Ob dies auch eine Veräußerung iSd ImmoESt ist, ist jedoch konkret zu prüfen, da § 1 Abs 2 GrEStG eine Sondernorm ist. **I/134**

S auch Kap I/10.

---

297   VwGH 5.4.2011, 2010/16/0168 zur Anteilsvereinigung; *Fellner*, GrEStG[11], § 1 Rz 35 ff.

5. Zeitpunkt der für die ImmoESt maßgeblichen Zeitpunkte der Anschaffung und Veräußerung, Fristenlauf

5.1. Problemstellung: Warum ist diese Frage relevant?

I/135 Einige Bestimmungen der §§ 30 ff EStG knüpfen an den jeweiligen *Zeitpunkt* der Anschaffung bzw Veräußerung (zB Inflationsabschlag, Pauschalbesteuerung, Wohnsitzbefreiung) bzw an bestimmte *Behaltedauern* (zB Wohnsitzbefreiung) an. Daher ist der nach diesen Bestimmungen *maßgebliche Zeitpunkt* ganz wesentlich.

Auch die Frage der Anzeige- und Abfuhrfristen knüpft an die ertragsteuerlich verwirklichte Veräußerung bzw deren Zeitpunkt an.

Häufig decken sich ertrag- bzw grunderwerbsteuerliche und zivilrechtliche Anschaffungszeitpunkte *nicht* oder nicht eindeutig.

I/136 Das BMF hat in den EStR[298] die für die Besteuerung nach §§ 30 ff EStG maßgeblichen Zeitpunkte – wie im Folgenden im Detail dargestellt wird – *abweichend* von den allgemeinen sonstigen ertragsteuerlichen Zeitpunkten festgelegt. Es kann daher vorkommen, dass zwar aus ertragsteuerlicher Sicht ein relevanter Anschaffungszeitpunkt vorliegt, der jedoch zivilrechtlich und grunderwerbsteuerlich (noch) bzw sonst nach dem EStG nicht von Bedeutung ist. Es entsteht dadurch hohe *Rechtsunsicherheit*. S dazu im Folgenden.

5.2. Der allgemeine ertragsteuerliche Anschaffungs- und Veräußerungszeitpunkt versus Ansicht des BMF zu § 30 EStG

I/137 Anschaffung und Veräußerung sind spiegelbildlich zu verstehen. Veräußerungszeitpunkt und Anschaffungszeitpunkt decken sich aus Sicht des Veräußerers einerseits und aus Sicht des Erwerbers andererseits. *„Anschaffung"* ist nach allgemeinen Steuerrecht der Erwerb eines bereits existenten Wirtschaftsgutes. Der Anschaffungszeitpunkt des EStG ist ganz allg nach hA *mit dem Erwerb des wirtschaftlichen Eigentums* anzunehmen.[299] § 6 EStG enthält weder eine Definition

---

298 EStR Rz 6623; zust *Ryda/Langheinrich*, aao; zust jedoch ohne Begründung Jakom/*Kanduth-Kristen* EStG, 2013, § 30 RZ 19 ff.

299 VwGH 8.5.03, 99/15/0036; Jakom/*Laudacher* EStG, 2013, § 6 Rz 25; *Mayr*, Gewinnrealisierung, 143.

Thunshirn/Podovsovnik/Arsenijevic, Die Immobilien-Ertragsteuer

der Anschaffungskosten noch des Anschaffungszeitpunktes. Der Anschaffungszeitpunkt ist mit dem Erwerb des wirtschaftlichen Eigentums anzunehmen. Aus
diesem Grund ist unter Miteinbeziehung der Rsp und der GoB auf den unternehmensrechtlichen Begriff zurückzugreifen.[300]

Nach der hA und Rsp[301] ist *„Anschaffungszeitpunkt der Zeitpunkt der Lieferung in* **I/138**
Form der Übertragung des wirtschaftlichen Eigentums, wobei es auf die Erlangung
der betrieblichen Nutzungsmöglichkeit im Sinne der faktischen Verfügungsmög-
lichkeit über das Wirtschaftsgut ankommt und nicht auf eine allfällige vorherige
Inbetriebnahme (Probebetrieb).“ Beim Anschaffungsvorgang wird ein Wirtschaftsgut entgeltlich von einer fremden Verfügungsmacht in die Verfügungsmacht des Erwerbers überführt. Die Anschaffung zielt auf den Erwerb bestehender Wirtschaftsgüter, während die Herstellung auf die Schaffung bisher nicht in
dieser Form vorhandener Wirtschaftsgüter gerichtet ist.[302] Anschaffungszeitpunkt ist daher der Zeitpunkt des Erwerbes des wirtschaftlichen Eigentums, also
der Erlangung der *„betrieblichen Nutzungsmöglichkeit im Sinn der faktischen Ver-*
fügungsmöglichkeit.“

Die wirtschaftliche Verfügungsmacht über einen Gegenstand wird regelmäßig mit
der Lieferung (insb durch den Übergang von Besitz, Nutzung und Lasten) erlangt.
Vor diesem Hintergrund kann im Rahmen des Gesamtbildes der Verhältnisse
auch der Übergang der Preisgefahr in die Beurteilung miteinbezogen werden.[303]
Anschaffungszeitpunkt ist somit nach dem VwGH der Zeitpunkt der Lieferung in
Form der Übertragung des wirtschaftlichen Eigentums.[304] Auch der BFH[305] vertritt
diese Ansicht: *„Mit der Absendung oder dem Übergang der Preisgefahr mag für den*
Verkäufer idR das Schweben des Verkaufsgeschäftes beendet sein, doch folgt daraus
noch nicht die Zugehörigkeit der Kaufsache zum Vermögen des Käufers.“

Im Zweifelsfall ist der Zeitpunkt des schuldrechtlichen Übergangs der *Preisgefahr*
(Gegenleistungsgefahr) von Bedeutung. Dieser fixiert nach *Beiser*[306] *„ebenso exakt*
den Zeitpunkt der Anschaffung: Mit dem Übergang der Preisgefahr geht das wirt-
schaftliche Eigentum vom Veräußerer auf den Erwerber über; ab diesem Zeitpunkt
trägt der Erwerber die Gefahr des (zufälligen) Untergangs der Kaufsache (des Leis-
tungsgegenstandes). Der Übergang der Preisgefahr zieht somit die exakte Trennli-
nie zwischen dem wirtschaftlichen Eigentum des Veräußerers und des Erwerbers; in

---

300 Jakom/*Laudacher*, aao, § 6 Rz 25; *Mayr*, aao, 143; zur Problematik dieser Verknüpfung mit dem Un-
     ternehmensrecht s *Mayr*, Gewinnrealisierung, 143; VwGH 8.5.2003, 99/15/0036.
301 VwGH 28.2.2012, 2009/15/0218; so auch EStR Rz 6639 iZm der Hauptwohnsitzbefreiung.
302 VwGH 28.2.2012, 2009/15/0218 mit H auf *Doralt/Mayr*, EStG[13] § 6 Tz 67, unter Bezugnahme auf
     VwGH 8.3.1994, 93/14/0179.
303 VwGH 8. 3.1994, 93/14/0179, sowie BFH 28.11.2006, III R 17/05.
304 VwGH 28.2.2012, 2009/15/0218; 3.7.1991, 91/14/0062, 25.2.1997, 97/14/0006, und 12.6.1991, 90/13/0028.
305 BFH 3.8.1988, I R 157/84.
306 *Beiser*, ÖStZ 2001, 335, in seiner Buchbesprechung *Mayr*, Die Gewinnrealisierung im Steuerrecht
     und Handelsrecht (2001).

diesem Zeitpunkt scheidet das Wirtschaftsgut (der Vermögensgegenstand) aus der Bilanz des Veräußerers aus und ist vom Erwerber zu aktivieren. Das gilt für Handels- und Steuerbilanz."

I/139 Der Zeitpunkt des Erwerbs des wirtschaftlichen Eigentums muss somit nicht mit dem Zeitpunkt des zivilrechtlichen Kaufvertragsabschlusses ident sein, wenngleich dies nach hA die Regel ist.[307]

Die Zugehörigkeit zum steuerlichen Vermögen beginnt idR mit Betriebserwerb, Anschaffung, Herstellung, Einlage oder unentgeltlichem Erwerb eines einzelnen Wirtschaftsgutes.[308] Mit der Anschaffung wird der Erwerber (zumindest) wirtschaftlicher Eigentümer mit der Folge, dass das Wirtschaftsgut ab nun ihm und nicht dem Veräußerer zuzurechnen ist. Der Erwerber einer Liegenschaft wird nach Rz 132 der EStR *„noch vor der Eintragung im Grundbuch mit der tatsächlichen Übergabe wirtschaftlicher Eigentümer der Liegenschaft. Die dingliche Berechtigung muss somit nur noch durch ein einseitiges Gestaltungsrecht erzwingbar sein.*"[309]

Maßgeblich ist für Anschaffungen auch nach den EStR allgemein grundsätzlich der Zeitpunkt der Erlangung der wirtschaftlichen Verfügungsmacht. Gem Rz 2166 der EStR entspricht der Anschaffungszeitpunkt *„dem Zeitpunkt der Erlangung des wirtschaftlichen Eigentums. Das ist jener Zeitpunkt, zu dem die Möglichkeit, ein Wirtschaftsgut wirtschaftlich zu beherrschen und den Nutzen aus ihm zu ziehen, übergeht (Übergang der wirtschaftlichen Verfügungsmacht). Es entscheidet die tatsächliche betriebliche Nutzungsmöglichkeit und nicht nur der rechtliche Übergang von Besitz, Preisgefahr, Nutzen und Lasten.*"[310]

I/140 Nach EStR Rz 6623 soll allerdings für die ImmoESt als Zeitpunkt der Anschaffung (NUR) im Zusammenhang mit Grundstücken offenbar der Abschluss des Verpflichtungsgeschäftes (zB Kauf- oder Tauschvertrag) und – abweichend vom allgemeinen steuerlichen Anschaffungszeitpunkt (Erwerb des wirtschaftlichen Eigentums iSd Erlangung der faktischen Verfügungsgewalt über das Wirtschaftsgut) – nicht jener der sachenrechtlichen Übergabe maßgebend sein. Dies solle dann nicht gelten, wenn das wirtschaftliche Eigentum schon früher übertragen wurde. Der Kaufvertragsabschluss soll sohin dann nicht maßgeblich sein, wenn schon vorher ein Tatbestand verwirklicht wurde, der den wirtschaftlichen Vorteil eines Verkaufsgeschäftes für beide Vertragsteile vorwegnimmt. Andererseits beginnt nach Ansicht des BMF die Toleranzfrist für die Hauptwohnsitzbefreiung frühestens mit Erlangung der Verfügungsmacht (EStR Rz 6639). Dieses Abstellen auf das Verfü-

---

307 *Doralt/Kempf* in *Doralt*, EStG[15], § 4 Rz 21; Jakom/*Laudacher* EStG, 2013, § 6 Rz 25.
308 EStR Rz 457.
309 VwGH 9.6.1986, 84/15/0229.
310 EStR Rz 2166; VwGH 12.6.1991, 90/13/0028; 11.3.1992, 90/13/0230; 8.3.1994, 93/14/0179; 25.2.1997, 97/14/0006.

gungsgeschäft gilt nach dem BMF (abgesehen von der früheren Spekulationsbesteuerung) aber nur für „private" Grundstücksveräußerungen. Für betriebliche Grundstücksveräußerungen ist nach allgemeinen Grundsätzen auf die Verschaffung der Verfügungsmacht bzw des wirtschaftlichen Eigentums abzustellen. Dies ist nach Ansicht des Autors gleichheits- und systemwidrig. Es ist weiters nach Ansicht des Autors aufgrund der Formulierung der EStR auch unklar, ob im betrieblichen Bereich ebenfalls auf das Verfügungsgeschäft abzustellen sei.[311] Diese Ansicht widerspricht hinsichtlich der privaten Grundstücksveräußerungen mE jedoch den allgemeinen Steuergrundsätzen. Im Bereich der früheren Spekulationsbesteuerung wurde auf den Abschluss des „Verpflichtungsgeschäftes" abgestellt, um unerwünschte Umgehungen der Spekulationsfrist hintanzuhalten. Aufgrund der Einführung der „ewigen" Steuerhängigkeit ist dieses „Hilfsmittel" weder notwendig noch gerechtfertigt. Auch aus § 30 EStG ist kein Hinweis ersichtlich, dass gerade und nur bei Grundstücken, der Anschaffungszeitpunkt und damit der Veräußerungszeitpunkt abweichend zu ermitteln sei. Die Ansicht der Rz 6623 ist auch sprachlich sowie im Verhältnis zur Aussage in EStR Rz 6639 (siehe Rz I/429) widersprüchlich: Wenn das wirtschaftliche Eigentum übertragen wurde, so erübrigt sich die Bezugnahme auf einen Vertragsabschluss (siehe Kap I/5.3.).

Diese Begrifflichkeit würde zusätzlich auch zu völlig unangemessenen Ergebnissen führen, wenn etwa der Vertragsabschluss für eine Eigentumswohnung länger als ein Jahr vor deren Fertigstellung liegt und daher die Hauptwohnsitzbefreiung trotz der vom BMF zugestandenen einjährigen Toleranzfrist nicht in Anspruch genommen werden kann. Offenbar um dieses nicht tragbare Ergebnis zu vermeiden, hält das BMF in EStR Rz 6639 im Klammerausdruck fest, dass bei der Hauptwohnsitzbefreiung auf die „Erlangung der Verfügungsmacht" abzustellen sei. Andererseits steht das BMF in EStR Rz 6629 auf dem Standpunkt, dass der Beginn der Nutzung einer Eigentumswohnung auf Grund eines Anwartschaftsvertrages (zum Erwerb des Wohnungseigentums) zur Anschaffung der Wohnung führe, auch wenn der förmliche Abschluss des Kaufvertrages erst später erfolge. Auch dies ist dem Gesetz nicht zu entnehmen, da der Wortlaut des § 30 EStG ausdrücklich auf „die Anschaffung" aus steuerlicher Sicht abstellt. Diese Auslegung des BMF widerspricht somit mE den Grundsätzen der §§ 23 f BAO. Falls das BMF damit allerdings nur zum Ausdruck bringen will, dass dadurch die Wohnsitznahme iSd der Hauptwohnsitzbefreiung beginne, ist dem jedoch zuzustimmen.

Dem BMF ist insoweit zuzustimmen, als das das Abstellen auf das bloße Verfügungsgeschäft im Hinblick auf die Umgehung von besonderen Fristen mit dem Ziel der gesetzlichen Regelungen insoweit zu vereinbaren ist, als nicht Befreiungen missbraucht werden sollen. Dies bedeutet, dass in systematischer Interpretation der Fristenverlauf bei der Hauptwohnsitzbefreiung losgelöst von der Frage

---

311 So Jakom/*Kanduth-Kristen* EStG, 2013, § 30c Rz 4; allgemein dazu VwGH 8.2.1989, 88/13/0049 f; *Doralt/Kempf*, aao, Rz 22; EStR Rz 6623.

des Veräußerungszeitpunktes auf das bloße Verfügungsgeschäft hin orientiert werden könnte. Allerdings kann dieses Ziel auch mit der allgemeinen Missbrauchsregelung erreicht werden. Es fragt sich daher, ob eine derartige Interpretation notwendig ist, wenn damit allgemeine Grundsätze „geopfert" werden.

I/141   Bei *Teilanschaffungs-* oder *Teilherstellungsvorgängen* beginnt der Fristenlauf mit dem Abschluss der Anschaffung bzw mit Fertigstellung. Nachträgliche Anschaffungskosten beeinflussen den Fristenlauf nicht.[312] Bei *sukzessiver Anschaffung* von Grundstücksquoten (Miteigentumsanteilen) ist die Behaltefrist für die angeschafften Quoten getrennt zu berechnen.[313]

Herstellungsvorgänge enden mit Fertigstellung des Gebäudes. Daran dürften sich auch die Fristen des § 30 EStG knüpfen.

I/142   Der *Zeitpunkt der Veräußerung* (Gewinnrealisierung) ist dem Zeitpunkt folgend, an dem die *wirtschaftliche Verfügungsmacht* an einem Wirtschaftsgut einem Dritten übertragen wird. Die wirtschaftliche Verfügungsmacht kann auch *ohne* Übertragung des zivilrechtlichen Eigentums verschafft werden.[314]

I/143   Bei *sukzessiver Anschaffung* von Grundstücksquoten (Miteigentumsanteilen) ist die Behaltefrist für die angeschafften Quoten getrennt zu berechnen. Bei vorangehend sukzessiver Anschaffung von *Grundstücksquoten* (Miteigentumsanteilen) sind die veräußerten Quoten den angeschafften Quoten aliquot zuzurechnen.[315]

I/144   **Einheitliche Beurteilung GuB und darauf errichtete Gebäude:** Str ist seit dem 1. StabG, ob für die Beurteilung erst ab 1.4.2012 GuB und Gebäude jeweils gesondert zu betrachten sind. Gem EStR Rz 3880 ist die Behaltefrist bei bebauten Grundstücken für GuB und Gebäude seit 1.4.2012 anders als davor nunmehr *gesondert* zu berechnen; siehe eingehend Rz I/445.

Bis 31.3.2012 stellte bei Gewinnermittlung gem § 5 sowohl nach den EStR als auch nach stRsp des VwGH GuB und das darauf befindliche Gebäude immer ein *einheitliches Wirtschaftsgut* dar. Dieses sei *„als kleinste Einheit für die Fristenberechnung zu betrachten"*.[316] Die Behaltefrist beginne demnach für bis zum 31.3.2012 verwirklichte Tatbestände einheitlich ab Erwerb von GuB zu laufen. Bei allen anderen Gewinnermittlungsarten berechnete sich die Behaltefrist für ein später errichtetes Gebäude erst ab der Fertigstellung des Gebäudes.[317] Zur abweichenden Ansicht des Autors siehe Rz I/445.

---

312   Jakom/*Kanduth-Kristen* EStG, 2013, § 12 Rz 13.
313   Jakom/*Kanduth-Kristen* EStG, 2013, § 12 Rz 13 mit H auf *Quantschnigg/Schuch*, ESt-HB § 12 Tz 26.3.
314   Jakom/*Kanduth-Kristen*, aao; VwGH 17.11.2004, 2000/14/0142 betr Liegenschaft.
315   Jakom/*Kanduth-Kristen*, aao mit H auf *Quantschnigg/Schuch*, ESt-HB, § 12 Tz 26.3.
316   Jakom/*Kanduth-Kristen*, aao mit H auf VwGH 22.10.2002, 98/14/0061.
317   Zum aktuellen Diskussionsstand: *Thunshirn*, Contra BMF: Doch uneingeschränkt 3,5 % Pauschalbesteuerung für bis 31.3.2012 selbst hergestellte Gebäude?, ecolex 1/2014, in Druck; Jakom/*Kanduth-Kristen*, aao; krit *Doralt*, EStG[15], § 12 Rz 31.

Rechtslage ab 1.4.2012: GuB sei nach den EStR ab 1.4.2012 unabhängig von der Gewinnermittlung steuerhängig. Das 1. StabG 2012 differenziere auch nach *Kanduth-Kristen*[318] klar zw GuB und Gebäude und sieht bei Veräußerung unterschiedliche Rechtsfolgen vor, sodass die *Einheitstheorie* nach ihrer Ansicht nicht länger anzuwenden sei. Der Fristenlauf und die Behaltefristen seien daher gesondert zu berechnen. Dem steht eine Reihe von Autoren jedoch ablehnend gegenüber.[319]

5.3. Anschaffungs- und Veräußerungszeitpunkt nach Ansicht des BMF und Kritik an dieser Sicht

Das BMF stellt zunächst (unstrittig) klar, dass Anschaffung und Veräußerung *korrespondierende* Begriffe sind. Jeder Veräußerung auf Seiten des Überträgers steht im gleichen Zeitpunkt eine Anschaffung des Erwerbers gegenüber.[320]   I/145

Als Zeitpunkt der Veräußerung (= Anschaffung) sei iZm Grundstücken jedoch der (bloße) Abschluss des *Verpflichtungsgeschäftes* (zB Kauf- oder Tauschvertrag) und – *abweichend* vom allgemeinen steuerlichen Anschaffungszeitpunkt (Erwerb des wirtschaftlichen Eigentums im Sinne der Erlangung der faktischen Verfügungsgewalt über das Wirtschaftsgut)[321] – nicht jener der *sachenrechtlichen Übergabe* maßgebend. Das BMF beruft sich idZ auf den VwGH.[322] Auch nach einem Teil der jüngeren Literatur stelle § 30 Abs 1 EStG idgF – ebenso wie § 30 EStG aF (idF vor dem 1. StabG 2012, BGBl I 2012/22) – bloß auf das Vorliegen eines „Veräußerungsgeschäfts" ab. Damit sei nach dem Gesetzeswortlaut grundsätzlich auf das *zivilrechtliche Verpflichtungsgeschäft* abzustellen.[323] In Verbindung mit der Ansicht des BMF zur Wirksamkeit von aufschiebenden Bedingungen (siehe Rz I/148 ist laut Ansicht des BMF bei *nach dem 31.5.2013* unter einer *aufschiebenden Bedingung* abgeschlossenen Verträgen der Bedingungseintritt *hinreichend wahrscheinlich* [zB Genehmigung durch die Grundverkehrskommission], wird der Tatbestand ebenfalls bereits mit Vertragsabschluss erfüllt. Eine zivilrechtliche Befristung, wonach der Übergang von Nutzen und Gefahr zu einem späteren Zeitpunkt erfolgen soll, ist unmaßgeblich.   I/146

Die Analyse dieser VwGH-Rsp ergibt jedoch, dass diese *ausschließlich* iZm der Ermittlung der früheren *Spekulationsfrist* nach § 30 EStG aF ergangen sind. Die

318   Jakom/*Kanduth-Kristen*, aao, § 12 Rz 13.
319   Eingehend *Thunshirn*, Contra BMF: Doch uneingeschränkt 3,5 % Pauschalbesteuerung für bis 31.3.2012 selbst hergestellte Gebäude?, ecolex 1/2014, in Druck; *Schwandtner*, in Urtz (Hrsg), Die neue Immobiliensteuer nach dem 1. StabG 2012, 136; *Sulz/Oberkleiner*, Rz 365, in *Bovenkamp/Fuhrmann/Kühmayer/Reisch/Resch/Sulz* (Hrsg), Immobilienbesteuerung NEU² (2013).
320   EStR Rz 6623.
321   VwGH 28.2.2012, 2009/15/0218.
322   VwGH 8.2.1989, 88/13/0049; VwGH 20.11.1997, 96/15/0256.
323   *Th. Leitner*, ÖStZ 2013, 275; mit H auf ErläutRV 1680 BlgNR 24. GP 7; *Urtz* in Urtz (Hrsg), Die neue Immobiliensteuer, 18.

grundsätzliche Anknüpfung an das schuldrechtliche Rechtsgeschäft ergab sich nach der Rsp aus dem *Zweck des Gesetzes.* § 30 EStG aF knüpfte an die *Verschaffung eines Wertzuwachses* durch einen Güterumsatz während bestimmter Fristen an. Die Verschaffung des Wertzuwachses erfolgte durch den Abschluss entsprechender *Verpflichtungsgeschäfte.*[324] Das hat aber mE logischerweise nichts mit dem wirtschaftlichen Eigentum zu tun und setzt dies auch nicht voraus.

Für die Berechnung der *Spekulationsfrist* (und nur für diese!) war nach frührerer hA daher (*ausnahmsweise*) der Zeitpunkt des Zustandekommens dieser schuldrechtlichen Rechtsgeschäfte – insbesondere der Kaufverträge –, und zwar ohne notwendige Erlangung des wirtschaftlichen Eigentums, maßgeblich.[325] Dies lag aber ausschließlich in der besonderen Zielsetzung der Spekulationsbesteuerung begründet.[326] Durch das 1. StabG wurde die Grundstücksbesteuerung *grundlegend* geändert und *„aus der Ausnahme die Regel"* gemacht. Die Grundstücksbesteuerung hat *nichts mehr* mit Spekulation zu tun und ist im Gegensatz zu dieser auch nicht subsidiär.[327] Daher erscheint das Abstellen auf das bloße Verfügungsgeschäft systemwidrig und im Wortlaut des § 30 EStG nicht gedeckt.

Die Ansicht des BMF scheint hier auch iZm der Hauptwohnsitzbefreiung widersprüchlich: EStR Rz 6639 lautet: *„Aus der Bezugnahme auf die „Anschaffung (Erlangung der Verfügungsmacht" und „Veräußerung" ist abzuleiten, dass der Steuerpflichtige das Hauptwohnsitzerfordernis als (zumindest wirtschaftlicher) Eigentümer und persönlich [...] erfüllen muss."* Wenn nun „seit Anschaffung" der Hauptwohnsitz begründet sein muss, kann die Anschaffung nicht vor Erwerb des wirtschaftlichen Eigentums bzw der Verfügungsmacht liegen, andernfalls kann der Gesetzesbestimmung kein Sinn beigemessen werden. Die Handhabung der Wohnsitzbefreiung erscheint dadurch praktisch schwierig. Schließt jemand einen Kaufvertrag über eine erst zu errichtende Wohnung ab (Vertrag nach dem BTVG), so stellt dies nach den EStR den Beginn der Anschaffung iSd § 30 EStG dar. Dauert die Errichtung und die Übergabe länger als ein Jahr, so wird die nach den EStR eingeräumte Toleranzfrist überschritten und der Eigentümer kann nicht mehr in den Genuss der Hauptwohnsitzbefreiung, 1. Fallgruppe, kommen. Dies ist sachlich und durch nichts zu begründen und benachteiligt Käufer, welche sich früh zum Wohnungskauf entscheiden. Das BMF will dieses Problem iZm der Hauptwohnsitzbefreiung durch die Formulierung *„Anschaffung (Erlangung der*

---

324 VwGH 8.2.1989, 88/13/0049, 0050; BFH BStBl 1989, 652; *Quantschnigg/Schuch*, ESt-HB³, Tz 17 zu§ 30; *Doralt*, EStG³, Tz 24 zu§ 30.

325 FLD OÖ vom 20.12.1999, RV-068.97/1-7/1997 mit H auf VwGH 8.2.1989, 88/13/0049, 0050 sowie auf *Quantschnigg/Schuch*, aao; *Quantschnigg/Schuch*, aao, Tz 17 zu§ 30 mwN.

326 *Quantschnigg/Schuch*, aao, Tz 17 zu§ 30 mwN; *Semdlhofer*, Die Spekulationsertragsteuer aus finanzwissenschaftlicher Sicht, ÖStZ 1999, 534; S auch den Bericht der beim BMF eingerichteten Steuerreformkommission über Möglichkeiten von vereinfachenden, strukturbereinigenden und belastungsausgleichenden steuerpolitischen Maßnahmen im Zuge der „Steuerreform 2000", ÖStZ 1998, 1.

327 *Quantschnigg/Schuch*, ESt-HB³, Tz 1 zu§ 30.

Verfügungsmacht)" in EStR Rz 6639 offenbar vermeiden. Hier und nur hier soll also der Zeitpunkt der „Erlangung der Verfügungsmacht" zum Tragen kommen, vgl Rz I/429.

Dem BMF ist insoweit zuzustimmen, als das Abstellen auf das bloße Verfügungsgeschäft im Hinblick auf die Umgehung von besonderen Fristen mit dem Ziel der gesetzlichen Regelungen insoweit zu vereinbaren ist, als nicht Befreiungen missbraucht werden sollen. Dies bedeutet, dass in systematischer Interpretation der Fristenverlauf bei der Hauptwohnsitzbefreiung losgelöst von der Frage des Veräußerungszeitpunktes auf das bloße Verfügungsgeschäft hin orientiert werden könnte. Allerdings kann dieses Ziel auch mit der allgemeinen Missbrauchsregelung erreicht werden. Es fragt sich daher, ob eine derartige Interpretation notwendig ist, wenn damit allgemeine Grundsätze „geopfert" werden.

Nicht zuletzt ist eine unterschiedliche Fristenberechnung in Hinblick auf § 30c EStG unbefriedigend. Gem § 30c EStG (siehe eingehend Kap I/11. ff). § 30c EStG knüpft an die grunderwerbsteuerliche Anzeigepflicht. Nach dem GrEStG hindern aber aufschiebende Bedingungen wie etwa die Genehmigung der Ausländergrunderwerbskommission ganz unstrittig die Wirksamkeit des Vertrages. Wenn nun die Ertragsteuer – folgt man der Sicht des BMF – bereits *vor* Vorliegen der grundverkehrsbehördlichen Genehmigung wegen des bloßen Vertragsabschlusses eintreten sollte, so ist in diesen Fällen eine Anwendung des § 30c EStG gar nich möglich, weil bereits vor der grunderwerbsteuerlichen Realisierung die ertragsteuerliche Realisierung eintritt und der Veräußerer folglich eine besonderer Vorauszahlung iSd § 30b EStG leisten müsste. Damit ginge § 30c EStG bei vielen aufschiebend bedingten Verträgen ins Leere, was mE der Absicht des Gesetzgebers widersprechen würde.

Es erscheint letztlich auch zusätzlich problematisch, *„gerade und nur"* bei der Fristenberechnung der Grundstücksbesteuerung nach § 30 EStG nicht auf den eigentlichen Anschaffungszeitpunkt (des wirtschaftlichen Eigentums), sondern bloß auf das Verfügungsgeschäft abzustellen. Sämtliche anderen steuerlichen Rechtsfolgen stellen nämlich auf den Anschaffungszeitpunkt iSd Erlangung des wirtschaftlichen Eigentums ab.

Nicht zuletzt widerspricht die Ansicht des BMF den Grundsätzen der §§ 23 und 24 BAO.

Der Abschluss des bloßen Verfügungsgeschäftes gilt nach unstrittiger Ansicht jedoch dann nicht, wenn das wirtschaftliche Eigentum schon früher übertragen wurde. **I/147**

6. Bedingungen und Befristungen

I/148 Nach dem Zivilrecht ist wie folgt zu unterscheiden: Eine Bedingung ist ein zukünftiges ungewisses Ereignis, von dessen Eintritt der Erklärende oder die Vertragsparteien Rechtsfolgen abhängig machen. Hinsichtlich ihrer Wirkung unterscheidet das ABGB (§ 696 Satz 3) zwischen aufschiebender (suspensiver) und auflösender (resolutiver) Bedingung, je nachdem, ob die Rechtswirkungen des bedingten Rechtsgeschäfts erst bei Bedingungseintritt beginnen oder umgekehrt sofort beginnen und bei Bedingungseintritt wegfallen sollen. In beiden Fällen entsteht ein Schwebezustand, der bis zum Eintritt oder Ausfall der Bedingung anhält. Der Bedingungseintritt wirkt idR nicht zurück. Solange die aufschiebende Bedingung nicht eingtreten ist, besteht bloß ein Anwartschaftsrecht.

Das BMF hat zu bedingten und befristeten Geschäften eine von den allg Grundsätzen tw abweichend Ansicht. Bei bedingten Rechtsgeschäften soll nach dem BMF grundsätzlich gelten (wörtlich zitiert):[328]

- „Bei *auflösender Bedingung* ist der Tatbestand mit Vertragsabschluss erfüllt. Eine spätere Auflösung des Verpflichtungsgeschäftes infolge des Eintrittes der Bedingung beseitigt nicht die ursprüngliche Anschaffung/Veräußerung. Es liegt vielmehr ein neuerlicher Anschaffungs-/Veräußerungsvorgang vor.
- Ist bei *nach dem 31.5.2013* unter einer *aufschiebenden Bedingung* abgeschlossenen Verträgen der Bedingungseintritt *hinreichend wahrscheinlich* (zB Genehmigung durch die Grundverkehrskommission), wird der Tatbestand ebenfalls bereits mit Vertragsabschluss erfüllt. Sollte trotz hinreichender Wahrscheinlichkeit die Bedingung nicht eintreten, liegt ein *rückwirkendes Ereignis* im Sinne des § 295a BAO vor. Ist bei aufschiebend bedingten Veräußerungen der Bedingungseintritt von Beginn an nicht hinreichend wahrscheinlich, liegt eine Veräußerung erst bei Bedingungseintritt vor."

I/149 Zu beachten ist, dass Bedingungen nur dann maßgebend sind, wenn sie sich auf das *Verpflichtungsgeschäft* beziehen. Bedingungen, die sich auf das Verfügungsgeschäft (zB Grundbuchseintragung) beziehen, sind unstrittig irrelevant. Daher liegt bei einer Vereinbarung, dass die Liegenschaft erst mit der rechtzeitigen vollständigen Kaufpreiszahlung übergeht, bereits mit Vertragsabschluss und nicht erst mit vollständiger Kaufpreiszahlung eine Veräußerung sowohl iSd GrEStG als auch iSd EStG vor.[329] Nach der Rsp liegt auch dann keine wirksame aufschieben-

---

328 EStR Rz 6623.
329 Zur GrESt: *Fellner*, aao, § 1 Rz 165.

de Bedingung vor, wenn bei einem Verpflichtungsgeschäft die Eigentumsübertragung bis zum Tod des Verkäufers aufgeschoben wird.[330]

Die Ansicht des BMF zur *aufschiebenden* Bedingung steht im *Widerspruch* zur grundsätzlich sonstigen ertragsteuerlichen Wirkung von aufschiebenden Bedingungen, die dazu führen, dass die steuerliche Wirkung *erst mit Bedingungseintritt* beginnt.[331] Auch nach der Rsp führen aufschiebenden Bedingungen dazu, dass die steuerlichen Wirkungen erst mit Bedingungseintritt erwachsen. Nach dem BFH wie auch dem VwGH[332] „*schiebe die aufschiebende Bedingung die Wirksamkeit des Rechtsgeschäftes (Schuldnachlass) bis zum Eintritt dieser Bedingung hinaus.*" Die Ansicht des BMF, dass „*hinreichend wahrscheinliche*" aufschiebende Bedingungen den zivilrechtlich Vertrag zu einem ertragsteuerlich unbedingten Vertrag machen sollen, wirft erhebliche Rechtsschutz- und Interpretationsprobleme auf. Der Begriff „*hinreichend wahrscheinlich*" ist völlig unbestimmt und hält idR nur einer nachträglichen Beurteilung stand. Es gibt viele Fälle, in denen sich die Eintrittswahrscheinlichkeit der schwebenden Bedingung laufend verändert. Es scheint daher unzumutbar, dem Stpfl hier eine laufende Beobachtungspflicht aufzubürden. Letztlich ist auch der Zweck dieser Interpretation durch das BMF in Anbetracht der nun mehr ewigen Steuerhängigkeit – anders als nach der früheren Spekulationsbesteuerung – nicht ganz ersichtlich.

I/150

Die Ansicht der EStR weicht auch von der Behandlung nach dem GrEStG ab. Aufschiebende Bedingungen führen grunderwerbsteuerlich zur *schwebenden Unwirksamkeit* des Vertrages. Bei einem aufschiebend bedingt Erwerb entsteht die GrESt daher erst mit Eintritt der Bedingung (§ 4 Abs 2 GrEStG bzw § 4 BewG).

I/151

Das bedeutet, dass ein mit aufschiebender Bedingung abgeschlossener Kaufvertrag, wenn der Bedingungseintritt „*hinreichend bestimmt ist*", nach den EStR ertragsteuerlich bereits mit Vertragsabschluss eintritt. Da zu diesem Zeitpunkt

---

330   *Fellner*, aao, § 1 Rz 166.

331   Ausführlich *Eichinger*, Bedeutung von Bedingungen in Veräußerungsgeschäften iSd § 30 EStG idF 1. StabG 2012, taxlex 2012, 397, mit Hinweis auf die vom BMF abweichende BFH-Rspr sowie auf den konkreten Sonderfall, welcher dem vom BMF zitierten VwGH-Erkenntnis zugrundelag; siehe auch EStR Rz 2570; *Beiser*, ÖStZ 2005, 178; *Fattinger*, RWZ 1997, 336; *Adler/Düring/Schmaltz*, Anm 81 zu § 246 dHGB. Ebenso die UmgrStR: Rz 800 spricht von einer „*fristbezogenen Vertragsklausel*". Eine solche wird anerkannt. Nach Rz 651 werden aufschiebende Bedingungen, deren Eintritt von der Zustimmung (Nichtuntersagung) von Dritten (zB Kartellbehörde, Grundverkehrsbehörde und Ähnliches mehr) abhängig ist, als „*steuerlich beachtlich*" anerkannt; mit EStR übereinstimmend. Salzburger Steuerdialog 2013 Ergebnisprotokoll Einkommensteuer, Pkt 3.4.

332   BFH 2.10.2001 – IX R 45/99, BStBl II 2002, 10, für den Fall eines Vertragsschlusses unter Vertretung durch einen vollmachtlosen Vertreter mit Kommentar von *Eichinger*, Bedeutung von Bedingungen in Veräußerungsgeschäften iSd § 30 EStG idF 1. StabG 2012, taxlex 2012, 397; VwGH 31.3.1976, 517/76: „*... war dieser Nachlass noch kein unbedingter und wäre endgültig erst unter der weiteren Voraussetzung geworden, dass die Beschwerdeführerin in den Jahren 1969 bis 1973 nicht „entsprechende Reingewinne" erzielt hätte*".

aber keine GrESt-Abgabenerklärung erfolgt und § 30c EStG die ImmoESt an das der GrESt unterliegende jeweilige Rechtsgeschäft (*„zugrundeliegender Erwerbsvorgang"*) knüpft, wird dem § 30c EStG möglicherweise dadurch der Boden entzogen. Der der GrESt durch Eintritt der aufschiebenden Bedingung unterliegende *„Erwerbsvorgang"* geht mE möglicherweise einkommensteuerlich ins Leere, weil die ESt bereits mit vorherigem Abschluss des aufschiebend bedingten Geschäftes verwirklicht wurde. Der Verkäufer wäre in all diesen Fällen zur besonderen Vorauszahlung nach § 30b EStG verpflichtet. Damit ginge § 30c EStG bei vielen aufschiebend bedingten Verträgen ins Leere, was mE der Absicht des Gesetzgebers widersprechen würde. Für den Parteienvertreter ergibt sich – wenn der Veräußerer die Vorauszahlung trotz hinreichend wahrscheinlichem Bedingungseintritt nicht geleistet hat – das Problem, dass er seinen Mandanten darauf aufmerksam machen muss, dass möglicherweise ertragsteuerlich bereits eine Veräußerung eingetreten ist und daher der Veräußerer eine Selbstanzeige machen sollte. Jedenfalls wäre der Parteienvertreter, macht er in diesen Fällen eine Selbstberechnung, an einer Verschleierung einer zuvor erfolgten Abgabenverkürzung involviert.

I/152   Zuletzt sei darauf hingewiesen, dass die Beurteilung was „hinreichend" ist, zu einer hohen Rechtsunsicherheit führt. Die Sicht des BMF widerspricht letzthin auch der klaren Regelung des § 4 BewG, wo eine eindeutige Regelung für aufschiebende Bedingungen getroffen ist.

I/153   Verträge, die unter einer *auflösenden Bedingung* geschlossen wurden, gelten sowohl im Bereich der ImmoESt als auch der GrESt als sofort wirksam (§ 5 Abs 1 BewG). Der Eintritt einer auflösenden Bedingung ist kein neuer Erwerbsvorgang, sondern schafft nach dem GrEStG den erstens Erwerbsvorgang aus der Welt.[333] Ertragsteuerlich beseitigt hingegen die spätere Auflösung infolge des Eintritts der Bedingung nicht die ursprüngliche Anschaffung/Veräußerung. Es liegt ein neuer Veräußerungsvorgang vor. Das BMF sieht dies als rückwirkendes Ereignis an, siehe auch Kap I/10.3.

I/154   *Befristungen* sind ähnlich wie Bedingungen zu sehen (§ 8 BewG). Aufschiebende Befristungen, die das Verpflichtungsgeschäft betreffen gelten als aufschiebende Bedingungen. Auflösende Befristungen gelten als auflösende Bedingungen. Befristungen können auch nach Ansicht der EStR nicht hinreichend eintrittsbestimmt sein. Aufschiebende Befristungen führen daher unstrittig immer zu einem aufgeschobenen Vertragswirkungseintritt, es sei denn, die Bedingung ist bloß zum Schein vereinbart oder widerspricht den faktischen Umständen.

---

333   *Fellner*, aao, § 1 Rz 168.

Unterliegt der Vertrag einer behördlichen Genehmigung, so ist dies nach dem I/155 GrEStG einer aufschiebenden Bedingung gleichzusetzen. Die GrESt-Schuld entsteht erst mit Vorliegen der Bewilligung und wirkt nicht ex tunc.[334] Anders das BMF im Bereich der ImmoESt, s Rz I/148 ff.

Sind Bedingungen oder Befristungen nur zum Schein vereinbart, so gelten diese I/156 aufgrund des § 23 BAO nicht und sind daher steuerlich ohne Belang.

Optionen sind Bedingungen nicht gleichzuhalten.[335] Eine Option liegt nach hA I/157 vor, wenn dem Vertragspartner ein einseitiges Gestaltungsrecht eingeräumt wird, einen Vertrag abzuschließen. Dies ist dann der Fall, wenn die Rechtswirksamkeit eines Vertrages ausdrücklich von der Erklärung eines Vertragspartners (zB des Käufers) abhängt. Bei solchen Optionsgeschäften kommt das relevante Verpflichtungsgeschäft erst bei Ausübung der Option zustande. Es gilt daher im Falle der Ausübung einer vor dem 1.4.2012 eingeräumten Option nach dem 31.3.2012 die Rechtslage nach dem 1. StabG.

Vorvertrag: kann ausnahmsweise als Anschaffung angesehen werden, *„wenn es* I/158 *sich von Anfang an um eine beide Vertragspartner bindende, den späteren Kaufvertrag wirtschaftlich vorwegnehmende Vereinbarung handelt".*[336] Auch nach Rz 6629 EStR ist bei Kaufverträgen im Zweifel allerdings nicht der Abschluss eines Vorvertrages anzunehmen, sondern der Abschluss des unmittelbaren Verpflichtungsgeschäftes, wenn die wesentlichen Vertragsinhalte (Kaufgegenstand und Preis) mit denen des intendierten Hauptvertrages ident sind. Nach der Rsp ist *„der Zeitpunkt des förmlichen Abschlusses des Kaufvertrages [...] dann nicht maßgebend, wenn schon vorher ein Tatbestand verwirklicht wurde, der den wirtschaftlichen Vorteil eines Verkaufsgeschäftes für beide Vertragsteile vorwegnimmt".*[337]

Der Beginn der Nutzung einer Eigentumswohnung auf Grund eines *Anwart-* I/159 *schaftsvertrages* (zum Erwerb des Wohnungseigentums) führt nach den EStR zur Anschaffung der Wohnung, auch wenn der förmliche Abschluss des Kaufvertrages erst später erfolgt.[338] Dies widerspricht den Grundsätzen der §§ 23 f BAO und dem Wortlaut des § 30 EStG („Anschaffung"). Siehe eingehend Rz I/146.

Ein *Rücktrittsrecht* ist keine Bedingung, sondern ein Gestaltungsrecht. Solange I/160 der Rücktritt nicht erklärt ist, ist der Vertrag wirksam. Im Unterschied zur auflösenden Bedingung ist der Rücktritt von einer Entscheidung des Rücktrittsberechtigten (das kann der Verkäufer oder [idR] der Käufer sein) abhängig. Dies gilt

---

334 *Fellner*, GrEStG[11], § 1 Rz 170; Bescheidzustellung oder Verkündigung; ebenso zu Genehmigungen durch Siedlungsgenossenschaften: aufschiebend bedingter Erwerb (*Fellner*, aaO, Rz 156).
335 EStR Rz 6623.
336 VwGH 7.4.1981, 3294/80.
337 VwGH 17.12.1965, 2372/64; 23.2.1971, 1753/70; 20.11.1997, 96/15/0256.
338 EStR Rz 6629.

auch für ein „jederzeitiges" Rücktrittsrecht. Der Vertrag endet erst mit der Geltendmachung des Rücktrittsrechts.[339] Die Rückabwicklung stellt einen neuen Veräußerungsvorgang dar, siehe Rz I/153.

---

339 Str: Nach *Fellner*, aao, § 1 Rz 168, ist der Rücktritt einer auflösenden Bedingung gleichzusetzen, da es zur Rückabwicklung kommt. Dies ist uE nur bedingt zutreffend, da es iZm § 17 GrEStG abhängig von der Grundlage der Vertragsauflösung zu einer unterschiedlichen Möglichkeit der GrESt-Erstattung kommt.

7. Treuhandschaften

7.1. Allgemeines

Eine Treuhandschaft liegt vor, wenn jemand als Treuhänder Rechte im Außen- **I/161** verhältnis übertragen bekommt, die er zwar im eigenen Namen, aber aufgrund einer besonderen vertraglichen Bindung zu einer anderen Person als Treugeber in einer bestimmten Weise ausüben soll.[340] Der Treuhänder unterliegt in allen seinen Entscheidungen einer Zweckbindung, welche sich aus der Treuhandvereinbarung ergibt. Der Treuhänder ist dem Treugeber im Innenverhältnis obligatorisch verpflichtet, sein Eigentumsrecht (bzw Vollrecht) im Interesse des Treugebers und in dessen Auftrag auszuüben.[341] Andererseits kann der Treuhänder aufgrund seiner dinglichen (äußeren) Rechtsstellung mehr, als er darf. Typisch ist daher die im Innenverhältnis bestehende Bindung des Treuhänders an die Aufträge des Treugebers.[342]

> **Für das Steuerrecht ergibt sich aus § 24 Abs 1 BAO** **I/162**
>
> „Für die Zurechnung der Wirtschaftsgüter gelten […] folgende Vorschriften:
> […]
> b) die Wirtschaftsgüter, die zu treuen Händen übereignet worden sind, werden dem Treugeber zugerechnet.
> c) Wirtschaftsgüter, die zu treuen Händen für einen Treugeber erworben worden sind, werden dem Treugeber zugerechnet."

Dies ist Ergebnis des Grundsatzes der wirtschaftlichen Betrachtungsweise.[343] § 24 Abs 1 lit b und c BAO sind restriktiv auszulegen: Die Zurechnung zum Treugeber erfolgt nur dann, wenn dieser effektiv die Verfügungsgewalt über das Treugut ausübt.

Einen typischen Treuhandvertrag gibt es im ABGB nicht. Nicht als Treuhand- **I/163** schaft gilt die offene Stellvertretung (im Namen und auf Rechnung eines Dritten); hier wird der Vertretene unmittelbar verfügungsberechtigt. Grundfälle der Treuhandschaft sind:

---

340   *Ritz*, BAO⁴, § 24 Rz 13; *Stoll*, BAO, § 24, 302; *Kletečka* in *Koziol/Welser*, Bürgerliches Recht I¹³, 218.
341   VwGH 23.1.2003, 2002/16/0228 (GrESt); *Strasser* in *Rummel*, ABGB³, § 1002 Rz 42a; *Kletečka*, aao.
342   *Kletečka*, aao; *Apathy* in *Schwimann*, ABGB³, § 1002 Rz 11.
343   Jakom/*Laudacher* EStG, 2013, § 2 Rz 58; *Stoll*, BAO, § 24, 303; *Fraberger/Papst*, taxlex 2010, 100.

- Eigentümer überträgt das Eigentum an einen Treuhänder (Übertragungstreu-hand). Das kann eigennützig (Sicherungstreuhand)[344] oder fremdnützig (Verwaltungstreuhand) sein.
- Treuhänder kauft im Auftrag des Treugebers von Dritten (Erwerbstreuhand).
- Zivilrechtliche Eigentümer vereinbart mit Dritten, dass er künftig Treuhänder des Dritten sein werde (Vereinbarungstreuhand).

7.2. Missbrauch durch Treuhändereinschaltung und Grunderwerbsteuer

I/164 Der VwGH[345] hat jüngst einen jahrzehntelangen Grundsatz des GrESt-Rechts umgeworfen und entschieden, dass bei (treuhändiger) Zurückbehaltung eines Zwerganteils an einer Gesellschaft der Tatbestand der Anteilsvereinigung verwirklicht sein kann. Dies hat eine umfangreiche Diskussion nach sich gezogen.[346] Das BMF[347] hat allerdings bestätigt, dass Treuhandgestaltung nicht generell zur Anteilsvereinigung führt. Missbrauch kann nach dem BMF nur in Einzelfällen bei speziellen Fällen zur Anwendung kommen. Da für Treuhandschaften außerhalb der Anteilsvereinigung Ersatztatbestände existieren, wird diese Unklarheit für den Bereich der direkten Kaufverträge („Asset Deal") uE keine Auswirkungen haben.[348]

7.3. ImmoESt bei Treuhandschaften

I/165 Für die Ertragsteuern gilt, dass die Einkünfte und das Vermögen dem Treugeber zuzurechnen sind.[349] Ausnahmsweise gilt dies nicht, wenn der Treugeber treuwidrig handelt oder faktische Verfügungsmacht hat.

7.4. Einzelne Treuhandformen

I/166 **Übertragungstreuhand:** Die Übertragung des Grundstückes an den Treugeber unterliegt als Übereignungsgeschäft gem § 1 Abs 1 Z 1 GrEStG der GrESt ebenso wie die auflösungsbedingte Rückübertragung (§ 1 Abs 1 Z 2 GrEStG).

Aus Sicht der *ImmoESt* liegt mangels Veränderung des wirtschaftlichen Eigentums abweichend vom GrEStG keine Veräußerung iSd § 30 EStG vor und der Vorgang ist folglich nicht steuerpflichtig. Dies gilt uU nicht bei treuhanduntypischen Beschränkungen zu Lasten des Treugebers.

---

344 *Kletečka*, aao, 219.
345 VwGH 5.4.2011, 2010/16/0168.
346 S im Detail mwN *Studera/Thunhirn*, Handbuch Besteuerung Grundstückstransaktionen (2013), Kap 16.3; *Beiser*, RdW 2011, 384; *Tumpel*, GeS 2011, 350; *Kofler*, GeS 2010, 244; *Luegmair*, taxlex 2011, 339; *Vondrak*, ecolex 2011, 656 u 950 ff.
347 BMF 29.6.2011, BMF-010206/0149-VI/5/2011.
348 Im Detail für die GrESt *Studera/Thunhirn*, Handbuch Besteuerung Grundstückstransaktionen (2013), Kap 16.3.
349 Jakom/*Laudacher* EStG, 2013, § 2 Rz 58.

Erwerbstreuhand (treuhändiger Erwerb einer Liegenschaft) und Beschaf- I/167
fungsauftrag: Der Vorgang unterliegt zweimal der GrESt.[350] **ImmoESt:** Es liegt
bloß zwischen Verkäufer und Treugeber eine Veräußerung bzw Anschaffung vor.
Die für die Anwendung des § 30c EStG relevante GrESt-Meldung ist jene für das
Verhältnis zwischen Treuhänder und Treugeber und nicht der Kaufvertrag zwischen Dritten und Treuhänder. Im GrEStG wird auch der sog *„Liegenschaftsbe-
schaffungsauftrag"* zu den Treuhandverhältnissen gerechnet,[351] bei dem der Treugeber den Treunehmer beauftragt, auf Rechnung des Treugebers eine Liegenschaft im Namen des Treuhänders zu erwerben. Einem derartigen Auftrag liegen
auch zwei selbständige steuerpflichtige Rechtsvorgänge zugrunde. Der Treuhänder erwirbt die Liegenschaft von einem Dritten ins Eigentum. Sein Erwerb fällt
unter § 1 Abs 1 Z 1 GrEStG. Mit dem Erwerb der Liegenschaft verschafft der
Treuhänder dem Treugeber die Befugnis, diese wirtschaftlich zu verwerten. Der
Vorgang fällt unter § 1 Abs 2 GrEStG.

ImmoESt fällt nur an, wenn es gleichzeitig zu einer Übertragung des wirtschaftlichen Eigentums zu Gunsten des Auftraggebers (Treugebers) kommt. Dies ist eine
zivilrechtliche Vorfrage.

Falls der Treugeber (zusätzlich neben dem Treuhänder oder alleine) dem Veräu- I/168
ßerer eine Gegenleistung gewährt, ist diese in die Bmgl für die GrESt und Immo-
ESt einzubeziehen. Der Gegenleistung sind auch Leistungen hinzuzurechnen, die
ein anderer als der Erwerber (etwa der Treuhänder) dem Veräußerer als Gegenleistung dafür gewährt, dass der Veräußerer dem Erwerber das Grundstück überlässt.

Veräußert der Treuhänder die Liegenschaft, so liegt zwischen Treuhänder und I/169
Drittem ein Erwerbsvorgang gem § 1 Abs 1 Z 1 GrEStG vor. Die Treuhandschaft
erlischt dadurch. Die Ermächtigung durch den Treugeber an den Treuhänder, an
einen Dritten zu verkauften, unterliegt nicht gesondert der GrESt, sondern ist
Ausfluss der eingeräumten Verwertungsbefugnis.[352]

ImmoESt: Es liegt eine Veräußerung zwischen Treugeber und Dritten vor. Stpfl
hinsichtlich der ImmoESt ist der Treugeber als Veräußerer des wirtschaftlichen
Eigentums. Veräußert der Treugeber hingegen auf eigene Rechnung, so setzt dies
einen vorherigen grunderwerbsteuerlich relevanten Erwerb des Treuhänders
vom Treugeber (§ 1 Abs 2 GrEStG) voraus.[353] Dieser unterliegt der GrESt, es sei
denn, die Bestimmung des § 1 Abs 4 GrEStG über die Anrechnung kommt zum
Tragen. Entlässt der Treugeber den Treuhänder aus seiner Pflicht, ihm das
Grundstück zurückzuübereignen, so unterliegt dies der GrESt nach § 1 Abs 2

---

350 *Fellner*, GrESt, § 1 Rz 285, 289; *Fischer* in *Boruttau*, GrEStG[17], § 1 Rz 223 ff mwN; *Steiner*, ÖBA 2004,
     801.
351 VwGH 28.11.1991, 89/16/0023, 88/16/0166.
352 *Fischer* in *Boruttau*, aao, § 1 Rz 214.
353 *Arnold/Arnold*, GrEStG, § 1 Rz 324.

GrEStG.[354] Bmgl ist die hierfür vereinbarte Gegenleistung, fehlt diese, so ist Bmgl der dreifache Einheitswert.

ImmoESt: Es kommt zu zwei Veräußerungen:

1. Veräußerung des wirtschaftlichen Eigentums durch den Treugeber an den Treuhänder
2. Veräußerung durch den Treuhänder an den Dritten.

Für die Bmgl der ImmoESt wird relevant sein, welche Kaufpreise und andere Zahlungen dem Treuhänder und welche dem Treugeber verbleiben, wobei allfällige Vertragserrichtungskosten herauszurechnen sind.

I/170 **GrESt:** Überträgt der Treuhänder das Grundstück an den Treugeber in dessen bücherliches Eigentum, dann liegt hierin noch einmal ein nach § 1 Abs 1 Z 1 GrEStG steuerbarer Vorgang.[355] Bmgl ist idR gem § 4 Abs 2 Z 1 der Wert des Grundstückes, da die Übertragung an den Treugeber idR entgeltfrei stattfindet. Allerdings findet sich in § 1 Abs 4 GrEStG eine Anrechnungsregel: Wenn der Übertragung an den Treugeber eine Verschaffung der wirtschaftlichen Verfügungsmacht vorangegangen und besteuert worden ist, dann ist nach § 1 Abs 4 GrEStG von dem späteren Erwerbsvorgang die GrESt nur insoweit einzuheben, als bei diesem späteren Erwerbsvorgang eine Gegenleistung vereinbart wird, deren Wert den Betrag übersteigt, von dem beim vorausgegangenen Rechtsvorgang die GrESt berechnet wurde. Dies gilt jedoch nur bei Personenidentität.

ImmoESt: Es liegt keine Veräußerung vor, da das wirtschaftliche Eigentum unverändert beim Treugeber verbleibt.

I/171 **Wechsel des Treuhänders:** Dieser tritt dadurch ein, dass der Treuhänder das Grundstück auf Weisung des Treugebers einem anderen Treuhänder übereignet. Hierbei handelt es sich im Verhältnis zwischen altem und neuem Treuhänder idR um einen Kaufvertrag, das den Anspruch auf Übereignung begründet (§ 1 Abs 1 Z 1 GrEStG).[356] Schließt der Treugeber mit einem neuen Treuhänder eine Treuhandvereinbarung ab und überträgt der bisherige Treuhänder das Grundstück auf Weisung des Treugebers an diesen, so unterliegt auch die Auflassung (Treuhänder lässt sein Recht gegenüber dem Treugeber auf) nach str Ansicht der GrESt (§ 1 Abs 1 Z 2 GrEStG).[357] Die Steuerpflicht wird nicht dadurch ausgeschlossen, dass der Treugeber dieselbe Person bleibt. Aus Sicht der ImmoESt ist der Vorgang unbeachtlich.

---

354   *Fischer*, aao, § 1 Rz 212; *Arnold/Arnold*, GrEStG, § 1 Rz 324.
355   *Fischer*, aao, § 1 Rz 208; *Arnold/Arnold*, aao, § 1 Rz 324.
356   *Arnold/Arnold*, GrEStG, § 1 Rz 325.
357   zust *Fellner*, GrEStG[11], § 1 Rz 289a; *Fischer* in *Boruttau*, GrEStG[17], § 1 Rz 218; abl *Arnold/Arnold*, aao, § 1 Rz 331; zur Anrechnung der GrESt (§ 1 Abs 4 GrEStG) *Arnold/Arnold*, aao, § 1 Rz 325 f.

Treugeberwechsel: Der Treugeber kann seine Ansprüche gegen den Treuhänder   I/172
auf einen anderen Treugeber übertragen, ohne dass sich am zivilrechtlichen Eigentum etwas ändert. Die Übertragung unterliegt, soferne der Treugeber einen
Anspruch auf Übereignung hat, als Abtretung des gegebenenfalls aufschiebend
bedingten Übereignungsanspruches der GrESt (§ 1 Abs 1 Z 3 GrEStG). Besteht
kein Übereignungsanspruch, was bei der nicht eigennützigen Treuhandschaft
idR der Fall ist, ist der Wechsel als Übertragung der Verwertungsbefugnis steuerpflichtig (§ 1 Abs 2 GrEStG). Bmgl ist der dreifache EHW.[358]

Aus Sicht **der ImmoESt** liegt eine Veräußerung des *wirtschaftlichen Eigentums*
zwischen bisherigen und neuen Treugeber vor. § 30c EStG kommt zur Anwendung.

Auflösung der Treuhandschaft: Die Auflösung der Treuhandschaft unterliegt   I/173
nach § 1 Abs 1 GrEStG grundsätzlich der GrESt.

ImmoESt: Mangels Änderung des wirtschaftlichen Eigentums fällt keine
ImmoESt an.

---

358   *Fellner*, aao, § 1 Rz 289c, 289f; *Arnold/Arnold*, aao, § 1 Rz 328; *Fischer* in *Boruttau*, aao, § 1 Rz 217.

8. Vor-, Options-, Rahmenverträge und ähnliche Verträge

8.1. Vorverträge

I/174 Ein Vorvertrag (§ 936 ABGB) ist eine Vereinbarung, *„in Zukunft einen Vertrag mit bestimmtem Inhalt abschließen zu wollen".* Der Vorvertrag begründet nach hA keinen Anspruch auf Erfüllung des noch abzuschließenden Hauptvertrages.[359] Die Erfüllung des Vorvertrags besteht schlicht gesagt im Abschluss des Hauptvertrags. Die notwendigen Bestandteile eines Vorvertrages sind die inhaltliche Bestimmtheit (die wesentlichen Stücke des Vertrages müssen bestimmt sein, Vorvertrag und Hauptvertrag unterscheiden sich daher nicht in ihrer inhaltlichen Bestimmtheit) und die Zeitbestimmung. Nach dem ABGB muss die „Zeit der Abschließung" des Hauptvertrags von den Parteien bereits im Vorvertrag bestimmt werden oder zumindest bestimmbar sein. Hier reicht eine Bedingung aus. Vom Vorvertrag kann wegen Wegfalls der clausula rebus sic stantibus zurückgetreten werden. Weder aus ertrag- noch aus grunderwerbsteuerlicher Sicht bewirkt der Abschluss eines Vorvertrages idR *einen* Übereignungs- oder Verwertungsanspruch iSd § 1 Abs 1 oder 2 GrEStG. Seine Verletzung begründet ausschließlich Schadenersatzpflichten.

I/175 Der Vorvertrag kann ausnahmsweise als Anschaffung angesehen werden, *„wenn es sich von Anfang an um eine beide Vertragspartner bindende, den späteren Kaufvertrag wirtschaftlich vorwegnehmende Vereinbarung handelt".*[360] Auch nach EStR Rz 6629 ist bei Kaufverträgen im Zweifel nicht der Abschluss eines Vorvertrages anzunehmen, sondern der Abschluss des unmittelbaren Verpflichtungsgeschäftes, wenn die wesentlichen Vertragsinhalte (Kaufgegenstand und Preis) mit denen des intendierten Hauptvertrages ident sind. Nach der Rsp ist *„der Zeitpunkt des förmlichen Abschlusses des Kaufvertrages [...] dann nicht maßgebend, wenn schon vorher ein Tatbestand verwirklicht wurde, der den wirtschaftlichen Vorteil eines Verkaufsgeschäftes für beide Vertragsteile vorwegnimmt".*[361]

---

359 Kein Erfüllungsanspruch! *Kletečka* in *Koziol/Welser,* Bürgerliches Recht I[13], 142; *Barta,* aao, Kap 6. C I) mit H auf OGH 25.6.1976, NZ 1978, 29 = JBl 1978, 153 (zentrales Begriffsmerkmal des Vorvertrags sei *„der korrespondierende Wille der Parteien, nicht schon den Hauptvertrag abzuschließen, sondern seinen Abschluss erst zu vereinbaren, ein Hinausschieben der endgültigen Verpflichtung, da die Zeit noch nicht reif ist").*
360 VwGH 7.4.1981, 3294/80.
361 VwGH 17.12.1965, 2372/64; 23.2.1971, 1753/70; 20.11.1997, 96/15/0256.

Der Vorvertrag stellt idR keinen Tatbestand des GrEStG oder EStG dar.[362] Aller- **I/176**
dings kommt es nicht auf die Bezeichnung an, sondern auf den dokumentierten
Vertragswillen. Wenn nach dem Inhalt der Vereinbarung bereits ein klagbarer
Anspruch auf Übereignung des Grundstückes besteht, so liegt steuerlich kein
Vorvertrag mehr vor. Lässt der Vertrag nicht erkennen, dass ein Vorvertrag vorliegt, ist nach der Rsp und nach den EStR im Zweifel von einem Hauptvertrag
auszugehen.[363] Ein Vorvertrag liegt daher nicht vor, wenn die Vereinbarung bloß
als „Vorvertrag" bezeichnet ist, jedoch die wesentlichen Elemente des Hauptvertrages enthält und endgültigen Bindungswillen zum Ausdruck bringt. IdF liegt
eine Punktation oder ein Hauptvertrag vor. Der Zeitpunkt des späteren förmlichen Abschlusses des Kaufvertrages ist daher dann nicht maßgebend, wenn vorher ein Tatbestand verwirklicht wurde, der den wirtschaftlichen Vorteil eines
Verkaufsgeschäftes für beide Vertragsteile vorwegnimmt.[364]

8.2. Punktation

Die Punktation gilt bereits als Hauptvertrag. Bei der Punktation fehlt es nach dem **I/177**
Parteiwillen nur noch an der Errichtung der förmlichen Vertragsurkunde. Anders als der Vorvertrag verpflichtet die Punktation zur Erfüllung.[365]

§ 885 ABGB lautet
„Ist zwar noch nicht die förmliche Urkunde, aber doch ein Aufsatz über die Haupt-
punkte errichtet und von den Parteien unterfertigt worden (Punktation), so gründet
auch schon ein solcher Aufsatz diejenigen Rechte und Verbindlichkeiten, welche darin
ausgedrückt sind."

Die Punktation über einen Grundstückskauf gilt als Vertrag, der einen Übereig- **I/178**
nungsanspruch einräumt, und gilt daher als Veräußerung (§ 30 EStG, § 1 Abs 1
Z 1 GrEStG).[366] Wird nach Abschluss der Punktation noch ein formgerechter
Kaufvertrag errichtet, so unterliegt dieser nicht noch einmal der GrESt und ist
dies aus Sicht des § 30 EStG irrelevant, es sei denn, dass der formelle Kaufvertrag
inhaltlich von der Punktation abweicht.[367]

Bei der Vertragsauslegung ist zu beachten, dass das Steuerrecht von der wirt- **I/179**
schaftlichen Betrachtungsweise geprägt ist.[368] Das bedeutet, dass bei Beurteilung
von Vertragsklauseln auf die konkreten Tatsachen abzustellen ist. Insb sind

---

362 EStR Rz 6629; *Takacs*, § 1 Tz 5.12a; umfassend *Fellner*, GrEStG[11], § 1 Rz 152 mwN.
363 EStR Rz 6629; OGH 13.7.1993, 4 Ob 519/93; *Fellner*, aao, Rz 153.
364 VwGH 17.12.1965, 2372/64; 23.2.1971, 1753/70; 20.11.1997, 96/15/0256.
365 *Kletečka* in *Koziol/Welser*, Bürgerliches Recht I[13], 190; zur Abgrenzung im Detail *Studera/Thunshirn*,
     Handbuch Besteuerung Grundstückstransaktionen (2013), Kap 3.2.3.2.
366 *Fellner*, aao, § 1 Rz 145.
367 *Fellner*, aao, Rz 148, zB abw Kaufpreis; vgl *Takacs*, § 1 Tz 5.17; VwGH 26.5.1966, 1692/65.
368 VwGH 18.10.1973, 1980/72; zur GrESt: *Arnold/Arnold*, GrESt, § 1 Rz 138 und *Fellner*, aao, § 17
     Rz 42.

schriftliche Klauseln steuerlich unwirksam, wenn sie dem realen Handeln widersprechen.

8.3. Optionsverträge

I/180 Vom (auch einseitig denkbaren) Vorvertrag ist die Option zu unterscheiden. Eine Option liegt vor, wenn dem Vertragspartner ein einseitiges Gestaltungsrecht eingeräumt wird, einen Vertrag abzuschließen. Dies ist dann der Fall, wenn die Rechtswirksamkeit eines Vertrages ausdrücklich von der Erklärung eines Vertragspartners (zB des Käufers) abhängt. Ein Optionsrecht beinhaltet die wirksame Einräumung eines einseitigen Gestaltungsrechts zugunsten des Berechtigten.[369] Von der Option unterscheidet sich die Punktation, dass sie bereits einen Erfüllungsanspruch entstanden lassen hat, während es bei der Option der Berechtigte in der Hand hat, diesen in Gang zu setzen. Eine Option stellt ein einseitiges annahmebedürftiges Willensversprechen dar. Es kann befristet oder unbefristet sein. Der einseitig verpflichtende Vorvertrag berechtigt/verpflichtet dagegen nur zum Abschluss des Hauptvertrags, während die Ausübung des Optionsrechts bereits einen Erfüllungsanspruch einräumt. Hier ist ein Zutun des Berechtigten nicht mehr notwendig. Optionen sind mitunter übertragbar, dies ist aber kein Wesensmerkmal. Bei Optionsgeschäften kommt das relevante Verpflichtungsgeschäft erst bei Ausübung der Option zustande.

I/181 Auch die wirksam entstandene Option bzw das Kaufanbot alleine stellen steuerlich noch keine Veräußerung dar. Auch in der bloßen Benennung des Dritten liegt noch kein GrESt/ESt- oder ImmoESt-Tatbestand.[370] Dieser tritt erst mit der Ausübung der Option (= Aufforderung an den Eigentümer, das Grundstück an den Dritten zu verkaufen) bzw Vertragsannahme durch den Dritten ein.[371] Im Falle des Wirksamwerdens des auf der Option basierenden Kaufvertrages treten unterschiedliche Steuerfolgen ein:

- **GrESt:** Es liegen zwei GrESt-Tatbestände vor. Es liegt zunächst zwischen Verkäufer und Käufer ein unter § 1 Abs Z 1 GrEStG fallendes Übereignungsgeschäft vor. Die Ausübung der Option stellt einen eigenen (zweiten) GrESt-Tatbestand im Verhältnis zwischen Verkäufer und Optionsberechtigtem dar.[372]
- **(Immo)ESt/KSt:** Zwischen Verkäufer und Käufer kommt es zur Veräußerung.

Das Optionsentgelt gilt nicht als Gegenleistung (§ 5 GrEStG). Es unterliegt nicht der GrESt. Es wird nicht für den Grundstückserwerb, sondern für die Einräu-

---

369 *Kletečka* in *Koziol/Welser*, Bürgerliches Recht I[13], 143.
370 EStR Rz 6623.
371 Takacs, § 1 Tz 10.118 c und f; BFH 10.7.1974, II R 12/70, BStBl II 772.
372 *Fellner*, GrEStG, § 1 Rz 242.

mung eines Gestaltungsrechtes bezahlt.[373] Ertragsteuerlich fällt es unter die privaten oder betrieblichen Einkünfte, gilt jedoch nicht als Grundstücksveräußerung (kein Sondersteuersatz).

Allerdings sind auch Sachverhalte denkbar, in denen es aufgrund der Option bereits zum Vorliegen einer Vereinbarung kommen kann, die dem Geschäft den Charakter eines Verpflichtungsgeschäfts verleihen können.[374] Auch kann es sich um die Einräumung einer Verwertungsbefugnis iSd § 1 Abs 2 GrEStG handeln; dies wäre aber keine Veräußerung und damit kein Tatbestand des § 30 EStG.   **I/182**

8.4. Rahmenverträge

Die rechtliche Bedeutung von Rahmenverträgen ist unterschiedlich. Rahmenverträge können die von beiden Vertragspartnern gemeinsam gestalteten und ausgehandelten AGB für künftige Vertragsschlüsse dieser Parteien beinhalten.[375] IdF verpflichten sie rechtlich noch zu keinerlei Leistung; insb auch zu keinem (künftigen) Vertragsschluss. Rahmenverträge und die dazugehörigen Einzelverträge sind entsprechend der Bestimmungen des § 914 ABGB auszulegen, wonach bei Auslegung von Verträgen nicht an dem buchstäblichen Sinne des Ausdrucks zu haften ist, sondern die Absicht der Parteien zu erforschen und der Vertrag so zu verstehen ist, wie es der Übung des redlichen Verkehrs entspricht.[376]   **I/183**

Rahmenverträge sind daher dahingehend zu prüfen, ob sie den Charakter von Vorverträgen, Punktationen oder aufschiebend bedingten Verträgen haben.

---

373 *Fellner*, aao, § 1 Rz 161; krit *Takacs*, § 1 Tz 5.2.
374 *Fischer* in *Boruttau*, GrEStG[17], § 1 Rz 306; *Takacs*, § 1 Tz 5.20a.
375 *Kletečka* in *Koziol/Welser*, Bürgerliches Recht I[13], 143; *Barta*, aao, Kap 6, C, V, 3.
376 UFS 20.11.2008, RV/2004-W/03.

9. Veräußerungstatbestände iSd Immobilienertragsteuer

9.1. Definition der „Veräußerung" isd Immobilienertragsteuer

I/184 Das EStG definiert den Begriff „*Veräußerung*" abweichend vom Zivilrecht. Der Begriff „*Veräußerung*" ist nun aber kein eindeutiger Begriff und muss nicht zwingend in dem engen Sinne verstanden werden. Der Begriff wird auch sonst in der Rechtspraxis in einem weiteren Sinn verwandt. Als Veräußerung gilt jede *entgeltliche Übertragung* des wirtschaftlichen Eigentums unabhängig von der Vertragsart, selbst wenn zivilrechtlich keine Liegenschaftsveräußerung erfolgt.[377] Auch nach den EStR[378] ist darunter jede entgeltliche Übertragung zu verstehen (Verkauf, Tausch, sonstiges Rechtsgeschäft oder Rechtsverhältnis, mit dem ein Grundstück entgeltlich übertragen wird). Unter „*Anschaffung*" ist spiegelbildlich jeder entgeltliche Erwerb zu verstehen. *Anschaffung* und *Veräußerung* sind daher korrespondierende Begriffe. Jeder Veräußerung auf Seiten des Überträgers steht im gleichen Zeitpunkt eine Anschaffung des Erwerbers gegenüber.

Als *Veräußerung* gilt bspw auch Tausch, Sacheinlage, in manchen Fällen Teilung uä. Es ist uE zielführender, den Begriff „Realisierung" zu verwenden. Die bloße Übertragung des *formalen* Eigentums ist für die ImmoESt irrelevant, wenn das wirtschaftliche Eigentum unverändert bleibt,[379] was bspw für die Übertragung des Treuhandeigentums (Treuhänder) bei gleichbleibendem Treugeber gilt. Umgekehrt, wenn der Treugeber sein wirtschaftliches Eigentum überträgt, ohne dass der Treuhänder ausgetauscht wird, liegt eine Grundstücksveräußerung iSd § 30 EStG vor. Gem § 30 EStG ist die „Veräußerung von Grundstücken" relevant.

Als *Zeitpunkt der Veräußerung (= Anschaffung)* ist idR der Abschluss des Verpflichtungsgeschäftes und der Erwerb des wirtschaftlichen Eigentums (Erlangung der faktischen Verfügungsgewalt) maßgebend[380] und nicht jener der sachenrechtlichen Übergabe. *Siehe aber die abweichende Ansicht des BMF*, s eingehend Kap I/5.3., wonach als Anschaffungs-/Veräußerungszeitpunkt bereits der

---

377 *Hammerl/Mayr*, StabG 2012: Die neue Grundstücksbesteuerung, Rdw 2012, 167; BFH 13.12.1961, VI 133/60 U; Jakom/*Kanduth-Kristen* EStG, 2013, § 30 Rz 17; *Studera/Thunshirn*, ecolex 9/2012, 815 f; *Quantschnigg/Schuch*, ESt-HB, § 30 Rz 6; *Urtz*, aao, 21.
378 EStR Rz 6623.
379 S Kap I/7.3. f.
380 VwGH 28.2.2012, 2009/15/0218; 8.2.1989, 88/13/0049; 20.11.1997, 96/15/0256.

bloße Vertragsabschluss gilt und der Erwerb des wirtschaftlichen Eigentums nicht Voraussetzung für den Eintritt der Anschaffung/Veräußerung sein solle. Dies gilt nach Ansicht des BMF jedoch dann nicht, wenn das wirtschaftliche Eigentum schon vorher übertragen wurde.[381] Zur eingehenden Kritik und Widerlegung an dieser Ansicht siehe Kap I/5.3. und Kap I/6. Jedenfalls ist ein Übergabeprotokoll ohne Bedeutung.

Als Veräußerung gelten wie erwähnt neben dem Tausch auch andere *Realisierungsvorgänge*.[382] Dazu zählen etwa die *Zivilteilung* einer Immobilie und der damit verbundenen Veräußerung im Wege der öffentlichen Feilbietung,[383] die *Begründung von Miteigentum* im Zuge einer Grundstückszusammenlegung (Tausch)[384] und *Sacheinlagen* außerhalb des UmgrStG.[385] I/185

Auch die Veräußerung von Anteilen an Personengesellschaften (OG, KG etc) gilt hinsichtlich der Grundstücke im Eigentum der Gesellschaft als Grundstücksveräußerung, s eingehend Kap I/17., ebenso wie der Untergang einer Personengesellschaft und die *Anwachsung* (§ 142 UGB) an den letzten Gesellschafter. Bei Veräußerung im Rahmen einer vermögensverwaltenden Personengesellschaft richtet sich die Realisierung der Einkünften nach dem Zufluss des Veräußerungserlöses an die Personengesellschaft, wobei die Einkünften den Gesellschaftern unmittelbar zugerechnet werden.

Der *Übergang* einer vermögensverwaltenden Personengesellschaft in eine betriebliche stellt eine Einlage und keine Veräußerung dar, umgekehrt gilt dies als Entnahme.

Da bei *Erwerb von Todes* wegen wirtschaftlich gesehen Unentgeltlichkeit vorliegt, ist der Erwerb in Anrechnung auf den Pflichtteilsanspruch nicht als Anschaffung anzusehen.[386] Keine Veräußerung liegt auch bei *Umwandlung von schlichtem Miteigentum in Wohnungseigentum* und umgekehrt vor, wenn sich die (wirtschaftlichen) Eigentumsverhältnisse nicht ändern.[387]

Gem § 30a Abs 3 EStG wird im betrieblichen Bereich auch die *Zuschreibung* sowie die *Entnahme* als Veräußerung angesehen. Als Entnahmen gelten alle nicht betrieblich veranlassten Abgänge von Vermögenswerten.[388] Entnahmen sind mit dem Teilwert zu bewerten bzw anzusetzen (§ 6 Z 4 EStG). Bei GuB des Anlagevermögens ist, soferne der 25 %ige Steuersatz (§ 30a EStG) zur Anwendung kommt (also insb kein gewerblicher Grundstückhandel vorliegt), abweichend da- I/186

---

381 EStR Rz 6630.
382 *Thunshirn/Studera*, ecolex 9/2012, 815 f; *Quantschnigg/Schuch*, ESt-HB, § 30 Rz 6; Urtz, aao, 21 f.
383 VwGH 16.9.1975, 0733/75.
384 *Doralt/Kempf*, aao, § 30 Rz 36.
385 *Studera/Thunshirn*, Handbuch Besteuerung Grundstückstransaktionen (2013), Rz 816; *Urtz*, aao, 21.
386 VwGH 27.11.1968, 0290/68; EStR Rz 6623.
387 *Doralt/Kempf*, aao Rz 36; EStR Rz 6621.
388 *Mayr* in *Doralt*, EStG[15], § 6 Rz 325.

von der Buchwert im Zeitpunkt der Entnahme anzusetzen. Die Entnahme des GuB bleibt daher idF steuerneutral. Im betrieblichen Bereich eingetretene Wertsteigerungen/-minderungen werden somit in den privaten Bereich verlagert. Geht der Veräußerung eine Entnahme aus dem Betriebsvermögen voraus, ist diese nicht als Anschaffung iSd § 30 EStG anzusehen.[389] Daher kann idF die Befreiung für selbst hergestellte Gebäude zur Anwendung kommen. Bei der späteren Veräußerung tritt der Entnahmewert an Stelle der Anschaffungskosten. Die im betrieblichen Bereich entstandenen stillen Reserven werden somit bei einer späteren Veräußerung besteuert.

9.2. Katalog der ertragsteuerlich als Veräußerung geltenden Tatbestände

Zu beachten ist, dass der folgende Katalog auf die Qualifikation gem § 30 EStG abstellt. Die Verpflichtung des § 30c EStG greift aber nur dann, wenn zugleich auch ein grunderwerbsteuerlich relevanter Tatbestand vorliegt.

9.2.1. Übersicht

I/187 Übersichtsweise der Katalog der als Veräußerung geltenden Tatbestände:

- *Kaufvertrag* (Ausnahme bei bestimmten Veräußerungen an Personengesellschaft, an denen der Veräußerer beteiligt ist)
- *Tauschvertrag*
- *Unternehmensverkauf*
- *Gemischte Schenkung*, wenn die Belastung *überwiegt*
- Verschiedene Ausgleichszahlungen iZm erb-/familienrechtlichen Vorgängen
- Verschiedene Ersatzzahlungen wie *Versicherungsentschädigungen*, Ablösen etc (str, s Kap I/3.2.3.2.)
- *Grundstücksversteigerung*
- *Grundstücksenteignung*
- Manche Fälle der *Realteilung*
- Veräußerung von *Treugebereigentum*
- (Wohnungs-)Anwartschaftsvertrag
- *Raten- und Mietkauf*
- Verkauf gegen *Rente*
- *Grundstücksverlosung*

---

389 Zur früheren Rechtlage: VwGH 28.2.1973, 0900/72. Seit dem AbgÄG 2012 kann dies aus § 6 Z 4 EStG abgeleitet werden: *„Der Entnahmewert tritt für nachfolgende steuerrelevante Sachverhalte an die Stelle der Anschaffungs- oder Herstellungskosten".*

Sonderfälle: **I/188**

- Offene/verdeckte *Sacheinlage* in eine Kapitalgesellschaft ohne Anwendung des UmgrStG
- Mittelbare *Sacheinlage* in eine Kapitalgesellschaft ohne Anwendung des UmgrStG
- *Sacheinlage* in eine Personengesellschaft in manchen Konstellationen
- *Entnahme* aus und *Zuschreibungen* zum Betriebsvermögen
- Offene oder verdeckte *Sachdividendenausschüttung* bzw Sachausschüttung aus einer Privatstiftung
- „Ausschüttung an der Wurzel" aus einer Kapitalgesellschaft
- Ausnahmsweise bei Wegfall der unbeschränkten Steuerpflicht (Wegzugsbesteuerung)
- *Aufgabe des Miteigentums* am Grundstück gegen Übertragung des Alleineigentums an einem Teil des Grundstücks (= Tausch)
- *Zivilteilung*
- Veräußerung des Treugebereigentums sowie andere Fälle der Veräußerung des wirtschaftlichen Eigentums
- Ausnahmsweise: *Rahmenvertrag*, wenn er zum Übergang des wirtschaftlichen Eigentums führt, sowie *Vorvertrag* unter denselben Voraussetzungen
- *Leasingverträge*: nur ausnahmsweise bei Zurechnung zum Leasingnehmer
- *Vertragsübernahme*
- *Ablösen* für Rückfall des Gebäudes an den Grundeigentümer (bei Beendigung des Superädifikatvertrages oder des Baurechtsvertrages)
- Vereinbarung einer Kaufoption für das mit meinem Baurecht belastete Grundstück gegen ein wirtschaftlich *nicht angemessenes Entgelt.* Umgekehrt kann das wirtschaftliche Eigentum am Gebäude auf den Baurechtsbesteller übergehen wenn vereinbart wird, dass das zivilrechtliche Eigentum am Ende einer kurzen Vertragsdauer mit einer niedrigen Entschädigung oder entschädigungslos auf den Grundeigentümer übergeht.[390]
- *Liquidation* einer Personen- oder Kapitalgesellschaft oder einer anderen Körperschaft sowie Anwachsung des Vermögens einer Personengesellschaft (§ 142 UGB)
- *Abtretung* des Anteils an einer grundstücksbesitzenden Personengesellschaft sowie entgeltliche *Quotenverschiebungen*
- Verschmelzung, Umwandlung, Spaltung, Realteilung, Zusammenschluss außerhalb des *UmgrStG*
- *Entwidmung* von Sonderbetriebsvermögen (= Entnahme)
- *Übergang von der unbeschränkten in die beschränkte Steuerpflicht* (zB Übergang eines nicht gemeinnützigen in einen gemeinnützigen Verein bzw in dessen unentbehrlichen Hilfsbetrieb)

---

390   *Fuhrmann/Kunisch*, ZLB 2010, 78.

9.2.2. Keine Veräußerung (Immobilienertragsteuer) in folgenden Fällen

I/189 Keine Veräußerung[391] liegt bei *Unentgeltlichkeit*,[392] insb daher in folgenden Fällen vor:

- *Erbschaft*, Vermächtnis sowie Erwerb durch Anrechnung auf den Pflichtteilsanspruch, wenn nach den Grundsätzen der Erbauseinandersetzung keine Veräußerung/Tausch vorliegen
- *Schenkung* unter Lebenden oder auf den Todesfall, typische *Übergabsverträge* sowie gemischte Schenkung, wenn die Belastung nicht überwiegt
- Spiel und Wette
- In manchen Fällen der Übertragung gegen Renten
- Zuwendung des Stifters an die Stiftung
- In Bezug auf ein im Rahmen einer Übertragung eines Grundstücks *zurückbehaltenes Wohn- oder Fruchtgenussrecht*. Nach EStR Rz 6624 gilt Folgendes: Übertragen wird nur das belastete Grundstück. Der Wert des zurückbehaltenen Nutzungsrechtes stellt daher keine Gegenleistung für die Grundstücksübertragung dar. Dabei ist unmaßgeblich, ob das Nutzungsrecht zu Gunsten des Übertragenden oder eines Dritten zurückbehalten wird.
- Gleiches gilt nach EStR Rz 6624 in bestimmten Fällen für *sonstige zurückbehaltene Nutzungsrechte* (zB Gartenbenützungsrecht, Holzbezugsrecht, Fischereirecht). IdF ist lt BMF bei Erbringung von Gegenleistungen (zB Geldbetrag, Wert von zu erbringenden Dienstleistungen) für die Übertragung des belasteten Eigentums zu beurteilen, ob der Wert der Gegenleistung den halben gemeinen Wert des übertragenen (belasteten) Wirtschaftsgutes übersteigt, wodurch ein entgeltlicher Vorgang gegeben wäre.

I/190 Weiters liegt keine Veräußerung vor, wenn bzw soweit hinsichtlich des (wirtschaftlichen) Eigentums nur eine formalen Änderung erfolgt. Die EStR sprechen von der *„Konkretisierung"* des Eigentums. Darunter fallen insb[393]

- *Umwandlung* von schlichtem Miteigentum in Wohnungseigentum und umgekehrt
- *Realteilung* ohne relevante Ausgleichszahlungen
- bestimmte Veräußerungen an Personengesellschaft, an denen der Veräußerer beteiligt ist
- Übertragung bzw Teilung bei *Aufteilung* des *ehelichen Vermögens* (der ehelichen Ersparnisse) nach den Kriterien des § 83 EheG. Sie ist – auch bei Ausgleichszahlungen ohne betragliche Begrenzung – einkommensteuerlich idR

---

391 Und daher auch keine Anschaffung!
392 EStR Rz 6624.
393 EStR Rz 6624; Jakom/*Kanduth-Kristen* EStG, 2013, § 30 Rz 18.

als „*Naturalteilung*" anzusehen. Dies gilt nach den EStR auch bei einvernehmlichen Ehescheidungen. Dies ist nicht unumstritten, s später.

- Übergang des *anteiligen Wohnungseigentums* gem § 14 WEG an den überlebenden Partner einer Eigentümerpartnerschaft. Die Entrichtung einer Entschädigung an die Verlassenschaft des verstobenen Partners gem § 14 Abs 2 WEG stellt keine Gegenleistung iSe Veräußerungsvorganges dar.

Weiters gibt es bei Anwendung des UmgrStG steuerneutral gestellte Vorgänge   I/191

- *Zusammenschluss*: Betriebsübertragung auf eine Personengesellschaft oder Quotenverschiebung in einer bestehenden Gesellschaft
- Sacheinlage eines Betriebes in eine Kapitalgesellschaft (*Einbringung*)
- *Realteilung* einer iSd EStG betrieblichen Personengesellschaft
- Einbringung eines BgA in eine Kapitalgesellschaft[394]
- Auf- und Abspaltung

EStR Rz 6624 weist auch auf folgende Fälle hin: I/192

Die Herstellung von Gebäuden gilt nicht als Veräußerung. Zu beachten sei jedoch, dass durch den Bau eines Gebäudes auf eigenem Grund und Boden das Gebäude jedenfalls seit 1.4.2012 ein neues Wirtschaftsgut darstellt (im Umfang *str*, s Kap I/5. sowie Rz I/70). Hinsichtlich des Gebäudes ist jedoch, wie das BMF hinweist, bei Vorliegen der gesetzlichen Voraussetzungen die Herstellerbefreiung (§ 30 Abs 2 Z 2 EStG) anzuwenden. Bei der Entnahme von *GuB* ist zu beachten, dass – soweit es dabei zur Aufdeckung stiller Reserven kommt – der Entnahmewert für alle steuerrelevanten weiteren Vorgänge (Veräußerung, Wiedereinlage) an die Stelle der tatsächlichen Anschaffungskosten tritt. Wird ein *bebautes Grundstück* entnommen, sind die stillen Reserven des *Gebäudes* zu versteuern (ausgenommen bei Anwendung des § 24 Abs 6 EStG). Der Entnahmewert tritt daher an die Stelle der Anschaffungskosten des Gebäudes. Im Zuge einer späteren Veräußerung des Grundstückes aus dem Privatvermögen ist daher der Veräußerungserlös auf GuB und Gebäude aufzuteilen („*gespaltene*" Besteuerung).

9.3. Ausgewählte einzelne Veräußerungsvorgänge

9.3.1. Kaufvertrag

9.3.1.1. Allgemeines

Es ist grundsätzlich zu differenzieren, ob Gegenstand des Kaufvertrages ein   I/193
Grundstück iSd GrEStG und/oder des § 30 EStG ist.

Beispiele

Fallgruppe 1: Kaufvertrag über ein (bebautes) Grundstück, Superädifikat etc
Fallgruppe 2: Kaufvertrag über OG bzw KG-Anteile.

---

394   Im Detail *Studera/Thunshirn*, Handbuch Besteuerung Grundstückstransaktionen (2013), Kap 7.

Fallgruppe 3: Kaufvertrag über Treuhänderanteile (Treugeber bleibt unverändert)

Lösungen

Fallgruppe 1: Fällt sowohl unter GrEStG als auch §§ 30/30a EStG, § 30c ist anwendbar

Fallgruppe 2: Fällt unter § 30 EStG; kein GrESt-Tatbestand, § 30c nicht anwendbar, §´30b anwendbar

Fallgruppe 3: Fällt unter das GrEStG, jedoch kein Tatbestand des § 30/30a EStG, § 30c ist nicht anwendbar (Leermeldung)

9.3.1.2. Umfang des Veräußerungserlöses

I/194 Der Kaufvertrag über ein Grundstück iSd § 2 GrEStG fällt unter die GrESt-Pflicht und zwar unabhängig von der Zahlungsweise (bzw -frist) des Kaufpreises (Barkaufpreis, Ratenzahlung, Kreditübernahme, Renteneinräumung etc) sowie unter die ImmoESt-Pflicht. Zu *Gegenleistung* bzw zum *Veräußerungserlös* gehören *alle Leistungen*, welche der Erwerber oder ein Dritter dem Veräußerer neben der beim Erwerbsvorgang vereinbarten Gegenleistung noch *zusätzlich* gewährt.[395] Dies ist unabhängig von der Gestaltung und/oder Form des Rechtsgeschäftes. Die Bewertung der übernommenen Lasten erfolgt nach dem BewG. Werden Verbindlichkeiten übernommen, sind diese unabhängig von der Laufzeit der Verbindlichkeit nicht abzuzinsen.[396] Die Gegenleistung ist grunderwerbsteuerlich gem § 5 Abs 1 Z 1 GrEStG der Kaufpreis einschließlich der vom Käufer übernommenen sonstigen Leistungen und der *dem Verkäufer vorbehaltenen Nutzungen*.[397] Anderes gilt fürt die ImmoESt: Zurückbehaltene Nutzungsrechte wie etwa Fruchtgenussrechte sind nicht als Bestandteil des Veräußerunserlöses iSd § 30 EStG angesehen. Dabei ist nach EStR Rz 6624 unerheblich, ob das Nutzungsrecht zu Gunsten des Übertragenden oder eines Dritten zurückbehalten wird. Gleiches gilt für sonstige zurückbehaltene Nutzungsrechte (zB Gartenbenützungsrecht, Holzbezugsrecht, Fischereirecht).

Als Veräußerungserlös kommen auch sonstige wirtschaftliche (geldwerte) Vorteile in Betracht. *Sachleistungen* sind mit dem gemeinen Wert bzw wenn die Gegenleistungen aus Wirtschaftsgütern besteht, die einem Betrieb iSd EStG dienen, mit dem Teilwert anzusetzen.[398]

Die *Gegenleistung* bzw der *Veräußerungserlös* ist also jede nur denkbare Leistung, die dem Käufer für den Erwerb des Grundstückes versprochen wird.[399] Zum Ver-

---

395 EStR Rz 6630 und 6655; VwGH: „*alle wirtschaftl Vorteile, die dem Veräußerer aus der Veräußerung erwachsen*" (VwGH 28.11.2000, 97/14/0032); Jakom/*Kanduth-Kristen* EStG, 2013, § 30 Rz 49; zur GrESt: VwGH 28.2.2007, 2005/16/0193; zur ESt: EStR Rz 6655.

396 EStR Rz 6655.

397 Gilt nicht für das EStG, siehe eingehend *Wild*, Fruchtgenussrechte nach dem 1. Stabilitätsgesetz 2012; RdW 2012, 490; so auch EStR Rz 6624; für die GrESt: Erwerb durch Hypothekargläubiger: VwGH 18.8.1994, 93/16/0111; *Fellner*, aao, § 5 Rz 158; VwGH 20.8.1998, 95/16/0334; 28.6.2007, 2007/16/0028.

398 Jakom/*Kanduth-Kristen* EStG, 2013, § 30 Rz 49; *Takacs*, § 5 Tz 5.1.

399 *Doralt/Ruppe*, II⁶, Rz 1013.

äußerungserlös zählt auch die Übernahme der ImmoESt durch den Erwerber. Zur Gegenleistung iSd GrEStG gehört auch dasjenige Entgelt, das der Veräußerer als Entgelt für die Weiterveräußerung des Grundstückes empfängt.[400] Auch *sonstige wirtschaftliche (geldwerte) Vorteile* kommen in Betracht. Unabhängig von der Art der Einkünfteermittlung ist der Veräußerungserlös stets in *tatsächlicher Höhe* anzusetzen.[401] Hier gehen EStG und GrEStG konform.

Beispiel (aus den EStR Rz 6656)

Ein Grundstück wird in 01 um 100.000 angeschafft, ein Betrag von 50.000 wird fremdfinanziert und dafür eine Hypothek auf diesem Grundstück eingeräumt. Im Jahr 04 wird das Grundstück um 200.000 veräußert, die noch ausstehende Hypothek von 40.000 wird in Anrechnung auf den Kaufpreis vom Käufer übernommen, wobei die Zustimmung des Gläubigers erst im Jahr 05 erfolgt. Der sich danach ergebende Barpreis von 160.000 wird in zwei Jahresraten (in 04 und 05) vereinnahmt.

Lösung:

Die Einkünfte betragen im Jahr 04: 80.000 minus Anschaffungskosten-Teilbetrag von 80.000 = Null. Im Jahr 05 sind der ausstehende Teilbetrag von 80.000 und die übernommene Verbindlichkeit von 40.000 zu erfassen. Nach Abzug des noch verbleibenden Teiles der Anschaffungskosten 20.000 ergeben sich in diesem Jahr Einkünfte (= Gesamteinkünfte nach § 30 EStG) von 100.000.

Dauernde Lasten: Die auf dem Grundstück ruhenden dauernden Lasten gehören nach dem BewG *nicht* zur Gegenleistung.[402] Ein auf lange Zeit (zB 99 Jahre) eingeräumtes Nutzungsrecht zählt nicht zur Gegenleistung, weil es als dauernde Last gilt.[403] Dies gilt sowohl für die Verkehrsteuern als auch für die Ertragsteuern. **I/195**

Sachhaftungen/Hypotheken: Eine übernommene bloße Real- bzw Sachhaftung aufgrund einer eingetragenen Hypothek gilt, selbst wenn diese aufrecht bleibt, nicht als Gegenleistung.[404] Zu einer solchen wird sie *erst* dann, wenn sich der Käufer gegenüber dem Verkäufer zumindest im Innenverhältnis zur Übernahme der Schuld (Schad- und Klagloshaltung) verpflichtet hat oder die Schuld durch befreienden Schuldeintritt auch im Außenverhältnis übernommen hat. Dasselbe gilt zumindest nach dem GrEStG, wenn der Kaufpreis nur 1 € beträgt und im Vertrag keine Regelung vorhanden ist, wer die Hypothekenschuld erfüllt.[405] Er- **I/196**

---

400   VwGH 23.2.2006, 2005/16/0276.
401   Zust EStR Rz 6655.
402   Zur GrESt: VwGH 15.3.2001, 99/16/0312.
403   *Fellner*, aao, § 5 Rz 160.
404   EStR Rz 6663; Jakom/*Kanduth-Kristen*, aao, § 30 Rz 43; *Fröhlich*, Der Zuflusszeitpunkt bei Schuldübernahme; ÖStZ 1997, 241; zur Stiftungszuwendung: Jakom/*Marschner* EStG, 2013, § 27, Rz 193; unklar *Wild*, Fruchtgenussrechte nach dem 1. Stabilitätsgesetz 2012; RdW 2012, 490; zur GrESt: *Fellner*, aao, § 5 Rz 71; zum ErbStG VwGH 18.9.1989, 88/14/0173; UFS 13.7.2009, RV/1348-W/05; UFS 28.7.2009, RV/1248-L/07.
405   Zur GrESt: VwGH 20.8.1998, 95/16/0334; davon weicht die dt Ansicht ab. Die Übernahme einer bloß dinglichen Haftung sei eine sonstige Leistung. Sie sei zu schätzen und kann im Einzelfall Null sein (*Loose* in *Boruttau*, GrEStG[17], Rz 245 zu § 9).

tragsteuerlich wird uE dieser Fall wohl anhand der Umstände des Einzelfalls zu beurteilen und idR aufgrund der wirtschaftlichen Betrachtungsweise die Hypothek in den Veräußerungserlös einzubeziehen sein. Bei der Schuldübernahme tritt beim Altschuldner der Vermögenszufluss erst in jenem Zeitpunkt bzw Umfang ein, als er tatsächlich von der übernommenen Schuld befreit wird. Dazu kommt es beim *Schuldeintritt* hinsichtlich der gesamten Schuld erst mit Zugang der Zustimmung des Gläubigers. Beim *Schuldbeitritt* entsteht der Vermögenszufluss erst und insoweit, als der Neuschuldner den Gläubiger befriedigt. Die wirtschaftliche Betrachtungsweise kann in Einzelfällen zu Abweichungen von diesen zivilrechtlichen Vermögensübergängen führen. Wenn zur Schuldübernahme umfangreiche Besicherungen hinzutreten, kann eine wirtschaftliche Annäherung von Schuldeintritt und Schuldbeitritt unterstellt werden. In diesen Fällen ist steuerrechtlich der gleiche Zuflusszeitpunkt anzusetzen.

Eine *allfällige bloße Haftung* für die Schulden des Verkäufers stellte lediglich eine nicht beachtliche und bedingte Leistung dar.[406] Dies wird auch durch die aktuelle Rsp betont:[407] Nach § 1405 ABGB tritt, wer einem Schuldner erklärt, seine Schuld zu übernehmen (Schuldübernahme), als Schuldner an dessen Stelle, wenn der Gläubiger einwilligt. Bis diese Einwilligung erfolgt oder falls sie verweigert wird, haftet er wie bei Erfüllungsübernahme (§ 1404 ABGB). Die Einwilligung des Gläubigers kann entweder dem Schuldner oder dem Übernehmer erklärt werden. Übernimmt bei Veräußerung eines Grundstücks der Erwerber ein auf ihr haftendes Pfandrecht, so ist dies auf Grund des § 1408 ABGB *im Zweifel als Schuldübernahme* zu verstehen. Der Verkäufer kann nach vollzogener Übertragung des Eigentums den Gläubiger zur Annahme des neuen Schuldners an seiner Stelle schriftlich mit der Wirkung auffordern, dass die Einwilligung als erteilt gilt, wenn sie nicht binnen sechs Monaten versagt wird. Auf diese Wirkung muss in der Aufforderung ausdrücklich hingewiesen sein.

I/197 Zinsen und Wertsicherungsbeträge:

GrESt: Zinsen für die Stundung sind in die Gegenleistung einzurechnen, wenn sie vereinbart sind.[408] Selbst ein zinsloses oder verbilligtes Darlehen ist einzubeziehen.[409] Letztere sind abzuzinsen.

ImmoESt: Abweichend vom GrEStG sind in Veräußerungsraten enthaltene Zinsen oder Wertsicherungsbeträge *nicht* Einkünfte aus privaten Grundstücksveräußerungen, sondern in den Einkünften aus Kapitalvermögen iSd § 27 Abs 2

---

406 *Fröhlich*, Der Zuflusszeitpunkt bei Schuldübernahme; ÖStZ 1997, 241; VwGH: Hypothek mindert nicht den Teilwert iSd § 6 EStG; VwGH 29.5.2001, 98/14/0103; zur GrESt: UFS 20.11.2008, RV/2004-W/03 u 8.8.2003, RV/0036-I/03; *Fellner*, aao, § 5 Rz 69; so auch EStR Rz 6656.

407 UFS 20.12.2012, RV/2557-W/08.

408 *Fellner*, aao, § 5 Rz 64a.

409 BFH 17.4.1991, II R 119/88, BStBl II 586.

EStG.[410] Gleiches gilt für Stundungszinsen eines gestundeten Kaufpreises. Ab einem Jahr ist nach hA[411] stets *abzuzinsen*, sofern keine ausdrückliche Verzinsung vereinbart ist. Als Veräußerungserlös gilt der abgezinste *Barwert*, soferne der Veräußerungserlös für einen längeren Zeitraum als zwölf Monate gestundet oder eine Abstattung in Raten mit einer Laufzeit von mehr als zwölf Monaten vereinbart wird. Die im Zuge der Stundung oder Ratenzahlung anfallenden Zinsen gehören nicht zum Veräußerungserlös. Dies gilt auch bei vereinbarter Zinsenlosigkeit. Der Abzinsung ist der (angemessene) Zinssatz lt Kaufvertrag oder bei Fehlen eines solchen der banküblSollzinssatz zugrunde zu legen. Es ist unklar, ob, wenn eine Rate nachträglich ausfällt, eine rückwirkende Berichtigung des Veräußerungsgewinnes gem § 295a BAO zulässig ist.

Vertragserrichtungskosten: I/198

GrESt: Vertragserrichtungskosten sind dann Teil der (GrESt-pflichtigen) Gegenleistung, wenn der Verkäufer den Rechtsanwalt beauftragt hat, der Käufer jedoch diese Kosten übernimmt. Wer den Auftrag erteilt hat, ist unbeachtlich, wenn bereits vorher der Verkäufer einen Rechtsanwalt mit der Abwicklung des Kaufvertrages beauftragt hat.[412]

ImmoESt: Vertragserrichtungskosten des Veräußerers sind bei diesem gem § 30 Abs 3 EStG nicht als Werbungkosten absetzbar (siehe Kap I/16.2.). Werden Vertragserrichtungkosten vom Erwerber übernommen, so stellt sich die Frage, ob diese Bestandteil des Veräußerungserlöses sind. Vertragserrichtungskosten sind uE[413] analog zur GrESt dann Teil des Veräußerungserlöses, wenn der *Verkäufer* den Rechtsanwalt in seinem Interesse beauftragt hat, der Käufer jedoch diese Kosten übernimmt. Bei gemeinsamem Tätigwerden ist uE allenfalls eine Aufteilung vorzunehmen. Wer formell den Auftrag erteilt hat, ist uE aufgrund der wirtschaftlichen Betrachtungsweise unbeachtlich, wenn bereits vorher der Verkäufer einen Rechtsanwalt mit der Abwicklung des Kaufvertrages beauftragt hat.[414] Würde der Verkäufer die Vertragserrichtungskosten selbst tragen, so wären sie steuerlich wegen des Werbungskostenabzugsverbots nicht abzugsfähig.

Allerdings sind Vertragserrichtungskosten des Erwerbers als Anschaffungskosten anzusehen und bei späterer Veräußerung anschaffungskostenmindernd abzuziehen.

---

410 EStR Rz 6655.
411 Jakom/*Kanduth-Kristen* EStG, 2013, § 24 Rz 69; *Quantschnigg/Schuch*, ESt-HB, § 24 Tz 64; EStR RZ 5678 sowie 6655.
412 Eingehend *Studera/Thunshirn*, Handbuch Besteuerung Grundstückstransaktionen (2013), Kap 3.2.11; *Doralt/Ruppe*, II⁶, Rz 1013; stRsp des VwGH: uva 8.6.1959, 1528/57: sonstige Leistung gem § 11 Abs 1 Z 1 GrEStG; Bauherrnjudikatur: uva VwGH 8.9.2010, 2008/16/0014; *Fellner*, GrEStG, Rz 9 zu § 5, samt angeführter Rsp.
413 Unklar, dzt keine BMF-Meinung oder Literatur vorhanden.
414 S analog *Studera/Thunshirn*, Handbuch Besteuerung Grundstückstransaktionen (2013), Kap 3.2.11; *Doralt/Ruppe*, II⁶, Rz 1013 sowie FN 413.

Beispiel

A verkauft ein Grundstück um 1.000.000 an B. Die Vertragserrichtungskosten des vom Verkäufer beauftragten Anwalts betragen 20.000.

Variante 1: Der Käufer trägt die Vertragserrichtungskosten.

Variante 2: Der Verkäufer trägt die Vertragskosten, erhöht dafür aber den Kaufpreis um 20.000.

Lösung

Variante 1: Veräußungserlös 1.020.000, ImmoESt 25 % = 255.000. Die RA-Kosten sind bei B als Teil der Anschaffungskosten iHv 1.020.000 anzusehen und über die AFA strl absetzbar.

Variante 2: Veräußungserlös 1.020.000, ImmoESt 25 % = 255.000; die RA-Kosten sind bei A nicht abzugsfähig. B setzt AK iHv 1.020.000 an.

I/199 **Makler- und Vermessungshonorare:** Sind dann sowohl in die GrESt-Bmgl als auch uE als Teil des § 30 EStG-Veräußerungserlöses einzubeziehen, wenn der Käufer Kosten des Verkäufers übernimmt und diese mit dem Verkauf in unmittelbaren Zusammenhang stehen. Bspw sind das die Kosten des Honorars des vom Verkäufer beauftragten Maklers und die übernommenen Kosten der Vermessung.[415]

I/200 **Freimachungskosten:** Zählen bei der GrESt zur Gegenleistung, wenn sie der Erwerber anstelle des Veräußerers übernimmt.[416] Dasselbe gilt uE aus Sicht des § 30 EStG (Bestandteil des Veräußerungserlöses). Werden sie vom Erwerber übernommen und war eine bestandsfreie Liegenschaft Gegenstand des Kaufvertrages (zumindest in wirtschaftlicher Betrachtungsweise), so zählen sie zum Veräußerungserlös. Im Einzelfall wird es zu schwierigen Abgrenzungsfragen kommen. Übernimmt der Veräußerer bspw eine Garantie, dass die Liegenschaft vom Erwerber bestandfrei gemacht werden kann, so ist von einer Verpflichtung des Veräußerers auszugehen.

Leistungen an Dritte (bspw Mietrechtsablöse) zählen nur dann zur Gegenleistung, wenn sie vom Verkäufer zumindest aufgrund der wirtschaftlichen Betrachtungsweise geschuldet sind (bspw wenn Vertragsgegenstand eine bestandsfreie Liegenschaft war und der Käufer die Leistung direkt dem Mieter erbringt).[417] Dasselbe gilt für ähnliche Kosten wie zB Ersatz für zurückgelegte Rechte.[418]

I/201 Die USt ist zwar bei der GrESt Teil der Gegenleistung, nicht jedoch bei der ImmoESt.

I/202 *Leistungen des Grundstückserwerbers* (idF zB Errichtung einer Trafostation) an sich selbst sind keine Gegenleistungen, selbst wenn sie im Interesse des und auf-

---

415 Analog zur GrESt *Fellner*, aao, § 5 Rz 77–78.
416 Analog zur GrESt *Fellner*, aao, § 5 Rz 81.
417 Analog zur GrESt Fellner, aao, § 5 Rz 83.
418 Analog zur GrESt VwGH 19.6.1969, 1247/68: Zurücklegung Gastgewerbekonzession.

grund einer Verpflichtung gegenüber dem Verkäufer erfolgen.[419] Diese aus dem Bereich der GrESt stammende Entscheidung ist uE auch auf die ImmoESt anwendbar.

Werden von den Mietern geleistete *Baukostenzuschüsse* (*Finanzierungsbeiträge*   I/203 nach den Wohnbaufördergesetzen, *Mietvorauszahlungen*) ohne Anrechnung auf den Kaufpreis vom Käufer übernommen, so sind diese nach dem GrEStG als Teil der Gegenleistung anzusehen.[420] Ertragsteuerlich gelten uE die vom Verkäufer wegen Wegfalls seiner Rückzahlungspflicht (restlichen) noch nicht verwohnten Beträge als Einkünfte aus Vermietung und nicht als Veräußerungserlös. Eine allfällige Rückstellung hierfür ist aufzulösen.

Grundsätzlich ist es aber Vereinbarungssache, ob solche Zahlungen an den Käufer herausgegeben werden. Die Beurteilung ist ua davon abhängig, ob die Vorauszahlung bei vorzeitiger Kündigung des Mietvertrages herausgeben werden muss oder nicht.

Werden (abstrakte bzw schwebende) *Rückzahlungsverpflichtungen* aufgrund vor-   I/204 her gewährter *Subventionen* (zB § 15 WWFG) vom Käufer übernommen, so gelten diese, wenn kein konkreter Rückzahlungsgrund vorliegt, *nicht* als sonstige Leistung iSd § 5 GrEStG.[421] Möglicherweise gelten sie als aufschiebend bedingte Last und werden erst im Falle des Schlagendwerdens zur zusätzlichen Gegenleistung.[422] Dies gilt wohl uE auch ertragsteuerlich. Es liegen keine Einkünfte vor, es sei denn, es wurde hierfür bereits eine Rückstellung wegen drohender Inanspruchnahme gebildet.

9.3.2. Kaufvertrag: Berücksichtigung von Baukostenzuschüssen, Mietvorauszahlungen/Finanzierungsbeiträgen

Häufig ist es der Fall, dass bei einem veräußerten Zinshaus Finanzierungsbeiträge   I/205 (Baukostenzuschüsse), Mietvorauszahlungen oder andere Guthaben der Mieter bestehen. Es ist Vereinbarungssache, ob diese an den Käufer herausgegeben werden oder nicht. Die Beurteilung ist abhängig davon, ob die Vorauszahlung bei vorzeitiger Kündigung des Mietvertrages herausgeben werden muss oder nicht.

---

419 GrESt: *Arnold*, wobl 2003/81; VwGH 20.2.2003, 2000/16/0012; *Czurda* in *Arnold/Arnold*, GrEStG, § 5 Tz 7; *Sack* in *Boruttau*, aao, § 9 Rz 49.

420 VwGH 3.10.1996, 93/16/0127; BMF 8.7.2002, ecolex 2003, 63; zust *Fellner*, GrEStG[11], § 5, Rz 63 und Rz 105 [zu Mietzinsvorauszahlungen] sowie 107 [zu Baukostenzuschüssen]); *Loose* in *Boruttau*, GrEStG[17], Rz 234 zu Baukostenzuschüssen; BFH II 211/56 U, BStBl III 57, 110.

421 UFS 25.2.2011, RV/0304-W/11; 20.12.2012, RV/2557-W/08; *Taucher*, NZ 2012/68.

422 *Taucher*, NZ 2012/68; UFS 20.12.2012, RV/2557-W/08; 4.5.2012, RV/3233-W/10; ev abw 25.2.2011, RV/0304-W/11.

9.3.2.1. Grunderwerbsteuer

I/206 Muss die Vorauszahlung bei vorzeitiger Kündigung herausgegeben werden, wie dies bspw beim Finanzierungsbeitrag nach § 69 WWFSG[423] der Fall ist, liegt eine vom Käufer zu übernehmende Belastung vor. Als vorbehaltene Nutzung, die dem Verkäufer verbleibt und der Gegenleistung hinzuzurechnen ist, werden in der Literatur Fruchtgenuss-, Geh- und Fahrtrechte, Wasserbezugsrechte[424] und die Dienstbarkeit der Wohnung[425] genannt. Nach hA[426] gelten Mietzinsvorauszahlungen, als vorbehaltene Nutzungen, wenn sie dem Veräußerer verbleiben.

I/207 Nach dem VwGH[427] bedarf es keiner Untersuchung, ob diese Überbindung als *„sonstige Leistung"* iSd § 5 Abs 1 Z 1 GrEStG anzusehen ist, weil in allen Fällen, in denen Bestandverträge abgeschlossen wurden, hinsichtlich der im Vertragszeitpunkt noch nicht amortisierten Baukostenanteile Nutzungen vorliegen, die dem Verkäufer vorbehalten bleiben und schon deshalb der Gegenleistung zuzuschlagen sind. Weiters spricht für die Eigenschaft als *„sonstige Leistung"* dass der Verkäufer von der ihn treffenden Verpflichtung zur Rückzahlung der Finanzierungsbeiträge befreit wird, sodass unabhängig der Subsumtion unter *„vorbehaltene Nutzung"* oder *„sonstige Leistung"* diese in die Gegenleistung einzubeziehen sind.[428] Der Vermögenvorteil für den Verkäufer liegt darin, dass er durch die Übernahme der Rückzahlungsverpflichtung (Schuldübernahme) von der wirtschaftlichen Belastung entlastet ist.[429]

I/208 Wesentlich ist aber, dass allerdings ein Abzug für die bereits verstrichene Bestanddauer und die darin innewohnenden Mietzinse vorzunehmen ist. Als dem Verkäufer vorbehaltene Nutzung gilt nicht der ursprüngliche Investitionszuschuss, sondern der konkrete Rückzahlungsbetrag für die noch offene Bestanddauer.[430]

I/209 Soferne die Finanzierungsbeiträge nicht verzinst sind, sind diese mE abzuzinsen. Der Wert unverzinslicher befristeter übernommener Schulden ist der Betrag, der nach Abzug von Jahreszinsen unter Berücksichtigung von Zinseszinsen in Höhe

---

423 Gem § 69 WFFSG 1989 darf im Falle der Vermietung einer nach § 15 WWFSG geförderten Wohnung der Vermieter vom Mieter einen Finanzierungsbeitrag begehren. Im Falle der Auflösung des Mietvertrages hat der ausscheidende Mieter einen Anspruch auf Rückzahlung des von ihm geleisteten Finanzierungsbeitrages, vermindert um 1 vH pro Jahr.

424 *Fellner*, GrEstG[11], Rz 105 zu § 5.

425 *Czurda*, GrEstG I, Rz 162 zu § 5 GrEStG.

426 *Loose* in *Boruttau*, GrEstG[17], Rz 241 zu § 9 mit H auf die Judikatur des BFH.

427 VwGH 3.10.1996, 93/16/0127.

428 Zu Baukostenzuschüssen: VwGH 3.10.1996, 93/16/0127; so auch BMF 8.7.2002, Ges 2003, 45 (ecolex 2003, 63; zust *Fellner*, GrEstG[11], § 5 Rz 63 und Rz 105 [zu Mietzinsvorauszahlungen] sowie 107 [zu Baukostenzuschüssen]).

429 *Fellner*, aao, Rz 70 zu § 5; o auch die dt hA (*Loose* in *Boruttau*, GrEstG[17], Rz 234 zu Baukostenzuschüssen; BFH II 211/56 U, BStBL III 57, 110).

430 VwGH 3.10.1996, 93/16/0127.

von 5,5 % des Nennwertes bis zur Fälligkeit verbleibt.[431] Bei einer Fixverzinsung bis zu 3 % ist nach Ansicht von *Fellner*[432] eine Abzinsung zulässig. Da der Wert zum Stichtag (= Datum Kaufvertrag) relevant ist, ist uE die Berücksichtigung der künftigen Amortisation nicht zulässig.[433] Sollte die Rückzahlung der Finanzierungsbeiträge wertgesichert sein, so ist diese uE wie eine Verzinsung zu berücksichtigen. Dem steht mE möglicherweise aber entgegen, dass die *„Gegenleistung"* in der Mietzinsbindung liegt. Der BFH hat iZm übernommenen zinslosen Darlehen im sozialen Bereich eine Abzinsung wegen der gleichzeitigen Mietenbindung für unzulässig angesehen.[434]

9.3.2.2. ImmoESt

Der Verkäufer hat wegen Wegfalls der Rückzahlungspflicht die (Netto-)Beträge I/210 als vereinnahmt zu behandeln. Da die Vereinnahmung der Finanzierungsbeiträge Folge des Verkaufes ist bzw mit diesem ursächlich zusammenhängt, fällt dieser mE unter die Bmgl der ImmoESt.[435] Der „übernommene" (abgezinste) Betrag der fiktiv rückzahlbaren Finanzierungsbeiträge ist neben dem Barkaufpreis als zusätzliche Anschaffungskosten zu aktivieren und abzuschreiben. Passivseitig ist der nicht abgezinste Betrag beim Bilanzierer als Rückstellung einzustellen und entsprechend der Amortisierung aufzulösen. Die Rückstellung liegt daher über der entsprechenden Aktivbuchung, da die Abzinsung von Rückstellungen unzulässig ist. Steuerlich ist, da es sich um eine langfristige Rückstellung handelt, diese nur eingeschränkt absetzbar (§ 9 EStG).

9.3.3. Kaufvertrag: Übernahme von Verpflichtungen gegenüber Dritten

Häufig kommt es vor, dass der Verkäufer eine Verpflichtung gegenüber Dritten I/211 eingegangen ist (zB Instandhaltung eines Teils der Nachbarliegenschaft, Pflicht zur Ableitung des Regenwassers etc). Grundsätzlich zählen gem § 5 Abs 2 Z 2 GrEStG auch *kraft Gesetzes* übergehende Lasten zur Gegenleistung. Soferne diese Pflicht aber (noch) nicht „schlagend" geworden ist und allenfalls nur zu einem späteren Zeitpunkt zu Schadenersatzansprüchen führt, ist sie sowohl grunderwerbsteuerlich als auch einkommensteuerlich unbeachtlich. Der UFS[436] hat iZm

---

431 § 14 Abs 3 BewG; VwGH 4.10.1963, 555/63 sowie 11.4.1991, 90/16/0079, 0080; *Fellner*, aao, Rz 36 zu § 5; ders Rz 40.

432 Jüngst UFS Wien 20.12.2012, RV/2557-W/08.

433 *Fellner*, aao, Rz 40.

434 BFH II R 2/92, BFH/NV 95, 638; *Loose* in *Boruttau*, GrEStG[17], Rz 2521 zu § 9.

435 Der Verkäufer hat wegen Wegfalls der Rückzahlungspflicht die USt auf die noch offenen Finanzierungsbeiträge im Zuge des Verkaufs zu entrichten, da sie als zugeflossen gelten. Der Käufer hat wegen des steuerfreien Verkaufs keine Möglichkeit, die auf die „übernommenen" Finanzierungsbeiträge entfallende USt geltend zu machen. Der Käufer hat die fiktiven Auflösungsbeträge (Amortisation) nicht der USt zu unterwerfen, da sie ihm nicht zufließen.

436 UFS 25.2.2011, RV/0304-W/11; siehe auch VwGH 29.9.2010, 2009/16/0054-0060.

übernommenen Landesförderungen die daraus in eventu resultierende Verpflichtung des Käufers, die Förderung zurückzuzahlen, als aufschiebende bedingte Belastung (und somit als aufschiebend bedingte Gegenforderung) angesehen, welche (vorerst) nicht der GrESt zu unterwerfen sei. Lediglich in Bezug auf die Frage einer allfälligen Pflicht des Käufers, betreffend den Baukostenzuschuss Rückzahlungen an den Förderer zu leisten, kann von einer aufschiebenden Bedingung gesprochen werden.[437] Diese Bedingung ist auch iSd EStR nicht hinreichend wahrscheinlich. Der UFS hat sich hier nicht mit der Frage der späteren allfälligen Rückzahlung auseinandergesetzt. Das bedeutet, dass nur der Zuschuss Teil der Gegenleistung iSd § 5 GrEStG ist. Aber *erst mit Eintritt der Bedingung* entsteht insoweit eine neue GrESt-Pflicht, die durch einen zusätzlichen (selbständigen) GrESt-Bescheid festzusetzen ist. [438]

Dies gilt uE analog für die ImmoESt, wobei § 30c EStG mangels Tätigwerdens des Parteienvertreters nicht schlagend wird, sondern die Vorauszahlungspflicht des § 30b EStG Anwendung findet.

I/212 Kommt es zu einer Rückforderung einer derartigen Förderung, unterliegt diese Leistung nach hA[439] als weitere Gegenleistung infolge Eintritts der aufschiebenden Bedingung durch Geltendmachung des Rückforderungsanspruches der GrESt. Allerdings ist uE abweichend von der Ansicht des UFS zu bedenken, dass die Rückzahlung iSd § 13 WWFSG nur zu einem Zeitpunkt nach Kaufvertrag eintreten und nur durch das Verhalten der Käuferin losgelöst vom Kaufvertrag bedingt sein kann. Insofern scheint es uE denkbar, dass man sich aufgrund des Stichtagsprinzips darauf bezieht, dass dies spätere Rückzahlung keine sonstige Leistung iZm dem Kaufvertrag ist. Insofern ist daher *Taucher* (NZ 2012/68) uE nicht zuzustimmen. Entscheidend für die Qualifikation einer Leistung als Gegenleistung ist nämlich, dass die Verpflichtung zur Leistung auf den Erwerb des Grundstücks in dem Zustand, in dem es zum Erwerbsgegenstand gemacht wurde, bezogen ist. Erwerbsgegenstand und Gegenleistung müssen danach final verknüpft sein.[440]

I/213 Allerdings handelt es sich um keine Leistung, die dem Verkäufer zugutekommt. Aus Sicht der *ImmoESt* liegt somit mE *kein* Bestandteil des Veräußerungserlöses vor.

---

437   UFS Wien 20.12.2012, RV/2557-W/08; 4.5.2012, RV/3233-W/10 mit Glosse von *Taucher*, NZ 2012/68; UFS 15.3.2012, RV/2432-W/08; s auch zum erstmaligen Erwerb einer geförderten Wohnung: VwGH 29.9.2009, 2009/16/0054.
438   UFS 18.8.2003, RV/0036-I/03; UFS 5.6.2009, RV/2369-W/06; zust *Taucher*, NZ 2012, 68.
439   UFS Wien 4.5.2012, RV/3233-W/10.
440   *Fellner*, aao, § 5 Rz 9; UFS 20.11.2008, RV/2004-W/03; dafür spricht auch die Formulierung in UFS 25.2.2011, RV/0304-W/11.

9.3.4. Kaufvertrag und vorbehaltene Nutzungen

GrESt: Vom Verkäufer vorbehaltene Nutzungen (zB das *Fruchtgenuss- oder*   I/214
Wohnrecht) sind bei der GrESt Teil der Gegenleistung.[441] Als vorbehaltene Nutzungen gelten auch Baukostenzuschüsse und Mietvorauszahlungen, welche beim Verkäufer verbleiben.

ImmoESt: In Bezug auf ein im Rahmen einer Übertragung eines Grundstücks zurückbehaltenes *Wohn- oder Fruchtgenussrecht* gilt, dass nur das dadurch belastete Grundstück übertragen wird (*Nettobetrachtung*). Der Wert des zurückbehaltenen Nutzungsrechtes stellt daher *keinen* Veräußerungserlös (keine Gegenleistung für die Grundstücksübertragung) dar. Nach EStR Rz 6624 ist es auch unmaßgeblich, ob das Nutzungsrecht zG des Übertragenden oder eines Dritten zurückbehalten wird. Gleiches gilt nach den EStR für *„sonstige zurückbehaltene Nutzungsrechte (zB Gartenbenützungsrecht, Holzbezugsrecht, Fischereirecht).“* In diesen Fällen ist nach den EStR bei Erbringung von zusätzlichen (Gegen-)Leistungen (zB zusätzlich zum Wohnrecht ein Geldbetrag oder sonstige Dienstleistungen) für die Übertragung des (durch das Wohnrecht) belasteten Eigentums zu beurteilen, ob der Wert der Gegenleistung den halben gemeinen Wert des übertragenen (durch das Wohnrecht wirtschaftlich belasteten) Grundstückes übersteigt, wodurch dann abw von der allgemeinen Beurteilung doch ein entgeltlicher Vorgang gegeben wäre.

Nicht zur Gegenleistung und auch nicht als übernommene Lasten zählen etwa   I/215
auf dem Grundstück lastende Grunddienstbarkeiten. Sie gelten als (nicht beachtliche) dauernde Lasten.

9.3.5. Kaufvertrag: Kaufpreisstundung und Ratenvereinbarung

9.3.5.1. Kaufpreisstundung

GrESt: Als Gegenleistung ist noch der *nominale* Kaufpreis maßgebend. Auch ein   I/216
nicht sofort fälliger Kaufpreis eines Grundstückes bildet mit seinem Nennbetrag die Gegenleistung.[442] Bei der Ermittlung der Gegenleistung kommt die Abzinsung oder Aufzinsung eines in Teilzahlungen abzustattenden Kaufpreises nach dem GrEStG idR *nicht* in Betracht, weil die Vorschrift des § 14 Abs 3 BewG nur für die Bewertung von übernommenen Schulden und daher dann nicht gilt, wenn als Gegenleistung ein Kaufpreis, sei er auch gestundet, vereinbart worden ist.[443] Eine Abzinsung wäre nach dem VwGH[444] *nur* dann zulässig, wenn eine schon aus einem anderen Grund bestehende Forderung anstelle oder als Teil der Gegenleis-

---

441   *Fellner*, aao, § 5 Rz 105, 107.
442   *Fellner*, aao, § 5 Rz 59 mwN.
443   VwGH 28.6.2007, 2007/16/0028.
444   VwGH 28.6.2007, 2007/16/0028; *Fellner*, aao, § 5 Rz 36.

tung bzw des Kaufpreises abtretungsweise oder wenn eine schon bestehende Schuld in Anrechnung übernommen wird.

Bei Hinterlegung des Kaufpreises auf einem *Treuhandkonto* fließt der Erlös erst dann zu, wenn der Treuhänder die Auszahlung vornehmen könnte (Regelfall: grundbücherliche Durchführung). Eine Abzinsung ist hier, auch wenn die Treuhandabwicklung länger als ein Jahr dauert, idR wegen des Fehlens eines Vertragswillens, dass die Zahlung so lange hinausgeschoben wird, mE nicht vorzunehmen.

I/217 **ImmoESt/(Stundungs-)Zinsen und Wertsicherungsbeträge:** In Veräußerungsraten enthaltene Zinsen oder Wertsicherungsbeträge zählen *nicht* zu Immobilieneinkünften, sondern gelten als *Zinsertrag*. Es liegen Einkünfte nach § 27 EStG vor.[445] Gleiches gilt für Stundungszinsen eines gestundeten Kaufpreises.

Ab einem Jahr ist stets abzuzinsen, sofern keine ausdrückliche Verzinsung vereinbart worden ist. Die Zinsen sind zur Einkommensteuer zu veranlagen (§ 27a EStG). Im betrieblichen Bereich liegen betriebliche Einkünfte aus Zinsen vor.[446] Es besteht *keine* Abgeltungswirkung (§ 27a Abs 2 EStG)[447] und kein KESt-Abzug. Im Ergebnis sind Zinsen nicht mit dem Sondersteuersatz von 25 % (§ 30a bzw § 27a EStG), sondern mit dem laufenden Tarif (bis 50 %) zu versteuern. Der Abzinsung ist der (angemessene) Zinssatz lt Kaufvertrag oder bei Fehlen eines solchen der banküblo Sollzinssatz zugrunde zu legen.

I/218 **Bewertung einer unverzinsten Kaufpreisstundung:** Bei mittel- und langfristiger zinsloser Stundung des Kaufpreises (langdauernde Fälligkeit) ist idR vom Vorliegen eines *Zinsenanteiles* auszugehen. Der Veräußerungerlös ist mit dem *abgezinsten* Wert (Barwert der Kaufpreisschuld) anzusetzen, der restliche Betrag stellt *Zinseinkünfte* dar.[448] Dies entspricht der geltenden Ansicht. Gem Rz 2369 der EStR ist eine Abzinsung von unverzinslichen oder niedrig verzinslichen Forderungen aus Darlehen oder Krediten bei einer Darlehenslaufzeit von > 1 Jahr vorzunehmen.[449] Auch nach den EStR Rz 6655 hat bei einer Zahlung auf Ziel ab einem Jahr stets eine Abzinsung zu erfolgen. Die Formulierungen in den Rz 2369 und 6655 sind widersprüchlich: Die Frage ist, ob s ab einem Jahr oder bei mehr als einem Jahr abzuzinsen ist? ME ist auf die „Stammfassung" in Rz 2369 abzustellen, also bei Laufzeit > 1 Jahr. Dies gilt sowohl im betrieblichen als auch im privaten Bereich.[450]

---

445 EStR Rz 6655 und 6135; ; Jakom/*Kanduth-Kristen* EStG, 2013, § 30 Rz 50; *Doralt/Kempf* in *Doralt* (Hrsg), EStG, § 30 Rz 9; *Schlager/Mayr* in *Kirchmayr/Mayr/Schlager* (Hrsg), Besteuerung von Kapitalvermögen, 10;
446 EStR Rz 6655; *Mayr/Schlager*, aao, 375; BMF, RdW 1989, 211; RME, ÖStZ 1998, 42.
447 Jakom/*Kanduth-Kristen* EStG, 2013, § 30 Rz 50; EStR Rz 6655; *Doralt/Kempf*, in Doralt ua (Hrsg), EStG, § 30 Rz 9; *Fritz-Schmied/Urnik*, SWK 06/2001, 209.
448 EStR Rz 5678; 6655; VwGH 14.1.1986, 85/14/0134; Jakom/*Laudacher* EStG, 2013,§ 6, Rz 29.
449 Ebenso EStR Rz 6655; VwGH 14.12.1988, 84/13/0063.
450 *Quantschnig/Schuch*, ESt-HB, § 28 Tz 39.

Die in den EStR enthaltene Aussage kann mE als *Vereinfachungsregel* für den außerbetrieblichen Bereich verstanden werden, da für Stundungen im betrieblichen Bereich teils davon abweichende Regelungen bestehen. Nach hA[451] besteht nämlich ein Abzinsungserfordernis von Forderungen immer dann, wenn sie nicht oder unangemessen niedrig verzinst sind. Der Steuerpflichtige wird sich jedoch auf diese Regelung der EStR ohne weitere Offenlegung berufen können.

Ist die Verzinsung des gestundeten (in Raten zu entrichtenden) Kaufpreises im Kaufvertrag angemessen geregelt, kann der Barwert des Kaufpreises dem Kaufvertrag entnommen werden. Ansonsten – auch im Fall einer ausdrücklich vereinbarten Zinslosigkeit – ist der banküblichen Sollzinssatz zur Ermittlung des Barwertes – bezogen auf den Zeitpunkt der Betriebsveräußerung – heranzuziehen. **I/219**

Im Fall der Vereinbarung einer Wertsicherung ist der Abzinsungszinssatz entsprechend zu reduzieren. Die Bezahlung einer Rate abzüglich Zinsanteil und Wertsicherung stellt eine steuerneutrale Umschichtung dar; der Zinsanteil und ein als Wertsicherung geleisteter Betrag stellen nachträgliche nicht begünstigte Einkünfte dar.[452]

Allerdings ist nach hA zu differenzieren: Nach EStR Rz 2368 erfolgt, wenn den Forderungen andere betriebliche Vorteile als Zinsen gegenüberstehen, insoweit keine Abzinsung, als der Wert der anderen betrieblichen Vorteile die Wertminderung aus der Unverzinslichkeit bzw Niedrigverzinslichkeit aufwiegt. Der Wert dieser Vorteile ist steuerlich nach den allgemeinen Regeln (nicht bei der ImmoESt) zu erfassen. **I/220**

Allerdings kommt es zu einer davon abweichenden unterschiedlichen Behandlung beim Käufer (Anschaffungskosten). Die Abzinsung einer Verbindlichkeit im Zusammenhalt mit der Ermittlung von Anschaffungskosten ist dann notwendig, wenn im Rückzahlungsbetrag Zinskomponenten enthalten sind, die nicht Bestandteil der Anschaffungskosten des fremdfinanzierten Wirtschaftsgutes sind.[453] Die Anschaffungskosten eines fremdfinanzierten Wirtschaftsgutes decken sich auch dann mit dem nominellen Rückzahlungsbetrag der Verbindlichkeit, wenn diese unverzinst ist. Eine Abzinsung einer unverzinsten Verbindlichkeit auch zur Ermittlung der Anschaffungskosten ist nur zulässig, wenn im Rückzahlungsbetrag der Verbindlichkeit Zinskomponenten enthalten sind, die nicht Bestandteil der Anschaffungskosten des fremdfinanzierten Wirtschaftsgutes sind.[454] **I/221**

Nach EStR Rz 6171 ist bei der *Abgrenzung* Kapitaltilgung und Zinseneinkünfte hinsichtlich der Abgrenzung von Zinseinkünften und anderen Zahlungen (etwa Kapitaltilgung) primär auf das jeweilige Vertragsverhältnis abzustellen. Im Zwei- **I/222**

---

451 *Ressler*, Ges 2005; VwGH S EStR Rz 2357, 2362, 2368.
452 EStR Rz 5678; VwGH 28.11.2007, 2007/15/0145; 20.9.2007, 2007/14/0015.
453 EStR Rz 2172, VwGH 23.11.1994, 91/13/0111.
454 VwGH 23.11.1994, 91/13/0111.

fel ist zu unterstellen, dass Zahlungen zuerst auf Zinsen entfallen. Dies sollte auch zu den Einkünften nach § 30 EStG klargestellt werden. Allerdings ist nach hA zu differenzieren: Nach EStR Rz 2368 erfolgt, wenn den Forderungen andere betriebliche Vorteile als Zinsen gegenüberstehen, insoweit keine Abzinsung, als der Wert der anderen betrieblichen Vorteile die Wertminderung aus der Unverzinslichkeit bzw Niedrigverzinslichkeit aufwiegt.

I/223   Ein *verdecktes Darlehensgeschäft* ist in Anwendung der wirtschaftlichen Betrachtungsweise aufzudecken. Wird ein Grundstück von vornherein gegen das Eingehen einer langfristigen Verbindlichkeit erworben und ist in den Kaufpreis auch die Zinsbelastung hineinkalkuliert (typisch beim *Leasingkauf*), sind einerseits die Anschaffungskosten des erworbenen Wirtschaftsgutes um diese hineinkalkulierten Zinsen zu kürzen und andererseits von der Verbindlichkeit die hineinkalkulierten Zinsen auszuscheiden.[455] Der unter § 30 EStG fallende Veräußerungserlös entspricht nur dem Barwert der Verbindlichkeit.

I/224   Allerdings können *unangemessene Zahlungsmodalitäten* aufgrund der wirtschaftlichen Betrachtungsweise zu einer Anpassung des vertraglichen Kaufpreises führen.[456] Stundet der Verkäufer dem Käufer den Kaufpreis gegen völlig unangemessen hohe Zinsen, so wird darin in wirtschaftlicher Betrachtungsweise ein wirtschaftlich höherer Kaufpreis als der vertraglich vereinbarte Kaufpreis zu erblicken und daher eine Aufzinsung unter Zugrundelegung des marktüblichen Zinssatzes vorzunehmen sein.

9.3.5.2. Kaufpreisraten

I/225   **GrESt:** Bei Kaufpreisraten ist Bmgl in der GrESt der Nennbetrag des Kaufpreises, auch wenn dieser eine Verzinsungskomponente enthält.[457] Wertsicherungsklauseln sind zu berücksichtigen.[458]

ImmoESt: Bei Raten- oder Rentenzahlung kommt es zu einem sukzessiven Zufluss des (abgezinsten) Veräußerungserlöses.[459]

Private Grundstücksveräußerung: Für die Erfassung der Einkünfte gilt das Zufluss-Abfluss-Prinzip (§ 19 EStG). Der Veräußerungserlös ist nach dem Zuflusszeitpunkt zu erfassen. Die Anschaffungskosten sind losgelöst von der Verausgabung erst in dem Zeitpunkt vom Veräußerungserlös abzusetzen, in dem dieser erzielt wird. Steuerpflicht nach § 30 EStG entstehen erst dann, wenn die Anschaffungskosten überschritten sind, dann jedoch idR in einem mehrjährigen Zeit-

---

455   VwGH 14.1.1986, 85/14/0134; 23.11.1994, 91/13/0111; EStR Rz 2450.
456   *Fellner*, aao, § 5 Rz 35; bspw bei außerordentlich niedriger Verzinsung; glA *Loose* in *Boruttau*, aao, § 9 Rz 221 mwN und H auf die d Rsp.
457   *Fellner*, aao, § 5 Rz 59 mwN.
458   *Fellner*, aao, § 5 Rz 34 mwN.
459   EStR Rz 6657.

raum. Bei längerfristigen *Kaufpreisraten* (> 12 Monate) sind diese in Zins- und Tilgungsanteil aufzuspalten. Der Zinsanteil fällt nicht unter § 30 EStG, sondern unter Einkünfte aus Kapitalvermögen.[460] Ein Überschuss tritt erst ein, wenn die in den Raten enthaltenen Tilgungsanteile die (allenfalls adaptierten) Anschaffungskosten/Herstellungskosten übersteigen. Zu beachten ist, dass der Sondersteuersatz für Grundstücksveräußerungen gegen Rente nicht gilt (§ 30a Abs 4 EStG). Auch nach Rz 781 der EStR ist, wenn der Veräußerungserlös über einem Zeitraum von mehr als einem Jahr ratenmäßig zufließt, die pauschalen Anschaffungskosten nach § 30 Abs 4 EStG auf Basis des zum Veräußerungszeitpunkt abgezinsten Verkaufspreises zu berechnen.

Betriebliche Gewinnermittlung: Im Falle der Bilanzierung sind nach den EStR die pauschalen Anschaffungskosten dem auf den Veräußerungszeitpunkt *abgezinsten Verkaufspreis* gegenüberzustellen. Von den in späteren Jahren zufließenden Raten ist der in den Ratenzahlungen enthaltene Zinsanteil systemkonform ausscheidend zu erfassen. Bei der Einnahmen-Ausgaben-Rechnung entsteht ein steuerpflichtiger Gewinn erst in dem Zeitpunkt, in dem die Summe aller bis dahin geleisteten (abgezinsten) Ratenzahlungen die pauschalen Anschaffungskosten übersteigen. Nach EStR Rz 781 bestehen aber keine Bedenken, die pauschale Gewinnermittlung auf Basis der jährlich zugeflossenen (nicht abgezinsten) Ratenzahlungen vorzunehmen. Diesfalls soll nach den EStR die Wahl der pauschalen Gewinnermittlung auch für die folgenden Jahre, in denen Ratenzahlungen auf Grund der seinerzeitigen Grundstücksveräußerung zufließen, bindend sein.Die Zuflussbesteuerung gilt bei betrieblicher Gewinnermittlung jedenfalls für das Regime des § 30c EStG, soferne nicht § 30a Abs 4 EStG gilt (Rentenform) zur Anwendung kommt. Liegt zwischen dem Zeitpunkt der Mitteilung der Selbstberechnung und dem Zeitpunkt des für das Vorliegen eines Ertrages maßgeblichen Zuflusses mehr als ein Jahr, erlischt die Verpflichtung zur Entrichtung der ImmoESt sowie die Haftung des Parteienvertreters (§ 30c Abs 4 2. TS EStG). Im Falle der Veräußerung gegen Rente ist der Vorgang von vornherein von der ImmoESt und der besonderen Vorauszahlung ausgenommen.[461]

Auch bei der betrieblichen Gewinnermittlung sind bei mittel- und längerfristigen *Kaufpreisraten* (> 12 Monate) die Einkünfte daher immer in Zins- und Tilgungsanteil aufzuspalten (zur Abzinsung bei Ratenzahlung siehe Rz 774). Der Zinsanteil fällt nicht unter § 30 EStG, sondern unter Einkünfte aus Kapitalvermögen.[462]

Bei Veräußerung eines Grundstücks gegen *Kaufpreisrente* liegen ebenso Einkünfte gem § 30 EStG vor. Es besteht kein Vorrang des § 29 Z 1 EStG). Der besondere Steuersatz kommt gem § 30a Abs 4 EStG bei Veräußerung gegen nach dem Zu-

---

460   Jakom/*Kanduth-Kristen* EStG, 2013, § 31 Rz 27; VwGH 28.11.2007, 2007/15/0145.
461   EStR Rz 6657.
462   Jakom/*Kanduth-Kristen* EStG, 2013, § 30 Rz 45; § 31 Rz 27; VwGH 28.11.2007, 2007/15/0145.

flussprinzip zu erfassenden Renten nicht zur Anwendung. Es ist daher streng zwischen Rente und Rate zu unterscheiden. Ratenzahlungen hindern anders als Rentenzahlungen nicht die Anwendung des Sondersteuersatzes.

9.3.6. Kaufvertrag mit gleichzeitigem Kauf des Inventars

I/226 Der Kaufpreis für vom Grundstück verschiedene, selbständige Wirtschaftsgüter wie Inventar und Maschinen unterliegt nicht den Einkünften aus Grundstücksveräußerungen[463]

Für das Inventar gilt für die GrESt eine erlassmäßige[464] Erleichterung: Es bestehen keine Bedenken, den von den Parteien gewählten Wertansatz anzuerkennen, wenn

- detaillierte Liste mit Bewertung des einzelnen Inventars vorliegt
- Kaufpreis für Inventar < 10 % des Gesamtkaufpreises und ≤ 7.300 €
- Wertansätze der einzelnen Inventargegenstände < Anschaffungskosten vergleichbarer neuwertiger Gegenständen

I/227 Wird der Kaufpreis samt „allem tatsächlichen und rechtlichen Zubehör" vereinbart, so gilt, dass in diesem Preis ein Entgelt für auf ein den Käufer gekommene Sachen, denen die Zubehörseigenschaft fehlt, nicht enthalten ist. Es ist daher idF kein Abschlag vorzunehmen.[465] Ob Inventar als Zugehör einer Liegenschaft anzusehen ist, ist nach den Umständen des Einzelfalles zu beurteilen. Dabei ist auf Art und Weise der Anpassung des Inventars an die räumlichen Verhältnisse abzustellen. MaW wird deren Einstufung als unselbständiger Bestandteil davon abhängen, ob sie entfernbar und anderswo verwendbar sind, ohne dass damit eine wirtschaftliche Beeinträchtigung verbunden ist.[466] Steht Inventar in einer solchen Verbindung mit dem Gebäude, dass ihre Abtrennung wirtschaftlich nicht sinnvoll ist, dann spricht dies für das Vorliegen von unselbständigen Bestandteilen. Es kommt daher letztlich nicht auf die physische Möglichkeit der Abtrennbarkeit, sondern auf die wirtschaftliche Zweckmäßigkeit an.[467] Enthält die Inventarliste Einrichtungsgegenstände mit dem Vermerk „Tischlerarbeit nach Maß", lässt dies darauf schließen, dass die Gegenstände speziell an die örtlichen Verhältnisse angepasst wurden und in einer solchen Verbindung mit dem Gebäude stehen, dass die Abtrennung wirtschaftlich unsinnig wäre. Geräten (zB Elektrogeräte wie Geschirrspülgerät, E-Herd etc) welche bereits einer erheblichen Abnutzung unterlagen, kann kaum mehr ein Verkehrswert zugeordnet werden.[468]

---

463 Jakom/*Kanduth-Kristen* EStG, 2013, § 30 Rz 49; s VwGH 21.9.2006, 2004/15/0080.
464 BMF vom 4.101996, 10 1001/4-IV/10/96, SWK 1997, 49.
465 *Fellner*, aao, § 5 Rz 62 unter H auf VwGH 29.1.1970, 355/68.
466 UFS 3.5.2010, GZ RV/2524-W/07.
467 UFS 18.5.2005, RV/0498-I/04.
468 UFS 3.5.2010, GZ RV/2524-W/07 mit H auf UFS 4.05.2006, RV/0124-W/05.

Bezüglich der ImmoESt ist diese erlassmäßige Erleichterung uE analog anwendbar. I/228

Gem § 119 Abs 1 BAO ist es Pflicht des Steuerpflichtigen, die für Bestand und I/229
Umfang der Abgabenpflicht bedeutsamen Umstände vollständig und wahrheitsgemäß offenzulegen. Diese Grundlagen sind daher vom Steuerpflichtigen der Behörde beizubringen. Erhöhte Mitwirkungspflichten des Steuerpflichtigen bestehen bei Begünstigungsbestimmungen sowie bei Behauptung ungewöhnlicher und unwahrscheinlicher Sachverhalte.[469] Eine erhöhte Mitwirkungspflicht besteht auch, wenn die Behauptungen des Steuerpflichtigen mit den Erfahrungen des täglichen Lebens in Widerspruch stehen.[470]

9.3.7. Kaufvertrag mit Einräumung einer Rente/eines Wohnungsrechtes

GrESt: Das Entgelt eines Kaufvertrages kann auch eine (lebenslange) Rente oder I/230
ein Wohnrecht/-Fruchtgenussrecht sein. Aus grunderwerbsteuerlicher Sicht ist als Gegenleistung (Bmgl) für den Erhalt der Liegenschaft auch die Einräumung einer (lebenslangen) Rente an den Berechtigten anzusehen. Analog wird ein Wohnungsgebrauchsrecht beurteilt. Allfällige Einmalzahlungen erhöhen die Bmgl. Da im Fall einer Rente eine Gegenleistung vorliegt, ist alleine auf diese abzustellen und zwar grundsätzlich unabhängig vom Wert des Grundstückes (mindestens aber dreifacher EW). Dies gilt auch dann, wenn die Rente (= Gegenleistung) unter dem Verkehrswert liegt oder wenn der Wert der Rente höher als der gemeine Wert des gekauften Grundstückes ist.

ImmoESt: Veräußerungen gegen Rente unterliegen nicht dem Sondersteuer und I/231
der ImmoESt (§ 30a Abs 4; EStR Rz 6657).[471] Die Einräumung eines Wohnungsgebrauchsrechts zugunsten des ehemaligen Eigentümers oder eines Dritten stellt keine Gegenleistung bzw kein Entgelt für den Veräußerer dar.[472] Dies gilt auch für den Vorbehalt eines Fruchtgenussrechts.[473] Das Fruchtgenussrecht oder Wohnrecht mindert diesfalls den Wert der übertragenen Liegenschaft (*Nettomethode*, s EStR 114a).

9.3.8. (Gemischte) Schenkung und Übergabsverträge

Nicht als Veräußerung gilt ein unentgeltlicher Übertragungsvorgang. Dazu zählt I/232
der Erwerb von Todes wegen, reine und gemischte Schenkung. Die Einräumung eines Wohnungsgebrauchsrechts zugunsten des ehemaligen Eigentümers oder ei-

---

469 VwGH 28.3.2000, 96/14/0107; Jakom/*Lenneis* EStG, 2013,§ 4 Rz 279; *Ritz*, BAO⁴, § 115 Tz 13.
470 *Ritz*, aao, § 115 Tz 13.
471 Rentenbesteuerung, eingehend EStR Rz 7001.
472 Jakom/*Kanduth-Kristen* EStG, 2013, § 30 Rz 17; BMF 3.9.2012, BMF-010203/0402-VI/6/2012, Punkt 1.
473 Jakom/*Kanduth-Kristen* EStG, 2013, § 30 Rz 17 m H auf *Urtz*, in *Urtz* (Hrsg), Die neue Immobiliensteuer nach dem 1. StabG 2012, ÖStZ Spezial (2012), 19.

nes Dritten ebenso wie der Vorbehalt eines Fruchtgenussrechts stellt keine Gegenleistung da, s Rz I/229. Entgeltlichkeit oder Unentgeltlichkeit sind nach der Überwiegensregel (§ 20 Abs 1 Z 4 EStG) abzugrenzen.[474] Abweichender Ansicht ist *Beiser*:[475] Aus systematischen Erwägungen sollte zur Erzielung Ergebnisse von Entgeltlichkeit ausgegangen werden, wenn die Gegenleistung die Anschaffungskosten übersteigt. Auch *Kirchmayr/Achatz*[476] halten eine Teilentgeltlichkeit bei gemischten Schenkungen für systemkonform. Auch die Überwiegensregel des § 20 Abs 1 Z 4 EStG stellt nicht auf Teilentgeltlichkeit ab.

Nicht als Schenkung gelten Sacheinlagen, die Aufteilung des ehelichen Vermögens gem § 83 EheG, Sachdividenden, verdeckte Gewinnausschüttungen uä.

I/233 Erinnert sei daran, dass als Grundstücke iSd § 30 EStG auch Treugeberanteile, Einzelunternehmen, Anteile an grundstücksbesitzenden Personengesellschaft oder an anderen grundstücksbesitzenden Personenvereinigungen sowie grundstücksgleiche Rechte gelten.

I/234 *Unentgeltlich* ist ein Vorgang, wenn die Liegenschaftsübertragung an keine Gegenleistung geknüpft ist. Dies ist nicht nur bei einer (reinen) Schenkung, sondern auch bei einer gemischten Schenkung anzunehmen.[477] Eine gemischte Schenkung ist keine Veräußerung, solange *„der Schenkungscharakter des Geschäfts überwiegt"*.[478] Es muss somit ein offenbares Missverhältnis zwischen Leistung und Gegenleistung bestehen.[479] Wie sich aus § 935 ABGB ergibt, ist entscheidend, ob die vertragsschließenden Parteien einen Teil der Leistung als geschenkt ansehen wollten, sie sich also des doppelten Charakters des abgeschlossenen Geschäftes als entgeltlich und unentgeltlich bewusst gewesen sind.[480] Eine gemischte Schenkung setzt sohin eine Vermögensübertragung von einer Person an eine andere voraus, die zum Teil vom Tatbestand der Schenkung iSd § 938 ABGB erfasst ist. Eine gemischte Schenkung setzt weiters voraus, dass der Kaufpreis aus privaten Motiven unter dem tatsächlichen Wert liegt.[481] Auch Gegenleistungen, welche nicht im Übergabevertrag geregelt sind, aber faktisch vorhanden sind, sind einzubeziehen.

---

474 Jakom/*Kanduth-Kristen* EStG, 2013, § 24, Rz 5; *Kanduth-Kristen*, Private Grundstücksveräußerungen nach dem 1. StabG 2012, wobl 2013, 223; EStR Rz 6625; VwGH 18.2.1999, 97/15/0021; *Studera/ Thunshirn*, Handbuch Besteuerung Grundstückstransaktionen (2013), Kap 18.1.2; *Urtz*, ImmoESt, 20 f; *Kirchmayr/Achatz*, taxlex 2012, 169; *Fraberger/Petritz*, Das neue Schenkungsmeldegesetz, 3.3.
475 *Beiser*, ÖStZ 2012, 516.
476 *Kirchmayr/Achatz*, taxlex 2012, 169.
477 VwGH 23.10.1990, 90/14/0102; *Dorazil/Taucher*, ErbStG⁴, § 3 Tz 9.8; *Meinke*, ErbStG, § 7 Rz 7 ff.
478 VwGH 3.3.1967, 721/66; 21.10.1966, 1484/65; *Dorazil/Taucher*, ErbStG⁴, § 3 Tz 9.3.
479 VwGH 14.10.1991, 93/15/0134; 29.6.1995, 93/15/0134; *Dorazil/Taucher*, ErbStG⁴, § 3 Tz 9.3; UFS 21.6.2010, RV/0696-W/08; *Meinke*, aao; *Bruckner*, PSR 2009/14 mwN; EStR Rz 5571; abw BMF 17.12.2008 betreffend Anzeigepflicht für Schenkungen (§ 121a BAO): demnach liegt eine gemischte Schenkung vor, wenn die Leistung des einen Teils ungefähr 20–25 % geringer ist – ist aber nur iZm § 121a BAO anwendbar.
480 *Dorazil/Taucher*, ErbStG⁴, § 3 Tz 9.21.
481 *Dorazil/Taucher*, ErbStG⁴, § 3 Tz 9.4.

Steuerlich wird auch bei der gemischten Schenkung Unentgeltlichkeit des gesam- | **I/235** ten Vorgangs angenommen (keine „Teilentgeltlichkeit"), wenn insg Zuwendungsabsicht besteht *und* der Schenkungscharakter überwiegt.[482] Dies gilt dann, wenn die Gegenleistung 50 % des gemeinen Wertes des übertragenen Wirtschaftsgutes nicht erreicht. Die 50 %-Grenze ist aber nicht unumstritten. Nur bei einem auffallenden Missverhältnis darf nämlich im Einklang mit der Lebenserfahrung davon ausgegangen werden, dass die Vertragsparteien dieses Missverhältnis erkannt haben. Wann ein offenbares oder erhebliches Missverhältnis der gegenseitigen Leistungen vorliegt, wird stets Tatfrage sein. Nach der nicht einheitlichen bundesdeutschen Praxis ist dies anzunehmen, wenn die tatsächliche Gegenleistung die sonst übliche Gegenleistung um 20–25 % unterschreitet. Die Rsp hat in verschiedenen Fällen ausgesprochen, dass das maßgebliche Missverhältnis zwischen Leistung und Gegenleistung dann gegeben sei, wenn die tatsächliche Gegenleistung die sonst übliche angemessene Gegenleistung (unter Zugrundelegung der Verkehrswerte im Zeitpunkt des Entstehens der Steuerschuld) in einer Bandbreite um 20–30 von Hundert unterschreitet. Eine gemischte Schenkung liegt nicht schon dann vor, wenn die Leistung der einen Seite objektiv wertvoller ist, als die der anderen, weil das Entgelt für eine Leistung bewusst niedrig unter dem objektiven Wert angesetzt wurde (zB weil sich eine Partei mit einer unter dem Wert seiner Leistung liegenden Gegenleistung begnügt).[483] Unabdingbar ist, dass sich die Parteien des doppelten Charakters der Leistung bewusst sind und die tw Unentgeltlichkeit des Vertrages gewollt und ausdrücklich oder schlüssig zum Ausdruck gebracht haben.[484] Der objektive Wert der Liegenschaft muss für die Parteien auch tatsächlich erkennbar sein.[485] Die Bewertung der Lasten erfolgt nach den Bestimmungen des BewG. Allfällige Gegenleistungen des Rechtsnachfolgers bei gemischter Schenkung sind steuerlich wegen der gesamtheitlichen Unentgeltlichkeit nicht verwertbar bzw erhöhen nicht die Anschaffungskosten. Dasselbe gilt für Nebenkosten des unentgeltlichen Erwerbs (zB GrESt bei gemischter Schenkung). Sie erhöhen weder die Anschaffungskosten noch sind sie als Werbungkosten absetzbar.

Werden *mehrere Grundstücke gemeinsam* geschenkt, so hat nach informeller | **I/236** Auskunft des BMF in allen Fällen eine *Einzelbetrachtung* zu erfolgen. Ist daher im Zuge einer einheitlichen Schenkung von zwei Grundstücken ein Grundstück unbelastet, das anderer hingegen mit zB 75 % belastet (dh es wird ein Kredit iHv 70 % des Wertes des Grundstückes vom Geschenknehmer übernommen), so gilt

---

482 Jakom/*Kanduth-Kristen* EStG, 2013, § 24, Rz 5; *Kanduth-Kristen*, Private Grundstücksveräußerungen nach dem 1. StabG 2012, wobl 2013, 223; EStR Rz 5571 f; VwGH 18.9.1964, 1118/64; 21.10.1966, 1484/65; 24.6.2009, 2007/15/0113; BFH 10.9.1986 II R 81/84 BStBl 1987 II 80.
483 VwGH 23.10.1990, 90/14/0102; UFS 21.6.2010, RV/0696-W/08.
484 *Dorazil/Taucher*, ErbStG[4], § 3 Tz 9.21.
485 OGH 30.3.1960, 6 Ob 110/60: *„Für die Abwägung des Wertes von Leistung und Gegenleistung kann nur der voraussichtliche Erwartungswert herangezogen werden."*

---

nach Ansicht des BMF aufgrund der *Einzelbetrachtung* das belastete Grundstück als nicht geschenkt, sondern als veräußert. Dies kann dann mE unsachlich sein, wenn es sich um einen einheitlichen vom Schenkungswillen getragenen Vorgang handelt. Es wären ja auch bei wirtschaftlich gleichem Ergebnis beide Grundstücke um 35 % des Grundstückswertes zu verkaufen gewesen und der Verkäufer würde damit den Kredit abdecken, wodurch in beiden Fällen eine Schenkung vorliegen würde.

I/237 Diese Grundsätze gelten nach hA[486] wegen § 27 Abs 1 Z 7 2. Satz EStG auch für die Einstufung von gemischten Schenkungen an Privatstiftungen.[487] Eine die Zuwendungsbesteuerung auslösende gemischte Schenkung iSd § 27 Abs 1 Z 7 liegt somit nur dann vor, wenn der Verkehrswert einer Gegenleistung (zB von der Privatstiftung übernommene Schuld) zumindest ($\geq$) 50 % des Verkehrswertes des ihr zugewendeten Vermögens nicht übersteigt. Die 50 %-Regel gilt auch im GrEStG (§ 7 Abs 2). Mitübertragene Schulden oder Lasten (welche im EStG in *„unmittelbarem"* Zusammenhang mit der gestifteten Immobilie stehen müssen) ändern solange nichts an der Unentgeltlichkeit, als der Wert der übertragenen Lasten weniger als 50 % des gemeinen Wertes der übertragenen Immobilie beträgt. Entgeltlichkeit ist ab 50 % anzunehmen und zwar hinsichtlich des gesamten Transaktionsvorgangs.

I/238 Als *„gemeiner Wert"* gilt jener Preis, der im gewöhnlichen Geschäftsverkehr bei einer Veräußerung zu erzielen wäre.[488] Anders als bei der Bmgl wird idZ nach hA nicht auf §§ 19 ff BewG abgestellt (dreifacher EW). Jüngst hat der UFS iZm der StiftEG abweichend entschieden und als Gegenleistung den steuerlichen Wert (= EHW) herangezogen.[489] Im GrEStG wird auf den gemeinen Wert abgestellt. Die übertragene Belastung unterliegt der GrESt.[490]

I/239 Dasselbe gilt für sog *„Übergabsverträge"*. Dies sind entgeltliche oder unentgeltliche Verträge, welche ein Vermögen bereits zu Lebzeiten auf andere Personen (idR Familienangehörige) übertragen. IdR sind Versorgungsinteressen des Übergebers zu berücksichtigen. Der Vertrag wird daher idR nicht durch die Ausgewogenheit von Leistung und Gegenleistung geprägt, sondern von den Familienbeziehungen. Häufig werden auch reine Schenkungsverträge als „Übergabevertrag" bezeichnet. Diese Verträge gelten steuerlich als Schenkungsvertrag.[491]

---

486 *Doralt*, EStG[15], § 24 Rz 114; *Bruckner*, aao.
487 *Bruckner*, aao; *Doralt*, aao, § 24 Rz 116; *Stangl* in *Arnold/Stangl/Tanzer*, Stiftungssteuerrecht, Rz II/221, mwN; StiftR 2009 Rz 191.
488 Aus Sicht des Veräußerers; *Doralt* in *Doralt/Mayr/Ruppe*, Band I[11], 337.
489 UFS 25.1.2012, RV/1557-W/10.
490 StRsp, uva VwGH 28.5.2009, 2007/16/0192.
491 Unerheblich, ob eine gemischte oder einfache Schenkung vorliegt! S *Studera/Thunshirn*, Handbuch Besteuerung Grundstückstransaktionen (2013), Kap 3.2.16.7.

Zweifelsregel: Eine Schenkung ist im Zweifel grundsätzlich nur bei Vermögens- I/240
übertragungen unter (nahen) Angehörigen anzunehmen (*„Fremde pflegen sich
gewöhnlich nichts zu schenken"*).[492]

9.3.9. Schenkung von Betrieben

Die oben angeführten Grundsätze gelten auch für die Schenkung von *(Teil-)Be-* I/241
trieben und *Anteilen an (betrieblichen) Personengesellschaften*.[493] Als *Betrieb* gilt
die Zusammenfassung menschlicher Arbeitskraft und sachlicher Produktions-
mittel in einer organisatorischen Einheit. Da Betriebe idR immer auch Schulden
haben, fragt sich, ob auch hier die Überwiegensregelung (> 50 %, dann keine
Schenkung) zum Tragen kommt? Aus steuerlicher Sicht ist ein Betrieb nur gegeben, wenn er der Erzielung von Einkünften iSd § 2 Abs 3 Z 1–3 EStG 1988 (betriebliche Einkunftsarten gem § 21–24 EStG) dient.[494] Bloße Grundstücksvermie-
tungen (VuV), sei es auch bei umfangreichem Grundstückbesitz, gelten nicht als
gewerblich und daher nicht als Betrieb iSd EStG.[495]

Bei der Schenkung von *Betrieben* und *Mitunternehmeranteilen* kommt es zu einer I/242
einheitlichen Betrachtung bzw maW Saldierung von Aktiva und Passiva.[496] Dabei
wird nicht auf die einzelnen Vermögensgegenstände abgestellt, sondern auf den
gesamten Betrieb (Nettobetrachtung). Die Überwiegensregel kommt auf Ebene
des Betriebes *nicht* zur Anwendung. Die Übernahme von Verbindlichkeiten des
geschenkten Betriebs gilt nicht als Gegenleistung für die Betriebsübertragung. Es
muss aber eine tatsächliche Bereicherung eingetreten sein; dh der reale Wert des
übertragenen (Teil-)Betriebs muss positiv sein. Die mit dem Betrieb übernommenen Schulden sind daher solange irrelevant, als der Wert des Betriebes noch
≥ Null ist. Ob eine Schenkung vorliegt, bestimmt sich nach allgemeinen Kriterien
(offenbares Missverhältnis, subjektive Äquivalenz).[497] Ein Freundschaftspreis
bzw preisliches Entgegenkommen gegenüber nahen Verwandten genügt nicht.[498]
Es ist daher der Unternehmenswert (Wert des gesamten Unternehmens = Aktiva
– Passiva + stille Reserven – stille Lasten[499]) dem gemeinen Wert der Gegenleistung gegenüberzustellen. Eine Schenkung liegt dann vor, wenn die Gegenleistung
weniger als 50 % des Unternehmenswertes beträgt. Die Vertragsbezeichnung ist
irrelevant.[500] Die Übernahme der Steuerlatenz ist nach der Rsp die gesetzlich ge-

---

492 EStR Rz 6625.
493 Jakom/*Lenneis* EStG, *2013*, § 15 Rz 44; *Dringel*, Steuerliche Probleme beim landwirtschaftlichen
     Übergabsvertrag, NZ 1989, 321 ff.
494 EStR Rz 409.
495 S im Detail *Studera/Thunshirn*, Handbuch Besteuerung Grundstückstransaktionen (2013), Kap 6.4.5.f.
496 *Quantschnigg/Schuch*, ESt-HB, § 24 Tz 8.4; Jakom/*Kanduth-Kristen* EStG, 2013, § 24 Rz 5 mwN;
     Jakom/*Laudacher* EStG, 2013, § 6 Rz 173 f.
497 Jakom/*Kanduth-Kristen* EStG, 2013, § 24 Rz 5; EStR Rz 5571.
498 EStR Rz 5571; VwGH 23.10.1990, 90/14/0102; VwGH 18.2.1999, 97/15/0021.
499 Die Einkommensteuerlatenz gilt nicht als stille Last.
500 EStR Rz 5572.

wollte Folge einer Schenkung und daher keine Gegenleistung bzw keine stille Last, wenn eine gesellschaftsrechtliche Auffüllungsverpflichtung fehlt.[501]

I/243 Wird ein überschuldeter Betrieb *lediglich gegen Schuldübernahme* übertragen, liegt außerhalb von nahen Verwandten idR keine Schenkung vor. Die übernommenen Schulden gelten als Veräußerungserlös.[502] Wird ein bloß buchmäßig überschuldeter Betrieb (stille Reserven einschließlich Firmenwert > buchmäßige Überschuldung) zwischen nahen Angehörigen übertragen, liegt idR eine Schenkung vor.[503] Ist der von nahen Angehörigen übernommene Betrieb nicht bloß buchmäßig, sondern real überschuldet, ist davon auszugehen, dass die Übernahme der Nettoverbindlichkeit aus außerbetrieblichen Gründen erfolgt; ein Veräußerungsgewinn entsteht idF nur insoweit, als im übertragenen Betriebsvermögen stille Reserven einschließlich Firmenwert enthalten sind.[504] Wird ein überschuldeter Betrieb von einem fremden Dritten übernommen, ist idR davon auszugehen, dass der Wert des übertragenen Betriebes den Betriebsschulden entspricht. Es liegt diesfalls ein entgeltlicher Vorgang vor.[505]

9.3.10. Schenkung von Anteilen an Personengesellschaften

I/244 Es ist zwischen Gesellschaften zu unterscheiden, welche *betriebliche* Einkünfte und jene, die bloß *außerbetriebliche* Einkünfte (zB VuV) erzielen.[506] Das Ausscheiden eines Gesellschafters stellt bei Entgeltlichkeit ebenso eine Veräußerung dar, wobei es unerheblich ist, ob der Anteil einem Neu- oder Altgesellschafter veräußert wird.[507]

9.3.10.1. Schenkung betrieblicher Anteile

I/245 Bei der betrieblichen OG/KG stellt der jeweilige *Mitunternehmeranteil* eine betriebliche Einheit dar. Trotz des geltenden *Transparenzprinzips* wird bei der *Überwiegensregel* (Beurteilung ob „gemischte" Schenkung vorliegt) nicht auf die Ebene der Gesellschaft, sondern auf jene des Anteils abgestellt (*Nettobetrachtung* unter Einbeziehung auch des positiven und negativen Sonderbetriebsvermögens). Das betriebliche Nettovermögen des Anteils muss positiv sein.

Auch die Schenkung eines Anteils mit negativem Kapitalkonto und positivem Verkehrswert stellt einen unentgeltlichen Vorgang dar.[508] Bei der Schenkung ei-

---

501 UFS vom 11.01.2013, RV/2205-W/12.
502 EStR RZ 5679.
503 EStR RZ 5680; VwGH 23.10.1990, 90/14/0102; VwGH 29.6.1995, 93/15/0134; Jakom/*Kanduth-Kristen* EStG, 2013, § 24 Rz 5 mwN.
504 EStR Rz 5681.
505 EStR Rz 5681a.
506 Zur Unterscheidung im Detail *Studera/Thunshirn*, Handbuch Besteuerung Grundstückstransaktionen (2013), Kap 6.4.5. f; EStR Rz 5418 ff.
507 EStR Rz 5964.
508 Jakom/*Laudacher* EStG, 2013, § 6 Rz 173 f; UFS vom 10.01.2013, RV/2204-W/12; BMF 11.2.2002, ecolex 2003, 133.

nes KG-Anteils ist zu bedenken, dass die Verbindlichkeiten der Gesellschaft sich zum Teil in der Hafteinlage des Kommanditisten widerspiegeln. Negative Kapitalkonten übertragener Mitunternehmeranteile sind zu berücksichtigen,[509] ebenso positives und negatives Sonderbetriebsvermögen.[510] Eine *gemischte Schenkung* liegt dann (noch) vor, wenn allenfalls mitübertragene (nicht betriebliche) Schulden und andere Lasten weniger als 50 % des Wertes des Mitunternehmeranteils sind.[511] Die Übernahme der Steuerlatenz ist die gesetzlich gewollte Folge einer Schenkung und daher keine Gegenleistung, wenn eine gesellschaftsrechtliche Auffüllungsverpflichtung fehlt.[512]

Entspricht der reale Wert des Anteiles dem Abfindungsbetrag, ist grundsätzlich ein entgeltlicher Vorgang anzunehmen.[513] Ist der reale Wert höher als der Abfindungsbetrag, ist der Ermittlung des Auseinandersetzungsguthabens gem dem Gesellschaftsvertrag kein Unternehmenswertgutachten zu Grunde gelegen, oder liegt der vom Käufer bezahlte Betrag unter dem steuerlichen Eigenkapital des Veräußerers, ist bei Vorliegen von betrieblichen Gründen ebenfalls von Entgeltlichkeit auszugehen.[514] Eine unentgeltliche Übertragung unter Lebenden ist hingegen im Rahmen einer reinen Schenkung oder einer gemischten Schenkung *aus privaten Motiven* möglich.[515] Dies wird idR nur im Rahmen eines Verwandtschaftsverhältnisses gelten. Wird ein Anteil unter Übertragung von anschaffungsbedingten Schulden geschenkt, so liegt analog zur Schenkung eines Betriebes dann (noch) eine Mitunternehmeranteilsschenkung vor, wenn der Nettowert der Anteile minus übernommene Schulden/Lasten > Null ist. | I/246

Vorhandensein eines negativen Kapitalkontos: Der Betrag des negativen Kapitalkontos gilt, soweit er nicht aufgefüllt werden muss, als Veräußerungsgewinn (unabhängig von eventuellen Haftungsbeschränkungen des Zivilrechts). Eine spätere Entlassung aus der Auffüllungsverpflichtung führt erst zu diesem Zeitpunkt zu nachträglichen Einkünften.[516] Scheidet ein Gesellschafter ohne Zahlungen aus und übersteigen die auf den Mitunternehmeranteil entfallenden stillen Reserven (+ Firmenwert) das negative Kapitalkonto, liegt eine unentgeltliche Übertragung vor.[517] | I/247

Wird der Übernahmspreis bei nahen Angehörigen besonders niedrig oder hoch angesetzt, ist nach EStR Rz 6005 zu untersuchen, ob für die Kaufpreisfindung *außerbetriebliche Gründe* (Versorgungsgedanken, Zuwendungsabsicht aus ver- | I/248

---

509   EStR Rz 5681a.
510   EStR Rz 5967.
511   VwGH 18.2.1999, 97/15/0021.
512   UFS vom 11.01.2013, RV/2205-W/12.
513   EStR Rz 5977.
514   EStzR Rz 5977.
515   EStR Rz 5977; VwGH 28.04.2010, 2007/13/0013.
516   EStR Rz 5987; VwGH 3.9.2008, 2006/13/0167.
517   EStR Rz 5988; VwGH 2.12.1987, 87/13/0061; VwGH 27.5.1998, 94/13/0084.

wandtschaftlich bedingten Motiven usw) ausschlaggebend waren. IdF ist von einem unentgeltlichen Vorgang (Buchwertfortführung) auszugehen. Gleiches gilt bei aus Gründen der Angehörigeneigenschaft gegebenem Verzicht auf die Auffüllung eines negativen Kapitalkontos geboten sein.

9.3.10.2. Schenkung außerbetrieblicher Anteile

I/249 Außerbetrieblich (vermögensverwaltend) ist eine Personengesellschaft, die *ausschließlich* eigenes Kapitalvermögen oder eigenes (unbewegliches) Vermögen nutzt.[518] Sie hat keine betrieblichen Einkünfte. Auch eine bloß eigenes Vermögen verwaltende GmbH & Co K(E)G oder GmbH & Still ist keine Mitunternehmerschaft.[519] Die Zurechnung der Einkünfte an die Beteiligten hat aber nach hA trotzdem analog § 23 Z 2 1. Teilstrich zu erfolgen.[520]

Für die Beurteilung, ob im Falle einer gemischten Schenkung auf die Ebene der Gesellschaft (Überwiegensregel bezogen auf die Summe der Aktiva minus Passiva) *oder* auf die Ebene des Anteils (Nettowert des Anteils) abzustellen ist, existiert weder Rsp, Literatur noch Erlass. Wie informell aus dem BMF zu hören ist, wird (anders als bei der betrieblichen Personengesellschaft) *durchgeblickt* und auf die *Ebene der Gesellschaft* abgestellt. Insofern werden hier unterschiedliche Maßstäbe zugrunde gelegt, welche zu unterschiedlichen Ergebnissen führen. UE wäre aus Gründen der Praktikabilität und der Gleichbehandlung wohl – trotzdem die Ansicht des BMF systemkonform vertretbar ist – so wie bei den Mitunternehmerschaften auf die Ebene des Anteils abzustellen. Angemerkt sei, dass Gesellschafterverrechnungskonten („negative" Kapitalkonten) bei der vermögensverwaltenden Personengesellschaft keine Rolle spielen.

Durch die im Zuge des AbgÄG 2012 erfolgte Neuregelung des § 32 Abs 2 EStG (*„Die Anschaffung oder Veräußerung einer unmittelbaren oder mittelbaren Beteiligung an einer Personengesellschaft stellt eine Anschaffung oder Veräußerung der anteiligen Wirtschaftsgüter dar."*) wäre dies auch systemkonform, da nicht zwischen betrieblich und außerbetrieblich differenziert und auf die „anteiligen Wirtschaftsgüter" abgestellt wird. Im Detail s *Thunshirn* in GS Karl Bruckner sowie Kap I/17.

9.3.11. Erbschaftsschenkung

I/250 Eine Erbschaftsschenkung ist unentgeltlich; s daher analog zum Punkt Schenkung.

---

518 Jakom/*Baldauf* EStG, 2013, § 23, Rz 46 ff.
519 EStR Rz 6015.
520 Eingehend *Quantschnigg/Schuch*, ESt-HB, § 28 Rz 91 f mwN; EStR Rz 6017.

9.3.12. Grundstückstransaktion iZm vorweggenommenen Erbfolgeregelungen und Erbauseinandersetzung

Die steuerliche Beurteilung von Grundstückstransaktionen iZm vorweggenom- I/251
menen Erbfolgeregelungen und die Durchführung von Erbauseinandersetzungen
folgt den allg Grundsätzen. Die Übertragung eines Anteils an einem Nachlassge-
genstand (zB Grundstück) gegen die Gewährung von anderen Wirtschaftsgütern
des Nachlasses (zB Sparbuch, Grundstück, Bargeld) stellt eine steuerneutrale Erbauseinandersetzung dar. Aus dem Nachlass stammt eine Ausgleichszahlung
auch dann, wenn die verwendeten Geldmittel aus der Veräußerung des von der
Erbauseinandersetzung betroffenen Grundstücks durch den übernehmenden Erben stammen. Die EStR geben die Rechtslage klar wieder: Ausgleichzahlungen
für anderen Erbberechtigten überlassene Grundstücke sind nur dann relevant,
wenn es auch zu *Leistungen aus der Vermögenssphäre des Übernehmers* kommt.[521]
Für Ausgleichszahlungen aus der Vermögenssphäre des Übernehmers ist nach
EStR Rz 6625 die Überwiegensregel des § 20 Abs 1 Z 4 EStG zu beachten. Beträgt
die Ausgleichszahlung mindestens 50 % des gemeinen Wertes des Grundstückes,
so liegt nach den EStR eine Veräußerung durch den Übergeber des Grundstückes
vor. Beträgt die Ausgleichszahlung hingegen weniger als 50 % des gemeinen Wertes des übertragenen Grundstückes, so liegt zur Gänze ein unentgeltlicher Erwerb
vor. Ebenso steuerneutral ist nach EStR Rz 6625 auch die Übertragung eines
Wirtschaftsguts durch einen Pflichtteilsberechtigten gegen Leistung einer Ausgleichszahlung in Höhe des Pflichtteils als steuerneutrale Erbauseinandersetzung.

Nach Rz 6625 der EStR kommt es zu keiner Realisierung der im Grundstück ent- I/252
haltenen stillen Reserven, wenn der „weichende Erbe" mit einem Teil des übertragenen Grundstückes abgefunden wird. Es sollen diesfalls die Grundsätze der
Grundstücksrealteilung gelten.

Für Schenkungen auf den Todesfall gelten gem EStR Rz 6625 ebenso die Regeln
der Erbauseinandersetzung.

Beispiele aus den EStR Rz 6625

Vom Vater wird eine Liegenschaft im Wert von 1.000 an den Sohn übertragen. Dieser
verpflichtet sich im Gegenzug, eine Ausgleichszahlung in Höhe von 600 an seine
Schwester zu leisten. Die Ausgleichszahlung (600) beträgt mehr als 50 % des gemeinen
Werts des Grundstücks (500). Es liegt daher eine Veräußerung durch den Vater vor (dh
Steuerpflicht beim Vater).

Weitere Beispiele aus den EStR:

Eine Liegenschaft wird unter Lebenden vom Vater an einen Sohn übergeben. Der Sohn
leistet dafür Ausgleichszahlungen (aus seinem Vermögen) an seine Schwester.

Variante 1: Vom Vater wird eine Liegenschaft im Wert von 1.000 an den Sohn übertragen. Dieser verpflichtet sich im Gegenzug, eine Ausgleichszahlung in Höhe von 600 an

---

521   EStR Rz 6625.

seine Schwester zu leisten. Die Ausgleichszahlung (600) beträgt mehr als 50 % des gemeinen Werts des Grundstücks (500). Es liegt daher eine Veräußerung durch den Vater vor (dh Stpfl beim Vater). Beträgt die Zahlung mind 50 % des bei fiktiver Aufteilung auf den „weichenden Erben" entfallenden Teiles, liegt eine Veräußerung durch den „weichenden Erben" vor.

Variante 2: Vom Vater wird eine Liegenschaft im Wert von 1.000 an den Sohn übertragen. Dieser verpflichtet sich, im Gegenzug eine Ausgleichszahlung in Höhe von 400 an seine Schwester zu leisten. Wäre die Liegenschaft zu gleichen Teilen an die erbberechtigten Geschwister übertragen worden, hätte die Tochter einen Anteil im Wert von 500 bekommen. Die Zahlung in Höhe von 400 beträgt mehr als 50 % des Wertes dieses fiktiven Anteils (250). Daher liegt eine Veräußerung durch die Tochter vor (dh ImmoESt bei der Tochter). Beträgt die Ausgleichszahlung weniger als 50 % des gemeinen Wertes des auf den „weichenden Erben" entfallenden Teiles, dann liegt ein unentgeltliches Rechtsgeschäft vor.

Variante 3: Vom Vater wird eine Liegenschaft im Wert von 1.000 an den Sohn übertragen. Dieser verpflichtet sich, im Gegenzug eine Ausgleichszahlung in Höhe von 200 an seine Schwester zu leisten. In diesem Fall beträgt die Ausgleichszahlung weniger als 50 % des fiktiven Anteils der Tochter (250). Es liegt daher ein insg unentgeltliches Rechtsgeschäft vor. Sollten mit der unentgeltlichen Übertragung des Grundstückes noch weitere unentgeltliche Übertragungen von Vermögenswerten in einem zeitlichen Zusammenhang stehen (zB die Tochter bekommt wertvollen Schmuck geschenkt), sind diese Übertragungen hinsichtlich der Ermittlung der jeweiligen fiktiven Anteile am erhaltenen Vermögen zu berücksichtigen.

Variante 4: Vom Vater wird eine Liegenschaft im Wert von 1.000 an den Sohn übertragen. Dieser verpflichtet sich, im Gegenzug, eine Ausgleichszahlung in Höhe von 200 an seine Schwester zu leisten, die zeitgleich Schmuck im Wert von 500 erhält. Gesamt wird an die Kinder daher Vermögen im Wert von 1.500 übertragen; bei einer fiktiven Aufteilung steht daher jedem Kind ein Wert von 750 zu. Da die Ausgleichszahlung weniger als die Hälfte des Anteils der Schwester ausmacht, liegt keine Veräußerung vor. Wird der „weichende Erbe" mit einem Teil des übertragenen Grundstückes abgefunden, kommt es zu keiner Realisierung der im Grundstück enthaltenen stillen Reserven; es gelten die Grundsätze der Grundstücksrealteilung. Gehören Grundstücke zu einer Erbmasse, gehen diese entsprechend der Erbquote (Testament oder gesetzliche Erbfolge) auf die Erben über. Bis zur Einantwortung ist zwischen den Miterben eine Nachlassteilung ohne Veräußerungscharakter (Tauschcharakter) mit strl Wirkung ab dem Todestag möglich, wenn eine Erbauseinandersetzung ohne Ausgleichszahlungen mit nachlassfremden Mitteln erfolgt. Übersteigen die Ausgleichszahlungen aus nachlassfremden Mitteln die Hälfte der Erbquote, liegt wirtschaftlich betrachtet insgesamt eine Veräußerung (Tausch) vor.

9.3.13. Grundstücksübertragungen bei Ehescheidungen

I/253 Wird die Ehe geschieden, aufgehoben oder für nichtig erklärt, so sind gem § 81 EheG das *eheliche Gebrauchsvermögen* und die *ehelichen Ersparnisse* unter die Ehegatten aufzuteilen. Bei der Aufteilung sind die Schulden, die mit dem ehelichen Gebrauchsvermögen und den ehelichen Ersparnissen in einem inneren Zusammenhang stehen, in Anschlag zu bringen. Ganz generell gilt, dass Zuwendungen an gesetzlich unterhaltsberechtigte Personen steuerlich unbeachtlich ist. Dies gilt, wie Rz 7015 der EStR festhält, auch dann, wenn die Zuwendungen auf einer verpflichtenden Vereinbarung beruhen was etwa bei Scheidungen zutrifft.

Das BMF (EStR Rz 6624) nimmt bei der Eigentumsübertragung von Grundstü-   I/254
cken oder Grundstücksteilen im Rahmen der Aufteilung des ehelichen Gebrauchsvermögens und der ehelichen Ersparnisse gem den Kriterien des § 83
EheG auch bei Ausgleichszahlungen ohne betragliche Begrenzung einkommensteuerlich eine sog „Naturalteilung" an. Wie *Taucher*[522] überzeugend festhält, orientiert sich die Aufteilung der Verteilungsmasse sowie die Bemessung der Ausgleichszahlungen *„nicht an der Adäquanz von Leistung und Gegenleistung, sondern an ganz anderen, insb mit den bisherigen und künftigen Lebensverhältnissen
der Ehegatten zusammenhängenden Kriterien."* Auch *Kohler*[523] nimmt eine steuerneutrale Aufteilung ähnliche der Erbteilung an. Abweichender Ansicht sind
Quantschnigg/Schuch,[524] welche der VwGH-Rsp zur GrESt folgend einen Tausch
annehmen und eine Analogie zur unstrittig steuerneutralen Aufhebung der ehelichen Gütergemeinschaft ablehnen.

Der VwGH vertritt zur GrESt in jüngerer stRsp[525] die Ansicht, dass bei einer Aufteilung des ehelichen Vermögens im Allgemeinen wegen des Globalcharakters
von Scheidungsvergleichen eine Gegenleistung idR nicht zu ermitteln ist, dass
dies aber im Einzelfall durchaus möglich sei. Im konkret entschiedenen Fall war
jedoch von einer Gegenleistung auszugehen, *„weil im Vergleich die Leistungen
eindeutig konkretisiert waren. Es konnte für die Bemessung der GrESt daher der
Wert der Gegenleistung herangezogen werden. Vermögensaufteilungen iZm Scheidungen stellen demnach dem Grundsatz nach Tauschvorgänge dar".*[526] Es finden
sich im zit Erkenntnis mehrere Bsp für das Vorhandensein einer Gegenleistung:
*„Wird im Zuge der Scheidung die bisher im Miteigentum stehende Ehewohnung an
einen Ehegatten übertragen und erhält dafür der andere Ehegatte anderes Vermögen, dann stellt dies einen grunderwerbsteuerpflichtigen Vorgang dar. Kann dabei
eine Gegenleistung ermittelt werden, dann ist diese Bemessungsgrundlage."*[527]

Die Rsp zum GrEStG ist somit im Ergebnis schwankend.[528] Bspw ist nach VwGH
26.1.1989, 88/16/0107 (zur GrESt) bei der Aufteilung iSd § 81 EheG *idR* eine Gegenleistung *nicht* zu ermitteln. Bei dieser Aufteilung handle es sich nach dem GH
– *„selbst wenn sie rechtsgeschäftlich erfolgt"* – um einen *Rechtsvorgang (ein Rechtsgeschäft) sui generis*. Es wäre nach dem GH rechtlich verfehlt, einen Tausch oder

---

522   *Taucher*, SWK 23/1998, 490.
523   *Kohler*, Scheidung und Steuern, 131 ff; *ders* in *Ruppe* (Hrsg), Handbuch der Familienverträge, 875.
524   ESt-HB, § 30 Tz 16.3.
525   VwGH 9. 8. 2001, 2001/16/0358; VwGH 25. 11. 1999, 99/16/0064.
526   Zur GrESt: VwGH vom 07.08.2003, 2000/16/0591.
527   VwGH 30.4.1999, 98/16/0241.
528   Alles zur GrESt: S sehr demonstrativ UFS, 16.4.2004, RV/0240-I/03; UFS 5.9.2013, RV/1951-W/10
      (hier wurde eine Gegenleistung unterstellt); UFS 8.1.2013, RV/2138-W/12 (Gegenleistung nicht er-
      mittelbar); ausf *Taucher*, SWK 23/1998, 490.

einen tauschähnlichen Rechtsvorgang anzunehmen, weil jeder der (ehemaligen) Ehegatten aus der Verteilungsmasse etwas – in möglicherweise gleichem oder annähernd gleichem Umfang – erhält. Die Ausgleichszahlung nach § 94 Abs 1 EheG sei keine Gegenleistung, zumal sie ihrem Wesen nach kein Entgelt, sondern einen Spitzenausgleich darstellt. Nach dieser Rsp liege eine iSd GrEStG befreite Naturalteilung vor. Dem folgen nunmehr auch die EStR.[529]

> Demnach liege bei der Aufteilung im Rahmen einer Ehescheidung idR eine nicht als Veräußerung geltende Naturalteilung vor.

I/255 Dem stehen wie erwähnt im Bereich der GrESt jedoch eine Reihe von abweichenden Entscheidungen gegenüber.[530] Der VwGH hat etwa darauf hingewiesen,[531] *„dass für in Scheidungsvergleichen vorgenommene Grundstückstransaktionen eine Gegenleistung dann ermittelbar ist, wenn der Scheidungsvergleich nicht den für Vereinbarungen dieser Art üblichen Globalcharakter aufweist, sondern die Übernahme diverser Hypothekarschulden durch den Erwerber in wirtschaftlicher Betrachtungsweise als Gegenleistung für die gleichzeitig vereinbarte Übertragung einer Eigentumswohnung diente".* Der GH[532] hat auch darauf hingewiesen, dass – wenn einerseits eine Liegenschaftshälfte übertragen wird und andererseits der Erwerber alle Kredite und Verbindlichkeiten zur Alleinzahlung übernimmt – auch betr Scheidungsvergleiche sehr wohl Gegenleistungen ermittelbar sein können: *„Wenn eine bestimmte Leistung nur als weitere Gegenleistung für die Übertragung einer Liegenschaft gedacht ist, könne diese Leistung nicht mehr als allgemeiner Spitzenausgleich einer umfassenden Auseinandersetzung angesehen werden".* Der Unterhaltsverzicht im Rahmen eines Scheidungsvergleichs kann auch aus Sicht des GrEStG Teil einer Gegenleistung für ein im Zuge der Scheidung übertragenes Grundstück sein.[533] Das gilt mE wohl nur dann, wenn ein gesetzlicher Anspruch auf Unterhalt bestand.

I/256 Das BMF formuliert dies mit den Worten „nach den Grundsätzen des § 83 EheG".

§ 83 EheG

(1) Die Aufteilung ist nach Billigkeit vorzunehmen. Dabei ist besonders auf Gewicht und Umfang des Beitrags jedes Ehegatten zur Anschaffung des ehelichen Gebrauchsvermögens und zur Ansammlung der ehelichen Ersparnisse sowie auf das Wohl der Kinder Bedacht zu nehmen; weiter auf Schulden, die mit dem ehelichen Lebensaufwand zusammenhängen, soweit sie nicht ohnedies nach § 81 in Anschlag zu bringen sind.

---

529   VwGH 7.10.1993, 92/16/0149.
530   Alles zur GrESt: S sehr demonstrativ UFS, 16.4.2004, RV/0240-I/03.
531   VwGH vom 27.2.2008, 2006/13/0157.
532   VwGH 30.4.1999, 98/16/0241.
533   *Fellner,* aao, § 5 Rz 68.

(2) Als Beitrag sind auch die Leistung des Unterhalts, die Mitwirkung im Erwerb, soweit sie nicht anders abgegolten worden ist, die Führung des gemeinsamen Haushalts, die Pflege und Erziehung gemeinsamer Kinder und jeder sonstige eheliche Beistand zu werten.

Gem § 82 Abs 1 EheG unterliegen der Aufteilung nicht Sachen (§ 81), die ein Ehegatte in die Ehe eingebracht, von Todes wegen erworben oder ihm ein Dritter geschenkt hat, dem persönlichen Gebrauch eines Ehegatten allein oder der Ausübung seines Berufes dienen, zu einem Unternehmen gehören oder Anteile an einem Unternehmen sind, außer es handelt sich um bloße Wertanlagen. Für die Ehewohnung besteht nach § 82 Abs 2 aber unter gewissen Umständen eine Ausnahme.

Ob eine Aufteilung des ehelichen Gebrauchsvermögens nach § 83 EheG vorliegt, ist nach Ansicht des BMF eine *rein zivilrechtliche Vorfrage*, die anhand der zivilrechtlichen Dogmatik entsprechend beurteilt werden muss. Das entscheidende Kriterium sei nach dem BMF dabei nicht die Billigkeit, sondern das Vorhandensein von ehelichen Gebrauchsvermögen (§ 81 Abs 2 EheG). IdF sei die Übertragung bzw Teilung bei Aufteilung des ehelichen Vermögens (der ehelichen Ersparnisse) – wenn sie nach den Kriterien des § 83 EheG erfolgt – auch bei Ausgleichszahlungen ohne betragliche Begrenzung idR als Naturalteilung zu sehen. Es kommt daher bei Vorliegen dieser Voraussetzungen ertragsteuerlich zu keiner Besteuerung als Veräußerung.

Dies gilt nach den EStR[534] auch bei *einvernehmlichen Ehescheidungen* sowie insb bei *Übergang des anteiligen Wohnungseigentums* gem § 14 WEG an den überlebenden bzw weichenden Partner einer Eigentümerpartnerschaft. Auch die Entrichtung einer Entschädigung an die Verlassenschaft des verstobenen Partners (§ 14 Abs 2 WEG) ist *keine* Gegenleistung iSe Veräußerungsvorganges.

Unklar ist uE, wenn die Aufteilung *vor der Ehe angeschaffte Sachen* oder von dritter Seite zugewendete Sachen betrifft, da diese nicht der Aufteilung iSd § 83 EheG unterliegen. **I/257**

UE ist für die Frage der steuerlichen Beurteilung der Aufteilung des ehelichen Vermögens auch das *Leistungsfähigkeitsprinzip* von Bedeutung. Anders als beim Tausch geht es hier nicht um einen Güterumlauf, sondern um die Auflösung einer „Art" von Gemeinschaft (sui generis) an dem der Aufteilung nach dem EheG unterliegenden ehelichen Vermögen. Eine Besteuerung mit ImmoESt würde mE auch das Leistungsfähigkeitsprinzip verletzen. **I/258**

Dies gilt wohl *nicht* bei Übergang von Grundstücken im Zuge der Auflösung einer *schlichten Lebensgemeinschaft*, da hier die Ansprüche nicht auf gesetzlicher Basis bestehen. **I/259**

---

534   EStR Rz 6624.

Resümee

Grundstücksübertragungen im Zuge einer Ehescheidung unterliegen idR nicht der Immo ESt. Dies gilt nicht nur für Grundstücke, sondern auch für Anteile an grundstücksbesitzenden Personengesellschaften und grundstücksähnliche Rechte.

9.3.14. Tausch

I/260 Gem § 30 Abs 1 EStG gelten Tauschvorgänge als *„private Grundstücksveräußerungen"*. § 6 Z 14 EStG ist sinngemäß anzuwenden. Auch gem § 5 Abs 1 Z 2 GrEStG gilt als Gegenleistung die Tauschleistung des anderen Vertragsteiles einschließlich einer vereinbarten zusätzlichen Leistung.

I/261 Beim Tausch liegt jeweils eine Anschaffung und eine Veräußerung vor (§ 6 Z 14 lit a EStG). Die Anschaffung bzw Veräußerung tritt wie beim Kauf mit der Übertragung der faktischen Verfügungsmacht ein.[535] Als Veräußerungspreis der hingegebenen und als Anschaffungskosten des erworbenen Grundstücks ist jeweils der gemeine Wert des hingegebenen Grundstücks anzusetzen. Auch beim Tausch kommen die Steuerbefreiungen zur Anwendung.

Beispiel

A und B tauschen Grundstücke. Das Grundstück des A hat AK von 100.000 und gemeinen Wert von 150.000, das Grundstück des B einen gemeinen Wert von 170.000 und AK von 80.000.

A erzielt Einkünfte aus privater Grundstücksveräußerung der Differenz zwischen dem gemeinen Wert seines hingegebenen Grundstücks von 150.000 und den AK von 100.000, somit 50.000. Für das Grundstück des B hat A AK des gemeinen Wertes von 170.000. B erzielt Einkünfte aus privater Grundstücksveräußerung von 90.000. Das Grundstück des A hat für B AK 150.000.

I/262 **Ausgleichszahlungen:** Ausgleichszahlungen sind nur für die Ermittlung der neuen Anschaffungskosten, nicht jedoch für den Veräußerungserlös von Bedeutung.[536]

Beispiel aus EStR Rz 6626

Das Grundstück X (Altgrundstück; AK: 50.000; gemeiner Wert 70.000) steht im Eigentum von A und das Grundstück Y (Neugrundstück; AK: 80.000; gemeiner Wert 120.000) im Eigentum von B. Es werden die Grundstücke getauscht, sodass Grundstück X im Eigentum von B und Grundstück Y im Eigentum von A entsteht. A zahlt außerdem an B eine Ausgleichszahlung von 50.000. Die Einkünfte ermitteln sich wie folgt:

a) A gibt Grundstück X (gemeiner Wert 70.000) an B und erhält dafür von B dessen Grundstück Y (120.000); zusätzlich leistet A eine Ausgleichszahlung von 50.000. Er realisiert dadurch Einkünfte nach § 30 Abs 4 EStG 1988 von 70.000 Veräußerungserlös x 14% = 9.800. Die Regeleinkünfteermittlung könnte beantragt werden.

---

535 Str, s Kap I/5.3.
536 EStR RZ 6626.

b) B gibt das Grundstück Y (gemeiner Wert 120.000) an A und erhält dafür von A dessen Grundstück Y (70.000) und bekommt eine Ausgleichszahlung von 50.000. Er realisiert dadurch nach § 30 Abs. 3 EStG 1988 (vereinfachend ohne Berücksichtigung von Kosten der Mitteilung oder Selbstberechnung) ermittelte Einkünfte nach § 30 EStG 1988 von 120.000 Veräußerungserlös abzüglich 80.000 Anschaffungskosten = 40.000.

Die Ausgleichszahlung wirkt sich hier nur für die Ermittlung der Anschaffungskosten der erworbenen „Grundstückshälften" aus und beträgt nunmehr:

a) Für A 120.000 (70.000 zuzüglich 50.000, die A als zusätzliches Entgelt für das Grundstück Y bezahlt hat).

b) Für B 70.000 (120.000 abzüglich 50.000, die B als zusätzliches Entgelt für den das Grundstück X erhalten hat).

Zu beachten ist, dass grunderwerbsteuerlich abweichend vom EStG *jede* Realteilung generell als Tausch gilt. Ertragsteuerlich gelten hingegen manche Realteilungen bloß als Formwechsel. Gem § 3 Abs 2 GrEStG ist aber die bloße die Teilung befreit, wenn ein Grundstück, das mehreren Miteigentümern gehört, von diesen der Fläche nach geteilt wird, soweit der Wert des Teilgrundstückes, das der einzelne Erwerber erhält, dem Bruchteil entspricht, mit dem er am gesamten zu verteilenden Grundstück beteiligt ist. Die Umwandlung von materiellem Eigentum in ideelles Miteigentum gilt nach dem GrEStG als Tausch.[537] Nach den EStR unterliegt die *Umwandlung* von schlichtem Miteigentum in Wohnungseigentum und umgekehrt, soweit sich die (wirtschaftlichen) Eigentumsverhältnisse nicht ändern, nicht der ImmoESt, da die sog Nämlichkeit unverändert bleibt. **I/263**

Ein steuerpflichtiger Tausch iSd § 30 EStG liegt nach EStR Rz 6626 auch dann vor, wenn Miteigentumsanteile an mehreren Grundstücken, die bewertungsrechtlich *keine* wirtschaftliche Einheit bilden, zur Begründung von Alleineigentum getauscht werden. Dies gilt auch bei Zusammenlegung von Teilflächen zu einer Miteigentümergemeinschaft (zB zur besseren Gestaltung von Bauland) und der nachfolgende Realteilung, soweit nicht § 30 Abs 2 Z 4 EStG anwendbar ist. Ob zunächst Miteigentum begründet und dieses in der Folge geteilt wird oder ob zwischen den Eigentümern benachbarter Grundstücke mehrere Tauschverträge geschlossen werden, ist irrelevant. Nur hinsichtlich jener Flächen, die in Erfüllung der Vereinbarung wiederum an die früheren (Mit-)Eigentümer zurückfallen, ist nicht von einer Anschaffung auszugehen.[538] **I/264**

Auch die Aufgabe des Miteigentums an einem Grundstück gegen Übertragung des Alleineigentums an einem anderen Grundstück stellt einen Tausch und keine Realteilung dar.[539]

---

537 UFS 30.8.2011, RV/0106-I/11 mit Glosse von *Fuchs*, AFS 2011/9, 274.
538 EStR Rz 6626 mwN; VwGH 28.11.2002, 2000/13/0155.
539 EStR Rz 6627.

9.3.15. Realteilung und Grundstückszusammenlegung

I/265 Bei Realteilung eines Grundstücks bzw einer Mehrzahl von Grundstücken, *welche bewertungsrechtlich eine wirtschaftliche Einheit bilden*, liegt kein Tausch iSd ImmoESt vor, soweit nicht eine Abfindung mit außerhalb der Teilungsmasse befindlichen Gegenständen geleistet wird (zB Geldabfindung).[540] Kommt es jedoch zur Verschiebungen der Wertverhältnisse, gilt dies als Teilveräußerungen.[541] Die „Realteilung" ist idF als *zweistufiger* Vorgang zu betrachten. Die Aufteilung hat analog den Wertverhältnissen und nicht nach Fläche zu erfolgen.[542]

1. Aufteilung gem der bisherigen Miteigentumsquote
2. Verschiebung der Wertverhältnisse als entgeltliches Rechtsgeschäft

Erfolgt die Verschiebung der Wertverhältnisse gegen die Leistung einer Ausgleichszahlung, die mindestens 50 % des von der Verschiebung betroffenen anteiligen gemeinen Wertes ausmacht, liegt nach EStR Rz 6627 eine Teilveräußerung vor. Die gilt nach den EStR *„unabhängig davon, ob ein Grundstück auf alle Miteigentümer zur Begründung von Alleineigentum aufgeteilt wird, oder ob ein Grundstücksteil lediglich an einen Miteigentümer „abgeteilt" wird und der Rest des Grundstückes im Miteigentum der übrigen Miteigentümer verbleibt."*

Nach den EStR ändert sich auch im Ausmaß der Verschiebung der Wertverhältnisse die Nämlichkeit und damit der Charakter als Altgrundstück hinsichtlich des erworbenen Grundstücksteils.

Beispiel aus EStR Rz 6627

Ein Grundstück steht je zur Hälfte im Miteigentum von A und B. Die Anschaffungskosten betragen 20.000 Euro und der gemeine Wert beträgt 100.000 Euro. A und B kommen überein, das Grundstück zu teilen. Dabei erhält A einen Teil, dessen Wert 60.000 Euro beträgt und der Teil des B hat einen Wert von 40.000 Euro. A muss daher an B einen Wertausgleich in Höhe von 10.000 Euro zahlen. Die Ausgleichszahlung entspricht der Wertverschiebung, sodass ein entgeltlicher Vorgang gegeben ist.

Bezogen auf den Wert des Grundstücksanteiles des B vor der Teilung (50.000 Euro) kommt es zu einer Wertverschiebung im Umfang von 20%. Als Anschaffungskosten des durch B veräußerten Grundstücksteiles sind daher 20% der auf ihn entfallenden AK (10.000 Euro) anzusetzen. Der erhaltenen Ausgleichszahlung sind daher anteilige AK von 2.000 Euro gegenüberzustellen. Der Veräußerungsgewinn beträgt daher 8.000 Euro.

Bei A erhöhen sich die auf ihn entfallenden Anschaffungskosten von 10.000 Euro um die gezahlte Ausgleichszahlung und betragen daher insgesamt 20.000 Euro.

---

540 VwGH 22.6.1976, 0507/74, 0509/74, 0529/74; EStR Rz 6627; *Doralt/Kempf* in *Doralt*, EStG[15], § 30 Rz 36 [„Realteilung"]; *Thunshirn/Studera*, Handbuch Besteuerung Grundstückstransaktionen (2013), Rz aao, Rz 816; *Urtz*, aao, 22.

541 Nach EStR Rz 6627 unabhängig davon, ob ein Grundstück auf alle Miteigentümer zur Begründung von Alleineigentum aufgeteilt oder ob ein Grundstückteil lediglich an einen Miteigentümer „abgeteilt" wird.

542 EStR Rz 6627.

Werden *aneinandergrenzende Grundstücke verschiedener* Personen zu einem I/266
Grundstück im Miteigentum aller Personen vereinigt, sind die Grundsätze der
Realteilung sinngemäß anzuwenden. Dies gilt nach Rz 6627 der EStR nur dann
nicht, wenn das vereinigte Grundstück dem Betriebsvermögen einer Mitunternehmerschaft zuzurechnen war.

Nach den EStR gilt die *Vermutung*, dass wenn eine Ausgleichszahlung (zwischen I/267
Fremden) geleistet wird, anzunehmen ist, dass eine wertäquivalente Aufteilung
erfolgt (*„Fremde pflegen sich nichts zu schenken"*).

Die *unentgeltliche Anteilsberichtigung* im Zuge der Begründung von Wohnungs- I/268
eigentum bzw bei Änderungen der Nutzwerte stellt idR keine Veräußerung dar,
es sei denn, es werden Ausgleichszahlungen (Spitzenausgleich) geleistet. IdF besteht wie bei der Realteilung insoweit Steuerpflicht.[543]

Die vergleichsmäßige *Festlegung eines unklaren Grenzverlaufes* gilt nicht als I/269
Tausch (anders, wenn ein klarer Grenzverlauf durch einen anderen ersetzt
wird).[544]

9.3.16. Vertragsbeitritt

Der Vertragsbeitritt ist immer nach dessen Inhalt zu beurteilen: I/270

GrESt: Erwirbt der Beitretende grunderwerbsteuerrelevante Rechte, so liegt darin
ein Tatbestand des § 1 GrEStG. Dies gilt etwa, wenn der Beitretende durch den
Beitritt ein Verwertungsrecht oder einen Grundstücksteil erwirbt. Der Beitritt
kann sich auch nur auf die Sicherstellung von vertraglichen Verpflichtungen beziehen. Diesfalls könnte Gebührenpflicht nach § 33 TP 7 GebG vorliegen. § 17
GrEStG ist anwendbar.[545]

ImmoESt: Ertragsteuerlich kann eine Veräußerung vorliegen, wenn aus wirtschaftlicher Sicht Eigentum an einem Grundstück iSd § 30 EStG Liegenschaft
übertragen wird.

Ein Sonderfall ist der Beitritt zu einer *Grundstücks-Personengesellschaft* oder einer anderen *Personenvereinigung* (s Kap I/17.).

9.3.17. Vertragsübernahme

Unter *Vertragsübernahme* wird die rechtsgeschäftliche und von der Zustimmung I/271
aller Vertragsparteien getragene Übertragung einer Vertragsposition mit allen
Rechten und Pflichten von einem Vertragspartner auf einen Dritten verstanden.
Sie führt zu einem Rechtsträgerwechsel zwischen ursprünglichen Käufer und bei-

---

543 EStR Rz 6627.
544 EStR Rz 6627.
545 Kumulativer Schuldbeitritt, s *Arnold/Arnold*, GebG⁹, § 33 TP 7 Rz TP 7a; Bürgschaft, *ders*, Rz 5 ff.

tretenden, wodurch ein neuer (*nochmaliger*) ertrag- und grunderwerbsteuerlicher Tatbestand gesetzt wird.[546]

9.3.18. Unternehmenskaufvertrag

I/272 Wird ein Unternehmen, zu dem auch ein Grundstück gehört, verkauft, so ist der auf das Grundstück entfallende Teil des Kaufpreises nach dem Verhältnis aufzuteilen, in dem der Wert des Grundstückes zum Wert des übrigen Unternehmens steht.[547] Zur Ermittlung des Aufteilungsverhältnisses sind Grundstück und bewegliche Sachen mit dem Verkehrswert und nicht nach dem EHW oder Teilwert zu bewerten. Dabei ist gegebenenfalls ein Firmenwert zu berücksichtigen, soferne er bewertbar ist. Der VwGH vertritt die Ansicht, dass bei gewerblichen Unternehmen idR ein Goodwill existiert, der mit dem Gesamtpreis für das Unternehmen auch abgegolten wird. Dieser Wert ist daher bei der Aufteilung in Ansatz zu bringen. Der auf den *Goodwill* entfallende Teil fällt nicht unter die ImmoESt bzw die GrESt.[548] Goodwill ist derjenige Teil des Wertes eines Unternehmens, der im Gegensatz zu den einzelnen Sachwerten auf dem Unternehmen als Ganzem und auf dessen ideellen Faktoren beruht.[549] Der Firmenwert besteht aus einzelnen Firmenwertfaktoren wie Know-how, Kundenstock, Vertriebsrechten, innerbetriebliche Organisation, Auftragsbestand, Markenwert, Firmenname oder eventuell auch dem Standortvorteil.[550] Ein *Standortvorteil* eines Unternehmens ist dann Teil des Firmenwertes, wenn er sich im Wert des GuB nicht niederschlägt, sondern branchenspezifisch oder Teil der Unternehmungsplanung ist. Nach dem BMF[551] sind bei sachlicher Rechtfertigung und Nachvollziehbarkeit abweichende Methoden zulässig.

I/273 Da in einem Unternehmen häufig die *Zuordnung von Schulden* nicht eindeutig ist, ergeben sich für die Frage, ob die Gegenleistung für das gekaufte Grundstück auch in der Übernahme von Schulden besteht, Abgrenzungsprobleme. Relevant ist der Vertragswille und ob die Schuld in unmittelbaren wirtschaftlichen Zusammenhang mit dem Grundstück steht. Dies ist bei Anschaffungskrediten der Fall.

I/274 Bezüglich *Grundstückszugehör* ist nach den bisherigen Darstellungen zu unterscheiden. Maschinen und Betriebsvorrichtungen, die zu einer Betriebsanlage gehören, sind gem § 2 Abs 1 Z 1 GrEStG nicht Teil des Grundstückes und unterliegen weder der GrESt noch der ImmoESt.

---

546 Die Vertragsübernahmen fällt unter § 1 Abs 1 Z 3 GrEStG, s *Fellner*, aao, § 1 Rz 236a.
547 UFS 19.12.2011, RV/0359-G/07 (Blumenhandlung in Friedhofsnähe); *Fellner*, aao, § 5 Rz 57; *Takacs*, § 5 Tz E 1.6 u E 1.15 „Proportionalrechnung".
548 VwGH 31.8.2000, 97/16/0225 (*Hotelinventar*); VwGH 27.2.69, 645/68.
549 VwGH 26.2.1962, 1110/61.
550 Gasthaus/Trafik am Bahnhof; VwGH 20.2.1992, 88/13/0099; Blumenhandlung in Friedhofsnähe.
551 BMF 14.5.2009, BMF-010206/0167-VI/5/2009, Pkt 4.3.

9.3.19. Kauf unter Eigentumsvorbehalt

Beim Kauf unter Eigentumsvorbehalt verbleibt das zivilrechtliche Eigentum am I/275 Grundstück solange beim Verkäufer, bis der Käufer den Kaufpreis bezahlt hat.[552] Ertragsteuerlich geht jedoch das wirtschaftliche Eigentum bereits mit Übergabe über. Auch gem § 1 Abs 1 Z 1 GrEStG begründet der Kauf unter Eigentumsvorbehalt einen Übereignungsanspruch. Nur das Verfügungsgeschäft ist bedingt. Die nachfolgenden Zahlungen und der nachfolgend abzuschließende Kaufvertrag ändern daran nichts mehr.[553] Falls es später zu keinem zivilrechtlichen Erwerb des Grundstückes kommt, gilt dies steuerlich als Rückabwicklung zu diesem späteren Zeitpunkt.

9.3.20. Mietkauf

Die Beurteilung des Mietkaufs ist von der jeweiligen Vertragsgestaltung abhän- I/276 gig. Erfolgt die Zurechnung schon von Beginn an, so sind uE die Mietraten zu kapitalisieren und unterliegen der GrESt[554] sowie der ImmoESt.

9.3.21. Sacheinlage in eine Kapitalgesellschaft

9.3.21.1. Allgemeines

Sacheinlage bzw *Einbringung* gelten gem § 6 Z 14 lit b EStG als Tausch[555], unab- I/277 hängig davon, ob diese offen oder verdeckt sind (§ 6 Z 14 lit b EStG). *Einlagen* bedingen den Vermögenstransfer („wirtschaftliches Eigentum") aus dem Eigentum des Gesellschafters in jenes der Gesellschaft.[556] Die zivilrechtliche Eigentumsübertragung ist wegen der wirtschaftlichen Betrachtungsweise nicht erforderlich. Eine bloße Nutzung bzw Widmung, wie dies bei der Personengesellschaft ausreicht, genügt nicht. Einlagen sind in jedem Fall bei der empfangenden Gesellschaft ertragsteuerlich neutral. Bei Anwendung des *UmgrStG* liegt kein Tausch vor. Immobilien können aber idR alleine (herausgelöst aus einem Betrieb) nicht Gegenstand einer Übertragung iSd UmgrStG sein, da ihnen die Betriebseigenschaft fehlt. Gegenstand der Übertragung muss ein (Teil-)Betrieb oder Anteil sein.

Nur gesellschaftsrechtlich (*causa societatis*) veranlasste Vermögenstransfers gel- I/278 ten als Einlage. Neben der Tatsache einer objektiven Bereicherung der Gesellschaft durch den Gesellschafter muss auch eine Zuwendungsabsicht causa so-

---

552 *Kletečka* in *Koziol/Welser*, Bürgerliches Recht I[13], 411 f.
553 Uva *Takacs*, § 1 Tz e.2.95 mit H auf VwGH 15.4.1993, 91/16/0079; analog zum Leasing VwGH 21.1.1998, 97/16/0345; *Takacs* § 1 Tz E 2.127; VwGH 21.1.1988, 97/16/0345.
554 *Loose* in *Boruttau*, aao, § 9 Rz 222 mwN, es handelt sich hier um eine wiederkehrende Zahlung.
555 *Kirchmayr* in *Achatz/Kirchmayr*, Rz 9; *Studera/Thunshirn*, Handbuch Besteuerung Grundstückstransaktionen (2013), Kap 7.2.4 f; *Wolf*, Die Immobilienertragsteuer bei Einlagen und Umgründungen, SWK 9/2013, 494.
556 KStR Rz 668; *Kirchmayr*, aao, § 8 Rz 9.

cietatis vorliegen.[557] Der Begriff der Einlage im KStG weicht von jenem des EStG ab. Es müssen folgende Voraussetzungen vorliegen:

- Leistung durch Gesellschafter oder sonst qualifizierte (nahestehende) Person
- Zuwendung eines Vermögensvorteils an die Gesellschaft
- Leistung aufgrund des Gesellschaftsverhältnisses (*causa societatis*)

Einlagen durch fremde Dritte sind undenkbar.[558] Als Gesellschafter gilt der wirtschaftliche Eigentümer der Anteile. Einlagen können aber auch durch eine dem Anteilsinhaber nahestehende Person erfolgen. Als nahestehend gilt jemand aufgrund von familien- bzw gesellschaftsrechtlichen oder aus sonstigen Umständen.[559] Mittelbar sind Einlagen, die nicht vom unmittelbaren Gesellschafter, sondern von einem verbundenen Gesellschafter (zB Großmuttereinlage) erbracht werden.[560] Hier liegt eine *Doppelmaßnahme* vor (Schenkung an Gesellschafter, Einlage in Gesellschaft).

I/279 **Offene Einlagen** sind die Aufbringung des Grund- bzw Stammkapitals, die Gewährung von Substanzgenussrechten, die Kapitalerhöhung und die Aufbringung des Genossenschaftskapitals. Einlagen müssen nicht in Geld bestehen. „Verdeckte" Einlagen sind nicht ohne weiteres als Einlage erkennbar. Eine dritte, der Gesellschaft fremd gegenüberstehende Person würde diesen Vorteil der Gesellschaft nicht gewähren.[561]

Direkte verdeckte Einlage: Der Gesellschafter wendet der Gesellschaft ein Grundstück außerhalb eines Leistungsaustauschs bzw eines gesellschaftsrechtlich gedeckten Einlagevorganges zu.[562] Der Zweck der Einlage (Kapitalstärkung, Finanzierung einer Investition, Verlustabdeckung) ist ohne Bedeutung.

Indirekt verdeckte Sacheinlage: Diese wird im wörtlichen Sinn durch ein Rechtsgeschäft verdeckt. Der rechtsgeschäftliche Vorgang ist vom gesellschaftsrechtlichen zu trennen.[563] Veräußert ein Gesellschafter ein Grundstück zu einem dem Fremdvergleich nicht entsprechenden unangemessen niedrigen Preis, liegt in Höhe der Bereicherung der Gesellschaft eine Einlage vor. Beim Gesellschafter erhöht sich der Veräußerungsgewinn um die vorerwähnte Differenz, da Einlagen außerhalb des UmgrStG Realisierungstatbestände darstellen (Tausch).[564]

---

557   *Kirchmayr*, aao, § 8 Rz 23 ff; KStR Rz 667.
558   KStR Rz 668; *Kirchmayr*, aao Rz 29 f.
559   KStR Rz 776; *Kirchmayr*, aao, Rz 30, „Doppelmaßnahme".
560   *Kirchmayr*, aao, Rz 84 mwN.
561   EStR Rz 2601; *Kirchmayr*, aao, Rz 53 ff; KStR Rz 681.
562   *Kirchmayr*, aao, Rz 56; EStR Rz 2602.
563   *Kirchmayr*, aao, Rz 56; EStR Rz 2603.
564   EStR Rz 2603 *Kirchmayr*, aao, Rz 9.

9.3.21.2. Besteuerung des Einbringenden bei Einlage in eine Kapitalgesellschaft

Einlagen aus dem Privatvermögen: Die Einlage aus dem Privatvermögen gilt als I/280 Tausch bzw als („private") Grundstücksveräußerung.

Einlagen aus dem Betriebsvermögen: Die Einlage eines dem EStG unterliegenden Steuerpflichtigen stellt einen Tausch dar (§ 6 Z 14 EStG). Ab 1.4.2012 wird gem §§ 4 Abs 3a, 30c EStG ein solcher Vorgang auch bei betrieblichen Einkünften als *„Grundstücksveräußerung"* besteuert. Zu beachten ist, dass gem § 30a Abs 3 EStG der besondere Steuersatz von 25 % dann nicht Anwendung findet, wenn

- das Grundstück dem *Umlaufvermögen* des Einbringenden zuzurechnen ist,
- der *Schwerpunkt der betrieblichen Tätigkeit* in der gewerblichen Überlassung *und* Veräußerung von Grundstücken liegt,
- soweit vom Einbringenden eine *Teilwertabschreibung* vorgenommen wurde und
- soweit *stille Reserven* übertragen wurden, die vor dem 1.4.2012 aufgedeckt worden sind.

Wenn ein *Betrieb* (und darin befindlich eine Immobilie) Gegenstand der Einlage ist, gilt Art III UmgrStG. Der Vorgang ist idF steuerneutral und gilt nicht als Tausch.

Da die Einlage – wenn sie nicht unter das UmgrStG fällt oder das UmgrStG dies vorsieht – als Tausch gilt (§ 6 Z 14 EStG), liegt jeweils eine Anschaffung und eine Veräußerung vor. Als Veräußerungspreis des hingegebenen Wirtschaftsgutes (Grundstück) und als Anschaffungskosten des erworbenen Wirtschaftsgutes (Beteiligung) sind jeweils der gemeine Wert des hingegebenen Wirtschaftsgutes anzusetzen. Der gemeine Wert ergibt sich aus § 10 BewG. Er wird durch den Preis bestimmt, der im gewöhnlichen Geschäftsverkehr nach der Beschaffenheit des Wirtschaftsgutes bei einer Veräußerung zu erzielen wäre.

Diese Regeln gelten nur bei Einlage in das betriebliche Vermögen einer Gesell- I/281 schaft. Bei Einlage in das außerbetriebliche Vermögen (zB bei Liebhaberei) kommen nicht die Tauschgrundsätze, sondern die Einlage-/Entnahmegrundsätze (§§ 4 Abs 1 und 6 Z 4 und 5 EStG) zum Tragen.[565]

---

[565] *Kirchmayr* in *Achatz/Kirchmayr* (Hrsg), § 8 Rz 9 mwN; *Studera/Thunshirn*, Handbuch Besteuerung Grundstückstransaktionen (2013), Kap 7.2.4; *Urtz*, in *Urtz* (Hrsg), Die neue Immobiliensteuer nach dem 1. StabG 2012, ÖStZ Spezial (2012), 21.

9.3.22. Sacheinlage in eine Personengesellschaft im Bereich des EStG

9.3.22.1. Einlagen in Mitunternehmerschaften

I/282 Dazu zählen – wenn betriebliche Einkünfte erzielt werden – neben OG, KG bzw EWIV die atypisch stille Gesellschaft, die GesbR, die mitunternehmerische Unterbeteiligung,[566] die Miterbengemeinschaft, uU die ARGE[567] sowie der Fruchtgenussberechtigte, wenn er Mitunternehmer ist, dh wenn er die dem Fruchtgenussbesteller zustehenden Einflussmöglichkeiten an der Geschäftsführung ausüben kann und am Betriebserfolg, den stillen Reserven und dem Firmenwert beteiligt ist.[568] Einlagen können aus dem Privat- oder Betriebsvermögen kommen. Wird ein Grundstück zunächst im Privatvermögen gehalten und später dem Betriebsvermögen zugeführt, liegt eine Einlage vor.[569] Der Einlagenbegriff des EStG ist nicht mit jenem des KStG ident.[570] Bei der Einlage von Immobilien gelten auch die iZm deren Anschaffung/Herstellung aufgenommene Verbindlichkeiten als eingelegt.[571]

I/283 Die Einlage setzt *Einlageakt* und *-willen* voraus, was durch ein nach außen hin erkennbares Verhalten zum Ausdruck kommt.[572] Eine Widmung ist nicht notwendig. Bei Immobilien gilt schon die längerfristige Überlassung an die Mitunternehmerschaft als Einlage. Grundstücke sind dann bzw soweit dem Betriebsvermögen zuzurechnen, als sie eine wesentliche Grundlage für den Betrieb bilden. Davon abgesehen, können auch an betriebsfremde Personen vermietete Wohngebäude zum Betriebsvermögen zählen.[573] Betrieblich genutzte Grundstücke sind insoweit Sonderbetriebsvermögen, als die Miteigentümer der Liegenschaft gleichzeitig auch Gesellschafter der Personengesellschaft sind.[574] Daran ändert auch der Umstand nichts, dass ein Liegenschaftsanteil im Eigentum einer betriebsfremden Person steht.

I/284 Die Einlage in eine Gesellschaft gegen Erwerb von neuen Anteilen gilt beim Leistenden als *Tausch/Veräußerung, soferne noch keine Beteiligung besteht.* Veräußert ein Gesellschafter an die Gesellschaft, liegt hinsichtlich der eigenen Beteiligungsquote eine (steuerneutrale) Einlage vor, hinsichtlich der anderen Mitunternehmer wird der Vorgang als Veräußerung anerkannt.[575] Bei der übernehmenden

---

566 EStR Rz 5824; *Bergmann*, Personengesellschaften im Ertragsteuerrecht, 162 u 167.
567 *Bergmann*, aao, S 168, 6.5.2.
568 EStR Rz 5828.
569 Jakom/*Laudacher* EStG, 2013, § 6 Rz 132; EStR Rz 437.
570 *Kirchmayr* in *Achatz/Kirchmayr*, § 8 Rz 9.
571 Jakom/*Laudacher* EStG, 2013, § 6 Rz 132; EStR Rz 442; VwGH 30.9.1999, 99/15/0106.
572 Jakom/*Laudacher* EStG, 2013, § 6 Rz 132 mwN.
573 EStR Rz 5909.
574 EStR Rz 5923; VwGH 14.12.2000, 95/15/0100.
575 *Mayr/Schlager*, Mitunternehmerschaft: Erwerb eines privaten Grundstücks vom Gesellschafter, in Kammer der Wirtschaftstreuhänder (Hrsg), Personengesellschaften, Gedenkschrift Karl Bruckner (2013), 191; EStR Rz 5927; *Mayr*, Gewinnrealisierung, 115; *Studera/Thunshirn*, Handbuch Besteuerung Grundstückstransaktionen (2013), Rz 1036.

Mitunternehmerschaft kommen die Regeln über die Bewertung von Einlagen zum Tragen. Gem § 6 Z 5 EStG sind Einlagen in das Betriebsvermögen seit 1.4.2012 wie folgt zu bewerten:

- Grundstücke iSd § 30 Abs 1 EStG mit den Anschaffungs-/Herstellungskosten
- Sie sind um Herstellungsaufwendungen zu erhöhen, soweit diese nicht bei der Ermittlung von Einkünften zu berücksichtigen waren. Sie sind um AfA, soweit diese bei der Ermittlung der Einkünfte abgezogen wurde, sowie um die in § 28 Abs 6 EStG genannten steuerfreien Beträge zu vermindern.
- Ist der Teilwert zum Zeitpunkt der Zuführung niedriger, ist dieser anzusetzen.
- Abweichend davon sind Gebäude und grundstücksgleiche Rechte, die zum 31.3.2012 nicht steuerverfangen waren, stets mit dem Teilwert zum Zeitpunkt der Zuführung anzusetzen.
- Grundstücke iSd § 30 Abs 1 sind mit den um die im Rahmen einer vorherigen außerbetrieblichen Verwendung zur Erzielung von Einkünften geltend gemachten AfA erhöhten Anschaffungs-/Herstellungskosten anzusetzen, es sei denn, der Teilwert im Einlagezeitpunkt ist niedriger.
- Abweichend davon sind Gebäude und grundstücksgleiche Rechte des Altvermögens (am 31.3.2012 nicht steuerverfangen) stets mit dem Teilwert anzusetzen.
- Im Ergebnis kommt es aufgrund der Einlageregeln des § 6 Z 5 EStG hinsichtlich der eigenen (Beteiligungs-)Quote des Veräußerers zu einer Überbindung der stillen Reserven auf die Mitunternehmerschaft. Zur Frage der Aufstellung von Ergänzungsbilanzen und Vorsorge gegen die Verschiebung stiller Reserven siehe bspw *Mayr/Schlager*, Mitunternehmerschaft: Erwerb eines privaten Grundstücks vom Gesellschafter, in Kammer der Wirtschaftsreuhänder (Hrsg), Personengesellschaften, Gedenkschrift Karl Bruckner (2013), 191.

Veräußerung aus dem Privatvermögen an die Mitunternehmerschaft: Bei I/285 fremdüblicher Veräußerung ist der Vorgang in einen Einlage- und Anschaffungsvorgang aufzuspalten. Hinsichtlich des nach dem Beteiligungsverhältnis auf ihn selbst entfallenden Teils liegt keine Veräußerung, sondern eine Einlage vor. Analog liegt bei fremdüblicher Veräußerung von Gesellschaftsvermögen in das Privatvermögen des Gesellschafters hinsichtlich seiner Beteiligungsquote eine Entnahme vor und im Übrigen eine Veräußerung. Soweit der Gesellschafter aber mit der Gesellschaft in eine betriebliche Beziehung tritt, sind fremdübliche Geschäfte jedoch als Veräußerung/Anschaffung zu behandeln.[576]

Sonderbetriebsvermögen: Als Sonderbetriebsvermögen gelten Wirtschaftsgüter, I/286 die nicht im Gesellschaftsvermögen stehen, sondern im Allein- bzw Miteigentum

---

[576] VwGH 16.6.1970, 0405/68; 16.3.1979, 2979/76; EStR Rz 5928; *Mayr/Schlager*, Mitunternehmerschaft: Erwerb eines privaten Grundstücks vom Gesellschafter, in Kammer der Wirtschaftstreuhänder (Hrsg), Personengesellschaften, Gedenkschrift Karl Bruckner (2013), 191; EStR Rz 5927.

eines oder mehrerer Gesellschafter, und der Gesellschaft (un-)entgeltlich zur Nutzung überlassen werden.[577] Auch diese gelten unter der Voraussetzung, dass sie der Gesellschaft auf Dauer zur Verfügung gestellt werden, als Betriebsvermögen. Bei fremdüblicher entgeltlicher Übertragung ist hinsichtlich des gesamten Vorgangs (also auch für den auf den veräußernden bzw erwerbenden MU entfallenden Teil) von einer Veräußerung auszugehen. Lässt die Übertragung die steuerliche Zurechnung unverändert, erfolgt die Überführung zu Buchwerten.[578]

Veräußerung von Grundstücken aus dem Sonderbetriebsvermögen in ein anderes Sonderbetriebsvermögen: Bei entgeltlicher Übertragung liegt eine Veräußerung vor.[579]

Unentgeltliche Übertragung aus dem Sonderbetriebsvermögen in das Gesellschaftsvermögen und umgekehrt: Gilt als Entnahme mit nachfolgender Einlage, wenn die quotenmäßige Beteiligung der Gesellschafter verändert wird; andernfalls gilt sie als Übertragung zu Buchwerten.[580]

Unentgeltliche Übertragung (Überführung) aus dem Sonderbetriebsvermögen des Gesellschafters in ein anderes Sonderbetriebsvermögen: Gilt als Entnahme und Einlage („Doppelmaßnahme").[581] Gleiches gilt für die Überführung des Sonderbetriebsvermögens in sonstige Vermögenssphären eines anderen Gesellschafters, aber auch für die Überführung von einem Sonderbetriebsvermögen in ein anderes Sonderbetriebsvermögen ein und desselben Gesellschafters (bei mehreren Beteiligungen). Für Überführungen innerhalb der verschiedenen Sonderbetriebsvermögen desselben Gesellschafters kann von der vereinfachten Bewertung Gebrauch gemacht werden.[582]

Unentgeltliche Übertragung von Grundstücken aus dem eigenen Betrieb in das Sonder- oder Gesellschaftsvermögen und umgekehrt: Die Übertragung ist steuerneutral, wenn der MU-Anteil zu demselben Betriebsvermögen gehört,[583] andernfalls liegt eine als Veräußerung geltende Entnahme mit nachfolgender Einlage vor. Gleiches gilt bei Übertragungen durch dieselben Gesellschafter verbundenen inländische Schwester-Mitunternehmerschaften sowie für die Nutzungsüberlassung durch den Gesellschafter-Betrieb an die Gesellschaft.

9.3.22.2. Einlagen in vermögensverwaltende Personengesellschaften

S Kap I/17.

---

577 EStR Rz 5913.
578 EStR Rz 5931.
579 EStR Rz 5930.
580 VwGH 17.1.1995, 94/14/0077 EStR Rz 5931; VwGH 19.5.2005, 2000/15/0179.
581 EStR Rz 5932; VwGH 21.1.1987, 86/13/0060.
582 EStR Rz 5926.
583 EStR Rz 5933; KStR Rz 348.

9.3.23. Abtretung von Anteilen an grundstücksbesitzenden Personengesellschaften

S Kap I/17.

9.3.24. Grundstücksverlosung

Beim Verloser liegt ungeachtet der Bezeichnung als „Verlosung" eine Veräuße- **I/287** rung vor. Veräußerungserlös ist der Gesamterlös aller verkauften Lose. Der Lospreis ist an den Gesamtwert des verlosten Objektes gebunden.

10. Die Auswirkung von zivilrechtlichen Vertragsmängeln

10.1. Allgemeines

I/288 Vertragsmängel können zivilrechtlich zu verschiedenen Rechtsfolgen führen:

- absolute Unwirksamkeit
- relative Unwirksamkeit
- Vertragsanpassung
- Gewährleistung (Preisminderung, Vertragsaufhebung)
- Schadenersatz

I/289 Ertrag- und grunderwerbsteuerlich führen Vertragsmängel idR nicht zur Unbeachtlichkeit, solange die *Rechtsfolgen aufrechterhalten werden.*

10.2. Mangelhafte Beurkundung

I/290 Der Kaufvertrag ist ein Konsensualvertrag und setzt neben der (mündlichen oder schlüssigen)[584] Willenseinigung die Geschäftsfähigkeit und gegebenenfalls ausreichende Vertretungsmacht voraus. Er unterliegt steuerlich gesehen keiner Beurkundung. Das Fehlen einer grundbuchsfähigen Urkunde ist ohne Belang (für die ImmoESt und die GrESt). In der fehlenden grundbuchsfähigen Urkunde kann keine aufschiebende Bedingung erblickt werden. Wesentlich ist uE das Zustandekommen des Vertrages **und** der Übergang des wirtschaftlichen Eigentums am Grundstück. Nach dem BMF soll jedoch abweichend davon der Abschluss des zivilrechtlichen Verpflichtungsgeschäftes entscheidend sein; siehe umfassend Kap I/5. und I/6.

Als Zeitpunkt der Veräußerung (= Anschaffung) ist daher nach Rz 6623 der EStR der Abschluss des Verpflichtungsgeschäftes (zB Kauf- oder Tauschvertrag) und – abweichend vom allgemeinen steuerlichen Anschaffungszeitpunkt (Erwerb des wirtschaftlichen Eigentums im Sinne der Erlangung der faktischen Verfügungsgewalt über das Wirtschaftsgut) – nicht jener der sachenrechtlichen Übergabe maßgebend. Dies gilt nach dem BMF jedoch dann nicht, wenn das wirtschaftliche Eigentum schon früher übertragen wurde; dann gilt dieser Zeitpunkt als Veräußerungszeitpunkt. Daraus folgt weiters: Der Zeitpunkt des förmlichen Abschlusses

---

584 *Urtz* in *Urtz* (Hrsg), Die neue Immobiliensteuer nach dem 1. StabG 2012, ÖStZ Spezial (2012), 1; VwGH 24.5.1971, 1251/69 und 9.12.1971, 112/71 *Fellner*, GrEStG, § 1 Rz 172 ff.

des Kaufvertrages ist ertragsteuerlich dann nicht maßgebend, wenn schon *vorher* ein Tatbestand verwirklicht wurde, der den wirtschaftlichen Vorteil eines Verkaufsgeschäftes für beide Vertragsteile vorwegnimmt.[585] *Fellner* weist auch darauf hin, dass es unerheblich ist, ob die Urkunde im Ausland oder im Inland abgeschlossen wurde.[586] Im Übrigen siehe eingehend zum Anschaffungszeitpunkt Kap I/5.

Zu beachten ist, dass einige Vertragstypen wie etwa eine Schenkung ohne wirkliche Übergabe der geschenkten Sache nur rechtswirksam sind, wenn darüber ein Notariatsakt errichtet oder die Schenkung erfüllt wurde. Ebenso unterliegt ein Testament verschiedenen Formvorschriften. Sofern ein Vertrag einer zwingenden Formvorschrift unterliegt, die für das Wirksamwerden des Vertrages Voraussetzung ist, führt die Verletzung dieser Formvorschrift zur zivilrechtlichen Unwirksamkeit des Vertrages. Neben der Schenkung ohne wirkliche Übergabe ist auch die gemischte Schenkung notariatsaktpflichtig, wenn die Sache nicht gleichzeitig übergeben wird. **I/291**

Dies ist auch aus Sicht des GrEStG[587] maßgeblich. Aus Sicht der ImmoESt ist dies uE unmaßgeblich. Es wird auf die faktische Realisierung abzustellen sein. Mangels GrESt-Relevanz geht idF § 30c EStG ins Leere.

Zu beachten ist, dass das Steuerrecht infolge der wirtschaftlichen Betrachtungsweise auch zivilrechtlich unwirksame Geschäfte der Steuerpflicht unterwirft. Dies kommt insb in § 23 Abs 4 BAO zum Ausdruck, wonach es für die Erhebung der Abgaben ohne Belang ist, dass ein Rechtsgeschäft wegen eines Formmangels oder wegen des Mangels der Rechts- und Handlungsfähigkeit nichtig ist, wenn bzw solange *„die Parteien dessen wirtschaftliches Ergebnis eintreten und bestehen lassen."* Der Verstoß gegen Gesetz oder gute Sitten ist daher für die Zurechnung von Einkünften irrelevant. Auch ungültige oder nichtige Rechtsgeschäfte können die Zurechnung von Einkünften auslösen, wenn die Parteien das wirtschaftliche Ergebnis des Vertrages eintreten lassen. **I/292**

Wie *Fellner*[588] festhält, ist für die GrESt der tatsächliche Erwerbsvorgang und nicht alleine der Urkundeninhalt maßgeblich. Er räumt aber ein, dass *„der Umstand, dass die Tatbestanden des GrEStG in der Hauptsache an die zivil- bzw formalrechtliche Gestaltung anknüpfen, von der Urkunde zunächst auszugehen gebietet"*. Es stellt eine Verletzung der Verfahrensvorschriften dar, wenn das FA die zugrundeliegenden nicht in der Urkunde ersichtlichen tatsächlichen Verhältnisse nicht feststellt. Dies wird aufgrund der wirtschaftlichen Betrachtungsweise auch für die ImmoESt gelten. **I/293**

---

585   *Lang/Schuch/Staringer*, KStG, § 7, Rz 135; EStR Rz 6629; VwGH 17.12.1965, 2372/64; VwGH 23.2.1971, 1753/70; VwGH 7.4.1981, 1289/79; VwGH 20.11.1997, 96/15/0256; *Doral/Renner*, EStG[15], § 2 Tz 143;

586   *Fellner*, aao, § 1 Rz 175 mit H auf das diesbezüglich unrichtige VwGH-E 12.4.1984, 82/16/0153.

587   *Takacs*, § 1 Tz 6.5.

588   *Fellner*, § 1 Rz 174.

10.3. Zivilrechtlich unwirksame Verträge und Anfechtung

I/294 Verschiedene Vertragsmängel führen zivilrechtlich zur *absoluten* Unwirksamkeit (*Nichtigkeit*) des Geschäftes. Dazu zählen etwa die fehlende Geschäftsfähigkeit, fehlende Vertretungsmacht, Unmöglichkeit, Unerlaubtheit und die Nichteinhaltung zwingender Formvorschriften. Andere Mängel (zB Irrtum, Verkürzung über die Hälfte des wahren Wertes, Wucher etc) hindern zivilrechtlich das Entstehen des Vertrages (zunächst) nicht. Sie bedürfen der erfolgreichen Geltendmachung des Mangels durch Vertragsanfechtung und führen allenfalls zu Vertragsauflösung oder -anpassung. Davon weicht das Steuerrecht ab. Solange die Parteien dessen wirtschaftliches Ergebnis eintreten und bestehen lassen, ist der Vertrag wirksam. Eine Ausnahme besteht bei fehlender Vertretungsmacht und fehlender Geschäftsfähigkeit.

I/295 Wird durch ein *Scheingeschäft* ein anderes Rechtsgeschäft verdeckt, so ist steuerlich das verdeckte Rechtsgeschäft maßgebend. Es ist steuerlich irrelevant, dass ein Verhalten gegen ein gesetzliches Verbot oder die guten Sitten verstößt.

I/296 Ist ein Rechtsgeschäft wegen eines *Formmangels* oder des Mangels der Rechts- oder Handlungsfähigkeit (zivilrechtlich) nichtig oder anfechtbar, so ist dies steuerlich *„insoweit und so lange ohne Bedeutung, als die am Rechtsgeschäft beteiligten Personen dessen wirtschaftliches Ergebnis eintreten und bestehen lassen"* (§ 23 Abs 3 BAO). Gem § 23 Abs 4 BAO ist die Anfechtbarkeit eines Rechtsgeschäftes für die Erhebung von Abgaben insoweit und so lange ohne Bedeutung, als nicht die Anfechtung mit Erfolg durchgeführt ist.[589] EStR Rz 6623 hält aber fest, dass *„unabhängig vom steuerlichen Rückwirkungsverbot die gerichtliche ex tunc-Auflösung eines Veräußerungsvertrages nach § 870 ABGB (List oder Zwang), § 871 ABGB (Irrtum) oder § 932 ABGB (Wandlung) ein rückwirkendes Ereignis iSd § 295a BAO darstellt."* Dies ist eine sinnhafte Interpretation.

Steuerlich ist die Anfechtbarkeit eines Rechtsgeschäfts gem § 23 Abs 4 BAO *„für die Erhebung von Abgaben insoweit und so lange ohne Bedeutung, als nicht die Anfechtung mit Erfolg durchgeführt ist."* Aus dieser Formulierung kann – *Thomas Leitner*[590] folgend – *„zum einen abgeleitet werden, dass die bloße Anfechtbarkeit eines Rechtsgeschäfts zunächst steuerrechtlich unbeachtlich ist."* Umgekehrt kann demnach dem Gesetzeswortlaut aber auch entnommen werden, dass es im Fall einer erfolgreichen Anfechtung auch zu steuerrechtlichen Konsequenzen kommen

---

589 Für die Ertragsteuern: *Doralt/Renner*, EStG[15], § 2 Tz 143; *Lang/Schuch/Staringer*, KStG, § 7, Rz 135; EStR Rz 6629; VwGH 17.12.1965, 2372/64; VwGH 23.2.1971, 1753/70; VwGH 7.4.1981, 1289/79; VwGH 20.11.1997, 96/15/0256; für das GrEStG: VwGH 5.4.2011, 2010/16/0168; *Takacs*, aao, § 1 Tz 5.1; *Fellner*, GrEStG, § 1 Rz 35 ff.

590 *Thomas Leitner*, Einkommensteuerrechtliche Konsequenzen der Rückabwicklung einer Grundstücksveräußerung, ÖStZ 2013, 275 mwN und H auf *Ellinger/Iro/Kramer/Sutter/Urtz*, BAO³ (1.1.2008) § 23 Anm 16; *Stoll*, BAO-Kommentar I, 278; *Arnold*, Bundesabgabenordnung und Gebührengesetz, in *Doralt/Gassner/Lechner/Ruppe/Tanzer/Werndl* (Hrsg), Steuern im Rechtsstaat, FS Stoll (1990), 247 (263).

kann (arg „insoweit und so lange"). Die Anordnung des § 23 Abs 3 BAO, der zufolge die Nichtigkeit eines Rechtsgeschäfts *„insoweit und solange"* ohne Bedeutung sein soll, *„als die am Rechtsgeschäft beteiligten Personen dessen wirtschaftliches Ergebnis eintreten und bestehen lassen"*, hebt jedoch die Regelung des Abs 4 aus den Angeln.[591] Für die ImmoESt soll dies nach dem BMF[592] jedoch nicht gelten. Unabhängig vom steuerlichen Rückwirkungsverbot stellt nach dem BMF die gerichtliche ex tunc-Auflösung eines Veräußerungsvertrages nach § 870 ABGB (List oder Zwang), § 871 ABGB (Irrtum) oder § 932 ABGB (Wandlung) ein *rückwirkendes Ereignis iSd § 295a BAO* dar. Anderen Gründen, welche zivilrechtlich ebenfalls zum Wegfall des Verpflichtungsgeschäfts führen, wird von der Finanzverwaltung aber keine rückwirkende Bedeutung beigemessen.[593]

Mängel, die bloß zu einer *Anfechtung* (außerhalb der §§ 870, 871 und 932 ABGB) berechtigen, sind ohnehin für das Entstehen des Vertrages irrelevant. Diese Mängel werden auch zivilrechtlich nur und erst dann (ex nunc) wirksam, wenn die Vertragsanfechtung durchgeführt worden ist.   I/297

Wurde ein Veräußerungstatbestand einmal erfüllt bzw ist eine Steuerschuld bereits entstanden, so kann dieser nicht rückgängig gemacht werden und zwar unabhängig davon, ob es sich um vertragliches *Rücktrittsrecht* oder um eine einvernehmliche *Vertragsauflösung* handelt.[594] Die Rückgängigmachung gilt als weitere Veräußerung.   I/298

10.4. Schein- und Umgehungsgeschäfte, Missbrauch

Gem § 23 BAO sind *Scheingeschäfte* und andere *Scheinhandlungen* für die Erhebung von Abgaben ohne Bedeutung. Ein Scheingeschäft (iSd § 916 ABGB) ist sowohl nach dem GrEStG als auch nach dem EStG unwirksam.[595] Es liegt dann vor, wenn sich die Parteien dahingehend geeinigt haben, dass das geschlossene Geschäft nicht oder nicht so gelten soll, wie die Erklärungen lauten. Die Parteien vereinbaren im Einverständnis nur den äußeren Schein des Rechtsgeschäftes und wollen die mit dem betreffenden Rechtsgeschäft verbundenen Rechtsfolgen nicht oder nicht so wie vertraglich vereinbart, eintreten lassen. Wird durch das Scheingeschäft ein anderes Rechtsgeschäft verdeckt, so ist das verdeckte Rechtsgeschäft für die Steuerpflicht maßgebend.[596] Das Scheingeschäft setzt gemeinsamen Vor-   I/299

---

591   *Thomas Leitner*, ÖStZ 2013, 275.
592   EStR Rz 6623.
593   *Thomas Leitner* , ÖStZ 2013, 275.
594   *Thomas Leitner*, ÖStZ 2013, 275; nicht veröffentlichte Stellungnahme des BMF an eine Intressenvertretung im Zuge der Begutachtung der EStR; ganz grundsätzlich *Stoll*, Das Steuerschuldverhältnis in seiner grundlegenden Bedeutung für die steuerliche Rechtsfindung (1972), 32; *derselbe*, BAO-Kommentar I (1994), 69 ff; *Staringer*, Das Steuerschuldverhältnis, in *Holoubek/Lang* (Hrsg), Die allgemeinen Bestimmungen der BAO (2012), 228.
595   *Fellner*, aao, § 1 Rz 41: das verdeckte Geschäft ist wirksam!
596   § 23 BAO, VwGH 5.3.1990, 89/15/0125 (BUSt *„Strohmann"*); *Fellner*, aao, § 1 Rz 41.

satz voraus, der schon im Zeitpunkt des Zustandekommens des Scheinvertrages gegeben sein muss, wie bspw bei Ausfertigung eines Kaufvertrages mit einem zu niedrigen Kaufpreis.

I/300   Keine Scheingeschäfte sind *Umgehungsgeschäfte*; diese sind wirksam, weil sie gewollt sind.[597] Ein Umgehungsgeschäft liegt etwa vor, wenn durch ein (gesetzliches) Verbot der missbilligte Erfolg auf eine andere als die verbotene Weise zu erreichen versucht wird (zB Umgehung des AusländergrunderbsG). Bei Umgehungsgeschäften sind die eintretenden Rechtsfolgen geradezu gewollt, weshalb es sich nicht um ein Scheingeschäft handelt.

Missbrauch iSd § 22 BAO liegt dann vor, wenn die gewählte konkrete Gestaltung in Bezug auf den angestrebten wirtschaftlichen Erfolg ungewöhnlich und unangemessen und alleine in der Steuervermeidung begründet ist. Das *Scheingeschäft* unterscheidet sich vom *Missbrauchsgeschäft* dadurch, dass es weder gewollt noch auf die Herbeiführung von Rechtsfolgen gerichtet ist.[598] Die Folgen von Scheingeschäften und Missbrauch sind jedoch ähnlich.

Es ist das wirtschaftliche Verhalten und nicht der juristische (behauptete) Zustand zu berücksichtigen. Die Ungültigkeit des Rechtsgeschäfts ändert an der Steuerpflicht des Verpflichtungsgeschäfts solange nichts, als das wirtschaftliche Ergebnis derselben aufrechterhalten wird, es sei denn, es wird aufgrund des § 17 Abs 1 GrEStG rückgängig gemacht. Diese muss ordnungsgemäß und ernsthaft sein.[599] Für die *ImmoESt* ist eine Rückgängigmachung mangels gesetzlicher Grundlage *unbeachtlich*. Es liegt diesfalls ein neuer Erwerbstatbestand (Rückerwerb) vor, allenfalls liegt ein rückwirkendes Ereignis vor.

I/301   Zuletzt bleibt auf § 39 FinStrG hinzuweisen. Nachdem Vorgesagten ergibt sich, dass, wenn im Kaufvertrag zwecks Täuschung (wessen immer) ein niedrigerer Kaufpreis als der wirklich vereinbarte Preis angesetzt wird, ein Scheingeschäft vorliegt. Gem § 39 FinStrG verwirklicht einen Abgabenbetrug unter anderem, *„wer ausschließlich durch das Gericht zu ahndende Finanzvergehen der Abgabenhinterziehung [...] a) unter Verwendung falscher oder verfälschter Urkunden, [...] oder b) unter Verwendung von Scheingeschäften und anderen Scheinhandlungen (§ 23 BAO) begeht.“*

10.5. Eintritt einer auflösenden Bedingung

I/302   Durch den Eintritt einer dem Rechtsgeschäft von den Parteien hinzugefügten auflösenden Bedingung (*Resolutivbedingung*) kommt es zum *nachträglichen* Wegfall des Verpflichtungsgeschäfts. Die Rechtswirkungen des Vertrags sind mit

---

597   *Fellner*, aao, § 1 Rz 45.
598   *Fellner*, § 1 Rz 45.
599   *Takacs*, § 1 Tz 6.17 c; *Fellner*, aao, § 17 Rz 12.

dessen Abschluss zwar sofort eingetreten, hören aber wieder auf, sobald das von den Parteien vereinbarte ungewisse Ereignis eintritt. Aus steuerlicher Sicht kommt es diesfalls (nur) zu einer *ex-nunc-Beendigung* des Vertrages. Eine ex-tunc-Rückabwicklung wird von der überwiegenden Meinung und dem BMF abgelehnt. Wie *Thomas Leitner*[600] zutreffend hinweist, ist die dadurch notwendige Annahme eines neuerlichen Anschaffungs-/Veräußerungsvorgangs nicht restlos überzeugend. Im Falle des Bedingungseintritts kommt es nämlich zu einer bereicherungsrechtlichen Rückabwicklung bereits erbrachter Leistungen.

10.6. Gewährleistung: Vertragswandlung

GrESt: Der Rücktritt von einem Kaufvertrag aufgrund einer Wandlung nach § 932 ABGB selbst gilt als Erwerbsvorgang iSd § 1 Abs 1 Z 1 GrEStG.[601] Unter den Bedingungen des § 17 Abs 1 GrEStG kann über Antrag die Steuerfestsetzung unterbleiben oder eine bereits festgesetzte Steuer zurückgezahlt werden. Ist zur Rückgängigmachung ein Rechtsvorgang erforderlich, der selbst einen Erwerbsvorgang darstellt, so wird auch hinsichtlich dieses Erwerbsvorganges die GrESt auf Antrag unter den obigen Voraussetzungen nicht festgesetzt. Voraussetzung hierfür ist, dass der Verkäufer jene Verfügungsmacht über das Grundstück durch die Vertragsauflösung wiedererlangt, welche er vor dem ursprünglichen Vertragsabschluss hatte.[602] Zwischenzeitliche Veränderungen des Grundstückes sind nach hA unbeachtlich. Dies gilt selbst dann, wenn das Grundstück bebaut wurde, da es seine Nämlichkeit nicht verloren hat.[603] Voraussetzung ist in allen Fällen eine entsprechende Antragstellung. **I/303**

ImmoESt: Die Rückgängigmachung gilt als rückwirkendes Ereignis gem § 295a BAO. Sie führt zur ex tunc-Beseitigung des „gewandelten" Kaufvertrages. **I/304**

10.7. Gewährleistung: Verbesserung, Austausch oder Nachtrag des Fehlenden

Verbesserung und *Nachtrag des Fehlenden* sind steuerlich für den Bestand des Veräußerungsgeschäftes unbeachtlich und stellen keinen (weiteren) Erwerbsvorgang dar. Ein *Austausch* kommt bei Grundstücken idR nicht vor. **I/305**

10.8. Preisminderung und Schadenersatz

Soferne der Vertragsmangel mittels Schadenersatz oder Preisminderung geregelt wird, gilt: **I/306**

---

600 *Thomas Leitner*, aao.
601 *Takacs*, § 1 Tz 5.17 mwN.
602 *Fellner*, aao, § 17 Rz 14; *Doralt/Ruppe*, II⁶, Rz 1021.
603 *Loose* in *Boruttau*, aao, § 16, Rz 215; VwGH 21.1.1998, 97/16/0345, *Fellner*, aao, § 17 Rz 14b.

Der *Verkäufer* hat durch die Schadenersatzzahlung einen wirtschaftlichen (finanziellen) Aufwand. Die Schadenersatz- bzw Gewährleistungszahlungen stellen beim *Käufer* eine nachträgliche Anschaffungskostenminderung dar.

Beim Verkäufer handelt es sich um *nachträgliche negative Veräußerungserträge.* Es erscheint vertretbar, die in EStR Rz 6623 erwähnte Ansicht, dass *„unabhängig vom steuerlichen Rückwirkungsverbot die gerichtliche ex tunc-Auflösung eines Veräußerungsvertrages nach § 870 ABGB (Anfechtung wegen List oder Zwangs), § 871 ABGB (Anfechtung wegen Irrtums) oder § 932 ABGB (Wandlung) ein rückwirkendes Ereignis iSd § 295a BAO darstellt"*, hier analog anzuwenden.

Soferne allerdings eine ex-tunc-Berücksichtigung ausscheidet, liegen nachträgliche negative Einkünfte vor, die im Jahr des Anfallens geltend gemacht werden können. Grundsätzlich bleibt die steuerliche Unbeachtlichkeit von dem Sondersteuersatz unterliegenden Einnahmen sowie den damit zusammenhängenden Ausgaben auch bei Vorgängen nach Beendigung der Tätigkeit/des Rechtsverhältnisses erhalten. Die beim Verkäufer anfallenden *nachträglichen* verkaufserlösmindernden Zahlungen unterliegen daher mE den einschränkenden Ausgleichs- und Verlustverrechnungsregeln des ImmoESt-Regimes. Sie führen nicht zu einer nachträglichen Korrektur der ImmoESt aus dem Kaufvertrag, sondern können nur in der späteren Anfallsperiode entsprechend den Einschränkungen (§ 30 Abs 7; § 6 Z 2 lit d EStG) geltend gemacht werden.

Dasselbe gilt für *Werbungskosten.* Allfällige damit zusammenhängende Prozesskosten sind beim Verkäufer nicht abzugsfähig (**Ausnahme:** Fälle nach § 30a Abs 3 EStG).[604]

I/307   Eine Berücksichtigung im Wege des § 30c EStG ist nicht zulässig, da eine Korrektur bzw Gutschrift der einmal selbstberechneten ImmoESt durch den Parteienvertreter nicht vorgesehen ist. Eine Ausnahme mag mE vertretbar argumentiert werden können, wenn die Korrektur innerhalb der Frist bis zur Abfuhr der ImmoESt stattfindet. Der Verkäufer hat darüber hinaus die Änderung im Rahmen einer Veranlagung durchzuführen.

---

604   VwGH 14.6.1988, 87/14/0014: Prozesskosten aus Anlass eines Rechtsstreits, der auf die nicht steuerbare Wertminderung einer der Erzielung von Einkünften aus Vermietung und Verpachtung dienenden Liegenschaft zurückzuführen ist, dürfen nicht abgezogen werden.

11. Mitteilungspflichten und Selbstberechnungspflicht iSd § 30c EStG

11.1. Konzeption des § 30c EStG

Konzeptionell besteht für die Anwendung des § 30c EStG eine zweifache An- **I/308** knüpfung *(„Modell der doppelten Anknüpfung")*. § 30c setzt einen ertragsteuerlich relevanten Veräußerungsvorgang voraus, der zu Einkünften führt. Die Mitteilungs- und Selbstberechnungspflichten des § 30c EStG knüpfen jedoch zusätzlich an die GrESt-Pflicht an. Sie kommen nur bei Vorliegen eines Tatbestandes iSd GrEStG[605] zur Anwendung. Sie bedingen weiters die Erstattung einer Abgabenerklärung durch den Parteienvertreter (§ 10 GrEStG, auch eine „Nullerklärung" etwa wegen einer Befreiung reicht aus) bzw die Selbstberechnung (12 GrEStG). Andernfalls entfällt die Verpflichtung des Parteienvertreters, selbst wenn ein steuerlicher relevanter Veräußerungsvorgang vorliegt, der zu Einkünften führt. IdF kommt es zur Vorauszahlungspflicht des Verkäufers (§ 30b EStG). Die Melde- und Selbstberechnungs- bzw Vorauszahlungspflicht gilt nicht nur für Verkäufe, sondern auch für alle anderen Formen, die zu einer Realisierung führen, wie etwa auch Tausch, Sacheinlage uä.

Im betrieblichen Bereich gelten Entnahmen und Zuschreibungen als Veräußerung (fiktive Veräußerung). Da diese idR grunderwerbsteuerlich nicht beachtlich sind, ist hier § 30c EStG idR nicht anwendbar.

Die Pflichten nach § 30c EStG besteht unabhängig davon, ob private oder betriebliche Einkünfte vorliegen und ob überhaupt ImmoESt anfällt. Sie besteht auch bei befreiten Vorgängen. § 30c EStG gilt auch bei den sog *„Altfällen"* (*Pauschalbesteuerung*).

Das BMF hat in einem *„Handbuch Immobilienertragsteuer – Erweiterung der* **I/309** *Selbstberechnung Grunderwerbsteuer"* die technischen und formularmäßigen Rahmenbedingungen und jene Funktionen bzw Erweiterungen beschrieben, die ab 1.1.2013 für die Mitteilung und Selbstberechnung der ImmoESt durch den Parteienvertreter benötigt werden. Dieses ist auch auf der BMF-Homepage abrufbar.

Die Mitteilungspflichten betreffen den *Parteienvertreter*, nicht die Parteien. Die **I/310** Verpflichtung beruht auf öffentlichem Recht (eine *abgabenrechtliche Anzeige-*

---

605 *Bodis/Schlager*, RdW 2012, 173 f.

pflicht; s EStR Rz 6732), ist keine Vertretungshandlung sowie kein Auftragsverhältnis[606] und hat keinen privatrechtlichen Charakter. Eine vertragliche Vereinbarung ist daher insofern nicht erforderlich aber uE auch nicht schädlich, s Teil II.

Auskunftspflichtig ist der Steuerpflichtige. Gem § 30c Abs 2 Z 2 EStG hat der Steuerpflichtige dem Parteienvertreter die für die Ermittlung der Bmgl erforderlichen Unterlagen vorzulegen und deren Richtigkeit und Vollständigkeit schriftlich zu bestätigen. Dies ist eine *lex specialis.* Daneben gelten die allgemeinen Offenlegungspflichten der BAO, welche ebenso den Veräußerer direkt gegenüber dem Parteienvertreter zur vollständigen und wahrheitsgemäßen Mitteilung verpflichten. Der Parteienvertreter darf auf die Auskünfte des Veräußerers ganz generell vertrauen. Ein Parteienvertreter darf auch auf die vom Steuerberater des Veräußerers vorgelegte Bemessung der ImmoESt vertrauen. Den die ImmoESt für den Veräußerer selbst berechnenden Parteienvertreter trifft kein Verschulden, falls sich später Berechnungsfehler zeigen oder die Bemessungsgrundlagen strittig werden.[607] Zu den haftungs- sowie finanzstrafrechtlichen Fragen siehe Kap II/2. und II/3.

Den Erwerber treffen daher nur die allgemeinen (bspw grunderwerbsteuerlichen) Auskunftspflichten, was insb bei Treuhanderwerben maßgeblich ist. Ganz generell gelten aber die abgabenrechtlichen Offenlegungsverpflichtungen auch iZm § 30c EStG, s im Detail Rz II/43.

I/311   Werden gleichzeitig **mehrere Grundstücke** verkauft und wird bei einem Verkauf ein Verlust erzielt, so ist eine Zusammenrechnung unzulässig. Hierfür dient die Veranlagungsoption; § 30c EStG ist darauf hin nicht zugeschnitten. Es sind daher idF beide Vorgänge gesondert zu behandeln.

I/312   Die Anrechnung der ErbSt, SchenkSt, GrESt und StiftEG gem § 30 Abs 8 EStG ist nach Ansicht des BMF[608] nur im Rahmen einer Veranlagung zulässig, nicht jedoch im Wege der Selbstberechnung.

11.2. Die beiden Mitteilungspflichten in ihrer Struktur

I/313   § 30c EStG enthält zwei unterschiedliche und sich ergänzende *Mitteilungspflichten:*[609]

- **„Mitteilungspflicht 1":** Sofern der Parteienvertreter nur eine Abgabenerklärung (§ 10 GrEStG), nicht aber eine Selbstberechnung der GrESt (§ 11

---

606   Analog zur GrESt jüngst UFS Wien 9.3.2010; s auch in diesem Buch Rz 583.
607   Analog zur GrESt jüngst UFS Wien 9.3.2010; *Beiser,* Die neue Immobilienbesteuerung (Teil II), NZ 2013/91, Pkt L/1.
608   BMF Info BMF-010203/0204-VI/6/2012, Pkt 54.
609   *Urtz,* aao, 187.

GrEStG) vornimmt, ist er nur zur Meldung nach § 30c Abs 1 EStG an das FA für Gebühren, Verkehrsteuern und Glücksspiel verpflichtet.[610] Die Mitteilung hat die am Veräußerungsgeschäft beteiligten Parteien unter Angabe ihrer StNr und die Höhe der nach den Angaben des Steuerpflichtige zu entrichtenden besonderen Vorauszahlung gem § 30b Abs 4 zu enthalten. Weiters sind die am Rechtsgeschäft beteiligten Parteien aufzunehmen. Nach Ansicht des BMF sowie nach der Datenerfassungsmaske (Handbuch Immobilienertragsteuer, 30) ist auch die Einkunftsart anzugeben.[611] Die Mitteilungspflicht besteht *unabhängig* davon, ob private oder betriebliche Einkünfte vorliegen und ob überhaupt ImmoESt anfällt. Sie knüpft immer an einen GrESt-Tatbestand an. Sie besteht auch bei befreiten Vorgängen, bei den Nichtanwendungsfällen (§ 30a Abs 3 und 4 EStG) sowie bei fehlender Abfuhrpflicht.

- Eine Verpflichtung zur Überprüfung der Angaben des StPfl hinsichtl der Höhe der besonderen Vorauszahlung besteht nach dem Gesetzeswortlaut nicht. Der Parteienvertreter darf auf die Auskünfte des Veräußerers wie auch auf die vom Steuerberater des Veräußerers vorgelegte Bemessung der ImmoESt ganz generell vertrauen. Auch ist abweichend von der Verpflichtung nach § 30c Abs 2 EStG für jene nach § 30c Abs 1 EStG nicht normiert, in welcher Weise die Angaben des StPfl zu erfolgen haben (schriftlich oder mündlich).

- „**Mitteilungspflicht 2**": Wenn der Parteienvertreter eine Selbstberechnung (§ 11 GrEStG) vornimmt, so ist er zur Meldung gem § 30c Abs 2 Z 1 EStG verpflichtet. Er hat dem für den Steuerpflichtigen zuständigen FA, wenn aus dem zugrundeliegenden Erwerbsvorgang Einkünfte gem § 2 Abs 3 Z 1–3 oder 7 EStG erzielt werden, Folgendes mitzuteilen:
  - die am Veräußerungsgeschäft beteiligten Parteien unter Angabe ihrer StNr
  - die für die Selbstberechnung der ImmoESt notwendigen Daten, also insb die Einkunftsart, Berechnungsbasis bzw den Hinweis auf eine allfällige Befreiung
  - Die Mitteilung hat die steuerpflichtige Person zu bezeichnen (zur Abweichung des Steuerpflichtigen vom Verkäufer s unten.

Im Falle einer Selbstberechnung der GrESt und soferne keine der Ausnahmen (§ 30c Abs 4 EStG) vorliegt, besteht neben der „Mitteilungspflicht 2" auch die *Selbstberechnungspflicht* (§ 30c Abs 2 Z 2) was die Verpflichtung zur Entrichtung der ImmoESt durch den Parteienvertreter (§ 30c Abs 3) sowie dessen Haftung einschließt.

I/314

Daraus erschließt sich, dass bei der Beurteilung des Umfangs der Verpflichtungen des § 30c EStG die konkrete Liegenschaftstransaktion auf fünf Ebenen zu prüfen ist:
Zivilrecht – GrEStG – Grundbuchsrecht – EStG/KStG – UStG

---

610   *Urtz*, aao, 205 f.
611   Zust *Urtz*, aao, 207.

Nur so kann der Parteienvertreter seinen Aufklärungspflichten sowie seinen steuerlichen Verpflichtungen nachkommen.

I/315 Die Bmgl ist in § 30b bzw § 30c EStG nicht definiert. Es ist immer der nach § 30 EStG bzw nach den für die betrieblichen Grundstücksveräußerungen geltenden Bestimmungen berechnete Veräußerungsgewinn unter Anwendung der in den zitierten Bestimmungen angeführten besonderen Methoden (Inflationsabschlag, Abzug von Instandsetzungsaufwendungen, pauschaler Ansatz der fiktiven Anschaffungskosten für den Altbestand, kein Werbungskostenabzug) zugrunde zu legen.[612]

11.3. Mitteilungspflicht 1 (§ 30c Abs 1 EStG)

I/316 Soferne der Parteienvertreter nur eine Abgabenerklärung nach § 10 GrEStG, nicht jedoch eine Selbstberechnung der GrESt gem § 11 GrEStG vornimmt, ist er nur zur Meldung nach § 30c Abs 1 EStG an das FA für Gebühren, Verkehrsteuern und Glückspiel verpflichtet.[613] Die Mitteilung hat nach der Textierung des § 30c Abs 1 *die am Veräußerungsgeschäft beteiligten Parteien unter Angabe ihrer Steuernummer und die Höhe der nach den Angaben des Steuerpflichtigen zu entrichtenden besonderen Vorauszahlung* gem § 30b Abs 4 EStG zu enthalten. Weiters sind die *am Rechtsgeschäft beteiligten Parteien* in der Meldung aufzunehmen. Die Mitteilungspflicht gilt für positive und negative Einkünfte (Verlust). Sie besteht auch bei befreiten Vorgängen, bei den Nichtanwendungsfällen (§ 30a Abs 3 und 4 EStG) sowie bei fehlender Abfuhrpflicht. Eine Verpflichtung zur Überprüfung der Angaben des StPfl hinsichtl der Höhe der besonderen Vorauszahlung besteht nach dem Gesetzeswortlaut nicht. Auch ist nicht normiert, in welcher Weise die Angaben des StPfl zu erfolgen haben (schriftlich oder mündlich).

Vom zeitlichen Aspekt her knüpft die Mitteilungspflicht nach § 30c EStG an den Zeitpunkt der grunderwerbsteuerlichen Anzeigepflicht. Nach Ansicht von *Kanduth-Kristen* sei jedoch für die zeitliche Zuordnung auf den *Abschluss des Verpflichtungsgeschäftes* abzustellen. Dies solle nach *Kanduth-Kristen* aus systematischen Erwägungen auch für den betrieblichen Bereich gelten, wo ansonsten generell auf den Zeitpunkt der Verschaffung der Verfügungsmacht abgestellt wird.[614] Dies ist aber mE nur insoweit konsequent, als nicht *„wahrscheinlich eintretende"* aufschiebende Bedingungen vorliegen. Wie in Rz I/146 und I/148 ff näher dargestellt, soll nach Ansicht des BMF, wenn bei unter einer aufschiebenden Bedingung abgeschlossenen Verträgen der Bedingungseintritt *hinreichend wahrscheinlich* (zB Genehmigung durch die Grundverkehrskommission) sei, der Tatbestand ebenfalls bereits mit Vertragsabschluss erfüllt sein, wodurch der aufschiebenden Bedingung

---

612   *Thunshirn/Studera*, ecolex 2012, 922; *Urtz*, aao, 173 sowie 185.
613   *Urtz*, aao, 205 f.
614   Jakom/*Kanduth-Kristen* EStG, 2013, § 30c Rz 4 mit Hinweis auf *Urtz*, aao, 175.

ertragsteuerlich keine Bedeutung zukommen würde. Soferne diese nach Ansicht der Autoren systemkonform nicht eindeutig nachvollziehbare Ansicht zutreffen sollte, würde der Zeitpunkt der ertragsteuerlichen Realisierung bereits *vor* jenem der grunderwerbsteuerlichen Realisierung eintreten, da grunderwerbsteuerlich der Vertrag ganz eindeutig erst mit Eintreten der ausschiebenden Bedingung zustande und erst ab diesem Zeitpunkt die grunderwerbsteuerliche Meldepflicht zum Tragen kommt. Dies widerspricht aber der Zielsetzung des § 30c EStG. Der Veräußerer wäre in diesen Fällen (*„wahrscheinlich eintretende"* aufschiebende Bedingungen) verpflichtet, eine besondere Vorauszahlung gem § 30b EStG zu leisten. Der Parteienvertreter dürfte demnach gar keine Selbstberechnung der Immo-ESt vornehmen, ist aber nach dem Wortlaut des § 30c EStG dazu verpflichtet, siehe Rz I/331.

In § 30c Abs 1 EStG ist eine abgabenrechtliche *Haftung* des Parteienvertreters für **I/317** die Richtigkeit der mitgeteilten Daten *nicht* vorgesehen, siehe eingehend zur Haftung Kap II/2. sowie zu den finanzstrafrechtlichen Aspekten Kap II/3. Der Parteienvertreter haftet daher auch dann nicht, wenn er die Höhe der durch den Steuerpflichtigen zu entrichtenden Vorauszahlung nicht richtig ermittelt oder plausibel schätzt.[615] Die Mitteilungsverpflichtung stellt allerdings eine abgabenrechtliche Anzeigepflicht dar. Die *finanzstrafrechtliche* Verantwortlichkeit im Falle der Verletzung dieser Verpflichtung bleibt davon unberührt und ist von einer Haftung losgelöst zu beurteilen,[616] s Kap II/3.

Gem VO des BMF idF BGBl II 2012/372 ist die im Rahmen einer Abgabenerklä- **I/318** rung gem § 10 Abs 1 GrEStG einzureichende Abgabenerklärung nach § 30c EStG elektronisch zu übermitteln. Die elektronische Übermittlung hat nach der Finanz-Online-VO 2006 im Verfahren FinanzOnline (https://finanzonline.bmf.gv.at) zu erfolgen.

Auskunftspflichtig gegenüber dem Parteienvertreter ist hier der Verkäufer. Frag- **I/319** lich ist, ob dieser auch *Treuhandverhältnisse* offenlegen muss. Für die Beurteilung, ob Einkünfte erzielt wurden, wäre dies nicht erforderlich. UE ist aber bereits iZm einer Meldepflicht nach § 30 c Abs 1 EStG die Offenlegung von Treuhandschaften erforderlich, weil die „Steuerpflichtigen" zu nennen sind, welche eben auch die Treugeber sind. Dies entspricht auch der allgemeinen Offenlegungs- und Wahrheitspflicht (§§ 119 ff BAO).

Aus dem Normzweck und dem Wortlaut des § 30c EStG ergibt sich, dass die Mit- **I/320** teilungsverpflichtungen des Abs 1 und 2 Z 1 nicht zum Tragen kommen, wenn für die Veräußerung weder ImmoESt noch eine besondere Vorauszahlung fällg wird (zB weil der Sondersteuersatz nicht zum Tragen kommt, etwa bei Anwendung des § 30a Abs 4 EStG), ausgenommen dies ist nur deswegen der Fall, weil kein Gewinn

---

615   EStR Rz 6732.
616   EStR Rz 6732.

erzielt wird (negative Einkünfte). Im Falle einer ertragssteuerneutralen Umgründung oder einer ertragsteuerlich neutralen Umwandlung einer Hausgemeinschaft in eine OG bzw umgekehrt liegen keine Einkünfte vor. Nach dem Wortlaut des § 30 Abs 1 EStG ist keine Meldung erforderlich, da keine Einkünfte vorliegen. Es empfiehlt sich aber, auf diese Tatsache trotzdem hinzuweisen.

Alle diese Verpflichtungen sind vom Parteienvertreter – ungeachtet mit wem er den Mandatsvertrag abgeschlossen hat (Vertreter des Käufers oder des Verkäufers) – mit dem Verkäufer abzuklären.

11.4. Mitteilungspflicht 2 (§ 30c Abs 2 EStG)

I/321 Soferne der Parteienvertreter hingegen eine Selbstberechnung iSd § 11 GrEStG vornimmt, so ist er zur Meldung gem § 30c Abs 2 Z 1 EStG verpflichtet. Gem leg cit Z 1 hat er dem für den Steuerpflichtigen zuständigen Wohnsitz- bzw Betriebsfinanzamt – wenn aus dem zugrundeliegenden Erwerbsvorgang Einkünfte gem § 2 Abs 3 Z 1–3 oder 7 EStG erzielt werden – Folgendes mitzuteilen:

- Die Mitteilung gem Z 1 hat die am Veräußerungsgeschäft **beteiligten Parteien** unter Angabe ihrer Steuernummer sowie
- die für die Selbstberechnung der Steuer notwendigen **Daten** zu enthalten, also insb die Einkunftsart und die Berechnungsbasis der ImmoESt bzw den Hinweis auf eine allfällige Befreiung
- Die Mitteilung hat somit insb die Einkunftsart und die Bmgl samt deren Grundlagen zu bezeichnen.
- Die Mitteilung hat die steuerpflichtige Person zu bezeichnen (zur Abweichung des Steuerpflichtigen vom Verkäufer s unten).
- Die selbstberechnete ImmoESt (§ 30c Abs 2 Z 2 EStG).

I/322 Unterbleibt die Selbstberechnung wegen einer Ausnahme des § 30c Abs 4 EStG, so ist in der Meldung anzugeben, warum die Selbstberechnung unterbleibt. Das bedeutet, dass auf die Ausnahme hinzuweisen ist.

I/323 Zur Fristigkeit siehe Rz I/314 und I/331. Adressat der Meldung gem § 30 Abs 2 Z 1 EStG ist abweichend von der Meldung nach § 30c Abs 1 EStG das (Wohn-) Sitzfinanzamt.[617] Gem VO des BMF idF BGBl II 2012/372 ist die im Rahmen einer Abgabenerklärung gem § 10 Abs 1 GrEStG einzureichende Abgabenerklärung nach § 30c EStG elektronisch zu übermitteln. Die elektronische Übermittlung hat nach der FinanzOnline-VO 2006 im Verfahren FinanzOnline zu erfolgen. § 2 ist hierbei nicht anzuwenden.

I/324 **Auskunftspflichten des Steuerpflichtigen:** Dieses Informationen und die übrigen notwendigen Daten sind dem Parteienvertreter vom Steuerpflichtigen mitzu-

---

617 *Urtz*, aao, 186.

teilen. Abweichend von § 30c Abs 1 EStG ist für die Offenlegung nach § 30c Abs 2 ausdrücklich normiert, dass diese vom Stpfl schriftlich zu bestätigen ist. Die Verpflichtung ergibt sich aus dem Gesetz (*„Dabei hat der Steuerpflichtige [...]"*) und bedarf keiner vertraglichen Vereinbarung, obgleich sich eine diesbezügliche Vereinbarung aus Gründen der Haftung empfiehlt. Die Verpflichtung des Steuerpflichtigen (idR des Verkäufers) hierzu ist nur ausdrücklich iZm der Selbstberechnung geregelt (§ 30 Abs 2 Z 2: *„Parteienvertreter, die eine Selbstberechnung gemäß § 11 GrEStG vornehmen, haben gleichzeitig die Immobilienertragsteuer gemäß § 30b Abs 1 auf Grund der Angaben des Steuerpflichtigen selbst zu berechnen. Dabei hat der Steuerpflichtige dem Parteienvertreter die für die Ermittlung der Bemessungsgrundlage erforderlichen Unterlagen vorzulegen und deren Richtigkeit und Vollständigkeit schriftlich zu bestätigen"*). Sie wird aber wohl im Größenschluss für sämtliche benötigten Informationen bestehen.

Nicht eindeutig dem Gesetz zu entnehmen ist, wie vorzugehen ist, wenn der zivilrechtliche *„Verkäufer"* nicht zugleich *„Steuerpflichtiger"* iSd § 30b EStG ist. Dies ist bei *Treuhandschaften* (Steuerpflichtiger ist der Treugeber, Verkäufer ist der Treuhänder) und bei Verkauf durch eine MU oder vermögensverwaltende Personengesellschaft der Fall (zur Gesellschaft: Verkäufer ist die Gesellschaft, Steuerpflichtiger ist der Gesellschafter). Hier sollte – aufgrund der Verwendung des Begriffes *„Steuerpflichtiger"* – im Hinblick auf den Normzweck und aus steuersystematischen Gründen wohl der tatsächliche Verkäufer aus ertragsteuerlicher Sicht (dh der Treugeber, der Mitunternehmer, der Gesellschafter) *auch ohne ausdrückliche Vereinbarung* gegenüber dem Parteienvertreter verpflichtet sein. Auch hier empfiehlt sich aus Sicht des Parteienvertreters aus Gründen der Haftung eine klarstellende ausdrückliche Vereinbarung. **I/325**

Seieh zur Haftung eingehend Kap II/2. und zu den finanzstrafrechtlichen Aspekten Kap II/3.

11.5. Offenlegungspflichten der Vertragsparteien

Gem § 30c Abs 2 Z 2 EStG hat der *„Steuerpflichtige dem Parteienvertreter die für die Ermittlung der Bemessungsgrundlage erforderlichen Unterlagen vorzulegen und deren Richtigkeit und Vollständigkeit schriftlich zu bestätigen."* Die EStR[618] halten fest, dass der *„Veräußerer des Grundstücks verpflichtet ist, dem Parteienvertreter sämtliche notwendigen Unterlagen vorzulegen und Angaben zu machen, damit der Parteienvertreter die Selbstberechnung der ImmoESt nach § 30c Abs 2 EStG vornehmen kann."* Er hat nach § 30c EStG weiters die Richtigkeit und Vollständigkeit der vorgelegten Unterlagen und seiner Angaben schriftlich zu bestätigen. Als Veräußerer gilt uE iZm § 30c EStG derjenige, der Veräußerer iSd EStG ist. Bei **I/326**

---

618 EStR Rz 6711.

Treuhandschaften ist, wie oben erwähnt, Veräußerer der Treugeber, bei Personengesellschaften sind dies deren Gesellschafter.

I/327 Den Erwerber trifft iZm § 30c EStG keine Auskunftspflicht.

I/328 Nach den oben zitierten EStR hat der Parteienvertreter die vom Veräußerer vorgelegten Unterlagen zu überprüfen und die ImmoESt anhand dieser Unterlagen selbst zu berechnen. Kann oder will der Veräußerer seine Angaben nicht mittels Unterlagen belegen, darf der Parteienvertreter nach den EStR diese *nicht* berücksichtigen, sofern die Berücksichtigung dazu führen würde, dass geringere Einkünfte der ImmoESt-Selbstberechnung zu Grunde gelegt werden. Können die Einkünfte aus der Grundstücksveräußerung ohne die Berücksichtigung dieser nicht belegten Angaben nicht ermittelt werden, kann der Parteienvertreter die ImmoESt-Selbstberechnung nicht durchführen.

I/329 Es darf nicht übersehen werden, dass die Auskunftspflicht des Veräußerers eine besonders geregelte *gesetzliche Offenlegungspflicht* ist und darüber hinaus auch die Pflichten des § 119 BAO gelten. Allerdings hat der Parteienvertreter keine Amtsgewalt und kann den Steuerpflichtigen nicht zur Auskunft zwingen. Selbst vertraglich vereinbarte Auskunftspflichten können nur zivilrechtlich geltend gemacht werden. Insofern ist den EStR zuzustimmen, dass, wenn der Steuerpflichtige seinen Auskunftspflichten nicht nachkommt, keine Selbstberechnung erfolgen muss bzw kann.

I/330 Wie in Rz I/311 näher ausgeführt, darf der Parteienvertreter auf die Auskünfte des Veräußerers wie auch auf die vom Steuerberater des Veräußerers vorgelegte Bemessung der ImmoESt ganz generell vertrauen; siehe Rz II/24 und II/54 ff. Aus zivilrechtlicher Sicht empfiehlt es sich aber dennoch, da in § 30c Abs 1 EStG (anders als nach Abs 2) nicht geregelt ist, in welcher Weise die Angaben des StPfl zu erfolgen haben (schriftlich oder mündlich) und auch der konkrete Umfang des Haftungsrisikos für allfällige Fehler unklar ist, sowohl den Umfang der vorzulegenden Unterlagen als auch diese in den EStR vorgesehene Rechtsfolge in das Mandatsverhältnis aufzunehmen, um allfällige zivilrechtliche Unklarheiten bzw Schadenersatzansprüche zu vermeiden.

11.6. Selbstberechnungs- und Steuerabfuhrpflicht

I/331 Im Falle einer Selbstberechnung der GrESt und soferne keine der Ausnahmen vorliegt, besteht neben der „Mitteilungspflicht 2" auch die *Selbstberechnungspflicht* (§ 30c Abs 2 Z 2 EStG) sowie die Verpflichtung zur Entrichtung der ImmoESt durch den Parteienvertreter (§ 30c Abs 3 EStG). Zur Haftung siehe eingehend Kap II/2.

I/332 In Kap I/2. wurde dargestellt, welche *Rechtsform der Verkäufer haben muss*, um in den Anwendungsbereich des § 30c EStG zu fallen. Im ersten Schritt ist daher immer auch die Rechtsform des Verkäufers zu prüfen, um feststellen zu können, ob § 30c EStG anwendbar ist.

Die *Selbstberechnung* der ImmoESt ist gem § 30c Abs 2 EStG innerhalb der Frist I/333 für die Selbstberechnung der GrESt vorzunehmen und dem FA elektronisch zu melden.[619] Die Selbstberechnung hat die am Veräußerungsgeschäft beteiligten Parteien unter Angabe ihrer StNr, die Art der Einkünfte und ihre ertragsteuerliche Qualifikation sowie die für die Selbstberechnung notwendigen Daten zu enthalten, wozu die Bmgl zählen.[620] Die Selbstberechnung ist an das (Wohn-)Sitzfinanzamt zu richten. Gem FinanzOnline-ErklärungsVO ist die Abgabenerklärung elektronisch zu übermitteln.

Frist: Vom Fristenlauf her ist der Zeitpunkt der *steuerlichen Realisierung* relevant. Dieser Zeitpunkt muss nicht unbedingt mit dem Kaufvertragsabschluss ident sein. Das BMF geht jedoch davon aus, dass idR der Zeitpunkt des Vertragsabschlusses mit dem Zeitpunkt des steuerlichen Veräußerungszeitpunktes ident sei. Nach EStR Rz 6623 gilt demnach *„als Zeitpunkt der Veräußerung (= Anschaffung) im Zusammenhang mit Grundstücken der Abschluss des Verpflichtungsgeschäftes (zB Kauf- oder Tauschvertrag)."* Dies ist abweichend vom allgemeinen steuerlichen Anschaffungszeitpunkt (Erwerb des wirtschaftlichen Eigentums im Sinne der Erlangung der faktischen Verfügungsgewalt über das Wirtschaftsgut, nicht jener der sachenrechtlichen Übergabe). Zu den Zweifeln über die Richtigkeit dieser Ansicht siehe Kap I/5. und I/6. Dies gilt jedoch nach dem BMF dann nicht, *„wenn das wirtschaftliche Eigentum schon früher übertragen wurde."*

Daneben ist auch die Frage wesentlich, ob aufschiebende Bedingungen vorliegen. Wie in Rz I/314 erläutert, bestehen Zweifel, ob für die für die zeitliche Zuordnung der ImmoESt bloß auf den *Abschluss des Verpflichtungsgeschäftes* unter Vernachlässigung von *„wahrscheinlich"* eintretenden aufschiebenden Bedingungen abzustellen sei, oder aber – was dem allgemeinen steuerlichen Erwerbszeitpunkt entsprechen würde – auf den Zeitpunkt des Eintritts der aufschiebenden Bedingung. Wie in Rz I/146 und I/148 ff näher dargestellt, soll nach Ansicht des BMF, wenn bei unter einer aufschiebenden Bedingung abgeschlossenen Verträgen der Bedingungseintritt *hinreichend wahrscheinlich* (zB Genehmigung durch die Grundverkehrskommission) sei, der Tatbestand ebenfalls bereits mit Vertragsabschluss erfüllt sein, wodurch der aufschiebenden Bedingung ertragsteuerlich keine Bedeutung zukommen würde. Soferne diese nach Ansicht der Autoren systemwidrige Ansicht zutreffen sollte, würde der Zeitpunkt der ertragsteuerlichen Realisierung bereits *vor* jenem der grunderwerbsteuerlichen Realisierung eintreten, da grunderwerbsteuerlich der Vertrag ganz eindeutig erst mit Eintritt der auschiebenden

---

619 *Studera/Thunshirn*, Handbuch Besteuerung Grundstückstransaktionen (2013), Rz 604; *Urtz*, aao, 184.
620 *Studera/Thunshirn*, Handbuch, Rz 604; *Urtz*, aao 186.

Bedingung zustande kommt und erst ab diesem Zeitpunkt die grunderwerbsteuerliche Meldepflicht zum Tragen kommt.

ME ist es vertretbar, bezüglich des Eintritts der ertragsteuerlichen Realisierung bei Anwendung des § 30c EStG auf den grunderwerbsteuerlichen Anschaffungszeitpunkt abzustellen. Es kann dem Parteienvereter auch nicht zugemutet werden, bei der ImmoESt auf den Zeitpunkt des *„wahrscheinlichen"* Bedingungseintritts (siehe Rz I/148) abzustellen.

Das bedeutet:

- **„Normaler" bedingungsloser Kaufvertrag** mit Übergabe des Grundstückes unter den üblichen Kriterien: Zeitpunkt Kaufvertragsabschluss ist relevant für ImmoESt und GrESt.
- **Aufschiebend bedingter Kaufvertrag:** strittig, nach dem BMF bei entsprechend *„hinreichender"* Wahrscheinlichkeit des Bedingungseintritts: ImmoEStrelevant ist der Zeitpunkt des Kaufvertragsabschlusses; das bedeutet, dass der Verkäufer eine besondere Vorauszahlung iSd § 30b EStG leisten müsste, da mangels Bedingungseintritts noch keine GrESt-Meldung erfolgen kann. Vertretbar erscheint aber auch die zeitliche „Gleichschaltung" mit grunderbwerbstreuerlicher Wirksamkeit, siehe voriger Absatz. Der Parteienvertreter hat das Problem, dass § 30c Abs 2–4 EStG keine Regelung für diesen Fall enthalten. Nach dem Wortlaut des § 30c Abs 2 und 3 EStG ist ungeachtet der erfolgten besonderen Vorauszahlung bei Vornahme einer grunderwerbsteuerlichen Selbstberechnung die ImmoESt abzuführen.
- **„Nachgeschalteter" Kaufvertrag** (wirtschaftliches Eigentum wurde schon früher übertragen): kein § 30c EStG, Veräußerer muss besondere Vorauszahlung iSd § 30b EStG leisten, da zwar aus Sicht des § 30 EStG eine Veräußerung, jedoch häufig noch keine grunderwerbsteuerliche Veräußerung (abgesehen von § 1 Abs 2 GrEStG) vorliegt. Der Parteienvertreter hat das Problem, dass § 30c Abs 2–4 EStG keine Regelung für diesen Fall enthalten. Nach dem Wortlaut des § 30c Abs 2 und 3 EStG ist ungeachtet der erfolgten besonderen Vorauszahlung bei Vornahme einer grunderwerbsteuerlichen Selbstberechnung die ImmoESt abzuführen.

I/334 Die *Steuerabfuhrpflicht* fällt mit der Frist für die Meldung bzw Selbstberechnung *nicht* zwingend zusammen. Der Parteienvertreter hat die ImmoESt gem den Fristen des § 30b Abs 1 EStG zu entrichten. Hier gilt das *Zuflussprinzip*.[621] Die ImmoESt ist gem § 30b Abs 1 EStG bis zum 15. Tag des auf den Kalendermonat des Zuflusses gem § 19 EStG zweitfolgenden Kalendermonats durch den Parteienvertreter zu entrichten. Der Zuflusszeitpunkt ist auch beim „Bilanzierer" relevant. Zumindest für den Bereich der EA-Rechnung ist unter „Zufluss" bei einer Ratenzahlung das

---

621 EStR Rz 6656 und 6657; *Urtz*, aao, 180 f; zur Ratenzahlung BMF-010203/0492-VI/6/2013, 3.10.2013, Salzburger Steuerdialog 2013 Ergebnisprotokoll Einkommensteuer, Pkt 6 und 6.4.

Entstehen eines Überschusses nach Maßgabe des Überschreitens der Anschaffungkosten samt absetzbaren Kosten zu verstehen. Dies könnte jedoch beim Bilanzierer zweifelhaft sein. Die Zuflussbesteuerung gilt grundsätzlich ja nur im Bereich der EA-Rechner, während der Bilanzierer ganz allgemein die Veräußerungsbesteuerung unabhängig vom Zufluss bereits mit Übertragung des wirtschaftlichen Eigentums verwirklicht. Praktikabel und systemkonform erscheint es, dem Bilanzierer hier ein Wahlrecht einzuräumen, bei Anwendung des § 30c EStG auch bei Ratenzahlung vom oben definierten Zuflussprinzip auszugehen, da das Gesetz in § 30c EStG nicht zwischen Bilanzierern und EA-Rechnern differenziert.

Auch *„geldwerte Vorteile"* können zufließen.[622] Dies ist insb bei Tausch oder Sacheinlage von Bedeutung, auch idF kommt es zum ImmoESt auslösenden Zufluss. In zeitlicher Hinsicht ist von Bedeutung, wann ein Zufluss sich wirtschaftlich in einer Vermehrung des Vermögensveräußerers niederschlägt. Er setzt die Erlangung von wirtschaftlichem Eigentum voraus.[623] Zugeflossen ist eine Einnahme, sobald der Empfänger über sie *tatsächlich und rechtlich* verfügen kann.[624]

Zum Zufluss kommt es grundsätzlich dann, wenn die Auszahlung an den Verkäufer oder an seine Gläubiger *möglich* ist.[625] Ist der Zeitraum zwischen der Auszahlungsmöglichkeit und der tatsächlichen Auszahlung kurz, *kann* nach EStR Rz 6656 auf die tatsächliche Auszahlung abgestellt werden.

Treuhandabwicklung: Bei Einzahlungen an den vertragsabwickelnden Treuhänder erfolgt der Zufluss mit Einlangen bei diesem, es sei denn, er hat Auszahlungsbeschränkungen bzw -bedingungen.[626] Zu solchen Bedingungen zählen etwa Lastenfreistellung, Zustimmung der Ausländergrundverkehrskommission uä. IdR ist dies der Zeitpunkt des Abschlusses der grundbücherlichen Durchführung. **I/335**

Das Zuflussprinzip ist – nur für die ImmoESt – gem § 30b Abs 1 letzter Satz auch bei Bilanzierungen zu beachten. Es kann daher sein, dass die Veräußerung aus allgemeiner ertragsteuerlicher Sicht in ein anderes Bilanzjahr fällt, als die Entrichtung der selbstberechneten ImmoESt bzw die Vorauszahlung (§ 30 Abs 4 EStG). **I/336**

Beispiel

Kaufvertragsabschluss und Übergabe: 30.11.2013, Bilanzstichtag: 31.12., Zahlung Kaufpreis: 31.1.2014.

Der Verkauf ist im Wirtschaftsjahr 2013 verwirklicht und in diesem Jahr abzubilden, dh, in der GuV zu erfassen. ImmoESt ist hingegen erst am 15.3.2014 abzuführen.

---

622   EStR Rz 6656; Jakom/*Lenneis* EStG, 2013, § 15, Rz 8; Jakom/*Baldauf* EStG, 2013, § 19 Rz 26; *Wiesner*, EStG, § 19 Rz 25; *Doralt* EStG, § 19 Rz 30.

623   Jakom/*Baldauf* EStG, 2013, § 19 Rz 26.

624   VwGH 29.4.10, 2007/15/0293; 19.6.02, 98/15/0142.

625   EStR Rz 6656; UFS 1.8.2012, RV/0090-G/08.

626   EStR Rz 6656; Jakom/*Kanduth-Kristen* EStG, 2013, § 30, Rz 49 mit Verweis auf UFS 1.8.12, RV/0090-G/08; *Urtz*, aao 181; *Perthold/Vaishor*, SWK-Spezial 2012, 22.

Die ImmoESt ist, wie bereits erwähnt, spätestens am 15. Tag des auf den Kalendermonat des Zuflusses zweitfolgenden Kalendermonats zu leisten.

11.7. Ausnahmen von der Selbstberechnungspflicht

I/337 Der Parteienvertreter kann (nach dem Wortlaut des § 30c EStG: Wahlrecht) gem § 30c Abs 4 EStG, auch wenn eine Selbstberechnung der GrESt (§ 11 GrEStG) erfolgt, die Selbstberechnung der ImmoESt (§ 33c Abs 2 EStG) unterlassen, wenn die Ausnahmefälle des § 30c Abs 4 EStG vorliegen. Diese sind:

- soweit Einkünfte aus dem Veräußerungsgeschäft nach § 30 Abs 2 EStG befreit sind (TS 1)
- soweit Einkünfte aus dem Veräußerungsgeschäft nach § 21 Abs 2 Z 3 KStG befreit sind (TS 1 idF AbgÄG 2012), das sind insb gemeinnützige Rechtsträger im Bereich ihrer unentbehrlichen Hilfsbetriebe
- wenn der Zufluss voraussichtlich später als ein Jahr nach dem Veräußerungsgeschäft erfolgt (TS 2; wesentlich ist die Tatsache der „Voraussichtlichkeit" im Zeitpunkt des Entstehens der Steuerpflicht, also im Zeitpunkt der Meldepflichten). Die Beurteilung, ob dies der Fall ist, hat der Parteienvertreter anhand der ihm vorliegenden Informationen vorzunehmen. Der Begriff *„Veräußerungsgeschäft"* entspricht uE wohl dem zivilrechtlichen Verpflichtungsgeschäft. Der Begriff *„Zufluss"* ist mE so zu interpretieren, sodass ein Zufluss erst dann vorliegt, wenn die Einnahmen erstmals die Ausgaben übersteigen (siehe FN 640).
- bei der Veräußerung von Grundstücken des Betriebsvermögens, die stillen Reserven übertragen oder einer Übertragungsrücklage zugeführt werden (TS 3)
- wenn der Veräußerungserlös in Form einer Rente geleistet wird (TS 4)
- wenn das Grundstück im Rahmen eines Verfahrens gem § 133 ff EO (Zwangsversteigerung) veräußert wird (TS 5).

Ist die Fälligkeit der ImmoESt noch nicht eingetreten, so erlischt die Verpflichtung zur Entrichtung nach einem Jahr ab Vornahme der Mitteilung (§ 33c Abs 3 2. S EStG). Dies betrifft alle Fälle, wo aus welchen Gründen immer die Kaufpreisentrichtung noch offen ist, bspw bei Zahlungsverzug, Erhebung von Einreden und Zurückbehaltung des Kaufpreises etc. Nach den Erläuterungen erlischt die Verpflichtung zur Entrichtung, wenn zwischen dem Zeitpunkt der Mitteilung der Selbstberechnung und dem Zeitpunkt des Zuflusses mehr als ein Jahr liegt. Es wird daher auf die „Fälligkeit" des Veräußerungserlöses abgestellt. Dies ist jedoch strittig.[627] Nach *Herzog* und den EStR ist mit der „Fälligkeit des Veräußerungser-

---

627 *Herzog*, SWK 11/2012, 563;ihm folgend EStR Rz 6717; Jakom/*Kanduth-Kristen* EStG, 2013, § 30c, Rz 12 mit Hinweis auf *Urtz*, ImmoESt, 183; zustimmend *Studera/Thunshirn*, Handbuch Besteuerung Grundstückstransaktionen, Rz 606.

löses" das Entstehen eines Überschusses nach Maßgabe des Zufließens (Überschreiten der Anschaffungkosten samt absetzbaren Kosten) gemeint. Nach *Kanduth-Kristen* und *Studera/Thunshirn* sei aus dem Gesetzeszusammenhang auf die Fälligkeit *der ImmoESt* gem § 30b Abs 1 EStG abzustellen, die am 15. Tag des auf den Kalendermonat des Zuflusses (des Veräußerungserlöses) zweitfolgenden Kalendermonats eintritt.

Allerdings sind die Mitteilungspflichten davon *nicht* ausgenommen. Daher bestehen die Mitteilungspflichten des § 30c Abs 1 und 2 EStG auch in den Fällen, wo aufgrund § 30c Abs 4 EStG keine Selbstberechnung erfolgt.   I/338

In den Fällen der TS 1, 3 und 4 (§ 33c Abs 4) entfällt auch die Vorauszahlungspflicht des Steuerpflichtigen. In den Fällen der TS 2 und 5 sowie des § 33c Abs 3 2. S EStG kommt es hingegen zur Vorauszahlungspflicht für den Veräußerer. Die Formulierung des § 33 Abs 4 EStG „kann unterbleiben" ist für die Fälle der Befreiungen (TS 1) und die Befreiung bei Übertragung stiller Reserven (TS 3) unverständlich, da ohnehin keine Steuer anfällt. Das Gesetz ist hier uE einschränkend zu interpretieren. In diesen Fällen (TS 1 und 3) darf vordergründig der Parteienvertreter keine ImmoESt entrichten. Schon aus zivilrechtlicher Sicht könnte er sich hier schadenersatzpflichtig machen. Liest man die Kannbestimmung hingegen als „Zweifels-/Schutzbestimmung" für den Parteienvertreter, so ergibt sich hier das Recht des Parteienvertreters, im Zweifel die Steuer zu entrichten. Dies widerspricht aber der Haftungsregel des Abs 3, die sich ja auf Wissentlichkeit beschränkt und der Parteienvertreter sich auf die Unterlagen/Auskünfte des Steuerpflichtigen verlassen darf.   I/339

Der Verweis des § 30c Abs 4 1. TS auf § 31 Abs 2 Z 3 KStG bezieht sich auf beschränkt steuerpflichtige Körperschaften (§ 1 Abs 3 Z 2 und 3 KStG), soferne das Grundstück einem steuerbefreiten Betrieb zuzurechnen ist. Dabei handelt es sich insb um unentbehrliche Hilfsbetriebe von gemeinnützigen Körperschaften (gemeinnützige Vereine) oder um KSt-befreite BgA von Körperschaften des öffentlichen Rechts. Grundstücksverkäufe dieser Rechtsträger sind insofern befreit. Aufgrund der Befreiung soll auch kein Abzug der ImmoESt erfolgen. Im nicht befreiten Bereich einer KöR oder eines gemeinnützigen oder sonst befreiten Rechtsträgers unterliegt die Grundstücksveräußerung der KSt und damit der ImmoESt.   I/340

12. Dokumentationspflichten und Umfang bzw Intensität der Prüfung

I/341 Gem § 30c Abs 2 Z 2 EStG hat der *„Steuerpflichtige dem Parteienvertreter die für die Ermittlung der Bemessungsgrundlage erforderlichen Unterlagen vorzulegen und deren Richtigkeit und Vollständigkeit schriftlich zu bestätigen."* Die EStR Rz 6711 halten fest, dass der Veräußerer des Grundstücks verpflichtet ist, dem Parteienvertreter sämtliche notwendigen Unterlagen vorzulegen und Angaben zu machen, damit der Parteienvertreter die Selbstberechnung der ImmoESt nach § 30c Abs 2 EStG vornehmen kann.

I/342 Der Parteienvertreter ist verpflichtet, die Unterlagen des Steuerpflichtigen sowie seine eigenen Aufzeichnungen (Berechnungen) sieben Jahre lang aufzubewahren. Geschäftsunterlagen sind im Allgemeinen sieben Jahre lang aufzubewahren. Zum 31.12.2013 endet somit die Aufbewahrungspflicht für Bücher, Aufzeichnungen, Belege und Geschäftspapiere des Jahres 2006. Die Unterlagen können auch elektronisch archiviert werden. Das Abgabenrecht erlaubt die Verwendung von Belegscannern, Mikrofilmen und Datenträgern, wenn die vollständige, geordnete, inhaltsgleiche und urschriftgetreue Wiedergabe bis zum Ablauf der gesetzlichen Aufbewahrungsfrist jederzeit gewährleistet ist. Soweit solche Unterlagen nur auf Datenträgern vorliegen, entfällt das Erfordernis der urschriftgetreuen Wiedergabe (§ 132 Abs 2 BAO). Bei einem vom Kalenderjahr abweichenden Wirtschaftsjahr läuft die Frist vom Schluss des Kalenderjahres, in dem das Wirtschaftsjahr endet (§ 132 Abs 1 BAO). Zu den finanzstrafrechtlichen Aspekten siehe Kap II/3.

I/343 Der Steuerpflichtige ist gem § 30c Abs 2 Z 2 EStG verpflichtet, dem Parteienvertreter die für die Ermittlung der Bmgl erforderlichen Unterlagen vorzulegen und deren Richtigkeit und Vollständigkeit *schriftlich* zu bestätigen. Dies ist eine öffentlich-rechtliche Pflicht und braucht nicht vertraglich vereinbart zu werden.

Der Umfang der vorzulegenden Unterlagen orientiert sich am Erfordernis der richtigen und nachvollziehbaren Steuerberechnung. Die EStR Rz 6712 enthalten einen umfangreichen Katalog der notwendigen Unterlagen, s unten. Dieser Katalog wird uE der – lege artis gesehen – zumutbare Umfang sein.

Nicht ausdrücklich in § 30c EStG geregelt ist der Umfang bzw die Intensität der Prüfung durch den Parteienvertreter. Nach den EStR[628] hat der Parteienvertreter

---

628   EStR Rz 6711.

die vom Veräußerer vorgelegten Unterlagen zu überprüfen und die ImmoESt anhand dieser Unterlagen selbst zu berechnen. Kann oder will der Veräußerer seine
Angaben nicht mittels Unterlagen belegen, darf der Parteienvertreter nach den
EStR[629] diese nicht berücksichtigen, wenn deren Berücksichtigung dazu führen
würde, dass geringere Einkünfte der ImmoESt-Selbstberechnung zu Grunde gelegt werden. Es empfiehlt sich, dieses Vorgehen im Mandatsvertrag ausdrücklich
zu vereinbaren.

Können die Einkünfte aus der Grundstücksveräußerung ohne die Berücksichtigung dieser nicht belegten Angaben nicht ermittelt werden, kann (besser „*darf*")
nach den EStR[630] der Parteienvertreter die ImmoESt-Selbstberechnung nicht
durchführen. Diese Ermächtigung zur Verweigerung der Selbstberechnung ist im
Gesetzeswortlaut zwar nicht ausdrücklich vorgesehen. Da es jedoch sachwidrig
wäre, dem Parteienvertreter in diesen Fällen eine Verpflichtung zur Steuerabfuhr
aufzuerlegen, ist dieser Erlassregelung uneingeschränkt zuzustimmen. Der Parteienvertreter hat diesfalls daher keine Steuerabfuhrpflicht, wird jedoch das FA
über den Grund der Nichtabfuhr ausdrücklich unterrichten müssen. Es empfiehlt
sich, dies auch im Auftrag mit dem Veräußerer ausdrücklich aufzunehmen, um
allfällige Schadenersatzansprüche wegen Verspätungsfolgen hintanzuhalten.

Die EStR Rz 6711 enthalten hierzu folgende Beispiele   I/344

Beispiel 1

X veräußert ein Grundstück und möchte die Einkommensteuer im Wege der ImmoESt-
Selbstberechnung abführen. Auf Nachfrage des Parteienvertreters macht er die Angabe, dass er die Anschaffungskosten nicht kennt, es sich beim veräußerten Grundstück
allerdings um Altvermögen im Sinne des § 30 Abs. 4 Z 1 EStG 1988 handelt und die
Anschaffungskosten somit nicht benötigt werden. X legt keinerlei Unterlagen vor, um
diese Angabe zu belegen.

Da ein Grundstück des Altvermögens idR günstiger besteuert wird als ein Grundstück
des Neuvermögens, kann der Parteienvertreter ohne entsprechende Belege die dazu gemachten Angaben des Veräußerers nicht berücksichtigen. Muss der Parteienvertreter
somit davon ausgehen, dass es sich beim Grundstück um Neuvermögen im Sinne des
§ 30 Abs. 3 EStG 1988 handelt, benötigt er für die Ermittlung der Einkünfte die Anschaffungskosten des Grundstückes. Da X die Anschaffungskosten nicht kennt, kann
der Parteienvertreter die Einkünfte nicht ermitteln, womit die Durchführung der
ImmoESt-Selbstberechnung nicht möglich ist.

Beispiel 2

Y veräußert ein Grundstück und möchte die Einkommensteuer im Wege der Immo-
ESt-Selbstberechnung abführen. Auf Nachfrage des Parteienvertreters macht er die
Angabe, dass es sich beim veräußerten Grundstück um Neuvermögen im Sinne des
§ 30 Abs. 3 EStG 1988 handelt; die Anschaffungskosten gibt er bekannt. Darüber hinaus macht er auch die Angabe, Instandsetzungsaufwendungen getätigt zu haben. Y legt

---

629   EStR Rz 6711.
630   EStR Rz 6671 mit einigen Beispielen.

den damaligen Kaufvertrag für das Grundstück vor; die getätigten Instandsetzungsaufwendungen kann er hingegen nicht belegen.

Da Y keine Belege für die behaupteten Instandsetzungsaufwendungen vorlegt, darf der Parteienvertreter diese Aufwendungen nicht berücksichtigen und hat für die Ermittlung der Einkünfte die unveränderten historischen Anschaffungskosten heranzuziehen. Die Durchführung der ImmoESt-Selbstberechnung ist daher möglich.

I/345 Die EStR[631] verpflichten den Parteienvertreter auf Vorlage folgender Nachweise zu bestehen, wenn der Veräußerer Begünstigungen in Anspruch nehmen will. Andernfalls dürfe nach den EStR der Parteienvertreter diese Begünstigungen nicht berücksichtigen. Die Verletzung dieser nach den EStR vorgesehenen Pflichten führt uE nicht automatisch zu einer Haftung des Parteienvertreters, könnte aber finanzstrafrechtlich von Bedeutung sein, s Kap II/3. Die EStR sprechen von *„insbesondere"*. Daher wird der Parteienvertreter nicht nur diese, sondern auch alle erforderlich erscheinenden Unterlagen verlangen müssen. Zur Haftung des Parteienvertreters siehe Kap II/2.

I/346 Durch entsprechende Unterlagen und Belege sind nach den EStR insbesondere folgende Sachverhaltselemente nachzuweisen, wenn deren Vorliegen durch den Veräußerer behauptet wird (zit nahezu wörtlich nach EStR Rz 6712):

Bei Neuvermögen

- **Seinerzeitige Anschaffungskosten des Veräußerers (zB Kaufvertrag):** Wurde das seinerzeit angeschaffte Grundstück aufgrund von Maßnahmen iSd § 30 Abs 2 Z 4 EStG getauscht, sind dies die die Durchführung dieser Maßnahmen betreffenden behördlichen Schriftstücke (zB entsprechende Bescheide oder Bestätigung der verfahrensleitenden Behörden).
- **Anschaffungsnebenkosten** (zB Rechnung für Maklerkosten, Selbstberechnungserklärung für GrESt und Grundbuchsgebühr); sonstige anschaffungskostenverändernde oder -erhöhende Umstände, etwa
  - durch Übertragung von Grundstücken an die Gemeinde für die Vornahme einer Widmungsänderung (zB Bestätigung der Gemeinde) oder
  - durch Realteilungsvorgänge (zB Beschluss des Grundbuchsgerichtes);
  - Zeitpunkt einer allfälligen Umwidmung für die Berechnung des Inflationsabschlages (zB Bestätigung der Gemeinde);
  - Herstellungsaufwendungen und Instandsetzungsaufwendungen (zB Rechnung von befugten Unternehmern).
  - Bei Vermietung des veräußerten Grundstückes in der Vergangenheit die geltend gemachte AfA (zB Bestätigung des steuerlichen Vertreters).

---

631   EStR Rz 6712.

Bei Altvermögen

- **Die unveränderte raumordnungsrechtliche Widmung** seit dem 1.1.1988 bzw das Nichtvorliegen einer Widmungsänderung iSd § 30 Abs 4 Z 1 EStG (zB Bestätigung der Gemeinde).
- Bei Vermietung des veräußerten Grundstückes in der Vergangenheit die beschleunigte Geltendmachung von Herstellungsaufwendungen nach § 28 Abs 3 EStG innerhalb der letzten 10–15 Jahre vor der Veräußerung (zB Bestätigung des steuerlichen Vertreters).

Bei Befreiungsbestimmungen das Vorliegen der jeweiligen Voraussetzungen

- Bei der **Hauptwohnsitzbefreiung** insb
  - das Vorliegen der objektbezogenen Kriterien – Eigenheim oder Eigentumswohnung (zB Grundbuchsauszug oder Baupläne),
  - die Erfüllung der notwendigen Fristen (zB Vorlage einer Meldebestätigung, aus der die Meldehistorie ersichtlich ist, und die vertragliche Fixierung der Übergabe innerhalb der Jahresfrist),
  - die Nutzung als Hauptwohnsitz (zB Vorlage einer Meldebestätigung und eines weiteren Nachweises über die Nutzung als Hauptwohnsitz, wie etwa Zustelladresse bei Behörden).
- Bei der **Herstellerbefreiung** insb
  - das Vorliegen der Bauherreneigenschaft (zB Vertrag mit dem errichtenden Unternehmen) und
  - keine Nutzung zur Erzielung von Einkünften in den letzten zehn Jahren vor der Veräußerung (zB Bestätigung des steuerlichen Vertreters).
- Bei **Veräußerungen infolge eines behördlichen Eingriffs oder zur Vermeidung eines solchen nachweisbar unmittelbar drohenden Eingriffs das Vorliegen eines solchen Eingriffs** (zB Bestätigung der verfahrensleitenden Stelle).
- Bei **Tauschvorgängen** aufgrund von Maßnahmen iSv § 30 Abs 2 Z 4 EStG die Durchführung dieser Maßnahmen (zB entsprechende Bescheide oder Bestätigungen der verfahrensleitenden Behörden).

Sonstige Nachweise

- Bei **Vermietung des veräußerten Grundstückes in der Vergangenheit**, wenn die erstmalige Vermietung nach dem 31.12.2012 stattgefunden hat, die Bemessung der AfA – Anschaffungs- bzw.Herstellungskosten oder fiktive Anschaffungskosten (zB Bestätigung des steuerlichen Vertreters).
- Bei **Veräußerung eines Grundstückes des Betriebsvermögens oder bei vormaliger Nutzung des veräußerten Grundstückes in einem Betrieb** die steuerliche Historie des Grundstückes, insbesondere im Hinblick auf die Steuerverfangenheit am 31.3.2012 und Auswirkungen des Wechsels der Gewinnermittlungsart in der Vergangenheit (zB Bestätigung des steuerlichen Vertreters).

13. Mitteilungspflichten: Sonderfälle

13.1. Allgemeines

I/347 Die Mitteilungspflichten bestehen auch dann, wenn die Bmgl Null oder negativ ist (weil nach § 30 EStG kein Gewinn vorliegt), der Vorgang nach § 30 Abs 2 EStG befreit ist,[632] gar keine ImmoESt anfällt (§ 30a Abs 3 und 4 EStG) oder das Grundstück im Rahmen eines Verfahrens gem § 133 ff der EO (Zwangsversteigerung) veräußert wird (§ 30c Abs 4 4. TS EStG idF AbgÄG 2012). Dies leitet sich insb aus § 30c Abs 4 EStG ab, wo für iSd § 30 Abs 2 EStG befreite Vorgänge und andere Vorgänge zwar eine Mitteilungspflicht durch den Parteienvertreter, aber keine Selbstberechnungspflicht vorgesehen ist. In diesem Fall ist in der Mitteilung gem § 30 Abs 2 Z 1 EStG anzugeben, warum die Selbstberechnung unterbleibt.

I/348 In folgenden Fällen ist (auch) keine Vorauszahlung zu entrichten:

- Vorliegen einer Befreiung
- Bmgl = Null oder negativ

Gem § 41 Abs 1 Z 10 und § 42 Abs 1 Z 5 EStG unterliegen Einkünfte aus privaten Grundstücksveräußerungen der Steuererklärungspflicht, wenn keine ImmoESt entrichtet wurde oder keine Abgeltung (§ 30b Abs 2 EStG) eintritt. Da als Einkünfte auch Negativeinkünfte gelten, erscheint eine Steuererklärungspflicht zutreffend.[633] Die Verletzung dieser Pflicht stellt eine Finanzordnungswidrigkeit dar.[634]

13.2. Noch nicht feststehender Kaufpreis

I/349 Die Selbstberechnung der GrESt ist nicht zulässig, wenn diese noch nicht feststeht.[635] Daher entfällt in diesen Fällen die Verpflichtung, die ImmoESt selbst zu berechnen.[636] Ungeachtet dessen besteht aber die Vorauszahlungspflicht des Veräußerers.

---

632 Jakom/*Kanduth-Kristen* EStG, 2013, § 30c Rz 5; *Studera/Thunshirn*, Handbuch Besteuerung Grundstückstransaktionen, Rz 605; *Urtz*, aao, 187.

633 *Urtz*, aao, 210.

634 § 51 FinStrG, so auch *Urtz*, aao, 210.

635 BMF 8.2.2010, BMF-010206/0026-VI/2010, Abschn 2.3.2; zust *Urtz*, aao, 180 sowie *Studera/Thunshirn*, Handbuch Besteuerung Grundstückstransaktionen (2013), Rz 605.

636 *Urtz*, aao, 180; *Studera/Thunshirn*, Handbuch Besteuerung Grundstückstransaktionen (2013), Rz 605.

13.3. Nichtanwendungsfälle (§ 30a Abs 3 und 4 EStG)

Für Veräußerungsgewinne iSd § 30a Abs 3 Z 1 (Umlaufvermögen) und Z 2 EStG   I/350
(gewerbliche Immobilienunternehmer) besteht (obwohl keine ImmoESt anfällt;
§ 30b Abs 5 EStG läutert: *„Abs 1 und 4 gelten auch für betriebliche Einkünfte aus
der Veräußerung von Grundstücken, es sei denn, der besondere Steuersatz ist aufgrund des § 30a Abs. 3 Z 1 und 2 zumindest tw nicht anwendbar"*) nach dem
Wortlaut des § 30c EStG ausdrücklich die „Mitteilungspflicht 1" (s oben) und die
„Mitteilungspflicht 2", jedoch uE keine Steuerabfuhrpflicht.[637] Für die „Mitteilungspflicht 2" ergibt sich dies schlüssig aus § 30c Abs 2 EStG: *„Parteienvertreter,
die eine Selbstberechnung gem § 11 GrEStG vornehmen, haben gleichzeitig dem für
den Steuerpflichtigen zuständigen Finanzamt mitzuteilen, wenn aus dem zugrundeliegenden Erwerbsvorgang Einkünfte gem § 2 Abs. 3 Z 1 bis 3 oder 7 EStG erzielt
werden, und diesfalls [...]"*. Dies schließt uE die Verpflichtung des Parteienvertreters ein, sich selbst vom Vorliegen von Einkünften zu überzeugen und diese dem
FA mitzuteilen.[638]

Das BMF schließt hier eine Steuerabfuhr aus Gründen der Vorsicht aber nicht   I/351
aus. Dies bedarf aus zivilrechtlicher Sicht uE einer ausdrücklichen Vereinbarung
zwischen Steuerpflichtigen und Parteienvertreter.

13.4. Befreite Vorgänge

§ 30c Abs 4 1.TS EStG spricht nur von „gem § 30 Abs 2 oder § 21 Abs 2 Z 3   I/352
KStG" befreiten Veräußerungen. Es fallen daher sämtliche der in § 30 Abs 2 EStG
und § 21 Abs 2 Z 3 KStG befreiten Vorgänge aus der Selbstberechnungspflicht
des § 30c Abs 2 und 3 EStG,[639] nicht aber aus der Mitteilungspflicht heraus.

Allerdings sind auch andere Vorgänge denkbar, die befreit sind oder nicht zur   I/353
Besteuerung führen. Soferne ertragsteuerlich keine Realisierung eintritt, wie
bspw bei Umgründungen, liegt keine Veräußerung iSd § 30 EStG vor. Daher ist
keine ImmoESt zu entrichten obwohl GrESt anfällt. UE entfällt sogar die Mitteilungspflicht gem § 30c Abs 1 und 2 EStG, weil keine „Einkünfte" erzielt wurden.
Die Textierung in Abs 1 und 2 lautet: *„wenn Einkünfte erzielt wurden"*; daraus
erschließt sich, dass – wenn keine Einkünfte erzielt wurden – auch keine Verpflichtung besteht. Praktischerweise wird jedoch ein Hinweis im Rahmen einer
Meldung iSd § 30c Abs 1 EStG denkbar bzw sinnvoll sein, um allfällige Rückfra-
gen des FA zu vermeiden. Dasselbe gilt etwa auch für die Fälle einer grunderwerbsteuerlich relevanten Umwandlung einer Hausgemeinschaft in die OG,

---

637   *Studera/Thunshirn*, Handbuch Besteuerung Grundstückstransaktionen (2013), Rz 606.
638   *Studera/Thunshirn*, Handbuch Besteuerung Grundstückstransaktionen (2013), Rz 606 f; unklar
       Urtz, aao, 187.
639   *Urtz*, aao, 198.

welche ertragsteuerlich abweichend vom GrEStG irrelevant ist (keine Veräußerung).[640]

Aus dem Normzweck und dem Wortlaut des § 30c EStG ergibt sich, dass die Mitteilungsverpflichtungen des Abs 1 und 2 Z 1 nicht zum Tragen kommen, wenn für die Veräußerung weder ImmoESt noch eine besondere Vorauszahlung fällg wird (zB weil der Sondersteuersatz nicht zum Tragen kommt, etwa bei Anwendung des § 30a Abs 4 EStG), ausgenommen dies ist nur deswegen der Fall, weil kein Gewinn erzielt wird (negative Einkünfte).

I/354 Soferne der Vorgang nicht unter das GrEStG fällt, ist logischerweise der Anwendung des § 30 c EStG der Boden entzogen. Dazu zählen etwa Verkäufe ausländischer Grundstücke, Veräußerung von Anteilen, etc.[641]

---

640 *Studera/Thunhirn*, Handbuch Besteuerung Grundstückstransaktionen (2013), Rz 453; ebenso *Thunshirn/Studera*, ecolex 2012, 816.
641 *Thunshirn/Studera*, ecolex 2012, 922.

14. Vorauszahlungspflicht (des Veräußerers)

Die Vorauszahlungspflicht kommt nur dann zum Tragen, wenn entweder trotz Vorliegen eines GrESt-Tatbestands keine Selbstberechnung der GrESt erfolgt, der Veräußerungsvorgang nicht der GrESt unterliegt oder eine Ausnahme/Befreiung von der Selbstberechnung vorliegt. **I/355**

Die Bestimmungen sind im Konnex sehr unübersichtlich lesbar und schwer verständlich. Die Zusammenschau der Bestimmungen ergibt folgende Fälle, in denen der Parteienvertreter keine Selbstberechnungspflicht hat: **I/356**

1. Fälle nach § 30c Abs 4 EStG (Ausnahmen von der Selbstberechnung)
2. Parteienvertreter nimmt keine GrESt-Selbstberechnung vor (Wahlrecht: keine Anwendung des § 30c Abs 2 und 3 EStG)
3. Kein GrESt-Tatbestand (§ 30c EStG nicht anwendbar, zB Verkauf von Anteilen an Personengesellschaften, siehe Kap I/17.)

Ad 1: Der Parteienvertreter darf (*Wahlrecht*), auch wenn eine Selbstberechnung der GrESt (§ 11 GrEStG) erfolgt, die Selbstberechnung der ImmoESt unterlassen, wenn die Ausnahmefälle des § 30c Abs 4 EStG vorliegen. **I/357**

Ad 2: Der Parteienvertreter kann die Selbstberechnungspflicht *vermeiden*, wenn er auch keine Selbstberechnung der GrESt vornimmt.

Ad 3: *Mangels GrESt-Tatbestandes* ist § 30c EStG gar nicht anwendbar. Eine Anwendung des § 30c EStG (ImmoESt) ist hier auch freiwillig denkunmöglich. Die „*ImmoESt*" kann immer nur ein Parteienvertreter gem § 30c EStG entrichten. Hier handelt es sich um Fälle, die zwar eine Veräußerung, Entnahme oder Zuschreibung iSd §§ 30 und 30a Abs 3 EStG darstellen, welcher aber zu keinem Tatbestand des GrEStG führen und daher mangels des Vorliegens einer GrESt-Meldung (§ 10 GrEStG) bzw Selbstberechnung (§ 11 GrEStG) nicht unter § 30c EStG fallen. IdF ist die „*besondere Vorauszahlung*" iSd § 30 Abs 4 EStG zu entrichten. Dazu zählen Zuschreibungen, verschiedene Entnahmen aus dem BV, Umwidmung von Sonderbetriebsvermögen, Umwandlung einer betrieblichen in eine vermögensverwaltende Personengesellschaft und umgekehrt (wenn § 6 Z 4 EStG Anwendung findet), Veräußerung ausländischer Grundstücke uvm (s unten „*Vorauszahlungsfälle*").

I/356   **§ 30b Abs 4 EStG**

(4) Wird außer in den Fällen des § 30c Abs. 4 erster, dritter und vierter Teilstrich keine Immobilienertragsteuer entrichtet, ist vom Steuerpflichtigen eine auf volle Euro abzurundende besondere Vorauszahlung in Höhe von 25% der Bemessungsgrundlage zu entrichten. Abs. 1 letzter Satz gilt entsprechend.

Wird daher außer in den Fällen der Befreiung gem § 30 Abs 2 EStG und § 21 Abs 3 Z 3 KStG – also wenn der Zufluss voraussichtlich später als ein Jahr nach dem Veräußerungsgeschäft erfolgt, wenn stille Reserven übertragen werden oder eine Veräußerung gegen Renten erfolgt – keine ImmoESt entrichtet, ist die „besondere Vorauszahlung" iHv 25 % der Bmgl zu entrichten.[642]

I/357   Die Vorauszahlung ist spätestens am *15. Tag des auf den Kalendermonat des Zuflusses zweitfolgenden Kalendermonats* zu leisten. Die *Vorauszahlungsplicht* gilt unabhängig davon, ob ein betrieblicher oder privater Veräußerungsgewinn vorliegt, ob eine Veranlagungspflicht oder ein Veranlagungsrecht besteht, ob der besondere Steuersatz zur Anwendung kommt oder ob eine Verrechnung mit Verlusten (§ 30 Abs 7 und § 6 Z 2 lit d EStG) möglich ist. Die Vorauszahlung beträgt immer 25 %, auch wenn etwa der besondere Steuersatz gar nicht zur Anwendung kommt (§ 30a Abs 3 EStG). Der Zuflusszeitpunkt gilt auch für Bilanzierer. Der Begriff *„Zufluss"* ist so zu interpretieren, dass ein Zufluss erst dann vorliegt, wenn die Einnahmen erstmals die Ausgaben übersteigen. Dies könnte jedoch beim Bilanzierer zweifelhaft sein. Die Zuflussbesteuerung gilt grundsätzlich ja nur im Bereich der EA-Rechner, während der Bilanzierer ganz allgemein die Veräußerungsbesteuerung unabhängig vom Zufluss bereits mit Übertragung des wirtschaftlichen Eigentums verwirklicht. Praktikabel und systemkonform erscheint es, dem Bilanzierer hier ein Wahlrecht einzuräumen, bei Anwendung des § 30c EStG auch bei Ratenzahlung vom oben definierten Zuflussprinzip auszugehen, da das Gesetz in § 30c EStG nicht zwischen Bilanzierern und EA-Rechnern differenziert.

I/360   Die Vorauszahlung gem § 30 Abs 4 EStG hat daher mangels Selbstberechnung bzw Steuerabfuhr durch den Parteienvertreter in folgenden Fällen vom Verkäufer zu erfolgen:[643]

- Wenn der Zufluss voraussichtlich später als ein Jahr nach dem Veräußerungsgeschäft erfolgt (§ 30c Abs 4 2. TS EStG).
- Wenn die Fälligkeit der ImmoESt noch nicht eingetreten ist, erlischt die Verpflichtung zur Entrichtung durch den Parteienvertreter nach einem Jahr ab Vornahme der Mitteilung iSd Abs 2 Z 1. Dies sind Fälle, in denen aus welchen Gründen auch immer die Kaufpreisentrichtung noch offen ist, bspw bei Zahlungsverzug, Erhebung von Einreden und Zurückbehaltung des Kaufpreises etc.

---

642   *Studera/Thunhirn*, Handbuch Besteuerung Grundstückstransaktionen (2013), Rz 606; *Urtz*, aao, 211.
643   *Thunshirn/Studera*, ecolex 2012, 922.

- Wenn das Grundstück im Rahmen eines Verfahrens gem §§ 133 ff EO (Zwangsversteigerung) veräußert wird (§ 30c Abs 4 5. TS). Die ImmoESt ist nach dem OGH (28.5.2013, 8 Ob 141/12m mit Urteilsbesprechung von *Bollenberger/Kellner*, ÖBA 2013/1947 [OGH]) keine Sondermasseforderung; sie gilt als allgemeine Masseforderung und fällt daher nicht unter die Konkursquote. Wenn das Grundstück pfandrechtlich belastet ist, kann es vorkommen, dass der Insolvenzverwalter bzw der Steuerpflichtige keine Liquidität zur Zahlung der Vorauszahlung hat. Dieser Fall ist rechtlich ungeklärt. Das BMF[644] geht davon aus, dass der Veräußerer zur Zahlung der Vorauszahlung verpflichtet ist.
- Verkauf vor dem 31.12.2012, keine verpflichtende Anwendung der Selbstberechnung nach § 30c EStG;
- Bei steuerpflichtiger Entnahme aus dem BV (s § 6 Z 4 EStG) bzw „Entwidmung" aus dem Sonderbetriebsvermögen uä Vorgängen (kein der GrESt unterliegender Tatbestand, daher keine Selbstberechnung nach § 30c Abs 2 EStG)
- Bei steuerpflichtiger Einlage in das BV bzw in das BV einer Mitunternehmerschaft oder vermögensverwaltenden Personengesellschaft mit Quotenverschiebung
- Bei Eintritt eines neuen Gesellschafters in eine MU oder vermögensverwaltende Personengesellschaft (kein der GrESt unterliegender Tatbestand, daher keine Selbstberechnung nach § 30c Abs 2 EStG)
- Veräußerung von nicht dem GrEStG unterliegenden Wirtschaftsgütern (Bergbaurechte, Gewinnungsrechte, Fischereirechte, etc
- Bei nachträglichen Einkünften aus Immobilienverkäufen (soferne kein GrESt-Tatbestand)
- Wenn kein Parteienvertreter eingeschaltet ist, weil etwa kein solcher erforderlich ist (bspw bei ausländischen Grundstücken).
- Wenn ein Anteil an einer Personengesellschaft veräußert wird und folglich keine Grunderwerbsteuererklärung zu erstatten ist.
- Bei Übergang einer betrieblichen Mitunternehmerschaft in eine vermögensverwaltende Gesellschaft und verschiedenen andere realisierende Änderungen einer Personengesellschaft (ESt, aber keine GrESt)
- Bei Zuschreibungen im BV
- Bei Quotenverschiebungen innerhalb einer Mitunternehmerschaft oder vermögensverwaltenden Personengesellschaft
- Wenn eine Anwendung des § 17 GrEStG vorliegt (keine GrESt-Selbstberechnung zulässig)
- Wenn die Bmgl nicht eindeutig feststeht (keine Selbstberechnung der GrESt zulässig[645]

---

644 BMF 3.9.2012, BMF-010203/0402- VI/6/2012, Pkt 52.
645 S BMF 8.2.2010, BMF-010206/0026-VI/2010, Abschn 2.3.2; zust *Urtz*, aao, 180.

- Wenn der Vorgang von der GrESt befreit ist und folglich keine Selbstberechnung nach § 11 GrEStG erfolgt; dies ist nach § 3 GrEStG sowie nach verschiedenen SonderG der Fall, zB nach Art 34 BBG 2001.
- Wenn die Selbstberechnung aus welchen Gründen immer unterbleibt, weil zB der Parteienvertreter zwar die Abgabenerklärung (§ 10 GrEStG) vornimmt, aber nicht die Selbstberechnung (§ 11 GrEStG); § 30c EStG verpflichtet den Parteienvertreter nur dann zur Selbstberechnung der ESt, wenn er auch für die GrESt eine Selbstberechnung vornimmt. IdF ist nur die „Mitteilungspflicht 1" (§ 30c Abs 1 EStG) vorgesehen. Der Parteienvertreter wird daher nur dann eine Selbstberechnung der GrESt vornehmen, wenn er sämtliche erforderlichen Angaben für die Erklärungen gem § 30c EStG in nachgewiesener Form hat.
- Ist die Fälligkeit noch nicht eingetreten, erlischt die Verpflichtung zur Entrichtung nach einem Jahr ab Vornahme der Mitteilung nach Abs 2 Z 1.
- Wenn die Abgabenerklärung gesetzwidrig unterbleibt

I/361 Die Vorauszahlung (wie auch die ImmoESt) ist nach dem Wortlaut des § 30b Abs 4 (§ 30c Abs 3) EStG auch dann zu leisten, wenn der tatsächlich zufließende Kaufpreis etwa wegen bestehender übernommener Lasten bzw Pfandrechte Null beträgt. Derartige Konstellationen können dazu führen, dass das Grundstück ohne Verletzung der steuerlichen Vorschriften nicht verkauft werden kann. Für den Parteienvertreter empfiehlt es sich in diesen Fällen, von der Selbstberechnung der GrESt abzusehen. Zivilrechtlich ist zu beachten, dass Zahlungen des Veräußerers an den Parteienvertreter zur Finanzierung der ImmoESt bei Bestehen von Anfechtungsgründen rückgefordert werden könnten.

15. Keine Selbstberechnungs- und keine Vorauszahlungspflicht („Nullfälle")

Im Bereich des EStG: Bei Verkäufen, welche unter § 30a Abs 3 Z 1 (Umlaufver- **I/362** mögen) und 2 (Gewerbliche Grundstücksunternehmer) fallen, keine Vorauszahlung (und keine ImmoESt) zu leisten. Dies ergibt sich aus § 30b Abs 5 EStG (*„Abs 1 und 4 gelten auch für betriebliche Einkünfte aus der Veräußerung von Grundstücken, es sei denn, der besondere Steuersatz ist aufgrund des § 30a Abs. 3 Z 1 und 2 zumindest tw nicht anwendbar.").* Dies schließt in diesen Fällen auch die Verpflichtung zur Zahlung einer Vorauszahlung aus. Hier ist § 30c nicht anwendbar. Das BMF (Pkt 60 der Information des BMF v 3.9.2012, BMF-010203/0402-VI/6/2012) ist der Ansicht, dass im Zweifel der Parteienvertreter die Immo-ESt abführen darf/soll. Dies ist gesetzlich uE nicht ausdrücklich gedeckt.

Im Bereich des KStG: Eine weitere Nichtanwendung der §§ 33 b und c EStG er- **I/363** gibt sich aus § 24 Abs 3 Z 4 KStG: Die §§ 30b und 30c EStG sind *nicht* anzuwenden auf (a) Körperschaften gem § 1 Abs 2 und Abs 3 Z 1 KStG, sofern diese unter § 7 Abs. 3 KStG fallen, und auf (b) Privatstiftungen, s Kap I/2.

Es ist weiters darauf hinzuweisen, dass es Fälle gibt, welche zwar gem § 11 **I/364** GrEStG einer Selbstberechnung zugänglich, jedoch ertragsteuerlich unbeachtlich sind. Dazu zählen etwa die Umwandlung einer Bruchteilsgemeinschaft in eine OG zu unveränderten Quoten und umgekehrt, die Entnahme aus dem Betriebsvermögen einer Personengesellschaft ohne Quotenverschiebung gem § 6 Z 4 2 EStG, die Einlage in das Betriebsvermögen einer Mitunternehmerschaft oder einer vermögensverwaltenden Personengesellschaft ohne Quotenverschiebung und ähnliche Sonderfälle. Hier sind § 30b und c EStG nicht anzuwenden, da in diesen Fällen keine Veräußerung, Entnahme oder Zuschreibung vorliegt.

Ergebnis und Zusammenfassung der *„Nullfälle":* Trotz Vornahme einer Selbstbe- **I/365** rechnung iSd GrEStG ist keine Selbstberechnung der ImmoESt iSd § 30c EStG **und** keine Vorauszahlung iSd § 30 Abs 4 EStG in folgenden Fällen vorzunehmen:[646]

1. Vorliegen einer Befreiung gem § 30 Abs 2 EStG
2. Vorliegen einer Befreiung gem § 1 Abs 2 Z 3 KStG
3. Übertragung stiller Reserven

---

646 Eingehend *Studera/Thunshirn*, Handbuch Besteuerung Grundstückstransaktionen (2013), Rz 606.

4. Veräußerung gegen Renten (betrieblich und außerbetrieblich)
5. Verkäufe von Umlaufvermögen (Fall nach § 30a Abs 3 Z 1)
6. Verkäufe durch gewerbliche Immobilienunternehmer (Fall nach § 30a Abs 3 Z 2)
7. Veräußerungen durch Privatstiftungen
8. Veräußerung durch Körperschaften iSd § 1 Abs 2 KStG (unbeschränkt steuerpflichtige Körperschaften, soferne sie unter § 7 Abs 3 KStG fallen, also idR GmbH, AG, Genossenschaft sowie rechnungslegungspflichtige BgA) sowie Körperschaften iSd § 1 Abs 3 Z 1 KStG (ausländische Körperschaften, soferne diese unter § 7 Abs 3 KStG fallen)
9. Alle Fälle, welche ertragsteuerlich nicht als Veräußerung (Entnahme oder Zuschreibung) gelten und trotzdem einen Grunderwerbsteuertatbestand verwirklichen.

16. Ermittlung der ImmoESt

16.1. Allgemeines

Die Erhebung der ESt für Grundstücksveräußerungen erfolgt sowohl für den be- **I/366**
trieblichen als auch für den außerbetrieblichen Bereich („private" Grundstücksveräußerungen) grundsätzlich im Wege der Immobilienertragsteuer („ImmoESt"),
wenn durch den Parteienvertreter die Selbstberechnung der Grunderwerbsteuer
vorgenommen wird. Für „private" Grundstücksveräußerung (Private, VuV,
Kommunen bei Veräußerung aus dem Hoheitsbereich) tritt dadurch die endgül-
tige Besteuerung ein. Für die betriebliche Gewinnermittlung gilt die gem § 30c
EStG entrichtete ImmoESt nur als Vorauszahlung. Die besondere Vorauszahlung
erfordert in allen Fällen eine Steuererklärung bzw Veranlagung. Bmgl ist jeweils
der für die *konkret vorliegende Einkunftsart* ermittelte Gewinn bzw Überschuss.
Für die Entrichtung der ImmoESt gilt stets das *Zuflussprinzip*, auch wenn der
Veräußerer Bilanzierer ist (siehe RzI/357). Für die Überschuss- bzw Gewinnermittlung bestehen unterschiedliche Methoden. Daher ist zwischen „privaten
Grundstücksveräußerungen" und nicht als solche geltenden Grundstücksverä-
ßerungen zu unterschieden.

Entscheidend für die Ermittlung der Einkünfte und den Umfang der Steuer- **I/367**
pflicht ist insb, ob es sich um

- betriebliche oder
- private Grundstücksveräußerungen (Private, VuV, Kommunen bei Veräußerung aus dem Hoheitsbereich, beschränkt steuerpflichtige Veräußerer, soferne nicht befreit; siehe dazu Kap I/2.)

und ob es sich um

- Altgrundstücke oder
- Neugrundstücke

handelt.

Maßgebender *Stichtag* ist der 31.3.2012. Grundstücke, die zum 31.3.2012 „steuerverfangen" waren oder nach diesem Zeitpunkt angeschafft werden (worden sind),
gelten als *Neugrundstücke*. Zu diesem Stichtag nicht steuerverfangene Grundstücke gelten als *Altgrundstücke* (idR – aber nicht nur – entgeltliche Anschaffung vor
1.4.2002).

Das 1. StabG 2012 hat nach Ansicht des BMF die *Einheitstheorie* aufgegeben. Bis dahin folgte ein auf eigenem Grund errichtetes Gebäude dem Anschaffungszeitpunkt des Grundstückes. Mit Inkrafttreten des 1. StabG 2012 werden GuB und Gebäude nach Ansicht des BMF daher getrennt betrachtet und es wird der Anschaffungszeitpunkt des Gebäudes dessen Fertigstellungsdatum sein. Dies wird bei Gebäuden im Bau spätestens die Fertigstellung des Gebäudes sein. Aber auch dies ist mE aber unklar, da bereits mit Errichtung des Kellers ein Bauwerk entstanden sein könnte. Die Herstellung gilt nach EStR Rz 6624 nicht als Anschaffung, was jedoch in Anbetracht der Aufgabe der Einheitstheorie widersprüchlich erscheint. Aus EStR Rz 6649 dürfte aber ableitbar sein, dass auf die Fertigstellung abzustellen ist. Das bedeutet nach dem BMF und nach *Bodis/Hamnmerl*[647] im Umkehrschluss, dass bis zum 31.3.2012 auf eigenem Grund errichtete Gebäude auf einem *vor dem 1.4.2002 entgeltlich angeschafften Grund und Boden* noch als „Altbestand" gelten. Die Frage, ob das Gebäude als selbst hergestellt gilt oder nicht, sei hierbei irrelevant, da lediglich darauf abzustellen ist, ob das Gebäude ein eigenes Wirtschaftsgut ist.

Dem widersprechen *Beiser* und *Thunshirn*.[648] Der Gesetzeswortlaut stellt mE darauf ab, dass „*soweit Grundstücke am 31. März 2012 nicht steuerverfangen"* waren, die Pauschalbesteuerung (3,5 % oder 15 % ImmoESt vom Veräußerungserlös) angewendet werden darf. Nach den EStR Rz 6654 soll für die Beurteilung jedoch die abstrakte Steuerbarkeit nach § 30 EStG idF vor 1. StabG 2012 maßgeblich sein, nicht aber, „*ob im Falle der Veräußerung am 31.3.2012 tatsächlich ein steuerpflichtiger Spekulationsgewinn entstanden wäre oder der Vorgang aufgrund von einer Befreiung (Hauptwohnsitzbefreiung, Herstellerbefreiung) nicht steuerpflichtig wäre.*" Daher sei, wenn auf Grund und Boden, der Altvermögen darstellt, ab dem 1.4.2012 ein Gebäude errichtet wird, das Gebäude Neuvermögen. Die daran anknüpfende Schlussfolgerung, dass dies umgekehrt aber nicht für vor dem 1.4.2012 errichtete Gebäude gelte, ist aber mE unzutreffend. Nach *Beiser* und *Thunshirn* ist die Frage eines Altbestands iSd § 30 Abs 4 EStG für neu errichtete Gebäude nach dem Stand zum 31.3.2012 getrennt vom Grund und Boden zu beantworten. Die Berufung auf die Einheitstheorie ist unzutreffend. Nach § 30 EStG idF vor dem 1. StabG konnten selbst hergestellte Wirtschaftsgüter gar kein Gegenstand der Spekulationsbesteuerung sein, was im Übrigen der ganz allgemeinen Auffassung entsprach.

---

647 *Bodis/Hammerl*, EStR Wartungserlass 2013: Neue Grundstücksbesteuerung (I), RdW 2013/357; ebenso *Fuchs* in AFS 2013, 82.

648 *Beiser*, Die neue Immobilienbesteuerung idF AbgÄG 2012, 6.5.3; s dort auch das Beispiel 12; *Thunshirn*, Contra BMF: Doch uneingeschränkt 3,5 % Pauschalbesteuerung für bis 31.3.2012 selbst hergestellte Gebäude?, ecolex 1/2014, in Druck; zur früheren Rechtslage *Quantschnigg/Schuch*, EStHB (1993), § 30 Tz. 9.

Die *Regeleinkünfteermittlung* ist (a) **zwingend für Neugrundstücke** und (b) als **Wahlrecht für Altgrundstücke** anzuwenden. Nur für Altgrundstücke darf die *Pauschalbesteuerung* angewendet werden. I/368

Als Einkünfte nach § 30 Abs 3 EStG gelten (Einkunftsermittlung):

Veräußerungserlös minus
- Anschaffungskosten, die uU zu adaptieren sind
- Kosten der Meldung und Abfuhr der ImmoESt
- Minderbeträge aus Vorsteuerberichtigungen gem § 6 Z 12 EStG
- Inflationsabschlag ab 11. Jahr
= Einkünfte nach § 30 Abs 3 EStG

Die Pauschalbesteuerung darf im betrieblichen Bereich nur für den GuB erfolgen.

Zum Umfang des Veräußerungserlöses – abhängig vom jeweiligen Realisierungsvorgang – s eingehend Kap I/9.3. I/369

16.2. Umfang des Werbungskosten- und Betriebsausgabenabzugsverbotes

16.2.1. Allgemeines

Werbungskosten und Betriebsausgaben, die im *„unmittelbaren"* Zusammenhang mit der Veräußerung stehen (zB Vertragserrichtungskosten), dürfen sofern der Sondersteuersatz zur Anwendung kommt oder zur Anwendung kommen könnte, nicht abgezogen werden (§ 20 Abs 2 2. TS EStG). Die Einschränkung kommt immer dann zur Anwendung, wenn der besondere Steuersatz angewendet werden kann, also auch dann, wenn zur Besteuerung zum allgemeinen Steuersatz optiert wird. Davon unberührt sind Betriebsausgaben iZm Veräußerungen, wenn die ImmoESt gem § 30a Abs 3 und 4 EStG wie zB bei der Veräußerung von Umlaufvermögen nicht zur Anwendung kommt. I/370

Betriebsausgaben, die bloß in *„mittelbaren"* Zusammenhang mit der Veräußerung stehen, dürfen hingegen im Rahmen der allgemeinen Bestimmungen abgezogen werden. I/371

Der Begriff „unmittelbarer Zusammenhang" ist sehr kasuistisch. Gem VwGH[649] sind Aufwendungen erfasst, *„welche mit nicht steuerpflichtigen Einnahmen in einem klar abgrenzbaren, objektiven Zusammenhang stehen"*. „Unmittelbar" bedeutet nach der Rsp[650] den Gegensatz zu „mittelbar". Unmittelbar veranlasst sind solche Handlungen, *„für die das genannte Gesetz das letzte, den Rechtsvorgang unmittelbar auslösende Glied in der ablaufenden Kausalkette bildete"*, der tiefere Be- I/372

---

649 VwGH 2.6.2004, 2003/13/0074 mit H 22.10.2002, 2002/14/0030 u 20.11.1996, 96/15/0188.
650 UFS 14.3.2011, RV/0356-W/07.

weggrund ist irrelevant.[651] Es ist idZ nicht von einem engen Werbungskostenbegriff auszugehen.[652] Im Hinblick auf den Erwerb des Objektes *„zum ehesten Weiterverkauf"* – diesem Vorhaben sei auch tatsächlich entsprochen worden (das Objekt habe also keiner anderen Einkunftsquelle oder abzugsschädlichen Zwecken gedient) – handle es sich nach dem VwGH bei den Schuldzinsen für das zur Anschaffung des Spekulationsobjektes aufgenommene Fremdgeld um (nicht abzugsfähige) Werbungskosten iSd § 30 Abs 4 EStG.

I/373 Nicht alle Aufwendungen im umgangssprachlichen Sinn gelten als Betriebsausgaben bzw Werbungskosten:

Erlösschmälerungen sind nach hA von den Erlösen abzuziehen und gelten daher nicht als Betriebsausgaben. Dazu zählen Skonti, Rabatte, Preisminderungen (etwa infolge eines Gewährleistungsanspruches und Boni).[653]

Anschaffungskostenminderungen sind von den Anschaffungskosten abzusetzen.[654] Dazu zählen Kaufpreisreduktion wegen Inanspruchnahme der Gewährleistung, wegen laesio enormis (§ 934 ABGB) und Kaufpreisstreitigkeiten, nachträgliche Reduktion des Kaufpreises durch Nachverhandlungen im Prozessweg oder aus ähnlichen Gründen. Dem Steuerrecht ist die ursprüngliche Verknüpfung von nachträglichen Ereignissen mit der betreffenden Einkunftskategorie immanent.[655]

I/374 *Nachträgliche Erlösschmälerungen* sind einnahmenseitig – allerdings erst in der jeweiligen Periode ihres Entstehens – zu berücksichtigen. Zu den daraus entstehenden Problemen s Kap I/10.8.

16.2.2. Abzugsfähige Aufwendungen

I/375 Zu *berichtigende Vorsteuern* gelten als Betriebsausgaben bzw Werbungskosten.[656] Sie sind aus Anlass einer Veräußerung immer abzugsfähig. Nach hA kam der Vorsteuerberichtigung aufgrund einer Veräußerung im Rahmen der VuV-Einkünfte kein Werbungskostencharakter zu, sondern stand in Verbindung mit der Veräußerung und somit mit Einkünften nach § 29 EStG.[657] Eine Vorsteuerberichtigung führt nur dann zu Werbungskosten, wenn der die Vorsteuerberichtigung auslösende Vorgang ESt-pflichtig ist.[658] Im Falle einer Berichtigung wegen Wechsels in die steuerfreie Vermietung liegen jedoch Werbungskosten vor.[659] Wird die

---

651 *Fellner*, Gebühren und Verkehrsteuern, Band I, Stempel- und Rechtsgebühren, Rz 5
652 S im Detail *Studera/Thunshirn*, Handbuch Besteuerung Grundstückstransaktionen (2013), Rz 475 ff.
653 EStR Rz 2191, 430 (L).
654 *Quantschnigg/Schuch*, § 6 Rz 57; EStR Rz 2190 und 2191.
655 EStR Rz 4281.
656 § 6 Z 12 EStG; *Mayr* in Doralt, EStG[15], § 6 Rz 100.
657 EStR Rz 4043; *Doralt*, EStG[15], § 28 Rz 98, daher keine Abzugsfähigkeit im Rahmen VuV.
658 EStR Rz 4043; *Doralt/Kempf* in Doralt, EStG[15], § 30 Rz 206.
659 *Doralt*, aao, Rz 98; abw BFH, BStBl 1993 II 656.

steuerpflichtige Vermietung vor Veräußerung beendet und auf steuerfreie Vermietung umgestellt, so liegen Werbungskosten iZM VuV vor, wobei mE ein Missbrauchsvorwurf nicht auszuschließen ist. Auch ausländische Vorsteuerberichtigungen sind trotz des anderslautenden Gesetzeswortlautes mE abzugsfähig.

Kosten der Selbstberechnung: Die für die Mitteilung oder Selbstberechnung **I/376** gem § 30c EStG anfallenden Kosten dürfen als Betriebsausgaben abgezogen werden, außer bei der Pauschalbesteuerung.[660] Darin können auch Kosten des Steuerberaters für die Unterstützung/Vorarbeit bei der Berechnung angesetzt werden.[661]

16.2.3. Nicht abzugsfähige Aufwendungen

Freimachungskosten iZm einer beabsichtigten Veräußerung sind nicht abzugs- **I/377** fähig, ebenso Abstandszahlungen an weichende Mieter.[662]

Investablösen sind abhängig vom zugrundeliegenden Titel entweder Werbungskosten oder Anschaffungskosten. Als letztere gelten sie, wenn sie als Anschaffungs-/Herstellungskosten zu aktivieren wären.[663] Soferne sie solchen Charakter haben, sind sie *bei den Veräußerungserlösen indirekt abzuziehen*, indem sie den Anschaffungskosten hinzuzurechnen sind. Nachträgliche (Herstellungs-)Kosten sind uE als nachträgliche Anschaffungskostenminderung anzusetzen und nicht als Werbungskosten.

Anzeigekosten und Beratungskosten iZm dem Verkauf sind als unmittelbar mit der Veräußerung zusammenhängende Ausgaben nicht abzugsfähig. Dies gilt auch, wenn sie etwa die Frage der Beendigung von Mietverhältnissen aufgrund des geplanten Verkaufs betreffen.

Die *Kosten eines Rechtsstreites* iZm mit der Veräußerung eines Grundstückes wie zB aus Anlass eines Rechtsstreits, der auf die Wertminderung einer der Erzielung von Einkünften aus VuV dienenden Liegenschaft zurückzuführen ist, dürfen nicht abgezogen werden.[664]

Gewährleistungskosten iZm einem Grundstücksverkauf bzw einer Realisierung (bspw der Käufer klagt den Verkäufer wegen einer fehlenden Eigenschaft auf Preisminderung): S Kap I/10.8. Die Gewährleistungs- bzw Schadenersatzzahlungen stellen uE nachträgliche Erlösminderungen dar. Die Prozesskosten sind als nachträgliche Betriebsausgaben/Werbungskosten nicht abzugsfähig.

---

660 § 4 Abs 3a Z 2 EStG, Rz 6668 EStR.
661 EStR Rz 6666.
662 Zur früheren Rechtslage: VwGH 9.6.1982, 81/13/0123; *Quantschnigg/Schuch*, ESt-HB, § 28 Rz 78.
663 *Quantschnigg/Schuch*, § 28 Rz 78; *Studera/Thunshirn*, Handbuch Besteuerung Grundstückstransaktionen (2013), Rz 483.
664 Siehe den analog awendbaren Katalog iZm den Kapitalerträgen in EStR Rz 6106; VwGH 14.6.1988, 87/14/0014.

Entschädigungen des weichenden Mieters für unterlassene Instandhaltung fallen unter die Einkünfte aus VuV und betreffen nicht die Substanz. Sollten im Rahmen des Verkaufes Mietverhältnisse beendet werden und fließen dem Vermieter Investitionen zu, so sind diese im Rahmen der Einkünfte aus VuV zu erfassen.[665] Die Höhe des Vorteiles ergibt sich aus der Gegenüberstellung des Gebäudewertes mit und ohne Mieterinvestitionen im Zeitpunkt des Zuflusses.

Erschließungskosten im unmittelbaren Zusammenhang mit der Veräußerung einer Liegenschaft:[666]

Der Berücksichtigung von *Schuldzinsen für Fremdmittel*, die zur Anschaffung aufgenommen worden sind, steht grundsätzlich – gleichgültig ob sie im Privat- oder Betriebsvermögen gehalten werden – § 20 Abs 2 EStG entgegen.[667] Ausgenommen sind Verkäufe durch Grundstückshändler, für die der besondere Steuersatz und daher auch das Abzugsverbot des § 20 Abs 2 EStG nicht gilt.

Abzugsfähig bleiben auch Schuldzinsen iZm Grundstücken, welche zur Vermietung oder zum Einsatz im eigenen Betrieb dienen. Das Abzugsverbot gilt aber für einen außerhalb einer betrieblichen Tätigkeit erfolgenden Immobilienverkauf, soferne keine laufenden Einnahmen (Mieteinnahmen) erzielt wurden bzw erzielt werden wollten oder konnten, da in diesen Fällen die Zinsen nicht iZm den laufenden Einnahmen stehen. UE sind jedoch aktivierte Bauzinsen als Teil der Anschaffungskosten abzugsfähig.

Vorsteuerabzug bei nicht abzugsfähigen Betriebsausgaben: Sind Betriebsausgaben nicht abzugsfähig, stellt sich in der Folge die Frage nach der Berechtigung zum Vorsteuerabzug. Nach dem Wortlaut des § 12 Abs 2 Z 2 UStG gelten Lieferungen und sonstigen Leistungen nicht als für das Unternehmen ausgeführt, deren Entgelte überwiegend keine abzugsfähigen Ausgaben (Aufwendungen) iSd § 20 Abs 1 Z 1–5 EStG sind. Ein Verweis auf § 20 Abs 2 EStG, wonach Aufwendungen und Ausgaben, die mit Einkünften, auf die der besondere Steuersatz abwendbar ist, nicht abgezogen werden dürfen, erfolgt nicht. Daraus ergibt sich, dass für die nicht abzugsfähigen Betriebsausgaben der Vorsteuerabzug zusteht. Das galt schon bisher für Aufwendungen iZm pauschal besteuerten Kapitaleinkünften.

16.3. Anschaffungs- und Herstellungskosten

I/378   Die Anschaffungs- und Herstellungskosten werden im außerbetrieblichen und im betrieblichen Bereich grundsätzlich gleich ermittelt. Im betrieblichen Bereich bestehen zum Teil etwas andere (zwingende) Regelungen als im außerbetrieblichen Bereich.

---

665   EStR Rz 6406; VwGH 20.2.1998, 96/15/0086.
666   VwGH 28.11.2000, 99/14/0279; Jakom/*Baldauf* EStG, 2013, § 20 Rz 95.
667   VwGH 28.5.2008, 2005/15/0167.

16.3.1. Anschaffungskosten

Der Umfang der Anschaffungskosten richtet sich generell (in allen Einkunftsarten) primär nach dem UGB (§ 203 Abs 2 UGB). Dies gilt für sämtliche Gewinnermittlungsarten und auch für außerbetriebliche Einkünfte.[668] Anschaffungskosten sind jene Aufwendungen, die geleistet werden, *um ein Wirtschaftsgut zu erwerben und in einen betriebsbereiten Zustand zu versetzen, soweit* sie diesem einzeln zugeordnet werden können (Einzelkosten). Der Kaufpreis kann auch durch Verzicht auf ein Recht erbracht werden.[669] Soweit die Vorsteuer abgezogen werden kann, zählt sie nicht zu den Anschaffungskosten, andernfalls schon. Zu den Anschaffungskosten zählen auch die Nebenkosten sowie nachträgliche Anschaffungskosten. Anschaffungspreisminderungen sind abzusetzen.

I/379

Als Anschaffungskosten gelten insb:

I/380

- Der **ursprüngliche Kaufpreis**: Entspricht den Aufwendungen, die gegenüber dem Verkäufer oder einem Dritten getätigt werden, um das wirtschaftliche Eigentum zu erwerben.
- Als Anschaffungskosten gelten auch **Abstandszahlungen an Dritte** iZm dem Kauf, weiters die Kosten einer Option für den Erwerb des Grundstückes.
- Sonderbestimmungen bestehen beim **Leasing**.[670] Werden Grundstücke gegen eine Rente angeschafft, ergeben sich die Anschaffungskosten aus dem Barwert der ursprünglichen Rentenverpflichtung.
- Der Kaufpreis gilt im Zweifel auch dann in unverminderter Höhe als Teil der Anschaffungskosten, wenn er unbestrittenermaßen **weit überhöht** ist. Diese Zweifelsregel ist widerlegbar.[671]
- Die Anschaffungskosten eines **fremdfinanzierten Grundstücks** decken sich auch dann mit dem nominellen Rückzahlungsbetrag der Schuld, wenn diese unverzinst ist. Die Abzinsung einer unverzinsten Schuld zur Ermittlung der Anschaffungskosten ist nur zulässig, wenn im Rückzahlungsbetrag der Verbindlichkeit Zinskomponenten enthalten sind, die nicht Bestandteil der Anschaffungskosten sind.[672] Wertsicherungsbeträge, die auf ein Anschaffungsdarlehen entfallen, sind keine nachträglichen Anschaffungskosten. Soweit sie auf den Anschaffungszeitraum entfallen, erhöhen sie diese.[673]
- Ein Kaufpreis in **Fremdwährung** ist in Euro (höherer Briefkurs) umzurechnen.
- **Müssen Grundstücksteile im Zuge einer Änderung der Widmung aufgrund gesetzlicher Vorgaben an die Gemeinde übertragen werden**, sind die

---

668   VwGH 23.11.1994, 91/13/0111.
669   VwGH 5.8.1992, 90/13/0138.
670   EStR Rz 135 ff.
671   EStR Rz 2180; VwGH 10.9.1998, 93/15/0051.
672   VwGH 23.11.1994, 91/13/0111; EStR Rz 2182.
673   EStR Rz 2185.

Anschaffungskosten der verbleibenden Grundstücksteile um die Anschaffungskosten der übertragenen Grundstücksteile zu erhöhen.

- Beiträge zur **Errichtung öffentlicher Interessentenwege und Aufschließungsbeiträge für den Ausbau einer Ortsstraße** zählen zu den Anschaffungskosten des GuB. Dies gilt ebenso für solche Aufwendungen einer Gemeinde für die Errichtung einer Gemeindestraße, welche die Gemeinde als Eigentümerin eines Grundstückes im Rahmen des Kaufvertrages dem Käufer anlastet.[674]

I/381 Nicht als Anschaffungskosten gelten (nicht aktivierungspflichtig sind) insb:

- Kosten der **Entscheidungsvorbereitung und Entscheidungsfindung** wie bspw Kosten für eine Investitionsrechnung.
- **Finanzierungsaufwendungen**, ausgenommen (Wahlrecht; auch bei VuV) „Bauzinsen".[675]
- **Planungskosten allgemeiner Natur**, die der Ermittlung von Beschaffungsalternativen dienen. Sie sind Anschaffungsnebenkosten, wenn sie nach der Entscheidung für eine bestimmte Beschaffungsalternative anfallen.
- **Rechtsstreitigkeiten**: Kosten auf Grund von Rechtsstreitigkeiten über die Zahlung des Kaufpreises, Gewährleistungs- und Garantieansprüche sowie Anfechtung eines Vertrages wegen laesio enormis gelten nicht als Anschaffungskosten.
- Kosten iZm der **Verteidigung des Eigentumsrechts**.[676]

16.3.2. Anschaffungsnebenkosten

I/382 Zu den Anschaffungsnebenkosten zählen insb:

- Abgaben iZm dem Abschluss des Vertrages (GrESt, GB-Gebühr), nicht als Vorsteuer abzugsfähige USt, Anschlusskosten, Kosten für behördliche Genehmigungen, Vermittlungsprovisionen, Anwalts-, Notars- und Übersetzerhonorare.
- Reise-/Besichtigungskosten bzw Kosten für Begutachtung des anzuschaffenden Grundstückes. Sie sind zu aktivieren, wenn sie zum Vertragsabschluss führen.
- Verluste aus der Veräußerung notwendig mitangeschaffter Wirtschaftsgüter gelten als Anschaffungsnebenkosten und nicht als laufender Aufwand.[677]
- Bauzeitzinsen, soweit die auf das Gebäude entfallen.

---

674 EStR Rz 578, VwGH 25.11.1999, 99/15/0169.
675 *Marchgraber*, Schuldzinsenabzug bei der Veräußerung fremdfinanzierter Immobilien, ÖStZ 2013, 383; *Hammerl/Mayr*, Die neue Grundstücksbesteuerung, RdW 2012, 167; *Steckenbauer*, aao, 80; *Herzog*, SWK 2012, 572; gilt nur für auf die Baukosten entfallenden Bauzeitzinsen im Rahmen einer Herstellung; *Studera/Thunshirn*, Handbuch Besteuerung Grundstückstransaktionen (2013), Rz 491 f.
676 EStR Rz 582.
677 EStR Rz 2186; VwGH 22.1.1960, 0714/59: Erwerb einer Liegenschaft durch Zwangsversteigerung; die miterworbenen Anlagen werden später mit Verlust veräußert.

16.3.3. Anschaffungskostenminderungen

Darunter fallen Kaufpreisreduktion wegen Gewährleistung oder Anfechtung I/383 durch Nachverhandlungen bzw im Prozessweg oder aus ähnlichen Gründen. Weiters zählen Rabatte, Skonti, Zuschüsse und Subventionen dazu.

Hingegen liegen keine Minderungen bei Erlass einer Darlehensverbindlichkeit zur Finanzierung der Anschaffung oder bei Wegfall einer anschaffungsbedingten Rentenschuld vor.

16.3.4. Nachträgliche Anschaffungskosten

Nachträgliche Anschaffungskosten sind Bestandteil derselben. Darunter fallen I/384 Erhöhungen von Anschaffungskostenkomponenten, zB aus dessen Neufestlegung auf Grund eines Urteils bzw Vergleichs oder aus Nachzahlungen auf Grund einer Verletzung des § 934 ABGB. Auch die nachträgliche Rückzahlung steuerfreier Subventionen gilt als Anschaffungserhöhung.

Anschaffungsnahe Erhaltungsaufwendungen: sind selbst im Falle eines engen zeitlichen Zusammenhanges mit dem Kauf oder dem Verhältnis der Aufwendungen zum Kaufpreis keine nachträglichen Anschaffungskosten und nicht zu aktivieren.[678] Freimachungskosten gelten als nachträgliche Anschaffungskosten.[679]

16.3.5. Herstellungskosten

Herstellungskosten sind jene Aufwendungen, die für die Herstellung eines Ge- I/385 bäudes, seine Erweiterung oder für eine über seinen ursprünglichen Zustand hinausgehende wesentliche Verbesserung entstehen. Bei deren Berechnung sind (nur) im betrieblichen Bereich auch angemessene Teile der Material- und Fertigungsgemeinkosten einzurechnen (Aktivierungspflicht: § 6 Z 2 lit a EStG). Aufwendungen, die unter Beibehaltung der Wesensart lediglich den Nutzwert und/ oder die Nutzungsdauer verändern, gelten nicht als Herstellungskosten. Im Rahmen des § 5 EStG ist grundsätzlich der unternehmensrechtliche Begriff der Herstellungskosten maßgeblich. Die Bewertung hat den GoB zu entsprechen. Im Rahmen der nicht betrieblichen Einkünfte folgen die Herstellungskosten den betrieblichen Regelungen. Daher sind im Rahmen der VuV auch Bauzinsen aktivierbar.

Bauzinsen (Zinsen für Fremdkapital, das zur Finanzierung der Herstellung des I/386 Gebäudes verwendet wird), dürfen ganz allgemein im Rahmen der Herstellungskosten angesetzt werden, soweit sie auf den Zeitraum der Herstellung entfallen. Das Wahlrecht bezieht sich auf direkt zurechenbare Zinsen und auf Zinsen, die aus der gesamten Fremdfinanzierung des Unternehmens herausgeschlüsselt wer-

---

678   VwGH 30.6.2010, 2005/13/0076; EStR Rz 2620.
679   EStR Rz 6414.

den. Bei fehlender Bauherrneigenschaft liegen keine Herstellungs- sondern Anschaffungskosten vor. Der Ansatz von Bauzinsen erscheint auch im Bereich der „privaten" Grundstücksveräußerungen aus Gründen der Gleichbehandlung zulässig zu sein (unklar EStR Rz 6666, hier scheinen aber gerade keine Bauzeitzinsen gemeint zu sein).

16.4. Einkünfteermittlung: „private" Grundstücksveräußerungen

16.4.1. Allgemeines

I/387 Basis für die ImmoESt ist die „Bemessungsgrundlage" (§ 30c Abs 2 Z 2 EStG). Diese ist der Überschuss bzw steuertechnisch die „Einkünfte". Als Einkünfte ist der Unterschiedsbetrag zwischen dem Veräußerungserlös und den Anschaffungskosten anzusetzen. Die Anschaffungskosten sind um Herstellungsaufwendungen und Instandsetzungsaufwendungen zu erhöhen, soweit diese nicht bei der Ermittlung von Einkünften zu berücksichtigen waren (§ 30 Abs 3 EStG). Sie sind weiters um die AfA, soweit diese bei der Ermittlung von Einkünften abgezogen worden ist, sowie um die in § 28 Abs 6 EStG genannten steuerfreien Beträge (Subventionen) zu vermindern. Müssen Grundstücksteile im Zuge einer Änderung der Widmung auf Grund gesetzlicher Vorgaben an die Gemeinde übertragen werden, sind die Anschaffungskosten der verbleibenden Grundstücksteile um die Anschaffungskosten der übertragenen Grundstücksteile zu erhöhen.

Bei der Regelbesteuerung gilt: Der derart ermittelte Differenzbetrag ist um die in § 30 Abs 3 EStG angeführten Werbungskosten (Kosten für die Mitteilung oder Selbstberechnung und Minderbeträge aus Vorsteuerberichtigungen) zu kürzen. Weitere Werbungskosten (zB Vertragserrichtungskosten) sind nicht abzugsfähig. Im letzten Schritt ist der Veräußerungsgewinn gegebenenfalls um den Inflationsabschlag (ab dem 11. Jahr) zu vermindern.[680]

Bei „Altgrundstücken" ist eine Pauschalbesteuerung möglich (Wahlrecht).

I/388 Zum Begriff der „Anschaffungskosten" und „Herstellungskosten" s Kap I/16.3. In Sonderfällen sind „fiktive" Anschaffungskosten anzusetzen, s unten Kap I/16.4.4. Den „Anschaffungskosten" sind die „Herstellungskosten" gleichzusetzen, soweit das Gebäude selbst hergestellt ist (zum Begriff EStR Rz 6645 ff, Bauherrneigenschaft erforderlich, dazu im Detail Studera/Thunshirn, Handbuch Besteuerung von Grundstücks-Liegenschaftstransaktionen (2013), Kap 4).Bei unentgeltlicher Rechtsnachfolge (Schenkung, Erbschaft etc) gelten als Anschaffungs- bzw Herstellungkosten jene des Rechtsvorgängers. Vom Rechtsnachfolger selbst vorgenommene Investitonen sind nach den allgemeinen Regeln zu berücksichtigen. Im

---

680 Steckenbauer, aao, 80.

Zusammenhang mit der unentgeltlichen Rechtsnachfolge angefallene Transaktionskosten sind keine Anschaffungskosten.

Die Einkünfteermittlung hat periodenübergreifend zu erfolgen („*gestreckter Tatbestand*"). Daher sind die Anschaffungskosten unabhängig davon, ob sie unter den allgemeinen Anschaffungskostenbegriff fallen, um Herstellungsaufwendungen und Instandsetzungsaufwendungen (nicht jedoch Instandhaltungsaufwendungen!) zu erhöhen, soweit diese nicht bei der Ermittlung von Einkünften zu berücksichtigen waren.

Übersicht über die Adaptierung der Anschaffungskosten (§ 30 Abs 3 EStG):

  tatsächliche Anschaffungskosten
+ Herstellungsaufwendungen, allenfalls Bauzeitzinsen
+ Instandsetzungsaufwendungen, soweit nicht bei der steuerlichen Einkunftsermittlung berücksichtigt
– gem § 28 Abs 3 EStG beschleunigt abgesetzte Herstellungsaufwendungen (nur die tatsächlich abgesetzten 10tel bzw 15tel)
– AfA-Beträge, falls bzw soweit steuerlich abgesetzt
– gem § 28 Abs 6 EStG steuerfreie Subventionen der öffentlichen Hand mit Ausnahme solcher, die auf Instandhaltungsaufwendungen entfallen
+ Erhöhung um die Anschaffungskosten jener Grundstücksteile, welche im Zuge einer Änderung der Widmung auf Grund gesetzlicher Vorgaben an die Gemeinde übertragen wurden
= adaptierte Anschaffungskosten

16.4.2. Adaptierung der Anschaffungskosten

Die Anschaffungskosten sind gem § 30 Abs 3 EStG um Herstellungs- und Instandsetzungsaufwendungen zu erhöhen, soweit diese nicht bei der Ermittlung von Einkünften zu berücksichtigen waren. Der Begriff „Instandsetzungsaufwand" ist analog zu § 28 Abs 2 EStG auszulegen. Herstellungs- und Instandsetzungsaufwendungen mindern die Einkünfte auch dann, wenn sie vom Verkäufer vor der Anschaffung (zB als Nutzungsberechtigter) getätigt wurden, sofern sie nicht ersetzt und nicht als Werbungskosten abgezogen wurden.[681] Die Anlehnung an die Begriffsdefinition des § 28 EStG ist mE nicht eindeutig zwingend, da § 28 Abs 2 EStG nur eine Verteilungsregel beinhaltet.[682] Zu beachten ist, dass nur Instandsetzungs-,

I/389

---

681 EStR Rz 6650; glA *Ruppe*, Zweifelsfragen bei der Spekulationsgewinnbesteuerung, NZ 1990; *Quantschnigg/Schuch*, ESt-HB § 30 Rz 34; zur Einbeziehung vorgezogener Aufwendungen: *Atzmüller*, RdW 2010, 804; EStR Rz 6654b und 6654c; zustimmend Jakom/*Kanduth-Kristen* EStG, 2013, § 30 Rz 59; zur Begriffsanlehnung an § 28 Abs 2 EStG ebenfalls zustimmend Jakom/*Kanduth-Kristen*, aao, Rz 59.
682 *Quantschnigg/Schuch*, EST-HB, § 4 Tz 37.3; *EStR* Rz 1400.

nicht hingegen Instandhaltungsaufwand zu berücksichtigen ist. Dies ist nicht unproblematisch: Bei Aufwendungen iZm der Erneuerung von Gebäudeteilen infolge höherer Gewalt (zB durch die Versicherung (gänzlich) gedeckter Sturm-, Hagel-, Überschwemmungs- und Feuerschäden) liegt kein Herstellungs- oder Instandsetzungsaufwand, sondern Instandhaltungsaufwand nach § 28 EStG vor. Dieser kann bei VuV-Einkünften sofort abgesetzt werden. Erleidet nun ein Vermieter einen solchen Schaden, so ist dieser (sofort) zur Gänze absetzbar und bei späterem Verkauf dem Veräußerungsgewinn nicht hinzuzurechnen. Erleidet ein Privater einen solchen Schaden, so ist dieser mangels Einkünfte steuerlich nicht absetzbar und bei einem späteren Verkauf den Anschaffungskosten *nicht* hinzurechnen, da es sich um Instandhaltungs-, nicht aber um Instandsetzungsaufwand handelt. Aus Gründen der *Gleichmäßigkeit* der Besteuerung und des Leistungsfähigkeitsprinzips ist eine Hinzurechnung mE allerdings im Wege der Analogie vertretbar. Auch jene Aufwendungen, die der im Falle eines unentgeltlichen Erwerbs vom Rechtsvorgänger getätigt wurden, sind zu berücksichtigen.

I/390   Die Hinzurechnung hat gem § 30 Abs 3 EStG nur insoweit zu erfolgen, als die Aufwendungen nicht abgesetzt werden konnten. War dies der Fall, so kommt es zu keiner Hinzurechnung, selbst wenn mangels positiven Einkünften die Absatzbarkeit ins Leere ging. Wird etwa ein vermietetes Gebäude vier Jahre nach der Instandsetzung verkauft und wurden 4/10tel abgeschrieben, sind bei Veräußerung noch die restlichen 6/10tel hinzuzurechnen. Bei einem nicht vermieteten Gebäude ist der *Instandsetzungsaufwand* mangels Absetzung unbefristet hinzurechnen, egal wann er getätigt wurde. Eine Inflationsaufwertung kommt nicht in Betracht.

Bei jeder Baumaßnahme ist im Nachhinein für die ImmoESt-Berechnung eine Trennung in Instandhaltungs-/Erhaltungsaufwand einerseits und Herstellungsaufwand andererseits vorzunehmen und zu dokumenticrcn.[683]

I/391   **Instandhaltungsaufwand** liegt vor, wenn nur unwesentliche Gebäudeteile ausgetauscht werden bzw wenn es zu keiner wesentlichen Erhöhung des Nutzwertes oder der Nutzungsdauer kommt. Dazu zählen insb Aufwendungen iZm folgenden Arbeiten:[684] Wartung, Reparaturen, Ausmalen Stiegenhaus und Räume, Anfärbeln der Fassade ohne Erneuerung des Außenverputzes, Ausbessern des Verputzes, Erneuerung von Gebäudeteilen wegen höherer Gewalt (zB Sturm- und Hagelschäden).

I/392   **Instandsetzungsaufwand** ist gem § 28 Abs 2 EStG jener Aufwand, der zwar nicht zu den Anschaffungs- oder Herstellungskosten gehört, aber allein oder zusammen mit einem Herstellungsaufwand den Nutzungswert des Gebäudes wesentlich erhöht oder die Nutzungsdauer wesentlich verlängert. Ausgehend von der

---

683   *UFS* 08.07.2010, RV/3910-W/08; uva *Kohler/Wakounig*, Steuerleitfaden zur Vermietung[8], 218.
684   EStR Rz 6467.

Legaldefinition sind darunter alle Aufwendungen zu verstehen, die eine Sanierung des Gebäudes (wesentliche Erhöhung des Nutzwertes bzw alternativ wesentliche Verlängerung der Nutzungsdauer) herbeiführen.[685] Instandsetzungsaufwand liegt immer dann vor, wenn wesentliche Teile des Gebäudes ausgetauscht werden und nur deshalb kein Herstellungsaufwand zu unterstellen ist, weil bei Austausch von unselbständigen Bestandteilen infolge fehlender Änderung der Wesensart des Gebäudes keine Aktivierung vorzunehmen ist. Eine Anhebung des Nutzungswertes liegt nicht nur dann vor, wenn tatsächlich höhere Mieteinnahmen verlangt werden, sondern auch dann, wenn bei einer angenommenen Neuvermietung mehr verlangt werden könnte, infolge der Instandsetzung kürzere Leerstehungen vorliegen, der Wohnwert für die Mieter verbessert wird (zB Einbau von Schallschutzfenstern oder besser isolierten Fenstern) und bei einer Veräußerung mehr erzielt werden könnte.[686] Über punktuelle Verbesserungen nicht hinausgehende Aufwendungen wie der Austausch einzelner Gebäudeteile gelten nicht als Instandsetzung. Eine wesentliche Erhöhung ist dann zu unterstellen, wenn zumindest eine der Maßnahmen[687] hinsichtlich von unselbständigen Gebäudeteilen zu mehr als 25 % ausgetauscht wird. Die 25 %-Grenze ist stets auf jede einzelne Aufwandskategorien in ihrer Gesamtheit zu beziehen. Werden Fenster ausgetauscht, liegt Instandsetzungsaufwand vor, wenn – bezogen auf das gesamte Objekt – mehr als 25 % sämtlicher Fenster ausgetauscht werden. Eine Differenzierung, etwa nach der Größe von Fenstern oder ihrem Wert, hat nicht zu erfolgen. Es gibt keine generelle Betragsgrenze, ab welcher von Herstellungsaufwand und unter welcher von Erhaltungsaufwand ausgegangen werden kann. Die Höhe der Aufwendungen auf das Wirtschaftsgut alleine ist kein maßgeblicher Indikator für das Vorliegen von Erhaltungs- oder Herstellungsaufwand.[688]

Beispiele für Instandsetzungsmaßnahmen iSd § 28 Abs 2 EStG[689]
Austausch von Fenstern und Türen, Dach und Dachstuhl, Unterböden (Estrich statt Holzboden usw), Dachlattung in Verbindung mit Ausbesserungsarbeiten am Dachstuhl, Stiegen, Zwischenwänden, Heizungsanlagen sowie Feuerungseinrichtungen (zB Umstellung einer Zentralheizungsanlage von festen Brennstoffen auf Gas), Aufzugsanlagen, Austausch von Elektro-, Wasser- Gas-, Sanitär- und Heizungsinstallationen, Erneuerung der Bodenbeläge und Fliesen, Umfangreiche Erneuerung des Außenverputzes bspw mit Erneuerung der Wärmedämmung, Trockenlegung der Mauern, Kanalanschluss bei bestehenden Gebäuden.

Herstellungsaufwendungen liegen immer dann vor, wenn die Wesensart des I/393 Gebäudes verändert wird.[690] Das EStG enthält keine eigenständige Definition.

685   EStR Rz 6461.
686   EStR Rz 6461.
687   EStR Rz 6469 f.
688   UFS 8.7.2010, RV/3910-W/08; *Bertl/Fraberger, RWZ* 1999, 266.
689   EStR Rz 6469 f.
690   VwGH 23.9.1997, 93/14/0095, 0096.

Dennoch sind Herstellungs- bzw Erhaltungsaufwand eigenständige Begriffe.[691] Es besteht keine Identität, wohl aber eine Parallelität zwischen den Herstellungskosten iSd EStG und jenen nach § 203 Abs 3 UGB.[692] Nach Ansicht des VwGH[693] müssen idZ unter Herstellungsaufwendungen nachträgliche Herstellungskosten auf ein angeschafftes Gebäude gemeint sein, weil die Herstellung des Gebäudes zur gänzlichen Befreiung für das Gebäude führt. Dies war bis 31.3.2012 zutreffend. Ab 1.4.2012 sind selbst hergestellte Gebäude nur mehr dann steuerfrei, soweit sie innerhalb der letzten zehn Jahre nicht zur Erzielung von Einkünften gedient haben. Aufwendungen auf ein bestehendes Gebäude sind dann Herstellungsaufwendungen, wenn sie die Änderung der Wesensart bewirken. Aus dem Zusammenhang des § 30 Abs 2 Z 2 und Abs 4 2. S EStG ergibt sich, dass Baumaßnahmen, die zur Änderung der Wesensart eines Gebäudes führen, zwar bei Ermittlung der Höhe der ImmoESt zu berücksichtigen sind, im Allgemeinen aber noch nicht zur Erfüllung des Tatbestandsmerkmales des „selbst hergestellten Gebäudes" ausreichen. Eine Wesensänderung verlangt nicht, dass das Gebäude zur Gänze eine neue Funktion erhält, es reicht aus, wenn einzelne Teile anders genutzt werden können, sofern diese nicht von untergeordneter Bedeutung sind.[694] Herstellungsaufwand liegt vor, wenn durch Umbauten in einer Wohnung die Wohnung vergrößert und modernisiert wird (zB Errichtung von Zwischenmauern, Versetzen von Tür- und Fensterstöcken, Einbau von Badezimmer und WC, Einbau zusätzlicher Türen und Fenster) oder wenn bei Umbauten in einer Wohnung nicht nur der Austausch vorhandener Gebäudebestandteile – wie Türen, Fenster, Decken, Wände etc – vorgenommen wird, sondern neue Bestandteile eingebaut werden (zB neue Türen/Fenster, Abmauern bestehender Türen/Fenster, Errichtung neuer Badezimmer, Duschen bzw Toiletten) oder bereits vorhandene Bestandteile an anderen Stellen eingebaut werden (Versetzen von Türen, Vergrößerung des Badezimmers). Die wesentliche Verbesserung beziehe sich auf die Immobilie als Ganzes; partielle Verbesserungen am Gebäude begründeten daher keinen Herstellungsaufwand.[695] Nach hA[696] sind Herstellungsaufwendungen insb Aufwendungen iZm folgenden Maßnahmen: Aufstockung, Zusammenlegung von Wohnungen, erstmaliger Einbau von Zentralheizungs- und Aufzugsanlagen, erstmaliger Einbau von Badezimmern und WC (Kategorieanhebung), Versetzen von Fenster und Türen. IdR zählen Aufwendungen iSd § 4 MRG dazu.

I/394   Gem § 28 Abs 2 2. und 3. TS EStG dürfen Absetzungen für außergewöhnliche technische oder wirtschaftliche Abnutzung und damit zusammenhängende Auf-

---

691   UFS 21.2.2007, RV/0470-G/05; *Ryda/Langheinrich*, FJ 2001, 390
692   UFS 8.7.2010, RV/3910-W/08.
693   VwGH 20.9.2001, 98/15/0071; s auch UFS 21.2.2007, RV/0470-G/05.
694   Jakom/*Laudacher* EStG, 2013, § 28 Rz 120.
695   *Mayr*, ÖStZ 2002, 46.
696   *Doralt*, EStG[15], § 28 Tz 137; *Lenneis* in *Wiesner/Atzmüller/Grabner/Leitner/Wanke*, EStG, § 28 Anm 32.

wendungen (zB Abbruchkosten) sowie außergewöhnliche Aufwendungen, die keine Instandhaltungs-, Instandsetzungs- bzw Herstellungsaufwendungen sind (zB Schadensbeseitigung, Kosten der Aufräumung nach einem Katastrophenschaden, Rechtskosten iZm mit der Freimachung von Mietobjekten), gleichmäßig auf zehn Jahre verteilt werden. Sie sind bei Ermittlung des außerbetrieblichen Veräußerungsgewinns unbeachtlich.

Bisherige AfA-Beträge erhöhen den Veräußerungsgewinn. Die Anschaffungs-   I/395
kosten sind (§ 30 Abs 3 EStG) um die AfA, soweit diese bei den Einkünften abgezogen wurde, und um die in § 28 Abs 6 EStG genannten steuerfreien Beträge (Subventionen) zu vermindern.

Nicht zur AfA zählt aber die Verteilung von Aufwendungen iSd § 28 Abs 4 EStG. Nicht hinzuzurechnen sind daher die gem § 28 Abs 2 und 3 verteilten Aufwendungen sowie jene für außergewöhnliche technische und wirtschaftliche Abnutzung. Bei entgeltlicher Übertragung gehen die offenen Verteilungszehntel gem § 28 Abs 2 EStG nicht auf den Erwerber über, können aber auch nicht mehr vom Veräußerer abgesetzt werden. Sie sind daher verloren. Sie sind aber auch dem Veräußerungsgewinn nicht zuzurechnen. Dies ist für Herstellungs- und Instandsetzungsaufwendungen, welche als außergewöhnliche Aufwendungen iSd § 28 Abs 2 3. TS EStG geltend gemacht bzw verteilt wurden, inkonsequent, da – wären sie im Wege der Normal-AfA abgeschrieben worden – sie zumindest insoweit hinzuzurechnen gewesen wären. Mangels gesetzlicher Anordnung hat aber keine Korrektur um die darauf entfallende fiktive AfA zu erfolgen. Für Instandhaltungsaufwendungen ist dies konsequent, da sie keiner AfA unterlägen wären. Es erscheint jedoch aus Gründen der Gleichbehandlung denkbar und vertretbar, diese Verteilungszehntel, soweit sie theoretisch aktivierbar gewesen wären, fiktiv anschaffungskostenerhöhend anzusetzen.

Zusammenfassung: Damit ergibt sich gem § 30 Abs 3 EStG im außerbetriebli-   I/396
chen (privaten) Bereich vereinfacht folgendes Schema:[697]

tatsächliche Anschaffungskosten

+ Herstellungsaufwendungen

+ Instandsetzungsaufwendungen, soweit nicht bei der steuerlichen Einkunftsermittlung berücksichtigt

– gem § 28 Abs 3 EStG beschleunigt abgesetzte Herstellungsaufwendungen (nur die tatsächlich abgesetzten 10tel bzw 15tel)

– AfA-Beträge, falls bzw soweit steuerlich abgesetzt

– gem § 28 Abs 6 EStG steuerfreie Subventionen der öffentlichen Hand mit Ausnahme solcher, die auf Instandhaltungsaufwendungen entfallen

---

697   Übersicht übernommen aus EStR Rz 6661.

+ Erhöhung um die Anschaffungskosten jener Grundstücksteile, welche im
Zuge einer Änderung der Widmung auf Grund gesetzlicher Vorgaben an die
Gemeinde übertragen wurden
= adaptierte Anschaffungskosten

16.4.3. Inflationsabschlag ("private" und betriebliche Grundstücksveräußerungen)

I/397 Der Inflationsabschlag kommt uneingeschränkt für alle „privaten" Grundstücksveräußerungen sowohl für den GuB als auch für Gebäude zur Anwendung. Für nicht „private" Grundstücksveräußerungen, also für Veräußerungen aus dem Betriebsvermögen, kommt der Inflationsabschlag aber nur für den *GuB des Anlagevermögens* zum Tragen. Bei bebauten Grundstücken des Anlage-Betriebsvermögens kommt der Inflationsabschlag nur für den Anteil zur Anwendung. Für Grundstücke des Umlaufvermögens kommt der Inflationsabschlag niemals zur Anwendung.

Methodisch ist der (wie vorbeschrieben ermittelte) *Veräußerungsgewinn* gem § 30 Abs 3 2. TS EStG um 2 % p.a. ab dem 11. Jahr nach dem Zeitpunkt der Anschaffung, höchstens jedoch um 50 % zu vermindern. Somit ergibt sich bei maximalem Inflationsabschlag eine Effektivbelastung von 12,5 %. Der Inflationsabschlag steht für jedes angefangene Jahr zu. Er ist nicht zu aliquotieren.

Der Inflationsabschlag ist eine Art fiktiver Werbungskostenabzug. Er ist mE auf den nach der obigen Formel errechneten Veräußerungsgewinn („Einkünfte") und nicht auf die Anschaffungs- oder Herstellungskosten zu beziehen. AA ist das BMF: Der Inflationsabschlag ist gem EStR Rz 6667 nicht von den Einkünften, sondern nach Abzug der Kosten für die Mitteilung der Selbstberechnung sowie jener aus Minderbeträgen aufgrund von Vorsteuerberichtigungen anzusetzen. Wie vorerwähnt kommt der Inflationsabschlag bei Veräußerung von *Grundstücken des Privatvermögens* (inklusive VuV) vom Wert des Grund und Bodens *samt* Gebäude, hingegen bei Veräußerung von *Grundstücken des Betriebsvermögens* nur vom *Grund und Boden* des Anlagevermögens zum Ansatz.

Zeitliche Aspekte und Zweifelsfragen: Anknüpfungspunkt für die Fristberechnung ist der Zeitpunkt der „Anschaffung". Die Frist ist von Tag zu Tag zu berechnen. Das BMF stellt bei der „privaten" Grundstücksveräußerung bei der Anschaffung auf den Zeitpunkt des „Verpflichtungsgeschäftes" ab (siehe dazu die Kritik in Kap I/5.). Bei der Herstellung ist nach dem BMF (Rz 6667), soferne die Herstellung nach dem *31.3.2012* erfolgte, der Inflationsabschlag für den Grund und Boden auf den Anschaffungszeitpunkt des Grund und Bodens, jener für das Gebäude ist hingegen auf den Zeitpunkt der Herstellung (Fertigstellung) des Gebäudes zu beziehen. Ansonsten ist nach dem BMF bei selbst hergestellten Gebäuden der Inflationsabschlag immer einheitlich auf den Anschaffungszeitpunkt des

Grund und Bodens zu beziehen. Anderer uE zutreffender Ansicht ist *Kanduth-Kristen* (Jakom EStG, 2013, § 30 Rz 68 sowie in SWK Heft 6/2013, 354, Zweifelsfragen zum Inflationsabschlag; ablehnend *Bodis/Hammerl*, EStR-Wartungserlass 2013: Neue Grundstücksbesteuerung (I, II), RdW 2013, 411). Bei der Berechnung des Inflationsabschlags für das Gebäude muss der Herstellungszeitpunkt relevant sein. Bei anderer Auslegung wäre nach *Kanduth-Kristen* die Bestimmung bei hergestellten Gebäuden nicht anwendbar, da § 30 Abs 3 EStG nur auf die *„Anschaffung"* oder spätere *„Umwidmung"* Bezug nimmt.

Auch *Beiser* (Die neue Immobilienbesteuerung idF AbgÄG 2012, 6.5.3) und *Thunshirn* (Contra BMF: Doch uneingeschränkt 3,5 % Pauschalbesteuerung für bis 31.3.2012 selbst hergestellte Gebäude?, ecolex 1/2014, in Druck) stellen iZm der Frage der Pauschalbesteuerung analoge Überlegungen an. Der Gesetzeswortlaut des § 30 Abs 3 EStG stellt nach *Thunshirn* darauf ab, dass *„soweit Grundstücke am 31. März 2012 nicht steuerverfangen"* waren, die Pauschalbesteuerung (3,5 % oder 15 % ImmoESt vom Veräußerungserlös) angewendet werden darf. Nach den EStR Rz 6654 soll jedoch für die Beurteilung die *abstrakte Steuerbarkeit* nach § 30 EStG idF vor 1. StabG 2012 maßgeblich sein, nicht aber, *„ob im Falle der Veräußerung am 31.3.2012 tatsächlich ein steuerpflichtiger Spekulationsgewinn entstanden wäre oder der Vorgang aufgrund von einer Befreiung (Hauptwohnsitzbefreiung, Herstellerbefreiung) nicht steuerpflichtig wäre."* Daher sei, wenn auf Grund und Boden, der Altvermögen darstellt, ab dem 1.4.2012 ein Gebäude errichtet wird, das Gebäude für sich gesondert Neuvermögen. Die daran anknüpfende Schlussfolgerung, dass dies umgekehrt aber nicht für *vor* dem 1.4.2012 (und nach dem 31.3.2002) errichtete Gebäude gelte, ist aber nach *Thunshirn* unzutreffend. Nach *Beiser* und *Thunshirn* ist die Frage eines Altbestands iSd § 30 Abs 4 EStG für neu errichtete Gebäude nach dem Stand zum 31.3.2012 getrennt vom Grund und Boden zu beantworten. Die Berufung auf die Einheitstheorie ist idZ unzutreffend.

Abweichend vom Anschaffungszeitpunkt sind für die Berechnung des Inflationsabschlages folgende Zeitpunkte relevant (s dazu *Kanduth-Kristen* SWK 2013, 354 ff sowie in Jakom EStG, 2013, § 30 Rz 69):

- Der Zeitpunkt der *Umwidmung* bei Umwidmungen nach dem letzten entgeltlichen Erwerb (§ 30 Abs 3 EStG). Dies gilt für umgewidmetes Altvermögen bei Regeleinkünfteermittlung und generell bei umgewidmetem Neuvermögen.
- Der *Herstellungszeitpunkt* bei später errichteten Gebäuden (eine ausdrückliche gesetzliche Regelung fehlt).
- Der Zeitpunkt der *erstmaligen Nutzung zur Einkünfteerzielung* bei Altvermögen, das erstmalig nach dem 31.12.2012 zur Einkünfteerzielung genutzt wurde und bei dem der AfA-Bemessung die fiktiven Anschaffungskosten zugrunde gelegt wurden (§ 30 Abs 6 lit a EStG, siehe Kap I/16.4.4.). Dies ist nach *Kanduth-*

Kristen allerdings nur gerechtfertigt, wenn anlässlich der Veräußerung die gem § 30 Abs 6 lit a EStG für die Zeit vor Beginn der Einkünfteerzielung zu versteuernden Einkünfte *pauschal* gem § 30 Abs 4 ermittelt werden.

Auch im betrieblichen Bereich ist neben der Zuordnung zum Anlagevermögen und der Beschränkung auf den GuB der allgemeine Anschaffungszeitpunkt von Bedeutung. Als Anschaffung gelten auch die Sacheinlage in eine Körperschaft außerhalb des UmgrStG. Folglich ist bei solchen Sacheinlagen, soferne das UmgrStG nicht zur Anwendung kommt, Anschaffungszeitpunkt der Einlagezeitpunkt (§ 6 Z 14 EStG). Soferne das UmgrStG zur Anwendung kommt, bleibt der ursprüngliche Anschaffungzeitpunkt des Einbringenden erhalten. Dies gilt für sämtliche Umgründungen. Eine Besonderheit gilt nach § 18 Abs 5 UmgrStG: Der Teilwert von GuB ist in Evidenz zu nehmen, wenn beim Rechtsvorgänger im Falle einer Veräußerung am Einbringungsstichtag § 30 Abs 4 EStG auf den gesamten GuB anwendbar wäre. Bei späterer Veräußerung des GuB ist wie folgt vorzugehen: Für Wertveränderungen bis zum Einbringungsstichtag kann § 30 Abs 4 EStG (Pauschalbesteuerung) angewendet werden, wobei an Stelle des Veräußerungserlöses der Teilwert tritt. Für Wertveränderungen nach dem Einbringungsstichtag tritt der Teilwert an die Stelle des Buchwerts. Für einen Inflationsabschlag ist auf den Einbringungsstichtag abzustellen.

Beispiel aus den EB zur RV

Ein Grundstück wird am 1.6.2005 angeschafft und am 1.5.2016 veräußert. Die Veräußerung erfolgt im 11. Jahr nach der Anschaffung. Daher ist vom Veräußerungsgewinn ein Inflationsabschlag in Höhe von 2 % in Abzug zu bringen.

Ein Grundstück wird am 1.6.2005 angeschafft und am 1.5.2045 veräußert. IdF greift die Deckelung des Inflationsabschlages, sodass max 50 % in Abzug zu bringen ist.

16.4.4. Sonderfälle: fiktive Anschaffungskosten nach § 30 Abs 6 lit a EStG

I/398 Wurde bei einem Grundstück die AfA gem § 16 Abs 1 Z 8 EStG von den fiktiven Anschaffungskosten bemessen und war es zum 31.3.2012 nicht mehr steuerverfangen („Altbestand"), so sind die Einkünfte für Wertveränderungen *vor und ab* der erstmaligen Nutzung zur Einkünfteerzielung gesondert zu ermitteln.

- Für Wertveränderungen bis zum Beginn der Einkünfteerzielung kann § 30 Abs 4 EStG (Pauschalbesteuerung) angewendet werden. An Stelle des Veräußerungserlöses treten die fiktiven Anschaffungskosten gem § 16 Abs 1 Z 8 EStG.

- Die Wertveränderungen ab Beginn der Einkünfteerzielung sind nach § 30 Abs 3 EStG zu ermitteln, wobei an Stelle der tatsächlichen Anschaffungskosten die fiktiven Anschaffungskosten treten. Für einen Inflationsabschlag ist auf den Zeitpunkt der erstmaligen Nutzung zur Einkünfteerzielung abzustellen.

• Die Regelung ist auf Grundstücke anzuwenden, die nach dem 31.12.2012 erstmalig zur Erzielung von Einkünften verwendet werden (§ 124b Z 227 EStG).

Nach den EB zum AbgÄG 2012 soll analog zur Regelung hinsichtlich der Einlage ins Betriebsvermögen die AfA-Bmgl bei erstmaliger Nutzung zur Erzielung außerbetrieblicher Einkünfte eines bereits früher angeschafften Gebäudes geregelt werden. In § 16 Abs 1 Z 8 lit d EStG war bisher der Ansatz der fiktiven Anschaffungskosten vorgesehen. Dies gilt ab dem 1.1.2013 nur mehr für Gebäude des Altvermögens mit Ausnahme von GuB. § 16 Abs 1 Z 8 lit d EStG wird daher insoweit eingeschränkt und in Z 8 in lit c EStG überführt. Für Gebäude des Neuvermögens dienen auch idF gem § 16 Abs 1 Z 8 lit a EStG die historischen Anschaffungs- oder Herstellungskosten als Bmgl. Da die fiktiven Anschaffungskosten mit dem Teilwert korrespondieren, werden dieselben Bewertungsregeln wie im betrieblichen Bereich angewendet. Daher kann hinsichtlich eines vermieteten Gebäudes die Pauschalbesteuerung auf Basis der fiktiven Anschaffungskosten zum Zeitpunkt der erstmaligen Nutzung zur Einkünfteerzielung als Veräußerungserlös angewendet werden. Der auf den Zeitraum ab dem Beginn der Vermietung entfallende Veräußerungsgewinn ist gem § 30 Abs 3 EStG zu ermitteln, wobei allerdings an die Stelle der historischen Anschaffungskosten die fiktiven Anschaffungskosten zu Beginn der Einkünfteerzielung treten. Der Inflationsabschlag ist nicht auf den Zeitpunkt der Anschaffung, sondern auf jenen der erstmaligen Nutzung zur Einkünfteerzielung zu beziehen. Hinsichtlich des GuB kann vom darauf entfallenden Veräußerungserlös die ImmoESt gem § 30 Abs 4 EStG (Pauschalbesteuerung) ermittelt werden. Die Neuregelung ist auf Grundstücke anzuwenden, die nach dem 31.12.2012 erstmalig zur Erzielung von Einkünften verwendet werden.

Altbestand aus Wechsel der Gewinnermittlungsart: Werden Grundstücke veräußert, welche im Zuge des Wechsels der Gewinnermittlungsart steuerneutral entnommen wurden, gilt bei deren Veräußerung § 4 Abs 3 Z 3 lit c EStG sinngemäß. Ein Auf- oder Abwertungsbetrag ist gewinnwirksam anzusetzen. Dabei kann § 30 Abs 4 EStG (Pauschalbesteuerung) für GuB, der ohne Wechsel zur Gewinnermittlung nach § 5 EStG zum 31.3.2012 nicht steuerverfangen gewesen wäre, angewendet werden. An Stelle des Veräußerungserlöses tritt der Teilwert im Zeitpunkt des Wechsels der Gewinnermittlung.[698]

16.4.5. Vereinfachungsbestimmung für WE-Gemeinschaften

Werden Anteile an Grundstücken durch sämtliche Wohnungseigentümer zum Zweck der Begründung von Wohnungseigentum an bisher allgemeinen Teilen

---

698 Jakom/*Kanduth-Kristen* EStG, 2013, § 30 Rz 85; *Studera/Thunshirn*, Handbuch Besteuerung Grundstückstransaktionen (2013), Rz 450; *Beiser*, Grund und Boden: Fiktive Anschaffungskosten nach § 30 Abs 4 EStG auch bei der Gewinnermittlung nach § 5 EStG, SWK 2013, 383.

I/399

I/400

I/401

der Liegenschaft (§ 2 Abs 4 WEG, bspw Hausbesorgerwohnungen oder Parkplätze) veräußert, kann gem § 30b Abs 6 EStG (Wahlrecht) für die Berechnung der ImmoESt sämtlicher Wohnungseigentümer der Unterschiedsbetrag zwischen dem Veräußerungserlös und den mit 40 % des Veräußerungserlöses anzusetzenden Anschaffungskosten als Bmgl angesetzt werden (Pauschalmethode). Dies gilt nur, wenn die Veräußerung durch mehr als fünf Wohnungseigentümer erfolgt und der Veräußerungserlös den Betrag von 150.000 € nicht übersteigt. Die Veräußerung muss zusätzlich durch sämtliche Wohnungseigentümer erfolgen. Die selbstberechnete ImmoESt wird jedem Wohnungseigentümer entsprechend seines Anteils zugerechnet. Nach den EB können auf Antrag von jedem Wohnungseigentümer die Veranlagungs- oder die Regelbesteuerungsoption geltend gemacht werden. Die effektive Steuer beträgt daher dann 15 % des Veräußerungserlöses.

I/402 Fraglich ist, wer die Initiative für eine derartige pauschale Besteuerung ergreift (die Hausverwaltung, der Parteienvertreter?) und ob bzw welche Informations- bzw Zustimmungsrechte die Wohnungseigentümer(-gemeinschaft) haben. Eine ausdrückliche gesetzliche Ermächtigung für Parteienvertreter ist nicht vorgesehen. Der Parteienvertreter wird uE daher die Wohnungseigentümer vorher befragen müssen.

16.4.6. Verlustausgleich

I/403 Ein Verlustausgleich ist im Rahmen der Selbstberechnung unzulässig. Gewinne und Verluste aus privaten Grundstücksveräußerungen, auf die der besondere Steuersatz gem § 30a Abs 1 EStG anwendbar ist, können nur eingeschränkt und im Rahmen der Regelbesteuerungsoption verrechnet werden. S *Studera/ Thunshirn*, Handbuch, Kap 3.4.6.8. und 3.4.8.5.8.

16.4.7. Pauschalbesteuerung/fiktive Anschaffungskosten ("Altgrundstücke")

I/404 Gem § 30 Abs 4 EStG gilt für Grundstücke, die am 31.3.2012 „nicht steuerverfangen" waren, eine Sonderregelung in Form einer „Pauschalbesteuerung" (Wahlrecht). Als Anschaffungkosten können 86 % des Veräußerungserlöses als fiktive Anschaffungskosten angesetzt werden. Bei einer Umwidmung nach dem 31.12.1987 erhöht sich der Ansatz der fiktiven Anschaffungskosten auf 40 %. Bmgl sind somit, wenn keine Umwidmung erfolgt ist, 14 % des Veräußerungserlöses. Effektiv unterliegt die Veräußerung daher idF einem Steuersatz von 3,5 % des Veräußerungserlöses.

Die Pauschalbesteuerung gilt uneingeschränkt für alle „privaten" Grundstücksveräußerungen. Für nicht „private" Grundstücksveräußerungen, also für Veräußerungen aus dem Betriebsvermögen, kommt die Pauschalbesteuerung gem § 4

Abs 3a Z 3 EStG **nur** für den GuB des Anlagevermögens zum Tragen, soferne dieser zum 31.3.2012 nicht steuerverfangen war. Auch bei bebauten Grundstücken kommt die Pauschalbesteuerung nur für den Grundanteil zum Tragen, soferne dieser zum 31.3.2012 nicht steuerverfangen war. Die Pauschalbesteuerung bezieht sich somit auch im betrieblichen Bereich nur auf „Altvermögen", wenn dieses aufgrund der Gewinnermittlungsarten nach § 4 Abs 1, § 4 Abs 3 oder bei Besteuerung nach Durchschnittssätzen (§ 17 EStG) nicht steuerhängig war. Für Gebäude steht im betrieblichen Bereich die pauschale Gewinnermittlung nach § 30 Abs 4 EStG niemals zu.

Darunter fallen nach hA jedenfalls alle Grundstücke, die vor dem 1.4.2002 angeschafft und bei denen keine Herstellungsaufwendungen gem § 28 Abs 3 EStG innerhalb von zehn Jahren abgesetzt wurden (in diesem Fall Verlängerung um weitere fünf Jahre: Bei diesen Grundstücken betrug die Spekulationsfrist 15 Jahre; die Anschaffung vor dem 1.4.1997 war am 31.3.2012 nicht mehr steuerverfangen). § 30 Abs 4 EStG ist auch anzuwenden, wenn der Veräußerungserlös in Renten bzw Raten zufließt. Bei Rentenzahlung kommt allerdings der Sondersteuersatz gem § 30a Abs 4 EStG nicht zur Anwendung. Dies ändert aber nichts an der pauschalen Einkunftsermittlung. Der Effektivsteuersatz beträgt bei Renten daher dann nicht 3,5 %, sondern 7 % bzw im Umwidmungsfall anstelle von 15 % das Doppelte, also 30 % des abgezinsten Rentenbarwerts. Sowohl bei Renten- als auch bei Ratenzahlung ist für die Ermittlung der pauschalierten Anschaffungskosten auf den (kapitalisierten Renten-)Barwert abzustellen.

Die Pauschalbesteuerung kommt sowohl bei angeschafften als auch bei selbst hergestellten Gebäuden zum Tragen. Bei selbst hergestellten Gebäuden geht die Herstellerbefreiung vor. Allerdings kommen Herstellerbefreiung und Pauschalbesteuerung gegebenenfalls auch parallel zur Anwendung. Wurde etwa ein im Jahr 1990 selbst hergestelltes Gebäude innerhalb der letzten zehn Jahre vor Veräußerung zur Hälfte vermietet, so kann für die Hälfte des Verkaufserlöses die Befreiung des § 30 Abs 2 Z 2 EStG (siehe Rz I/445 ff) angewendet werden, während für die andere Hälfte die Pauschalbesteuerung zum Tragen kommen kann.

Soferne seit Anschaffung (vor dem 1.4.2002) Herstellungs- und Instandsetzungsaufwendungen (nach dem 31.3.2002) getätigt wurden, ist, auch wenn diese betraglich umfangreich waren (zB Dachaufstockung), auf den ursprünglichen Anschaffungszeitpunkt abzustellen. Das „Altgebäude" verliert auch durch umfangreiche Investitionen nicht seine Eigenschaft als „Altbestand".

Für Herstellungsaufwendungen ist der zeitliche Umfang der Pauschalbesteuerung strittig: Das 1.StabG 2012 hat nach Ansicht des BMF die *Einheitstheorie* aufgegeben. Bis dahin folgte nach überwiegender Ansicht ein auf eigenem Grund errichtetes Gebäude dem Anschaffungszeitpunkt des Grundstückes. Mit Inkrafttreten des 1. StabG 2012, somit nach dem 31.3.2012, werden nach Ansicht des BMF

(EStR Rz 6654) GuB und Gebäude aber getrennt betrachtet und der Anschaffungszeitpunkt des Gebäudes wird daher dessen Fertigstellungsdatum sein. Aber auch dies ist mE unklar, da bereits mit Errichtung des Kellers ein Bauwerk entstanden sein könnte. Die Herstellung gilt nach EStR Rz 6624 nicht als Anschaffung, was jedoch in Anbetracht der Aufgabe der Einheitstheorie widersprüchlich erscheint. Aus EStR Rz 6649 dürfte aber ableitbar sein, dass auf die Fertigstellung abzustellen ist. Nach EStR Rz 6654 folgt daher, dass, wenn auf Grund und Boden, der „Altvermögen" darstellt, ab dem 1.4.2012 ein Gebäude errichtet wird, das Gebäude für sich losgelöst vom Grund und Boden Neuvermögen darstellt. Die daran anknüpfende Schlussfolgerung des BMF, dass dies umgekehrt aber nicht für *vor* dem 1.4.2012 (und nach dem 31.3.2002) errichtete Gebäude gelte, ist aber mE unzutreffend. Die Frage eines Altbestands ist iSd § 30 Abs 4 EStG für neu errichtete Gebäude nach dem Stand zum 31.3.2012 getrennt vom Grund und Boden zu beantworten. Die Berufung auf die Einheitstheorie ist idZ unzutreffend. Daraus folgt:

- Anschaffung Grund und Boden vor dem 1.4.2002 („GuB-Altvermögen") und Gebäuderrichtung bis zum 31.3.2002: Grund und Boden sowie Gebäude gelten einheitlich als Altbestand (unstrittig), einheitliche Pauschalbesteuerung für Grund und Boden und Gebäude.
- Anschaffung Grund und Boden vor dem 1.4.2002 („GuB-Altvermögen") und Gebäuderrichtung nach dem 31.3.2002, aber vor dem 1.4.2012: Grund und Boden sowie Gebäude gelten als Altbestand (unstrittig).
- Anschaffung Grund und Boden nach dem 31.3.2002 („GuB-Neuvermögen") und Gebäuderrichtung vor dem 1.4.2012 (während der Geltung der unbeschränkten Herstellerbefreiung): Grund und Boden sowie Gebäude gelten:
  - nach dem BMF und *Bodis/Hammerl* (EStR-Wartungserlass 2013: Neue Grundstücksbesteuerung [I, II], RdW 2013, 411) einheitlich als Neubestand („Einheitstheorie")
  - nach *Thunshirn* (Contra BMF: Doch uneingeschränkt 3,5 % Pauschalbesteuerung für bis 31.3.2012 selbst hergestellte Gebäude?, ecolex 1/2014, in Druck) und *Beiser* (Die neue Immobilienbesteuerung idF AbgÄG 2012, 6.5.3): keine einheitliche Betrachtung. Grund und Boden gilt als Neubestand, Gebäude gilt als zum 31.3.2012 als nicht steuerverfangen, daher wie „Altvermögen" und Pauschalbesteuerng für Gebäude (soferne nicht ohnehin befreit) zulässig. Gleicher Ansicht zur getrennten Betrachtung bei der Anwendung des Inflationsabschlags ist *Kanduth-Kristen* (Jakom EStG, 2013, § 30 Rz 68 sowie in SWK Heft 6/2013, 354, Zweifelsfragen zum Inflationsabschlag; ablehnend).
- Anschaffung Grund und Boden vor dem 1.4.2002 und Gebäuderrichtung nach dem 31.3.2012: auch nach dem BMF gesonderte Betrachtung, Grund und Boden gilt als „Altvermögen", Gebäude gilt als „Neuvermögen" (unstrittig)

- Anschaffung Grund und Boden nach dem 31.3.2002 und Gebäuderrichtung nach dem 31.3.2012: gesonderte Betrachtung, sowohl Grund und Boden als auch Gebäude gelten als Neuvermögen.

Zu den Auswirkungen auf die neue Herstellerbefreiung s Kap I/16.5.3.

Umwidmung: Die Steuer ist abhängig davon, ob vor oder nach dem 31.12.1987   **I/405**
eine Umwidmung erfolgt ist oder nicht:

- Wurde das Grundstück nach dem 31.12.1987 umgewidmet, sind als Einkünfte der Unterschiedsbetrag zwischen dem Veräußerungserlös und den mit 40 % des Veräußerungserlöses fiktiv anzusetzenden Anschaffungskosten heranzuziehen. Bmgl ist somit 60 % des Veräußerungserlöses.
- Bei allen anderen Grundstücken (jene, die vor dem 31.12.1987 *oder gar nicht umgewidmet* wurden) sind als Einkünfte der Unterschiedsbetrag zwischen dem Veräußerungserlös und den mit 86 % des Veräußerungserlöses fiktiv anzusetzenden Anschaffungskosten heranzuziehen. Bmgl sind somit 14 % des Veräußerungserlöses. Effektiv unterliegt die Veräußerung daher einem Steuersatz von 3,5 % des Veräußerungserlöses.
- Als Umwidmung gilt eine Änderung der Widmung, die nach dem letzten entgeltlichen Erwerb stattgefunden hat und die *erstmals* eine Bebauung ermöglicht, die in ihrem Umfang im Wesentlichen der Widmung als Bauland oder Baufläche iSd Landesgesetze auf dem Gebiet der Raumordnung entspricht. Dies gilt (ausdrücklich nach dem Gesetzeswortlaut) auch für eine spätere Umwidmung im *„engen zeitlichen und wirtschaftlichen Zusammenhang"* mit der Veräußerung. Der Gesetzgeber will insb die durch Umwidmungen von Grünland in Bauland sowie Sonderwidmungen (zB Einkaufszentren, Parkhäuser etc) erfolgte Wertsteigerung besteuern. Keine Umwidmung iSd § 30 Abs 4 EStG liegt vor, wenn trotzdem eine Bebauung etwa aufgrund raumordnungsrechtlicher Maßnahmen unzulässig ist. Auch Umwidmungen innerhalb einer Widmungskategorie (zB von Mischgebiet auf Wohngebiet im Bauland) sind erfasst, wenn dadurch erstmals die Möglichkeit der erstmaligen Bebauung vorliegt. Nach EStR Rz 6670 gilt eine vorübergehende Bausperre nicht als Rückwidmung. Wurde ein bereits vor dem 1.1.1988 als Bauland gewidmetes Grundstück in Grünland rückgewidmet und nach dem 31.12.1987 neuerlich in Bauland umgewidmet, liegt keine erstmalige Baulandwidmung vor, sodass ebenfalls der allgemeine Pauschalsatz von 86 % anzuwenden ist. Der Inflationsabschlag kommt bei der Pauschalbesteuerung *nicht* zur Anwendung.
- Der Werbungskostenabzug – auch für die Kosten der Meldung und Selbstberechnung gem § 30c EStG – ist zur Gänze unzulässig.

Der Gewinn erhöht sich bei der Pauschalbesteuerung um die Hälfte der in Teilbe-   **I/406**
trägen gem § 28 Abs 3 EStG abgesetzten Herstellungsaufwendungen, soweit sie innerhalb von fünfzehn Jahren vor der Veräußerung vom Steuerpflichtigen selbst

oder bei unentgeltlichem Erwerb vom Rechtsvorgänger geltend gemacht wurden. § 28 Abs 7 EStG idF vor dem AbgÄG 2012 wurde aufgehoben. Systemkonform würde dies aber zu einer überschießenden Begünstigung im Falle der Gewinnermittlung nach § 30 Abs 4 EStG führen, weil auf Grund der pauschalen Gewinnermittlung eine Nachversteuerung der beschleunigten Abschreibung zur Gänze unterbleiben würde. Daher wird der frühere § 28 Abs 7 EStG für die Fälle der Pauschalbesteuerung nach § 30 Abs 4 EStG aufrechterhalten. Die Berücksichtigung der Herstellungs-15tel gilt nach den EB so, dass der Unterschiedsbetrag zwischen Veräußerungserlös und den pauschal ermittelten Anschaffungskosten um die Hälfte der Herstellungs-15tel erhöht wird. Dabei sind nur jene 15tel zu berücksichtigen, die innerhalb von 15 Jahren geltend gemacht wurden. Dies gilt analog für Fälle der Z 1 (Umwidmung nach 31.12.1987) und Z 2.

I/407   Auf Antrag können die Einkünfte statt pauschal auch nach § 28 Abs 3 EStG (*Regeleinkünfteermittlung*) ermittelt werden.

16.5. Steuerbefreiungen „privater" Grundstücks-veräußerungen

16.5.1. Übersicht

I/408   Gem § 30 Abs 2 EStG sind von der Besteuerung ausgenommen:

1. Einkünfte aus der Veräußerung von Eigenheimen oder Eigentumswohnungen samt Grund und Boden (§ 18 Abs 1 Z 3 lit b), wenn sie dem Veräußerer a) ab der Anschaffung bis zur Veräußerung für mindestens zwei Jahre durchgehend als Hauptwohnsitz gedient haben und der Hauptwohnsitz aufgegeben wird oder b) innerhalb der letzten zehn Jahre vor der Veräußerung mindestens fünf Jahre durchgehend als Hauptwohnsitz gedient haben und der Hauptwohnsitz aufgegeben wird.

2. Einkünfte aus der Veräußerung von selbst hergestellten Gebäuden, soweit sie innerhalb der letzten zehn Jahre nicht zur Erzielung von Einkünften gedient haben.

3. Einkünfte aus der Veräußerung von Grundstücken infolge eines behördlichen Eingriffs oder zur Vermeidung eines solchen nachweisbar unmittelbar drohenden Eingriffs.

4. Einkünfte aus Tauschvorgängen von Grundstücken im Rahmen eines Zusammenlegungs- oder Flurbereinigungsverfahrens iSd Flurverfassungs-Grundsatzgesetzes 1951, BGBl 1951/103, sowie im Rahmen behördlicher Maßnahmen zur besseren Gestaltung von Bauland nach den für die bessere Gestaltung von Bauland geltenden Vorschriften. Das in solchen Verfahren erworbene Grundstück tritt hinsichtlich aller für die Ermittlung der Einkünfte relevanten Umstände an die Stelle des hingegebenen Grundstückes.

Die genannten Befreiungen kommen ganz grundsätzlich auch im Bereich der „privaten" Grundstücksveräußerungen von beschränkt steuerpflichtigen Körperschaften zur Anwendung. Dazu zählen insb Veräußerungen aus dem Hoheitsbereich einer Gebietskörperschaft oder durch einen gemeinnützigen Verein (soferne nicht befreit, siehe Kap I/3.5.). Sie gelten auch für die Steuerermittlung der nicht dem § 30c EStG unterliegenden Veräußerungen durch Privatstiftungen. Die Wohnsitzbefreiung kommt für juristische Personen naturgemäß nicht zur Anwendung, da juristische Personen keinen Wohnsitz haben können. De facto kommen daher die Befreiungen der Z 2–4 zum Tragen.

16.5.2. Hauptwohnsitzbefreiung (§ 30 Abs 2 Z 1 EStG)

16.5.2.1. Allgemeines

Die Veräußerung von *Eigenheimen* und *Eigentumswohnungen* samt GuB ist steuerfrei, wenn sie dem Veräußerer durchgehend

I/409

* seit der Anschaffung oder Herstellung (Fertigstellung), mindestens aber seit zwei Jahren (1. Tatbestand), oder
* für mindestens fünf Jahre innerhalb der letzten zehn Jahre vor der Veräußerung (2. Tatbestand)

als *Hauptwohnsitz* gedient haben und dieser (im Zuge der Veräußerung) aufgegeben wird. Für die Befreiung nach dem 1. Tatbestand ist zusätzlich das (wirtschaftliche) Eigentum des Veräußerers während der gesamten Behaltedauer erforderlich. Für den 2. Tatbestand gilt: Hat der Veräußerer das Eigenheim oder die Eigentumswohnung geerbt bzw geschenkt bekommen, zählen auch Hauptwohnsitzzeiten vor dem Eigentumserwerb mit. Gleiches gilt für Erwerb durch Aufteilung des ehelichen Gebrauchsvermögens oder der ehelichen Ersparnisse nach § 83 EheG. Der Zweck der Befreiung liegt darin, dass der Veräußerungserlös in vollem Ausmaß zur Schaffung eines neuen Hauptwohnsitzes zur Verfügung stehen soll.

Voraussetzungen sind daher

* Eigenschaft als „Eigenheim" oder „Eigentumswohnung" iSd Legaldefinition,
* Dienst als Wohnzwecke,
* Dienst als Hauptwohnsitz,
* Begründung und Aufgabe des Hauptwohnsitzes
* Verstreichen bestimmter Fristen (zwei Jahre [1.Tatbestand] bzw fünf Jahre [2. Tatbestand]).

Gegenüber der ehemaligen Hauptwohnsitzbefreiung sind nach Ansicht der EStR neben der Schaffung der neuen 5-Jahresfrist folgende Änderungen gegeben:

- Hauptwohnsitzzeiten als „WE-Werber" werden einbezogen.
- Die Toleranzfrist für Begründung/Aufgabe des Hauptwohnsitzes beträgt ein Jahr (früher: sechs Monate).[699]
- Erfordernis der Aufgabe des Hauptwohnsitzes im Rahmen der Veräußerung
- Veräußerer muss selbst das Hauptwohnsitzerfordernis erfüllen.[700]

16.5.2.2. Begriffsdefinitionen „Eigenheim" und „Eigentumswohnung"

I/410 Die Begriffe *„Eigenheim"* und *„Eigentumswohnung"* sind iSd der Legaldefinition des § 18 Abs 1 Z 3 lit b EStG auszulegen. Demnach ist ein „Eigenheim" ein Wohnhaus mit nicht mehr als zwei Wohnungen, eine „Eigentumswohnung" eine Wohnung iSd WEG oder eine vergleichbare ausländische Wohnung. Die Größe des Eigenheims ist nicht beschränkt.[701] Zur Auslegung der Begriffe (Eigenheim, Gesamtnutzfläche) kann im Zweifel das WohnbauförderungsG, BGBl 1984/482, herangezogen werden.[702] In beiden Fällen müssen mindestens zwei Drittel der Gesamtnutzfläche *„eigenen Wohnzwecken"* dienen. *„Wohnzwecke"* sind solche des Steuerpflichtigen und seiner Familienangehörigen[703] einschließlich der Unterbringung von Privatgästen.[704] Nach hA muss der Wohnraum dem Steuerpflichtigen zur freien Verfügung stehen, darf aber auch von Dritten, zB den Eltern, (mit-)genutzt werden.[705] Es ist irrelevant, ob die nahen Angehörigen hier ihren Hauptwohnsitz oder ein Wohnbedürfnis haben. Unschädlich ist es nach den EStR, wenn Teile der Gesamtnutzfläche von nahen Angehörigen unentgeltlich für eigene Wohnzwecke genutzt werden.[706] Eine Dauervermietung an Angehörige vermittelt jedoch keine Wohnzwecken des Steuerpflichtigen bzw seiner Angehörigen.[707] Eine Vermietung ist auch dann schädlich, wenn sie steuerlich als Liebhaberei zu qualifizieren ist.

I/411 Zur *Gesamtnutzfläche* zählen *nur* Räume, die zu Wohnzwecken oder betrieblich genutzt werden können bzw die bewohnbar sind. Einem Gebäude fehlt die Eigenheimqualität schon dann bzw deshalb, wenn mehr als ein Drittel der Gesamtnutzfläche nicht Wohnzwecken dienen, bspw weil sie vermietet sind.[708] Dauervermietung vermittelt keine Wohnzwecke des Steuerpflichtigen.[709]

---

699 Wobei die Toleranzfrist dem Gesetz nicht zu entnehmen ist, aber der angemessenen Anwendung des EStG immanent ist.
700 EStR Rz 6644.
701 *Doralt/Renner*, § 18 EStG Tz 138; Jakom/*Baldauf* EStG, 2013, § 18 Rz 72; *Beiser*, NZ 2013/91; Jakom/ *Kanduth-Kristen* EStG, 2013, § 30 Rz 27.
702 Jakom/*Baldauf* EStG, 2013, § 18 RZ 56 HR/*Büsser*, § 18 Abs 1 Z 3 Rz 3; VwGH 18.9.2007, 2007/16/ 0083.
703 VwGH 9.11.1982, 82/14/0270; Jakom/*Baldauf* EStG, 2013, § 18 Rz 65; LStR Rz 504.
704 VwGH 11.6.1979, 1768/78.
705 *Doralt/Renner*, § 18 Rz 159; *Quantschnigg/Schuch*, ESt-HB, § 18 Rz 56; *Wiesner* ua, § 18 Rz 76.
706 EStR Rz 6636.
707 VwGH 9.11.1982, 82/14/0270; 30.6.1987, 87/14/0052.
708 VwGH 19.2.1991, 90/14/0224.
709 VwGH 9.11.1982, 82/14/0270; 30.6.1987, 87/14/0052.

Für die Feststellung, ob mindestens *zwei Drittel* (eigenen) Wohnzwecken dienen, **I/412** ist die Gesamtnutzfläche im Verhältnis der betrieblichen (beruflichen) bzw. privaten Verwendung aufzuteilen. Gebäudeteile die gemeinschaftlichen Zwecken dienen (zB Stiegenhaus, Gang, Heizraum) sind entsprechend den übrigen Nutzungsanteilen aufzuteilen bzw. (mit dem gleichen Ergebnis) aus der Verhältnisrechnung auszuscheiden.[710] Auch eine gelegentlich vermietete Wohnung dient nicht zu Wohnzwecken iSd § 18 Abs 1 Z 3 lit b EStG. Entscheidend ist die Möglichkeit, den Raum jederzeit benützen zu können und nicht durch eine entgeltliche Überlassung schuldrechtlich daran gehindert zu sein. Unschädlich ist die zeitweise unentgeltliche Überlassung an Dritte wie etwa Privatgästen oder Verwandte.

Da der *„Wohnzwecken"* dienende Teil mindestens zwei Drittel der Gesamtnutz- **I/413** fläche betragen muss, bedeutet dies, dass die Gesamtnutzfläche eines Eigenheimes noch um die Hälfte größer sein kann als der Wohnzwecken dienende Teil derselben.[711] Bei der Beurteilung der Frage, ob ein bestimmter Raum der Gesamtnutzfläche des Gebäudes zuzurechnen ist, kommt der früheren Rsp zum zulässigen Ausmaß der Gesamtnutzfläche weiterhin Bedeutung zu.[712] In einem Eigenheim, das nur Wohnzwecken und keine betrieblichen Zwecken dienenden Räume enthält, muss sich die Gesamtnutzfläche und die Wohnzwecken dienende Fläche demnach decken.[713]

Nach LStR[714] ist bei der Beurteilung, ob der zu Wohnzwecken dienende Teil der **I/414** Gesamtnutzfläche mindestens zwei Drittel erreicht, in einem bestimmten Kalenderjahr auf die in diesem Zeitraum maßgebenden Verhältnisse abzustellen. Die objektive Eigenschaft als Eigenheim oder Eigentumswohnung muss während des gesamten für die Befreiung relevanten Zeitraumes bestehen. Die Eigenheimeigenschaft setzt (wirtschaftliches) Eigentum voraus.[715]

Schädlich ist daher eine andere Nutzung als für eigene Wohnzwecke, wenn diese **I/415** ein Drittel übersteigt (§ 18 Abs 1 Z 3 EStG). Die schädliche Nutzung darf somit max ein Drittel der Gesamtnutzfläche umfassen. Nach den EStR zählt als schädlich bspw die Nutzung für *betriebliche Zwecke*, als *häusliches Arbeitszimmer* im Rahmen der nichtselbständigen Einkünfte oder die *Vermietung für fremde Wohnzwecke* dazu.[716] Schädlich ist auch die unentgeltliche Nutzungsüberlassung von mehr als einem Drittel an Fremde.

---

710 VwGH 19.2.1991, 90/14/0224; UFS 25.4.2013, RV/0658-I/10; *Doralt/Renner*, § 18 Tz 159.
711 UFS 28.7.2003, RV/1435-L/02 mit Verweis auf *Hofstätter/Reichel*, EStG, Band III B, § 18 Abs. 1 Z 3 Tz. 3.1.
712 *Quantschnigg/Schuch*, EST-HB, § 18 Tz 57; Jakom/*Baldauf* EStG, 2013, § 18 Rz 67; VwGH 9.11.1982, 82/14/0270.
713 VwGH 28.10.1966, 0970/65.
714 LStR Rz 504 mit V auf VwGH 7.8.1992, 91/14/0242.
715 VwGH 11.12.1961, 2382/60; LStR Rz 513; bereits *Quantschnigg/Schuch*, aao, § 18 Rz 53 mwN.
716 VwGH 27.8.1991, 90/14/0240.

I/416 *Nicht zur Gesamtnutzfläche des Eigenheimes* gehören nach der bis Ende 1980 im § 18 Abs 2 Z 3 EStG enthaltenen Legaldefinition Wandstärken, Treppen, offene Balkone und Terrassen, eine angebaute Garage sowie Kellerräume, Dachboden- und sonstige Abstellräume, soweit letztere nicht bewohnbar ausgestattet sind.[717]

I/417 **Abgrenzungsfragen bei „Mischnutzung":** Wird ein Eigenheim tw zu Wohnzwecken und tw zu betrieblichen Zwecken verwendet, ist zunächst zu prüfen, welchem Zweck der betreffende Raum tatsächlich gewidmet bzw ob er überhaupt der Gesamtnutzfläche des Gebäudes zuzurechnen ist. Es kommt idZ nicht auf die persönliche Verwendung von Räumen durch den Steuerpflichtigen, sondern nur auf die objektive Eignung (sei es zu Wohnzwecken, sei es zu Betriebszwecken) bzw die Zweckwidmung an.[718] Keller-, Dachboden- und sonstige Abstellräume gehören nur dann zur Gesamtnutzfläche, wenn sie betrieblich genutzt werden oder bewohnbar ausgestattet sind.[719] Ein nicht ausgebauter Dachboden, dem es an einer weiteren Raumeinteilung fehlt und der vom Wohnbereich feuerhemmend abgeschlossen ist, kann auf die Gesamtnutzfläche nicht angerechnet werden.[720] Bei der Beurteilung der 2/3-Grenze kommt es nicht darauf an, ob und in welchem Ausmaß die Räume zu irgendeinem mehr oder weniger willkürlich gewählten Zeitpunkt tatsächlich zu begünstigten bzw nicht begünstigten Zwecken verwendet werden, sondern ausschließlich darauf, welcher Bestimmung sie vom Zeitpunkt der Errichtung des Objekts an gewidmet und für welche Bestimmung sie objektiv geeignet sind.[721]

I/418 Einem *Abstellraum*, der im Wohnungsverband liegt und weder als Dachbodenraum noch als Kellerraum angesehen werden kann, ebenso wie einem Garderobenraum oder einem Bibliotheksraum kommt die Bedeutung zu, den Wohnraum zu entlasten und so zählt dieser daher zur Wohnnutzzfläche.[722] Die als Vorzimmer, Flur oder Diele bezeichneten Räume eines Eigenheimes, die der Verbindung der Wohnräume untereinander dienen, sind bei der Ermittlung der Wohnfläche nicht auszuscheiden.[723] Dies gilt bspw auch für die im Erdgeschoss liegende Fläche einer Halle, die als Zugang zu den ausschließlich in einem oberen Stockwerk gelegenen Wohnräumen und zu der dahin führenden Treppe dient und ohne die man weder zur Treppe noch in das obere Stockwerk gelangen könnte.[724] Treppen

---

717 UFS 28.7.2003, RV/1435-L/02; *Hofstätter/Reichel,* aao, § 18 Abs. 2 Tz. 4.1.; UFS 25. 4. 2013, RV/0658-I/10;

718 UFS 28.7.2003, RV/1435-L/02 mit Verweis VwGH 9.10.1964, 0562/64 sowie 21.10.1980, 2530/79.

719 UFS 28.7.2003, RV/1435-L/02 mit H auf *Quantschnigg/Schuch,* aao, § 18 Tz 57.

720 VwGH 12.12.1978, 2907/76.

721 Jakom/*Baldauf* EStG, 2013, § 18 Rz 68; VwGH 7.8.1992, 91/14/0242; 30.6.1987, 87/14/0052; LStR 504.

722 UFS 28.7.2003, RV/1435-L/02; *Hofstätter/Reichel,* aao, § 18 Abs 1 Z 3 Tz. 3.1.

723 Jakom/*Baldauf* EStG, 2013, § 18 Rz 67; UFS 28.7.2003, RV/1435-L/02 mit H auf VwGH 27.3.1968, 1346/67; VwGH 26.6.1974, 911/72.

724 VwGH 27.4.1977, 2028/76.

zählen jedoch nicht zur Gesamtnutzfläche und daher auch nicht zur Wohnfläche.[725]

Abstellräume: können sich nicht nur im Kellertrakt oder im Dachboden, sondern auch innerhalb des geschlossenen Wohnungsverbandes befinden. Es kommt darauf an, ob die Abstellräume betrieblichen Zwecken dienen, ob sie bewohnbar ausgestattet sind oder ob keine dieser beiden Voraussetzungen vorliegt. Dass diese Räume einmal in Zukunft bewohnbar ausgestattet werden können, ist für die Beurteilung der Streitfrage, ob der Wohnzwecken dienende Teil der Gesamtnutzfläche die 2/3-Grenze erreicht, ohne Bedeutung.[726] **I/419**

Garagen: Wird eine Garage zur Einstellung eines überwiegend privat genutzten Pkw verwendet, gehört die Garage nicht zur Gesamtnutzfläche.[727] Eine als Anbau errichtete Garage mit zwei Abstellplätzen für Kraftfahrzeuge und einem (Garten-)Geräteraum stellt keinen Wohnraum isd § 18 Abs 1 Z 3 EStG dar, da derartige Räumlichkeiten nicht der Wohnkultur zu dienen und auch nicht zwecks Entlastung des herkömmlichen Wohnraumes zumindest tw für den Aufenthalt oder für eine Tätigkeit, die sonst innerhalb des geschlossenen Wohnungsverbandes vorgenommen wird, bestimmt sind.[728] Nach hA[729] zählt jedoch eine Waschküche oder eine Garage bei einem nichtunterkellerten Eigenheim zum Eigenheim. Dies gilt nicht, wenn sich die Garage außerhalb der das Eigenheim bildenden Baulichkeit befindet.[730] **I/420**

Bestandteile: Eine Garagenbox kann sowohl Bestandteil bzw Zugehör einer Eigentumswohnung als auch selbständiges Wohnungseigentum darstellen.[731] Nach den EStR[732] ist ein KFZ-Abstellplatz ungeachtet seiner rechtlichen Qualifikation bei Veräußerung von der Befreiung miterfasst. Dies gilt aber nur für max zwei Stellplätze. Nach den EStR ist es auch nicht erforderlich, dass sich der Parkplatz auf einem eigenen Grundstück befindet.[733] Dasselbe gilt mE analog für den mitveräußerten Keller bzw Lagerplatz. Die Befreiung gilt aber nur dann, wenn gleichzeitig die Wohnung veräußert wird und die weiteren Voraussetzungen vorliegen. **I/421**

---

725 Jakom/*Baldauf* EStG, 2013, § 18 Rz 67; UFS 28.7.2003, RV/1435-L/02; *Hofstätter/Reichel*, aao, § 18 Abs. 1 Z 3 Tz 3.1.
726 UFS 28.7.2003, RV/1435-L/02; VwGH 12.5.1966, 0135/66; 16.4.1969, 0461/68.
727 *Quantschnigg/Schuch*, aao, § 18 Tz. 57; UFS 28.7.2003, RV/1435-L/02.
728 VwGH 30.11.1976, 813/76; 15.11.1977, 1224/77; UFS 5.10.2004, RV/0445-I/03.
729 *Hofstätter/Reichel*, aao, § 18 Abs 1 Z 3 EStG 1988, Tz 3.4; UFS 5.10.2004, RV/0445-I/03.
730 VwGH 22.11.1963, 1385/63.
731 VwGH 10.2.1981, 14/2267/80.
732 Rz 6634; Beschränkung mE aber ohne gesetzliche Grundlage.
733 EStRRz 6634.

16.5.2.3. Grund und Boden: Aufteilung des Veräußerungserlöses

I/422 **Grund und Boden:** GuB gilt nur insoweit als begünstigt bzw befreit, als dieser der Nutzung des Eigenheims (der Eigentumswohnung) als Garten oder Nebenfläche dient. Dies ist nach den EStR[734] bei Flächen bis zu 1.000 QM anzunehmen. Die Fläche ist nach den EStR auf die Gesamtgrundstücksfläche und nicht auf den reinen Gartenanteil zu beziehen. Ist das Grundstück größer, so ist der 1.000 QM übersteigende Grund nicht befreit. Nach LStR Rz 503 muss für das Grundstück im Anschaffungszeitpunkt Baulandwidmung gegeben sein.

I/423 Die *Aufteilung* des Veräußerungserlöses auf GuB und Gebäude ist idF im Verhältnis der gemeinen Werte auf Grund und Boden und Gebäude aufzuteilen.[735]

Bei Miteigentum steht der steuerfreie GuB-Anteil jedem Eigentümer im Ausmaß des Miteigentumsanteiles zu.

16.5.2.4. Befreiung und „Mischnutzung"

I/424 Liegt ein „Eigenheim" iSd § 18 Abs 1 Z 3 lit b EStG vor, ist die Nutzung für andere Zwecke als für eigene Wohnzwecke (innerhalb der *2/3-Grenze*) für die Befreiung unerheblich.[736] Die Befreiung steht dann – abweichend vom Sonderausgabenabzug – zu 100 % zu. Die EStR[737] halten fest, dass, wenn in einem Eigenheim oder in einer Eigentumswohnung Nutzflächen bis zu einem Drittel nicht für eigene Wohnzwecke genutzt werden, sondern der Erzielung von Einkünften dienen, sich Befreiung auch auf diese Flächen bezieht. Zu beachten ist, dass während der Nutzung als Hauptwohnsitz die Eigenschaft als solcher zu keiner Zeit verloren wird. Dies wäre etwa bei Änderung des Flächenausmaßes im Falle einer teilweisen Vermietung über die 1/3tel-Grenze oder bei vorübergehender Unterbrechung des Hauptwohnsitzes der Fall.

I/425 **Befreiung bei untergeordneten betrieblichen Zwecken:** Die Befreiung gilt selbst dann, wenn Wohnungsteile untergeordnet betrieblichen Zwecken dienen. Wenn die betriebliche Nutzung aufgrund der 80/20-Regel zu keinem (anteiligen) Betriebsvermögen der Wohnung führt, so fällt auch dieser Gebäudeteil unter die Befreiung. Führt die betriebliche Nutzung aber dazu, dass der betrieblich genutzte Teil auf Grund der 80/20-Regel Betriebsvermögen darstellt, so liegen insoweit (also hinsichtlich der betrieblichen Quote) betriebliche Einkünfte vor und es kommt die Hauptwohnsitzbefreiung insoweit nicht zum Tragen.

Beispiele nach EStR Rz 6637
Ein Freiberufler nutzt 15% seiner Eigentumswohnung betrieblich und den Rest privat (Hauptwohnsitz, Fristerfordernis erfüllt). Im Falle der Veräußerung der Eigentums-

---

734   EStR RZ 6634.
735   EStR Rz 6645.
736   So auch EStR 6636.
737   EStR Rz 6637.

wohnung tritt (auch für den betrieblich genutzten Teil) keine Steuerpflicht nach § 30 EStG 1988 ein.

Ein Freiberufler nutzt 25% seiner Eigentumswohnung betrieblich und den Rest privat (Hauptwohnsitz, Fristerfordernis erfüllt). Im Falle der Veräußerung der Eigentumswohnung tritt hinsichtlich des privaten Anteils keine Steuerpflicht nach § 30 EStG 1988 ein, allerdings liegen hinsichtlich des betrieblich genutzten Anteils betriebliche Einkünfte vor, weil es sich auf Grund der 80/20-Regel um Betriebsvermögen handelt.

16.5.2.5. Hauptwohnsitz

Hauptwohnsitz:[738] Gem § 26 Abs 1 BAO hat jemand seinen Wohnsitz iSd Abga- benvorschriften dort, wo er eine Wohnung innehat, unter Umständen, die darauf schließen lassen, dass er die Wohnung beibehalten und benutzen wird. Maßgebend ist dabei die *tatsächliche* Gestaltung der Dinge, wobei es auf die subjektive Absicht und Einstellung nicht ankommt. Die polizeiliche Anmeldung und Abmeldung ist für die Frage des Wohnsitzes nicht entscheidend, kann aber in Zweifelsfällen als Kriterium gelten. Entscheidend ist nur das objektive Moment der *Innehabung* unter den genannten Umständen.[739] *Innehaben* bedeutet, über eine Wohnung tatsächlich oder rechtlich verfügen zu können, sie also *jederzeit* für den eigenen Wohnbedarf benützen zu können.[740] Wird die Wohnung zwangsversteigert, so verliert der Steuerpflichtige seinen Wohnsitz, eine Befreiung kommt innerhalb der Toleranzfrist zum Tragen.

I/426

Bei *Vorliegen mehrerer Wohnsitze* gilt als Hauptwohnsitz jener Wohnsitz, zu dem der Steuerpflichtige die engeren persönlichen und wirtschaftlichen Beziehungen hat, was maW als „*Mittelpunkt der Lebensinteressen*" umschrieben wird. Wie die EStR[741] festhalten, kommt der Meldung nach dem MeldeG im Rahmen der Beweiswürdigung Bedeutung zu, wird aber mitunter nach der Rsp als „*schwaches*" Beweismittel nur anerkannt. Ein Hauptwohnsitz iSd EStG kann aber unabhängig von der Meldung nach dem MeldeG auch vorliegen, wenn der Steuerpflichtige dort überhaupt nicht gemeldet ist oder dieser Wohnsitz als „weiterer Wohnsitz" iSd Melderechts gilt.

Eine Nutzung als arbeitsplatznahe Wohnung begründet keinen Hauptwohnsitz. Ein vorübergehender Aufenthalt an einem anderen Wohnsitz ist unschädlich, wenn der Hauptwohnsitz beibehalten wird. Die EStR[742] erwähnen iZm der ImmoESt die Beurteilung des Hauptwohnsitzes bei *Mehrfachwohnsitzen* folgende relevante Kriterien:

---

738 Definition s auch Kap I/2.2.1.
739 VwGH 20.6.1990, 89/16/0020.
740 VwGH 20.6.1990, 89/16/0020.
741 UFS 21.5.2012, RV/0599-S/10.
742 EStR Rz 6638; VwGH 29.7.2010, 2007/15/0235.

- Ort der Zustellung der Post[743]
- Angabe als Wohnanschrift gegenüber Behörden und dem Arbeitgeber
- Höhe des Strom- und Wasserverbrauches

I/427 Eine (*auch nur kurzfristige*) Vermietung oder betriebliche Nutzung *von mehr als einem Drittel* der Nutzfläche ist für den 1. Befreiungstatbestand schädlich, da sie den *durchgehenden* Zeitraum unterbricht. Für den 2. Tatbestand ist eine (auch kurzfristige) Vermietung oder betriebliche Nutzung befreiungsschädlich, wenn diese *während* der (mind 5-jährigen) Nutzung als Hauptwohnsitz erfolgt.

I/428 Das *Hauptwohnsitzerfordernis* muss nach den EStR Rz 6644 vom Veräußerer *persönlich* erfüllt werden. Die Befreiung ist daher nicht im Erb-/Schenkungsweg übertragbar. Allerdings kann beim 2. Tatbestand der Rechtsnachfolger die Befreiung in Anspruch nehmen, wenn er selbst (persönlich) die 5-Jahresfrist unter Einrechnung der Zeiträume vor einem unentgeltlichen Erwerb erfüllt.[744]

> **Beispiel aus EStR Rz 6644**
>
> K erbt die Eigentumswohnung der Eltern, aus der K bereits seit über fünf Jahren ausgezogen ist, und veräußert diese. Die Veräußerung ist nicht befreit. Wäre K innerhalb der letzten 10 Jahre mindestens fünf Jahre selbst Hauptwohnsitzer in dieser Wohnung (zB weil noch minderjährig), wäre die Befreiung anwendbar. Die Befreiung ist auch dann nicht anwendbar, wenn der Hauptwohnsitz des Verstorbenen (mit gerichtlicher Zustimmung) bereits aus der Verlassenschaft heraus veräußert wird, weil die Einkünfte ab dem Todestag grundsätzlich dem/den Erben (und nicht dem Verstorbenen) zuzurechnen sind, es sei denn, er/sie erfüll(t)/en selbst das Hauptwohnsitzerfordernis nach dem 2. Tatbestand.

I/429 Ein Nebenwohnsitz erfüllt nicht die Kriterien für die Befreiung.[745]

16.5.2.6. Zweifjahresfrist (1. Tatbestand)

I/430 Das Eigenheim (die Eigentumswohnung) muss von der *Anschaffung* bzw von der *Fertigstellung der Herstellung* an bis zur Veräußerung durchgehend, dh *ununterbrochen* Hauptwohnsitz gewesen sein. Die Verwendung als Hauptwohnsitz zwischen Bezug und Veräußerung muss mindestens *zwei Jahre* betragen haben. Nach EStR Rz 6639 beginnt die Frist nicht vor Erlangung der Verfügungsgewalt. Bei der Herstellung beginnt die Frist mit der Fertigstellung.

Im Falle der vorherigen Anschaffung des GuB und der anschließenden Errichtung eines Eigenheims geht das BMF bei Gebäudeerrichtung nach dem 31.3.2012 von einer gesonderten Fristenberechnung für GuB und Gebäude aus, siehe im Detail Rz I/432. Soferne der GuB wegen der (durchaus typischen) länger als ein Jahr dauernden Bauführung außerhalb der Toleranzfrist angeschafft wurde, fällt er nach Ansicht des BMF nicht mehr in die Hauptwohnsitzbefreiung, siehe Rz I/432.

---

743 UFS 21.5.2012, RV/0599-S/10.
744 EStR Rz 6644.
745 VwGH 29.7.2010, 2007/15/0235 unter Hinweis auf *Doralt/Kempf*, EStG⁷, § 30 Tz 77 sowie *Hofstätter/Reichel*, § 30, Tz 7 Pkt 1.

Voraussetzung ist sowohl die Begründung des Hauptwohnsitzes im Zuge der Anschaffung (Erlangung der Verfügungsmacht)/Fertigstellung der Herstellung als auch dessen Aufgabe im Zuge der Veräußerung. Hierbei sind laut dem BMF jeweils *maximal ein Jahr Toleranzfrist* einzurechnen. Die Aufgabe darf daher im Hinblick auf das Erfordernis der durchgehenden Nutzung bereits innerhalb der Toleranzfrist von einem Jahr vor der Veräußerung aufgeben werden. Allerdings darf der Zweijahreszeitraum dadurch nicht unterschritten werden. Zwischen Anschaffung und Veräußerung muss das Eigenheim (die Eigentumswohnung) jedoch stets mindestens zwei Jahre tatsächlich als Hauptwohnsitz genutzt worden sein. Die Nutzung als Hauptwohnsitz nach der Veräußerung ist für die Erfüllung der Mindestfrist unbeachtlich. Die einjährige Toleranzfrist bezieht sich somit nur auf Beginn und Aufgabe des Hauptwohnsitzes, nicht aber auf die Zweijahresfrist. Wird ein angeschafftes Haus zunächst als Zweitwohnsitz und erst später als Hauptwohnsitz genutzt, so steht die Hauptwohnsitzbefreiung nicht zu.

Die *Zweijahresfrist* beginnt nach hA [746] *frühestens* mit der „*Anschaffung (Erlangung der Verfügungsmacht)*" bzw der *Fertigstellung der „Herstellung"* des Eigenheims (der Eigentumswohnung). I/431

„*Anschaffung*" setzt, wie auch *Kanduth-Kristen* hinweist, die *tatsächliche Erlangung der Verfügungsgewalt* voraus bzw mE besser die *Erlangbarkeit derselben voraus.*[747] Dies gilt nach *Kanduth-Kristen* auch, wenn der Hauptwohnsitz erst einige Zeit nach Abschluss des Kaufvertrags begründet werden kann, weil die Übergabe für einen späteren Zeitpunkt vereinbart ist. Zu beachten ist, dass iZm dem Fristenlauf bei der Hauptwohnsitzbefreiung des BMF offenbar seinen generellen Standpunkt verlässt, dass als Zeitpunkt der Anschaffung bzw Veräußerung ansonsten der bloße Abschluss des Verfügungsgeschäftes dient (EStR Rz 6623, s Kap I/5.3.). Der folgende Problembereich zeigt die Widersprüchlichkeit dieser Ansicht: Der Abschluss eines Kaufvertrages nach dem BTVG (eines WE-Anwartschaftsvertrages) führt mE für sich alleine noch nicht zur Anschaffung, sondern ist zusätzlich die Erlangung der Verfügungsmacht notwendig: Erst der Zeitpunkt der (möglichen) Übergabe der Wohnung (= Erlangung der Verfügungsmacht; vor Fertigstellung der Wohnung kann diese nicht übergeben werden) gilt als Stichtag für die Anschaffung und den weiteren Fristenlauf. Maßgeblich kann nur der Zeitpunkt sein, zu dem das Eigenheim übergeben bzw übernommen wurde bzw objektiv übernehmbar war.[748]

Denkt man die Ansicht des BMF konsequent weiter, so beginnt zwar nach der in EStR Rz 6623 vertretenen Ansicht die Anschaffung mit Abschluss des Verfügungsgeschäftes, der Fristenlauf für die Hauptwohnsitzbefreiung beginnt jedoch

---

746 EStR Rz 6639, 6640; Jakom/*Kanduth-Kristen* EStG, 2013, § 30 Rz 29.
747 Jakom/*Kanduth-Kristen* EStG, 2013, § 30 Rz 29; so ausdrücklich auch EStR Rz 6639, Einleitungssatz; glA *Ryda* FJ 02, 38; Doralt/*Kempf*, § 30 Rz 78.
748 UFS 21.5.2012, RV/0599-S/10.

erst mit Erlangung der Verfügungsmacht. Damit kann mE der Befreiungstatbestand gar nicht erfüllt werden, da das Gesetz ausdrücklich auf den Zeitpunkt der Anschaffung Bezug nimmt.

Soferne zuerst der GuB angeschafft wird und danach eine Bauführung erfolgt, so gilt nach dem BMF bei Errichtung nach dem 31.3.2012 ein gesonderter Fristenlauf, siehe Rz I/432. Der GuB wäre demnach bei baubedingter Überschreitung der Toleranzfrist nicht befreit.

I/432   Nach den EStR und der Rsp zum früheren Spekulationstatbestand *muss* bei Veräußerung auf den Zeitpunkt des *schuldrechtlichen Rechtsgeschäftes*, also auf den Zeitpunkt des Abschlusses des Kaufvertrages abgestellt werden. Der Zeitpunkt der (sachenrechtlichen) Durchführung sei nicht von Bedeutung.[749] Der Zeitpunkt des Kaufvertrages sei jedoch dann nicht maßgebend, wenn schon vorher ein Tatbestand verwirklicht worden ist, der den wirtschaftlichen Vorteil eines Verkaufsgeschäftes für beide Vertragsteile vorwegnimmt.[750] Der VwGH spricht zwar in diesen Entscheidungen vom *„vorweggenommenen wirtschaftlichen Vorteil"*, meint aber offenkundig das *wirtschaftliche Eigentum*.[751]

I/433   Die EStR[752] halten diesbezüglich fest, dass *„Anschaffung"* jedenfalls einen entgeltlichen Erwerb voraussetzt und begründen dies damit, dass der Veräußerer die Voraussetzungen *persönlich* erfüllen muss. Ein unentgeltlicher Erwerb gelte demnach daher nicht als *„Anschaffung"*. Daher könne nach den EStR der 1. Befreiungstatbestand *niemals bei einem unentgeltlichen Erwerb* zur Anwendung kommen. Dies ist uE aber nicht eindeutig. Im Geltungsbereich der Vorgängerregelung wurde bei unentgeltlichem Erwerb gleichermaßen und unstrittig zunächst auf den Anschaffungszeitpunkt des Rechtsvorgängers abgestellt.[753] *Quantschnigg/ Schuch*[754] gehen ausdrücklich davon aus, dass der unentgeltliche Erwerber in den Genuss der Befreiung kommt, wenn er nach seinem Erwerb, der von den Autoren mit dem Begriff der *„Anschaffung"* als deckungsgleich angesehen wird, die Voraussetzungen erfüllt. Richtigerweise wäre auch die neue Regelung so zu interpretieren. Allerdings geht aus der Wortfolge *„durchgehend"* eher hervor, dass nur eine einzige Person die Befreiung des 1. Tatbestandes in Anspruch nehmen kann. Damit kommt man in vielen Fällen – allerdings mit anderer Begründung – inhaltlich zum selben Ergebnis wie die EStR. Eine Abweichung ergibt sich uE nur dann, wenn der Veräußerer gleichzeitig mit dem Ersterwerber seinen Haupt-

---

749   EStR Rz 6623; zur früheren Rechtslage *Quantschnigg/Schuch*, ESt-HB, § 30 Tz 17; UFS 15.2.2006, RV/1980-W/05; VwGH 21.4.1971, 1152/70; 17.3.1967, 0112/66; Jakom/*Kanduth-Kristen* EStG, 2013, § 30 Rz 19.
750   VwGH 8.2.1989, 88/13/0049; 17.12.1965, 2372/64.
751   VwGH 20.11.1997, 96/15/0256; UFS 15.02.2006, RV/1980-W/05 mit H auf *Doralt*, EStG (16. Lfg),§ 30, Tz 23.
752   EStR Rz 6639.
753   Uva *Quantschnigg/Schuch*, aao, § 30 TZ 24.8.
754   Aao, § 30 Tz 24.8.

wohnsitz begründet hat, das Eigenheim dann unentgeltlich erwirbt und dieses veräußert. Dies entspricht sowohl der gesetzlichen Textierung als auch der Meinung der EStR zur Fünfjahresfrist, wo auch der unentgeltliche Erwerb begünstigt ist. Die Beschränkung auf den entgeltlichen Erwerber widerspricht jedoch mE der Absicht des Gesetzgebers, der ja von der Zielsetzung getragen ist, dass der Veräußerungserlös in vollem Ausmaß zur Schaffung eines neuen Hauptwohnsitzes zur Verfügung stehen soll. Es ist nicht einsichtig und auch dem Gesetz oder den EB nicht zu entnehmen, dass dies für den Erben oder Geschenknehmer nicht gelten soll. Man könnte auch erwägen, dass hierin eine Umgehung des vom VfGH aufgehobenen ErbStG erblickt werden könnte.

Die gesetzliche Formulierung „ab der Anschaffung" wirft eine Reihe von Fragen auf. I/434 Nach der Rsp ist der Bezug nur dann denkmöglich, wenn das Eigenheim im Zeitpunkt der Übergabe bezugsfertig ist und keine wesentlichen Instandsetzungsarbeiten nötig sind. Nur wenn dies nicht der Fall ist, ist die spätere Begründung des Hauptwohnsitzes unschädlich, wenn die Adaptierungsarbeiten in einem angemessenen Zeitraum durchgeführt werden. Die frühere Rsp hat einen Toleranzzeitraum von sechs Monaten angenommen. Die EStR gehen nunmehr – ohne gesetzliche Grundlage – von zwölf Monaten aus. Nach der Rsp gilt aber ganz grundsätzlich:

- Ab Bewohnbarkeit muss die Begründung aber jedenfalls erfolgen.[755] Die Begründung eines Hauptwohnsitzes ist nämlich erst in einem bewohnbaren Eigenheim möglich.
- Welcher Zeitraum als angemessen zur Instandsetzung eines unbewohnbaren Eigenheimes anzusehen ist, ist im Gesetz nicht starr geregelt und auch nicht regelbar.[756] Verlängert sich der Zeitraum, weil etwa ein Professionist insolvent wird oder weil Baumängel auftauchen (bspw statische Mängel), so kann die Frist weit über einem Jahr liegen. Nach hA schadet die zeitlich befristete Leerstehung zu Beginn der Nutzung dann nicht, wenn sie mit der beabsichtigten Nutzung im Zusammenhang steht.
- Zu beachten ist, dass bei vorangehender Anschaffung des GuB und nachfolgender Gebäudeerrichtung aufgrund der vom BMF bis 31.3.2012 vertretenen Einheitstheorie (einheitliche Betrachtung von GuB und Gebäude) wie *Bodis/ Hammerl*[757] erläutern folgende Problematik eintritt. Am Rande sei erwähnt, dass die EStR diese Ansicht zwar nicht ausdrücklich vertreten, aber auch nichts Gegenteiliges anführen:
Soferne bei Gebäudeerrichtung (Fertigstellung) bis 31.3.2012 der GuB *außerhalb* der einjährigen Toleranzfrist angeschafft wurde (dh länger als ein Jahr vor Fertigstellung des Gebäudes), gilt das **gesamte** Grundstück (GuB und Ge-

---

755 Jakom/*Kanduth-Kristen* EStG, 2013, § 30 Rz 29 mit H auf *Doralt*, EStG (16. Lfg), § 30 Tz 79.
756 VwGH 24.1.2007, 2003/13/0118.
757 *Bodis/Hammerl*, EStR-Wartungserlass 2013: Neue Grundstücksbesteuerung (I), RdW 2013, 411.; UFS 21.5.2012, RV/0599-S/10 mit H auf die deutsche hA, s dazu *Musil* in *Hermann/Heuer/Raupach*, § 23 Anm 131, wo eine Leerstehung von etwa 3 Monaten noch für angemessen erachtet wird.

bäude) einheitlich als außerhalb der Toleranzfrist angeschafft. Wie *Bodis/Hammerl*[772] festhalten, war als Anschaffungszeitpunkt dabei „*stets auf die Anschaffung des Grund und Bodens abzustellen, und zwar auch dann, wenn dieser noch unbebaut war. Wurde daher ein zunächst unbebauter GuB erworben und erst einige Zeit danach ein Gebäude errichtet, konnte die Hauptwohnsitzbefreiung im Fall einer späteren Veräußerung schon deshalb nicht mehr zur Anwendung kommen, weil das Grundstück nicht ‚seit der Anschaffung' durchgehend als Hauptwohnsitz genutzt worden ist: Ein unbebautes Grundstück kann eben nicht als Hauptwohnsitz dienen.*" Der Entfall der Einheitstheorie ab dem 1.4.2012 wirkt sich daher nach *Bodis/Hammerl* etwa auch bei der Hauptwohnsitzbefreiung aus. Es kann daher in diesem Fall nach deren Ansicht für *vor* dem 1.4.2012 errichtete Gebäude die 2-Jahres-Hauptwohnsitzbefreiung weder für GuB noch für das Gebäude in Anspruch genommen werden. Die 5-Jahres-Hauptwohnsitzbefreiung kann allerdings zum Tragen kommen. Diesfalls ist es unerheblich, wann der GuB angeschafft und ob er etwa unentgeltlich erworben wurde.

Bodis/Hammerl halten jedoch in weiterer Folge fest, dass die Rz 6632 und 6640 dazu festhalten, dass „*die zweijährige Frist nunmehr jedenfalls erst ab Errichtung des Gebäudes zu laufen beginne und als Anschaffungszeitpunkt nicht mehr einheitlich die Anschaffung des Grund und Bodens anzusehen sei. Damit beginne nach der Rz 6641 auch die einjährige Toleranzfrist für den Beginn der Nutzung als Hauptwohnsitz erst ab dem Zeitpunkt der Fertigstellung zu laufen, womit – anders als nach der alten Rechtslage – die Hauptwohnsitzbefreiung in der ersten Tatbestandsvariante auch zur Anwendung kommen könne, wenn zunächst ein unbebauter Grund und Boden angeschafft wird und erst Jahre später ein Eigenheim errichtet wird.*" Nach Ansicht von *Bodis/Hammerl* komme „*aus Vereinfachungsgründen die gesonderte Fristberechnung auch für Gebäude, die vor dem Inkrafttreten der neuen Rechtslage – und damit noch im ‚Anwendungsbereich' der Einheitstheorie – errichtet wurden, zur Anwendung, was für den Steuerpflichtigen vorteilhaft sei.*" ME ist diese Interpretation nicht aus dem Wortlaut des § 30 EStG ableitbar und begründen die EStR keine gesetzliche Bindung der UFS. Es bleibt daher abzuwarten, ob dies eine taugliche Beurteilungsgrundlage darstellt. Die Parteienvertreter könne sich wohl darauf stützen.

Zusammenfassend ist mE also festzuhalten, dass die Begründung des Hauptwohnsitzes ab dem Zeitpunkt erforderlich ist, zu dem das Gebäude *bewohnbar* war. Voraussetzung ist allerdings, dass schon bei der Anschaffung klar war, dass diese zur Nutzung als Hauptwohnsitz erfolgt. Stand nicht die Absicht der Begründung des Hauptwohnsitzes, sondern die Schaffung eines Wochenendhauses im Vordergrund der Überlegungen, kann die Hauptwohnsitzbefreiung nicht zur Anwendung gelangen, es sei denn, unmittelbar nach Bezugsfertigstellung wird dort der Hauptwohnsitz begründet.[758]

---

758   UFS 21.5.2012, RV/0599-S/10.

ME ist in Anbetracht dieser Überlegungen unklar, ob die Toleranzregel der EStR von einem Jahr tatsächlich gesetzeskonform ist. Jedenfalls stellt sie aber für Parteienvertreter einen geeigneten dokumentierbaren Weg dar, um die Befreiung prüfen zu können.

Grundsätzlich muss der *„Eigenheimcharakter"* während des gesamten für die Hauptwohnsitzbefreiung erforderlichen Zeitraumes bestehen. Eine Eigentumswohnung liegt aber erst nach der Parifizierung vor.[759] Zeiten vor der Durchführung der Parifizierung einer Eigentumswohnung sind nach den EStR für die Ermittlung der Dauer der Nutzung der Eigentumswohnung auch als Hauptwohnsitz heranzuziehen, wenn die Nutzung auf Grundlage eines *Anwartschaftsvertrages* zum Erwerb von Wohnungseigentum (Wohnungseigentumswerber) erfolgte.[760] *Wohnungseigentumswerber* ist derjenige, dem gem § 2 Abs 6 WEG schriftlich von einem Wohnungseigentumsorganisator die Einräumung von Wohnungseigentum zugesagt wurde. Bei Zweifel über den Zeitpunkt kann nach den EStR auch auf den Zeitpunkt der *Anmerkung der Zusage der Einräumung von Wohnungseigentum* im Grundbuch (§ 40 Abs 2 WEG) abgestellt werden. Der früheste Zeitpunkt setzt jedoch, wie oben erläutert, mE voraus, dass eine Nutzung möglich war sowie die Verfügungsmacht über die Wohnung erlangt wurde.

I/435

Beispiel

1.1.2013:	Abschluss Kaufvertrag nach dem BTVG sowie Anwartschaftsvertrag zur Begründung von WE
1.2.2013:	Baubeginn
30.6.2015:	Baufertigstellung
15.7.2015:	Übergabe vom Bauträger an den Käufer (= Erlangung der Verfügungsmacht)
1.9.2015:	Bezug der Wohnung als Hauptwohnsitz
30.6.2017:	Eintragung Wohnungseigentum im Grundbuch
ab 1.9.2017:	steuerfreier Verkauf möglich

Der für den Fristenlauf relevante Stichtag ist der 15.7.2015, weil an diesem Tag die Verfügungsmacht erlangt wurde. Der Zeitpunkt der Grundbuchseintragung ist unerheblich. Für die 2-Jahresfrist muss mindestens seit 2 Jahren der Hauptwohnsitz beibehalten worden sein.

Herstellungsvorgänge und Hauptwohnsitzbefreiung: Das Gesetz verwendet zwar nur den Begriff der *„Anschaffung"*. Richtigerweise sind aber auch Eigenheime, welche *selbst hergestellt* worden sind (Bauherreneigenschaft), befreiungstauglich.[761] Das Gesetz weist hier mE eine planwidrige Lücke auf, welche durch Ana-

I/436

---

759 *Quantschnigg/Schuch*, aao, § 18 Rz 53; VwGH 26.4.1965, 2121/64; BMF Info, Pkt 21.
760 EStR Rz 6640; aA *Quanschnigg/Schuch*, ESt-HB, § 30 Tz 24.7.
761 So auch EStR Rz 6639; so auch Jakom/*Kanduth-Kristen* EStG, 2013, § 30 Rz 68; *ders*, SWK-Heft 6/2013, 354.

logie geschlossen werden muss. Die *Herstellung* war früher immer befreit; daher stellte die frühere Hauptwohnsitzbefreiung nur auf die *„Anschaffung"* ab. In der neuen Textierung der Hauptwohnsitzbefreiung wurde offenbar irrtümlich der frühere Begriff *„Anschaffung"* beibehalten, ohne diesen um den Begriff *„Herstellung"* zu erweitern. Als „Fertigstellung" ist der Zeitpunkt der erstmaligen Benutzbarkeit anzusehen.[762] Im Gegensatz zur Hauptwohnsitzbefreiung (§ 30 Abs 2 Z 1 EStG), welche sowohl GuB als auch das Gebäude umfasst, betrifft die Herstellerbefreiung des § 30 Abs 2 Z 2 EStG nur den Gebäudeanteil.

I/437 Die ebenso der Befreiung zugängliche *„Herstellung"* setzt ganz allgemein die (zumindest „kleine") Bauherreneigenschaft des Eigentümers voraus, andernfalls liegt eine „Anschaffung" vor. Die hier angesprochene Hauptwohnsitzbefreiung von selbst hergestellten Eigenheimen hat uE nichts mit der Befreiung nach § 30 Abs 2 Z 2 EStG zu tun. Diese besteht unabhängig davon. GuB kann niemals selbst hergestellt, sondern nur angeschafft werden.

Die Hauptwohnsitzbefreiung kommt dann zur Anwendung, wenn unmittelbar binnen einer angemessenen Frist nach Fertigstellung der Herstellung der Eigentümer (Bauherr und Veräußerer iSd § 30 EStG) seinen Hauptwohnsitz begründet hat. Nach den EStR beginnt die Toleranzfrist mit Fertigstellung; dies ist allerdings uE nicht angemessen. Diesfalls wäre eine so lange Toleranzfrist mit der ratio des Gesetzes uE nicht ganz zu vereinbaren. Die Frist für die Beschaffung der Einrichtung müsste idR ausreichen.

I/438 Für die Befreiung bei Herstellungsvorgängen ist es mE (wohl auch nach EStR Rz 6639 und so ausdrücklich *Bodis/Hammerl*, EStR-Wartungserlass 2013: Neue Grundstücksbesteuerung [I], RdW 2013, 411) unerheblich, ob der GuB entgeltlich oder unentgeltlich erworben wurde und wie lange dieser vor Bebauung im Eigentum des Bauherrn (des Gebäudeherstellers) stand. Dies ergibt sich aus der verfassungsrechtlich zu fordernden Gleichbehandlung von Anschaffungs- und Herstellungsvorgängen im Bereich der Hauptwohnsitzbefreiung. Es ist daher uE selbst dann unschädlich, wenn zuerst ein bebauter Grund angeschafft wird, in der Folge dann das Gebäude abgerissen wird, darauf ein neues Gebäude errichtet (*„hergestellt"*) und dieses unmittelbar nach Fertigstellung als Hauptwohnsitz genutzt wird. IdF steht uE die Hauptwohnsitzbefreiung (unter den anderen Voraussetzungen) jedenfalls zu.

16.5.2.7. 5-Jahresfrist (2. Tatbestand)

I/439 Befreit ist die Veräußerung von Eigenheimen und Eigentumswohnungen, die innerhalb der letzten 10 Jahre vor der Veräußerung mindestens *fünf Jahre durchgehend* als Hauptwohnsitz gedient haben. Die Berechnung der 10-Jahres-Frist erfolgt stichtagsbezogen durch Rückrechnung vom Verkaufstag an. Die Frist von

---

762   LStR Rz 503a.

5 Jahren muss ununterbrochen erfüllt sein worden. Sie kann nicht durch Zusammenrechnung mehrerer Perioden erfüllt werden und beginnt bei Unterbrechung der Fristenlauf neu. Der Hauptwohnsitz darf bereits früher aufgegeben worden sein, längstens jedoch fünf Jahre vor Veräußerung. Der Hauptwohnsitz muss daher nicht seit der Anschaffung (und bis zur Veräußerung), aber innerhalb der letzten zehn Jahre vor der Veräußerung für mindestens fünf Jahre durchgehend bestanden haben. Nach Ansicht des BMF (EStR Rz 6623) beginnt die Rückrechnung (Zeitpunkt der Veräußerung) mit dem Tag des Abschlusses des Veräußerungsgeschäftes und nicht mit Verlust des wirtschaftlichen Eigentums oder mit Verlust der Verfügungsmacht (siehe Kap I/5.).

Nach überwiegender Ansicht[763] ist es nicht erforderlich, dass der Veräußerer selbst eine bestimmte Zeit Eigentümer gewesen sein muss, und es werden daher auch Hauptwohnsitzzeiten, die der Veräußerer bloß als Mieter oder Mitbewohner verbracht hat, eingerechnet, wenn der Veräußerer das Eigenheim später erworben hat. Die EStR führen bspw aus, dass – wenn der Veräußerer das Eigenheim geerbt oder geschenkt erhalten hat – auch Hauptwohnsitzzeiten *vor* dem Eigentumserwerb zählen Dasselbe gilt bspw bei Erwerb durch Aufteilung des ehelichen Gebrauchsvermögens. Dagegen sind in *allen anderen Fällen* (zB Mietkauf) die Hauptwohnsitzzeiten vor der Anschaffung unbeachtlich. *Kanduth-Kristen*[778] weist darauf hin, dass diese Auslegung nicht im Wortlaut des § 30 Abs 2 Z 1 EStG gedeckt erscheint, da während der „Vorbesitzzeiten" keine Eigenheimeigenschaft vorlag. Allerdings stellt der Gesetzeswortlaut mE nicht auf die alleinige Eigenheimeigenschaft des Veräußerers ab und erscheint die Einbeziehung von Zeiten des Rechtsvorgängers im Fall des unentgeltlichen Erwerbs daher zulässig. **I/440**

16.5.2.8. Veräußerung und Aufgabe des Hauptwohnsitzes

Für die Veräußerung soll nach Rz 6623 der EStR entgegen einem Teil der Literatur (vgl Kap I/5. und I/6.) der bloße *Vertragsabschluss* relevant sein. Dieser müsse nicht unbedingt schriftlich und schon gar nicht in grundbuchstauglicher Form abgeschlossen sein. Er setzt auch nicht den Verlust des wirtschaftlichen Eigentums voraus. Es genüge nach den EStR der obligatorische Anspruch.[764] Dies solle sowohl für den Beginn des Fristenlaufs (Anschaffung) als auch für dessen Beendigung (Veräußerung) gelten. Die Fristenberechnung erfolgt von *Tag zu Tag*.[765] Aufschiebende Bedingungen sollen, falls der Eintritt *hinreichend wahrscheinlich* (zB Genehmigung durch die Grundverkehrskommission) sei, unbeachtlich sein. Siehe dazu und zur Kritik daran im Detail Kap I/5. und I/6. Ein Anbot führt hin- **I/441**

---

763 EStR Rz 6642. *Hammerl/Mayr* RdW 12, 168; 19; *Steckenbauer/Urtz*, ImmoESt, 47; kritisch Jakom/
Kanduth-Kristen EStG, 2013, § 30 Rz 32.
764 VwGH 23.9.2005, 2003/15/0105; UFS 6.4.2006, RV/0263-F/02; 20.9.2011, RV/0614-I/07; EStR 6621;
Quantschnigg/Schuch, ESt-HB, § 30 Rz 17; UFS 15.2.2006, RV/1980-W/05 mit H auf *Doralt*, EStG
(16. Lfg), § 30, Tz 21.
765 EStR 6627; *Quantschnigg/Schuch*, ESt-HB § 30 Rz 17.

gegen, auch wenn es unwiderruflich ist, nicht zur Anschaffung bzw Veräußerung, wenn nicht durch Zusatzvereinbarungen ausnahmsweise wirtschaftliches Eigentum übertragen wird.

Die Anknüpfung der EStR an das schuldrechtliche Rechtsgeschäft ergibt sich *aus der historischen Anknüpfung an das frühere Spekulationsgeschäft.* [766] Für § 30 EStG aF reichte zur Verwirklichung eines Spekulationsgeschäftes durch Anschaffungs- und Veräußerungsgeschäfte nach hA der *bloße obligatorische Anspruch* aus; Besitz und tatsächliche Verfügungsmöglichkeit wurden iZm § 30 EStG aF als nicht entscheidend angesehen.

Die Autoren halten diese Auslegung des § 30 EStG in Anbetracht der geänderten Rechtslage jedoch *nicht für zutreffend,* s näher Kap I/5.3. Tatsächliche Nutzung, wie dies für den Hauptwohnsitz Voraussetzung ist, *setzt auch tatsächlichen Besitz bzw Besitzmöglichkeit voraus.* Schon aus diesem Grund ist die Ansicht der EStR idZ systemwidrig. UE widerspricht diese Auslegung aber auch dem Wortlaut des § 30 EStG. Auch eine Parallele zum früheren Spekulationstatbestand ist unzutreffend, da die Befreiungen des § 30 nF einen anderen Zweck haben als jene nach § 30 EStG aF.[767]

I/442   Ein *Vorvertrag* war im Geltungsbereich des § 30 EStG aF dann als Anschaffung bzw Veräußerung zu betrachten, *wenn er bereits alle wesentlichen Punkte des Hauptvertrages enthielt (§ 936 ABGB).*[768] Im Allgemeinen gilt ein Vorvertrag idR nicht als Veräußerungsvertrag. Allerdings ist nach Rz 6629 der EStR bei Kaufverträgen im Zweifel nicht der Abschluss eines Vorvertrages anzunehmen, sondern der Abschluss des unmittelbaren Verpflichtungsgeschäftes, wenn die wesentlichen Vertragsinhalte (Kaufgegenstand und Preis) mit denen des intendierten Hauptvertrags ident sind (siehe im Detail Rz I/158).

I/443   Wird beim Erwerb einer Eigentumswohnung vorerst nur ein *Anwartschaftsvertrag* über den späteren Abschluss eines Wohnungseigentumsvertrages abgeschlossen, löste nach der Rsp zum § 30 EStG aF der Abschluss dieses Anwartschaftsvertrages den Lauf der Hauptwohnsitz-Frist aus, da im Rahmen des § 30 EStG aF der (Vor- bzw Anwartschafts-)vertrag das Verpflichtungsgeschäft darstellte, das den Erwerb des wirtschaftlichen Eigentums begründete.[769]

I/444   **Aufgabe des Hauptwohnsitzes:** Der Hauptwohnsitz muss grundsätzlich gleichzeitig mit Veräußerung aufgegeben werden. In Hinblick auf die nicht gesetzlich festgelegte Toleranzfrist kann die Aufgabe aber bis spätestens ein Jahr nach der Veräußerung erfolgen. Beim 1. Tatbestand darf nach den EStR Rz 6643 die Aufgabe im Hinblick des Erfordernisses der durchgehenden Nutzung bereits inner-

---

766   UFS 15.2.06, RV/1980-W/05; *Quantschnigg/Schuch, ESt-HB,* § 30 Rz 17; *Doralt/Kempf* § 30 Rz 24.
767   Uva *Fingernagel,* RdW 2012/723, 692.
768   UFS Wien 15.2.2006, RV/1980-W/05 mit H auf *Doralt,* aao, § 30, Tz 36.
769   VwGH 9.11.1988, 87/13/0096; UFS 15.2.2006, RV/1980-W/05 mwN.

halb der Toleranzfrist von einem Jahr vor der Veräußerung aufgeben werden, wenn ein durchgängiger zweijähriger Hauptwohnsitz vorlag. Beim 2. Tatbestand darf der Hauptwohnsitz *bereits früher* aufgegeben worden sein, längstens aber fünf Jahre vor Veräußerung. Wie auch die EStR Rz 6643 bestätigen ist die Beibehaltung des veräußerten Grundstücks (zB als Mieter) als Nebenwohnsitz nicht befreiungsschädlich. Es empfiehlt sich aber eine eindeutige Dokumentation.

16.5.2.9. Toleranzfrist

Es besteht nach den EStR[770] eine Toleranzfrist von einem Jahr anstelle von früher sechs Monaten. Für die Nutzung seit der Anschaffung ist es nicht befreiungsschädlich, wenn das Eigenheim erst nach einem Zeitraum von höchstens einem Jahr ab Anschaffung (Erlangung der Verfügungsgewalt) als Hauptwohnsitz bezogen wird. Ebenso unschädlich ist die Aufgabe des Hauptwohnsitzes bis zu ein Jahr vor bis nach der Veräußerung. Zwischen Anschaffung und Veräußerung muss aber mindestens zwei Jahre tatsächliche Hauptwohnsitznutzung liegen. Die Nutzung als Hauptwohnsitz nach der Veräußerung ist für die Erfüllung der Mindestfrist unbeachtlich. Ansonsten führt aber eine Verwendung für andere Zwecke als für eigene Wohnzwecke zwischen Anschaffung und der Begründung des Hauptwohnsitzes zur Versagung der Befreiung. Dies gilt auch für eine Vermietung zur Überbrückung von vergeblichen Veräußerungsversuchen.

I/445

Beispiel aus den EStR Rz 6641

Ein Steuerpflichtiger kauft am 8.8.01 eine Alteigentumswohnung. Mit Fertigstellung der Renovierungsarbeiten zieht er am 10.6.02 in diese Wohnung ein und begründet dort seinen Hauptwohnsitz.

Die Wohnung wird am 11.8.03 veräußert. Die Steuerbefreiung greift nicht, weil der Hauptwohnsitz nicht zwei Jahre bestanden hat.

Die Wohnung wird am 11.8.04 veräußert und gleichzeitig der Hauptwohnsitz aufgegeben. Der Steuerpflichtige hat den Hauptwohnsitz innerhalb der Toleranzfrist von einem Jahr nach der Anschaffung begründet und bis zur Veräußerung mehr als zwei Jahre (10.6.02 bis 11.8.04) beibehalten. Die Steuerfreiheit ist daher gegeben. Die Wohnung wird am 11.8.04 verkauft, der Hauptwohnsitz wurde aber bereits am 1.5.04 aufgegeben. Der Steuerpflichtige hat nicht mindestens zwei Jahre den Hauptwohnsitz in dieser Wohnung gehabt. Die Befreiung greift daher nicht.

Die Wohnung wird am 11.8.03 verkauft, der Steuerpflichtige behält aber im Einvernehmen mit dem Erwerber seinen Hauptwohnsitz bis zum tatsächlichen Auszug am 30.6.04. Die Steuerbefreiung greift nicht, weil die Toleranzfrist nach der Veräußerung nicht mehr mitgezählt werden darf, somit zwischen Begründung des Hauptwohnsitzes und der Veräußerung nicht zwei Jahre verstrichen sind.

Fünfjahresfrist, Beispiel aus den EStR Rz 6642

Bsp 1: Das Wohnungseigentum der Eheleute wurde in 01 begründet, die Ehescheidung sowie die Aufteilung des ehelichen Gebrauchsvermögens erfolgen in 06. Dabei geht der

---

770   EStR Rz 6641; krit Jakom/*Kanduth-Kristen* EStG, 2013, § 30 Rz 29; *Doralt/Kempf*, § 30 Rz 78.

Hälfteanteil des Ehemannes an der Eigentumswohnung auf die Ehefrau über, welche die Wohnung weiterhin als Hauptwohnsitz nutzt. Bei späterer Veräußerung der Wohnung kann sie (für die gesamte Wohnung) die Hauptwohnsitzbefreiung in Anspruch nehmen.

Bsp 2: Ein Wohnhaus mit 2 Wohnungen (Eigenheim) wird im Obergeschoß von den Eltern bewohnt (eigener Haushalt), im Erdgeschoß wohnt der Sohn seit mehr als 5 Jahren in einer eigenen Wohnung (eigener Haushalt). Nach dem Tod der Eltern verkauft der Sohn das geerbte Haus und möchte die Hauptwohnsitzbefreiung geltend machen. In diesem Fall steht ihm die Hauptwohnsitzbefreiung zu.

16.5.2.10. Hauptwohnsitzbefreiung bei Miteigentumsverhältnissen

I/446 Bei Miteigentumsverhältnissen steht die Befreiung jenen Miteigentümern zu, welche die Voraussetzungen der Befreiung erfüllen. Die Steuerpflicht besteht daher nur für jene Eigentümer, welche die Behaltefrist oder die rechtzeitige Aufgabe nicht erfüllen.

Beispiel aus EStR Rz 6635
Der Steuerpflichtige A hat in 01 ein Eigenheim mit zwei Wohnungen erworben und benutzte seither eine der Wohnungen als Hauptwohnsitz. In 03 erwirbt der Steuerpflichtige B den zweiten Hälfteanteil des Eigenheims und benutzt diese andere Wohnung als Hauptwohnsitz. In 04 wird das Gebäude von beiden veräußert. Der auf B entfallende Veräußerungserlös ist bei diesem steuerpflichtig.

16.5.3. Hersteller-(Errichter-)befreiung (§ 30 Abs 2 Z 2 EStG)

I/447 Gegenüber der schon bisher bestehenden Befreiung wurde die Herstellerbefreiung stark adaptiert bzw eingeschränkt übernommen. Die Befreiung gilt nur soweit, als das Gebäude innerhalb der letzten zehn Jahre *nicht zur Erzielung von Einkünften gedient* hat. Im Fall einer tw Nutzung zur Erzielung von Einkünften steht die Befreiung daher nur anteilig zu. Die Befreiung gilt abweichend von der Hauptwohnsitzbefreiung *nur für Gebäude*, nicht jedoch für GuB. Wann GuB angeschafft wurde, spielt daher hier schon nach dem Gesetzestext uE keine Rolle, weil er nicht befreit ist. Allerdings spielt der Anschaffungszeitpunkt des GuB bei der Frage, ob es sich beim darauf errichteten Gebäude um Altbestand handelt, und für den Inflationsabschlag eine Rolle (siehe eingehend I/16.4.3. und I/16.4.7.). Als selbst hergestellt gilt ein Gebäude nur dann, wenn der Auftraggeber Bauherr iSd Bauherrenjudikatur ist.[771] Daher gelten als selbst hergestellte Gebäude nicht nur jene, die der Eigentümer (allein oder überwiegend) in eigener Arbeitsleistung, sondern all jene, die er als Bauherr errichtet hat. Daher kommt die Befreiung bei Übertragung des Gebäudes nach Ansicht des BMF nicht mehr in Frage. Wird ein selbst hergestelltes Gebäude (un-)entgeltlich übertragen, so gilt dieses nach Ansicht des BMF nicht mehr als selbst hergestellt. In die neue Rechts-

---

771 Vgl umfassend *Studera/Thunshirn*, Handbuch, Kap 4; Jakom/*Kanduth-Kristen* EStG, 2013, § 30 Rz 36.

lage fallen sämtliche selbst hergestellte Gebäude, auch wenn sie vor dem 1.4.2012 errichtet wurden. Es existiert keine Übergangsbestimmung.

Wie zuvor wiederholt erörtert, ist nach Ansicht des BMF mit Inkrafttreten des 1. StabG 2012 die *Einheitstheorie* aufgegeben worden. Dies hat iZm selbst hergestellten Gebäuden für die Pauschalbesteuerung (siehe Kap I/16.4.7.) und für den Inflationsabschlag (siehe Kap I/16.4.3.) folgende Auswirkungen:

Bodis/Hammerl (EStR Wartungserlass 2013: Neue Grundstücksbesteuerung [I], RdW 2013/357; ebenso *Fuchs* in AFS 2013, 82; EStR Rz 6654) weisen zutreffend darauf hin, dass wenn auf Grund und Boden, der Altvermögen darstellt, ab dem 1.4.2012 ein Gebäude errichtet wird, das Gebäude Neuvermögen darstellt. Die daran anknüpfenden weiteren Hinweise sind jedoch mE nicht zutreffend: „*Umgekehrt gelte dies aber nicht für vor dem 1. 4. 2012 errichtete Gebäude. Diese gelten aufgrund der für das gesamte Grundstück einheitlichen Fristberechnung ebenso als Altvermögen, wenn sie auf Grund und Boden, der Altvermögen darstellt, errichtet werden.*" Nach *Bodis/Hammerl* und dem BMF gelten daher selbst hergestellte Gebäude, welche nach dem 31.3.2002 und vor dem 1.4.2012 auf Grund und Boden des Neuvermögens errichtet (fertiggestellt) wurden, einheitlich als Neubestand. Dem widersprechen *Beiser* (Die neue Immobilienbesteuerung idF AbgÄG 2012, 6.5.3, s dort auch das Beispiel 12), *Kanduth-Kristen* (iZm dem Inflationsabschlag, Zweifelsfragen zum Inflationsabschlag gem. § 30 Abs. 3 EStG, SWK 6/2013, 354) und *Thunshirn* (Contra BMF: Doch uneingeschränkt 3,5 % Pauschalbesteuerung für bis 31.3.2012 selbst hergestellte Gebäude?, ecolex 1/2014, in Druck). Die Berufung auf die Einheitstheorie ist mE unzutreffend. Nach § 30 EStG idF vor dem 1. StabG konnten selbst hergestellte Wirtschaftsgüter gar kein Gegenstand der Spekulationsbesteuerung sein, was im Übrigen der ganz allgemeinen Auffassung entsprach.

Daraus folgt, dass mE entgegen der Ansicht des BMF „alte" Bauherrn (bis 31.3.2012), welche das Gebäude auch heute noch vermieten und daher insofern seit 1.4.2012 nicht mehr in die Herstellerbefreiung fallen, daher für den Gebäudeanteil (Wahlrecht) in den Genuss der Pauschalbesteuerung kommen können.

Der Begriff „*selbst hergestellt*" entspricht jenem außerhalb des § 28 Abs 2 und 3 EStG.[772] Es ist daher „*Bauherreneigenschaft*"[773] erforderlich. Ein selbst hergestelltes Gebäude kann nur bei einem ins Gewicht fallenden (finanziellen) Baurisiko vorliegen. Nicht selbst hergestellt ist jedenfalls ein Gebäude, das zu einem Fixpreis erstellt worden ist.[774] Fixpreise mit einzelnen beauftragten Unternehmern sind unschädlich. Ein selbst hergestelltes Gebäude liegt nur dann vor, wenn Baumaßnahmen nach der Verkehrsauffassung als Errichtung eines Gebäudes, somit

I/448

---

772 EStR RZ 6649; *Quantschnigg/Schuch*, aao, § 30 Tz 23.
773 Uva *Studera/Thunshirn*, Handbuch Besteuerung Grundstückstransaktionen, Kap 4.
774 EStR Rz 6649 mit H auf VwGH 20.9.2001, 98/15/0071.

als „Hausbau" und nicht etwa als Haussanierung oder Hausrenovierung anzusehen sind.[775] Nach den EStR[776] erfasst die Befreiungsbestimmung nur die erstmalige Errichtung. Wird ein bereits als solches verwendbares Gebäude angeschafft, so
gilt es auch dann nicht als selbst hergestellt, wenn in der Folge Herstellungskosten
aufgewendet werden, welche die Anschaffungskosten des Gebäudes übersteigen.
Ein Dachbodenausbau (Herstellung von Dachgeschoßwohnungen) ist daher *niemals* „selbst hergestellt",[777] ebensowenig wie die Aufstockung des Gebäudes oder
ein Zubau, der keine eigene bautechnische Einheit darstellt. Dies gilt nach der
stRsp auch, wenn für den Dachbodenausbau bzw die Herstellung von Dachgeschoßwohnungen dazu die „gesamte Dachhaut" und der Dachstuhl des bisherigen Gebäudes entfernt werden müssen.[778]

I/449 Nach hA[779] gilt jedoch die Anschaffung eines noch nicht benutzbaren und in der
Folge vom Steuerpflichtigen fertiggestellten Rohbaus als Herstellung. IdF liegt
nach dem BMF auch hinsichtlich der Anschaffung des Rohbaus ein selbst hergestelltes Gebäude vor, wenn die Fertigstellungskosten die Anschaffungskosten des
Rohbaus übersteigen. Dies gilt nach den EStR sinngemäß für ein Fertigteilhaus,
wenn die Kosten der Herstellung eines Kellers oder der Bodenplatte und die Kosten der Fertigstellung des Gebäudes den Fixpreis des Fertigteilhauses selbst übersteigen.[780]

I/450 Nach Ansicht des BMF[781] und der bis soweit ersichtlichen Literatur geht die Herstellerbefreiung **anders als nach der alten Rechtslage** *nicht* auf den Rechtsnachfolger über, s aber Rz I/446. Dem widersprechen *Kanduth-Kristen* und
Fingernagel[782] unter Hinweis auf systematische Überlegungen und den Wortlaut
der Bestimmung. Nach *Fingernagel* sei rein aus dem Wortlaut eine eindeutige Interpretation entgegen der Ansicht des BMF *nicht* möglich. Anders wäre es nach
ihrer Ansicht, *„wenn der Gesetzestext lauten würde „...die der Steuerpflichtige
selbst hergestellt hat". In diesem Fall würde sich der Gesetzestext klar ersichtlich
nur auf den Steuerpflichtigen beziehen und nicht auch auf seinen Rechtsnachfolger."* Nach Ansicht der Autorin *„geht aus der Systematik der Gesetzesbestimmung
iZm der Hauptwohnsitzbefreiung hervor, dass die Befreiung zumindest auf den Erben als Gesamtrechtsnachfolger übergehen soll".*[783] Auch aus dem Sinn und Zweck
der Herstellerbefreiung lasse sich nach *Fingernagel* ein Übergang auf unentgeltliche Rechtsnachfolger ableiten. Nach der hA *„entstehe durch den Bau eines Gebäu-*

---

775 EStR Rz 6649; VwGH 20.9.2001, 98/15/0071, VwGH 25.2.2003, 2000/14/0017.
776 EStR Rz 6646.
777 EStR Rz 6649; VwGH 25.4.2012, 2008/13/0128; VwGH 25.2.2003, 99/14/0316.
778 VwGH 25.4.2012, 2008/13/0128; s auch RdW 2012/388, 365.
779 Jakom/*Kanduth-Kristen*, EStG, 2013, § 30 Rz 39; mit Hinweis auf *Quantschnigg/Schuch*, aao, § 30
     Tz 23 mwN; EStR Rz 6650.
780 EStR Rz 6650.
781 EStR Rz 6646.
782 *Fingernagel*, RdW 2012/692 zustimmend Jakom/*Kanduth-Kristen* EStG, 2013, § 30 Rz 40.
783 *Fingernagel*, aao; mit H auf *Kohler* SWK 90, A I 203.

des auf eigenem GuB kein neues bzw kein zusätzliches Wirtschaftsgut. Durch § 30 Abs 2 Z 2 seien daher selbst hergestellte Gebäude ausdrücklich steuerbefreit. Mit der Befreiung des selbst hergestellten Gebäudes wollte der Gesetzgeber vermeiden, dass die eigene Arbeitskraft des Steuerpflichtigen, der das Gebäude nicht herstellen ließ, sondern selbst mitgearbeitet hat, mitbesteuert wird." Die Autorin beruft sich weiters auf die Parallelität zur Hauptwohnsitzbefreiung. Die Herstellerbefreiung wurde anders als die Hauptwohnsitzbefreiung, abgesehen von der Schädlichkeit der Überlassung des Gebäudes, wörtlich nicht verändert, sondern *„nahezu wortgleich übernommen"*. Der Unterschied zur bisherigen Rechtslage sei *„jedoch, dass die ImmoESt gefächert ist, als die Besteuerung der Spekulationseinkünfte, und dass der 10-jährige Zeitraum wegfällt."* Der Gesetzgeber wollte nach *Fingernagel* grundsätzlich alle Immobilienveräußerungen erfassen und demnach auch grundsätzlich alle Rechtsnachfolger. *„Die Hauptwohnsitzbefreiung musste als logische Folge entsprechend adaptiert werden. Sie muss nun in jedem Fall, also auch bei Übertragungen von Todes wegen in der Person des Veräußerers (in diesem Zusammenhang ist dies der Rechtsnachfolger), erfüllt sein."* Aus systematischen Gründen muss dies der Ansicht von *Fingernagel* und *Kanduth-Kristen* folgend auch für die Herstellerbefreiung gelten und um mit ihren Worten zu sprechen: *„Es kann nicht sein, dass die eine Befreiung übergeht und die andere nicht."* Unter H darauf, dass die Herstellerbefreiung insofern wörtlich nicht ebenso wie die Hauptwohnsitzbefreiung geändert wurde, hält die Autorin fest, dass *„ja auch vorher der Übergang auf den Rechtsnachfolger nur im Interpretationswege bejaht wurde."* Diese Ansicht ist uE überzeugend, zumal kein Grund zu erblicken ist und in den EB auch nicht darauf hingewiesen wurde, dass die beiden Hauptbefreiungen bezüglich des Übergangs auf Rechtsnachfolger unterschiedlich zu werten sind.

Die Befreiung gilt ist nur soweit, als das Gebäude innerhalb der letzten zehn Jahre **I/451** *nicht zur Erzielung von Einkünften gedient hat.* Im Fall einer tw Nutzung zur Erzielung von Einkünften steht die Befreiung daher nur anteilig zu.[784] Dies leitet sich aus der Formulierung *„soweit"* in § 30 Abs 2 Z 3 EStG ab. Unter *„tw"* ist uE sowohl eine zeitliche eingeschränkte als auch eine räumliche eingeschränkte Nutzung zu verstehen. Dabei kommt es mE auf die bloße Zeit bzw auf die Flächen an und nicht auf die Höhe der Miete oder ähnliches. Maßgeblich ist, ob aus ertragsteuerlicher Sicht Einkünfte vorliegen. Eine Liebhabereitätigkeit lässt die Befreiung jedoch unberührt. Ist die Hauptwohnsitzbefreiung anwendbar, geht diese der Herstellerbefreiung vor. Die Nutzung zur Einkünfteerzielung ist diesfalls unschädl, wenn das Gebäude innerhalb der letzten zehn Jahre für mind fünf Jahre durchgehend als Hauptwohnsitz diente.[785] Subsidiär ist auf vor dem 1.4.2012 selbst hergestellte Gebäude mE die Pauschalbesteuerung anwendbar, s Rz I/445.

---

784 EB zur RV des StabilitätsG; Jakom/*Kanduth-Kristen* EStG, 2013, § 30 Rz 36.
785 Jakom/*Kanduth-Kristen* EStG, 2013, § 30 Rz 36; unklar EStR Rz 6647.

I/452 Der auf den GuB entfallende Veräußerungsgewinn ist nicht befreit. Der Verkaufserlös zwischen einerseits und Gebäude andererseits aufzuteilen. Die Aufteilung erfolgt im Schätzungsweg nach der Proportionalmethode, wobei der Sachwertmethode der Vorrang zukommt. Es bestehen nach dem BMF *„grundsätzlich keine Bedenken, den Anteil von Grund und Boden mit 20% anzusetzen".* Erscheint diese Aufteilung im konkreten Einzelfall (zB auf Grund eines hohen Bodenwertes im urbanen Raum) nicht sachgerecht, sind die tatsächlichen Verhältnisse (zB mittels Gutachten oder Vergleichspreisen) festzustellen.[786] Demnach ist zunächst der Verkehrswert des GuB einerseits und jener des Gebäudes andererseits zu ermitteln. Im Verhältnis dieser Verkehrswerte ist der auf die Gesamtliegenschaft entfallende tatsächliche Veräußerungserlös auf GuB und auf Gebäude zu verteilen. Die Ermittlung eines Differenzwertes ist nur dann zulässig, wenn der Wert des GuB festgestellt werden kann und der Kaufpreis weitestgehend dem Verkehrswert entspricht.[787] Es empfiehlt sich, ein Sachverständigengutachten zu erstellen. Die EStR stellen auf den gemeinen Wert ab.

16.5.4. Befreiung für behördliche Eingriffe

I/453 Befreit ist die Veräußerung von Grundstücken infolge eines behördlichen Eingriffs *oder* zur Vermeidung eines solchen nachweisbar unmittelbar drohenden Eingriffs. Ein behördlicher Eingriff liegt auch dann vor, wenn er sich auf Grund von gesetzlichen Vorschriften ergibt, die in einem auf Antrag des Steuerpflichtigen eingeleiteten Bauverfahren anzuwenden sind. Dies gilt insb für die Abtretung von Grundfläche für Verkehrswege an die Gemeinde.[788] Nach hA ist es unerheblich, ob bereits mit einem Enteignungsverfahren begonnen wurde oder andere rechtliche Schritte zur Durchsetzung der bereits bestehenden Verpflichtung erfolgt sind, wenn keine Zweifel bestehen, dass die Behörde einen zwangsweisen Eigentumsentzug durchsetzen kann.[789] Voraussetzung ist jedoch, dass das öffentliche Interesse bzw die behördliche Maßnahme eindeutig dokumentierbar ist. Dies wird insb bspw durch Vorlage entsprechender Gemeinderatsbeschlüsse möglich sein.

Das in solchen Verfahren erworbene Grundstück tritt idZ hinsichtlich aller für die Ermittlung der Einkünfte relevanten Umstände an die Stelle des hingegebenen Grundstückes. Das BMF steht auf dem Standpunk,[790] dass schon eine Einigung vor einer unmittelbar drohenden Enteignung gem Z 4 befreit ist. Auch untergeordnete Resteinlösungsgrundstücke (< 20 %) gelten als befreit.

---

786 EStR Rz 6645, 588, 3881; zur Liebhaberei Rz 6647; VwGH 15.3.1988, 87/14/0067; VwGH 23.4.1998, 96/15/0063.
787 EStR Rz 588 mwN; Jakom/*Kanduth-Kristen* EStG, 2013, § 30 Rz 37.
788 EStR Rz 6651; VwGH 28.11.2007, 2007/14/0009.
789 VwGH 28.11.2007, 2007/14/0009; EStR Rz 6651.
790 BMF-Info zur neuen Grundstücksbefreiung (BMF-010203/0402-VI/6/2012, Pkt 46).

Unmittelbar drohend ist ein behördlicher Eingriff dann, wenn ein solcher vom möglichen Enteignungswerber für den Fall der Ablehnung des Anbots angedroht worden ist. Dies kann auch angenommen werden, wenn die Möglichkeit der Enteignung im Falle der Nichteinigung im Kaufanbot durch den Projektbetreiber unmissverständlich zum Ausdruck gebracht wird. Ein behördlicher Eingriff iSd § 30 Abs 2 Z 2 EStG liegt auch vor, wenn er sich infolge gesetzlicher Vorschriften eines über Antrag des Steuerpflichtigen eingeleiteten Verfahrens ergibt. Die Voraussetzungen für die Befreiung sind vom Steuerpflichtigen nachzuweisen. Nicht unter die Befreiung fällt die Veräußerung eines Grundstücks zum Zwecke der Finanzierung von Maßnahmen, durch die die Enteignung eines anderen Wirtschaftgutes hintangehalten werden soll.) **I/454**

Es sind somit der Eigentumsverlust aufgrund behördlicher Akte als auch jene rechtsgeschäftliche Rechtsübertragungen befreit, die einer vergleichbaren öffentlich-rechtlichen Intensität ausgesetzt sind. Die Veräußerung an eine vom Enteignungswerber verschiedene Person gilt nicht als Veräußerung zur Vermeidung eines unmittelbar drohenden behördlichen Eingriffs.[791]

Eine Zwangsversteigerung gilt nicht als behördlicher Eingriff. Nach den EStR bestehen keine Bedenken, die Befreiung auch für zusätzlich abgelöste, aber an sich nicht von einem behördlichen Eingriff betroffene Flächen im Ausmaß von höchstens 20 % der vom behördlichen Eingriff betroffenen Fläche zu gewähren (Freigrenze).[792]

16.5.5. Flurbereinigung, Grundstückszusammenlegung, Baulandumlegung

Grundsätzlich stellen Flurbereinigung uä Maßnahmen Tauschvorgänge dar. Dabei handelt es sich um Tauschvorgänge im „Flurbereinigungsverfahren" iSd Flurverfassungs-Grundsatzgesetzes 1951 sowie um „Baulandumlegungsverfahren" (insb behördliche Maßnahmen zur besseren Gestaltung von Bauland). Die im Rahmen solcher Vorgänge erworbenen Grundstücke gelten als unentgeltlich erworben. Das in einem solchen Verfahren erworbene Grundstück tritt hinsichtlich aller für die Ermittlung relevanter Umstände (Anschaffungszeitpunkt, Anschaffungskosten, eventuelle Umwidmung) an die Stelle des hingegebenen Grundstücks. **I/455**

Die Steuerbefreiung besteht nur dann, wenn die Eigentümer in das Zusammenlegungs- oder Flurbereinigungsverfahren eintreten. Tauschvorgänge in der Art einer Flurbereinigung (Baulandumlegung) außerhalb eines behördlichen Verfahrens nach den gesetzlichen Bestimmungen sind von der Befreiung grundsätzlich nicht umfasst. S im Übrigen EStR Rz 6652 ff. **I/456**

---

791   VwGH 25.2.2003, 99/14/0316; EStR Rz 6651.
792   EStR Rz 6651.

16.5.6. Vorrangregel bei Befreiungen

I/457 Die Befreiungen sind nicht deckungsgleich. Die Hauptwohnsitzbefreiung geht wegen ihres Umfangs idR den anderen Befreiungen vor.[793] Allerdings können sämtliche Befreiungen nebeneinander Anwendung finden. Die einzelnen Befreiungen schließen sich nicht aus. Wird etwa bei einer Veräußerung wegen eines behördlichen Eingriffs ein Eigenheim veräußert, so ist die Einhaltung der Fristen des § 30 Abs 2 Z 1 EStG nicht erforderlich. Wird ein selbst hergestelltes Gebäude veräußert, so ist auch GuB befreit, wenn die Hauptwohnsitzbegünstigung anzuwenden ist. Erfolgt die Veräußerung innerhalb der 2-jährigen Frist, so kann die Herstellerbefreiung zum Tragen kommen, wobei idF der Grundanteil nicht befreit ist.

16.6. Übrige Regelungen für private Grundstücksveräußerungen

16.6.1. Anrechnung der Erbschafts-, Schenkungs- und Grunderwerbsteuer

I/458 Die bisherige Regelung wird dem Grunde nach beibehalten (§ 30 Abs 8 EStG), aber auf die infolge des Erwerbes innerhalb der letzten drei Jahre entrichtete Erbschafts- oder Schenkungssteuer, GrESt bzw StiftESt beschränkt. Sie gilt nur im außerbetrieblichen Bereich, da § 4 Abs 3a EStG nicht darauf verweist. Es ist daher eine Anrechnung im Ausmaß der sonst entstehenden Doppelbelastung auf Antrag zulässig. Der Antrag kann nur im Rahmen einer Veranlagung gestellt werden. Die Anrechnung ist daher im Zuge der Selbstberechnung nicht zu berücksichtigen.[794]

16.6.2. Kein Sondersteuersatz, wenn Veräußerungserlös in Form einer Rente geleistet wird

I/459 Einkünfte aus der Grundstücksveräußerung gegen Rente sind gem § 30a Abs 4 EStG, soferne das Zuflussprinzip Anwendung findet, also entweder eine „private" Grundstücksveräußerung oder eine betriebliche Grundstücksveräußerung durch einen EA-Rechner vorliegt, ab Überschreiten der Anschaffungskosten des veräußerten Grundstückes „normal" steuerpflichtig und in die Steuererklärung des Zuflussjahres aufzunehmen. ImmoESt iSd § 30c EStG wie auch eine Vorauszahlung iSd § 30b EStG ist nicht abzuführen.

---

793 EStR Rz 6634; Jakom/*Kanduth-Kristen* EStG, 2013, § 30 Rz 36; *Fuhrmann/Lang*, taxlex 2012, 173.
794 Kritisch *Studera/Thunshirn*, Handbuch Besteuerung Grundstückstransaktionen, Kap I/3.4.8.6, welche eine Anrechnung im Zuge der Selbstberechnung für denkbar erachten.

16.7. Einkunftsermittlung: betriebliche Grundstücksveräußerungen

16.7.1. Allgemeines

Als *Veräußerung* iSd § 30a EStG gelten auch die *Zuschreibung* und die *Entnahme* I/460
(§ 30a Abs 3 EStG). Der Veräußerungsgewinn für Grundstücke des notwendigen
und des gewillkürten Betriebsvermögens ist nach den allgemeinen steuerlichen
Gewinnermittlungsvorschriften zu ermitteln, wobei jedoch mit Ausnahme der
Kosten für die Mitteilung und Selbstberechnung iSd § 30c EStG und einer allfälligen Vorsteuerberichtigung so wie bei einer privaten Grundstücksveräußerung
kein Betriebsausgabenabzug für unmittelbar mit der Veräußerung zusammenhängende Ausgaben zulässig ist.[795] Die nicht abzugsfähigen Betriebsausgaben müssen
in *„unmittelbaren"* Zusammenhang mit der Veräußerung stehen. Bloß in mittelbaren Zusammenhang stehende Aufwendungen sind im Rahmen der betrieblichen Einkunftserzielung abzugsfähig. Zu beachten ist, dass die ImmoESt unabhängig von der Art der betrieblichen Gewinnermittlung immer nach dem Zuflussprinzip zu ermitteln ist.[796] Daher kann es bei über das Jahr gehenden Transaktionen sein, dass der Veräußerungsgewinn in die Periode 1 fällt, während die
ImmoESt erst mit Zufluss in der Periode 2 vom Parteienvertreter zu entrichten ist.

16.7.1.1. Gebäude

Für Gebäude ergibt sich der Veräußerungsgewinn idR als Differenz zwischen I/461
Veräußerungserlös und Buchwert. Es ist zu beachten, dass hierbei der steuerliche
Buchwert relevant ist. Im Falle des Abweichens des steuerlichen Buchwertes vom
unternehmensrechtlichen Buchwert, was bei abweichender AfA, Teilwertabschreibungen und Umgründungen der Fall sein kann, ist nicht der Buchwert laut
Unternehmensbilanz, sondern stets der steuerliche Buchwert anzusetzen. Eine
Adaptierung um die AfA, sowie nicht steuerlich geltend gemachte Instandset-
zungs- und Herstellungsbeträge wie bei privaten Grundstücksveräußerungen ist
nicht erforderlich.

Der *Inflationsabschlag* ist anders als für „private Grundstücksveräußerungen" im
betrieblichen Bereich auf den Gebäudeanteil *nicht* anzuwenden.[797] Der Inflationsabschlag kann daher nur auf den GuB des Anlagevermögens bezogen werden. Soferne die „Nichtanwendungsfälle" des § 30a Abs 3 EStG zutreffen, ist der Inflationsabschlag auch für GuB unzulässig, siehe dazu Kap I/16.9.

---

795 § 4 Abs 3a Z 2 iVm § 30 Abs 2 EStG; s *Urtz*, aao, 110; zu den denkbaren Betriebsausgaben, die nicht
     abzugsfähig sind.
796 EStR Rz 6707.
797 *Bodis/Hammerl*, EStR-Wartungserlass 2013: Neue Grundstücksbesteuerung (II), RdW 2013, 411;
     Bodis/Mayr, Auswirkungen der neuen Grundstücksbesteuerung auf Körperschaften, RdW 2012,
     245; EStR RZ 6667; *Urtz* in *Urtz* (Hrsg), Die neue Immobiliensteuer nach dem 1. StabG 2012, 101;
     Studera/Thunshirn, Handbuch Besteuerung Grundstückstransaktionen, Rz 496.

Kein Inflationsabschlag für Gebäude im betrieblichen Bereich.

Zu beachten ist, dass im Falle einer vorherigen Einlage des Grundstückes in das Betriebsvermögen dieses – abhängig davon, ob es sich um *„Altvermögen"* (zum 31.3.2012 nicht steuerverfangen) oder *„Neuvermögen"* (zum 31.3.2012 steuerverfangen) handelt – unterschiedlich bewertet wird. Altvermögen wird immer mit dem Teilwert, Neuvermögen mit dem jeweils niedrigeren Teilwert oder den Anschaffungs- bzw Herstellungskosten (§ 6 Z 5 EStG) bewertet.[798]

Die Anschaffungskosten sind um Herstellungsaufwendungen zu erhöhen, soweit diese nicht bei der Ermittlung von Einkünften zu berücksichtigen waren. Soweit im Buchwert die AfA nicht steuerwirksam abgezogen wurde, ist AfA abzuziehen. Dies ist insb bei unterjährigem Verkauf von Bedeutung, da die AfA idR nur am Jahresende gebucht wird. Teilwertabschreibungen erhöhen den Veräußerungsgewinn.

Soferne eine vom Steuerrecht abweichende AfA angesetzt wurde, ist der Buchwert um die steuerlich zulässige AfA zu adaptieren.

I/462 Gem § 4 Abs 3a Z 4 EStG kommt es bei ursprünglich mit dem Teilwert aus dem Privatvermögen in das Betriebsvermögen eingelegten Grundstücken zu einer doppelten Gewinnermittlung: Bei der Veräußerung gilt der Unterschiedsbetrag (dh der Verlust) zwischen dem Teilwert im Einlagezeitpunkt und den Anschaffungs- oder Herstellungskosten als Einkünfte aus privaten Grundstücksveräußerungen. Die Differenz zwischen Veräußerungserlös und Teilwert gilt als betrieblicher Veräußerungsgewinn. Eine Verrechnung von Verlusten aus dem Privatbereich von eingelegten Grundstücken mit Gewinnen aus betrieblichen Grundstücken ist aufgrund des § 30 Abs 7 EStG nicht zulässig.

Beispiele

Beispiel 1

Anschaffung des Grundstückes zum 1.4.2004 um 1.000. Einlage des Grundstückes am 1.5.2012 in das BV, Teilwert zu diesem Zeitpunkt 800. Verkauf des Grundstückes am 1.1.2015 um 1.500.

Lösung

Einlage in das BV zu 800. Veräußerungsgewinn daher 700 (1.500 – 800 = 700). Die Differenz aus 1.000 und 800 gilt als Veräußerungsverlust aus privaten Grundstücksveräußerungen und kann nicht mit den betrieblichen Einkünften verrechnet werden. Der Veräußerungsverlust könnte gem § 30 Abs 7 EStG idF AbgÄG 2012 zur Gänze mit Veräußerungsgewinnen aus privaten Grundstücksveräußerungen bzw zur Hälfte mit Einkünften aus VuV ausgeglichen werden.

---

798 *Mayr/Schlager*, Mitunternehmerschaft: Erwerb eines privaten Grundstücks vom Gesellschafter, in Kammer der Wirtschaftstreuhänder (Hrsg), Personengesellschaften, Gedenkschrift Karl Bruckner (2013), 191; EB zum StabG 2012, *Steckenbauer*, aao, 126 u 128; *Zenkl/Kumer*, SWK-Spezial 2012, 29.

Beispiel 2

Anschaffung des Grundstückes zum 1.4.2004 um 1.000. Einlage des Grundstückes am 1.5.2012 in das BV, Teilwert zu diesem Zeitpunkt 1.200. Verkauf des Grundstückes am 1.1.2015 um 1.500.

Lösung

Einlage in das BV zu 1.000. Veräußerungsgewinn daher 500 (1.500 – 1.000=500). Die vor Einlage eingetretene Wertsteigerung (200) gilt als betrieblicher Veräußerungsgewinn.

16.7.1.2. Grund und Boden

Bei Veräußerung von GuB des Anlagevermögens ergibt sich gem § 4 Abs 3a Z 3 EStG der Veräußerungsgewinn als Differenz zwischen Veräußerungserlös und Anschaffungskosten abzüglich Inflationsabschlag, es sei denn, der besondere Steuersatz gem § 30a Abs 1 EStG kommt nicht zur Anwendung. Bei der Berechnung des Inflationsabschlages ist grundsätzlich auf den Anschaffungszeitpunkt abzustellen. Gem § 4 Abs 3a Z 3 lit b EStG ist jedoch für GuB, der vor dem 1.4.2012 (mit dem Teilwert) eingelegt oder im Zuge eines Wechsels zur Gewinnermittlung nach § 5 EStG zu diesem Zeitpunkt neu bewertet (dh steuerneutral auf den Teilwert auf- oder abgewertet) wurde, hinsichtlich der Ermittlung des Inflationsabschlages auf den Zeitpunkt der Einlage bzw jenen des Wechsels der Gewinnermittlung abzustellen. Weiters ist gem § 4 Abs 3 Z 3 lit c EStG ein im Zuge eines Wechsels zur Gewinnermittlung nach § 5 erfolgter Auf- oder Abwertungsbetrag (§ 4 Abs 10 Z 3 lit a EStG aF) im Zuge der Veräußerung gewinnwirksam anzusetzen. | I/463

Für zum 31.3.2012 nicht steuerverfangenen GuB kann die Pauschalbesteuerung angewendet werden. Dabei tritt an die Stelle des Veräußerungserlöses der Teilwert im Zeitpunkt des Wechsels der Gewinnermittlung. Daher wird dieser Teilwert als (Teil-)Veräußerungserlös fingiert und kann im Zeitpunkt der Veräußerung der pauschalen Besteuerung unterzogen werden. Die nach dem Wechsel der Gewinnermittlungsart angewachsenen stillen Reserven sind nach den allgemeinen Grundsätzen der betrieblichen Gewinnermittlung bzw nach einer späteren Entnahme nach § 30 Abs 3 EStG zu ermitteln und zu versteuern. | I/464

Bei Einlage aus dem außerbetrieblichen Vermögen in das Betriebsvermögen einer Nichtkörperschaft wird GuB grundsätzlich mit den Anschaffungs- oder Herstellungskosten bewertet, es sei denn, der Teilwert ist niedriger. Es ist immer der niedrigere Wert anzusetzen (§ 6 Z 5 EStG, siehe *Mayr/Schlager*, Mitunternehmerschaft: Erwerb eines privaten Grundstücks vom Gesellschafter, in Kammer der Wirtschaftstreuhänder (Hrsg), Personengesellschaften, Gedenkschrift Karl Bruckner (2013), 191). | I/465

Die Einlage in das Vermögen einer Körperschaft führt außerhalb des Anwendungsbereiches des UmgrStG alsTausch zu einer Anschaffung und somit zu einem neuen Anschaffungszeitpunkt.

Beispiel aus den EB zur RV des AbgÄG 2012

Variante 1

Grund und Boden wurde im Jahr 2000 von einem Betrieb, dessen Gewinn gem § 4 Abs 1 ermittelt wird, um 100 angeschafft. Im Jahr 2010 erfolgte der Wechsel zur Gewinnermittlung nach § 5 Abs 1. Dadurch wird auch der Grund und Boden steuerhängig, allerdings kann gem § 4 Abs 10 Z 3 lit a EStG 1988 in der Fassung vor dem 1. StabG 2012 der zum Zeitpunkt des Wechsels der Gewinnermittlungsart höhere Teilwert (150) als Buchwert des Grund und Bodens angesetzt werden. Gem § 4 Abs 3a Z 3 lit c ist dieser Aufwertungsbetrag im Falle einer späteren Veräußerung des Grund und Bodens gewinnwirksam anzusetzen. Da der Grund und Boden ohne Wechsel der Gewinnermittlungsart zum 31. 3. 2012 nicht steuerverfangen gewesen wäre, kann § 30 Abs 4 hinsichtlich der stillen Reserven vor dem Wechsel der Gewinnermittlungsart angewendet werden, wobei allerdings für die Ermittlung der pauschalen Anschaffungskosten der Teilwert zum Zeitpunkt des Wechsels der Gewinnermittlungsart heranzuziehen ist.

Variante 2

Grund und Boden wurde im Jahr 2005 von einem Betrieb, dessen Gewinn gem § 4 Abs 1 ermittelt wird, um 100 angeschafft. Da der Grund und Boden auch ohne Wechsel der Gewinnermittlungsart am 31. 3. 2012 steuerverfangen gewesen wäre, kann § 30 Abs. 4 nicht angewendet werden. Es ist daher im Falle einer späteren Veräußerung der gesamte Aufwertungsbetrag (Differenz zwischen Teilwert im Zeitpunkt des Wechsels der Gewinnermittlungsart und den historischen Anschaffungskosten) gewinnwirksam anzusetzen.

I/466 Hinsichtlich von Grundstücken entfällt somit die nach der früheren Rechtslage notwendige Unterscheidung zwischen der Gewinnermittlung nach § 5 Abs 1 und § 4 Abs 1 bzw 3 EStG. Der letzte Satz des früheren § 4 Abs 1 EStG, wonach Gewinne oder Verluste aus der Veräußerung oder Entnahme und sonstigen Wertänderungen von GuB, der zum Anlagevermögen gehört, bei der Gewinnermittlung nicht zu berücksichtigen sind, entfällt mit dem StabG 2012 ersatzlos.

I/467 In § 4 Abs 3 EStG (Einnahmen-Ausgaben-Rechnung) wurde der Verweis auf die analoge Geltung des § 4 Abs 1 letzter Satz ebenfalls gestrichen. Damit werden mit dem 1. StabG 2012 die Unterschiede zwischen den drei Gewinnermittlungsarten hinsichtlich der Besteuerung von GuB beseitigt. Die Veräußerung des nackten Grundes aus dem Betriebsvermögen wird – ebenso wie von Gebäuden – immer steuerlich erfasst. Ein Unterschied zwischen den Gewinnermittlungsarten besteht nur mehr für den Altbestand. Die zum 31.3.2012 nicht mehr steuerverfangenen Grundstücke (nur bei Gewinnermittlung § 4 Abs 1 und 3 möglich) werden gem § 30 Abs 4 EStG begünstigt pauschal besteuert.

I/468 **Pauschalbesteuerung für GuB des Anlagevermögens:** Wird GuB, der zum 31.3.2012 nicht steuerverfangen war, veräußert, kann (*Wahlrecht*) der Veräußerungsgewinn auch pauschal nach § 30 Abs 4 EStG ermittelt werden (§ 4 Abs 3a Z 3 lit a und Z 4 letzter Satz EStG). Es kommt in diesen Fällen zu einer Steuerbelastung iHv 3,5 % oder 15 %. Dabei sind gem § 4 Abs 3a Z 2 1. Satz EStG auch die Kosten der Selbstberechnung nicht abzugsfähig, wohl aber die zu berichtigende Vorsteuer. Der Inflationsabschlag kommt bei der Pauschalbesteuerung nicht zur Anwendung. Diese Begünstigung für den Altbestand ist nur bei Gewinnermittlung nach § 4 Abs 1 oder 3 anwendbar, da bei Gewinnermittlung nach § 5 EStG GuB immer steuerverfangen war.[799] Als Altbestand gelten Grundstücke, die vor dem 1.4.2002 angeschafft wurden.[800]

16.7.1.3. Auseinanderfallen steuerlicher Buchwert und Bilanzwert

Es ist zu beachten, dass stets der steuerliche Buchwert Basis ist. Insb im Zuge von Umgründungen kann es zu einem Auseinanderfallen von steuerlichem Buchwert und Bilanzansatz gem dem UGB kommen. Dies gilt auch bei Abweichen der unternehmensrechtlichen von der steuerlichen Abschreibung, was entweder bei unterschiedlicher laufender Abschreibung oder in der Praxis auch nach (außerbilanziellen) Anpassungen nach einer Betriebsprüfung passieren kann. **I/469**

16.8. Befreiungen im betrieblichen Bereich

Die Befreiungen des § 30 Abs 2 Z 3 und 4 gelten gem § 4 Abs 3a Z 1 EStG auch für die betriebliche Gewinnermittlung. Die dort genannten Einkünfte sind somit von der Besteuerung ausgenommen. Dazu zählen Gewinne aus der Veräußerung von Grundstücken infolge eines behördlichen Eingriffs oder zur Vermeidung eines solchen nachweisbar unmittelbar drohenden Eingriffs (Z 3), und gem Z 4 Einkünfte aus Tauschvorgängen im Rahmen eines Zusammenlegungs- oder Flurbereinigungsverfahrens sowie im Rahmen behördlicher Maßnahmen zur besseren Gestaltung von Bauland insbesondere nach den für die bessere Gestaltung von Bauland geltenden Vorschriften. Voraussetzung ist jedoch, dass das öffentliche Interesse bzw die behördliche Maßnahme anderweitig dokumentierbar ist; dies wird insbesondere durch Vorlage entsprechender Gemeinderatsbeschlüsse möglich sein. Das in solchen Verfahren erworbene Grundstück tritt idZ hinsichtlich aller für die Ermittlung der Einkünfte relevanten Umstände an die Stelle des hingegebenen Grundstückes. Das BMF steht auf dem Standpunk,[801] dass schon eine Einigung vor einer unmittelbar drohenden Enteignung gem Z 4 befreit ist. Auch untergeordnete Resteinlösungsgrundstücke (< 20 %) gelten als befreit. **I/470**

---

799   *Urtz*, aao, 113.
800   *Urtz*, aao, 113 mit V auf die EB zum StabG 2012.
801   BMF-Info zur neuen Grundstücksbefreiung (BMF-010203/0402-VI/6/2012, Pkt 46).

16.9. Ausnahmen vom Sondersteuersatz im betrieblichen Bereich (§ 30a Abs 3 EStG)

16.9.1. Grundstücke des Umlaufvermögens

I/471 Nicht dem besonderen Steuersatz unterliegen Grundstücke (GuB und Gebäude), wenn diese dem *Umlaufvermögen* zuzurechnen ist. Maßgeblich ist nach dem Gesetzeswortlaut und Rz 6685 der EStR die Zurechnung im *Zeitpunkt* der Veräußerung.

I/472 Wurde das Grundstück zunächst als Anlagevermögen verwendet und erst später dem Umlaufvermögen gewidmet, ist der besondere Steuersatz nicht anzuwenden.[802] Genauso ist uE (wobei die EStR diesen Fall nicht erwähnen) nach dem Wortlaut die Veräußerung eines früher dem Umlaufvermögen und später in das Anlagevermögen umgegliederten Grundstückes nicht von § 30a Abs 3 EStG erfasst, sondern unterliegt dem Sondersteuersatz. Soweit stille Reserven während des Bestehens zum Umlaufvermögen (und damit vor Umwidmung in das Anlagevermögen) entstanden sind, sind diese vom Sondersteuersatz erfasst. Genauso sind stille Reserven aus der früheren Zurechnung zum Anlagevermögen nicht begünstigt. Es erscheint mE wenig sachgerecht, dass während des Bestehens als Anlagevermögen entstandene stille Reserven nicht dem Sondersteuersatz unterliegen.

I/473 Als *Umlaufvermögen* gelten ganz grundsätzlich Wirtschaftsgüter, deren betrieblicher Zweck nicht im (längerfristigen) Gebrauch, sondern im *Verbrauch* besteht. Dies gilt insb, wenn diese *zur Veräußerung bestimmt* sind.[803] Nach § 198 Abs 4 UGB sind Gegenstände als Umlaufvermögen auszuweisen, die *nicht* dazu bestimmt sind, dauernd dem Geschäftsbetrieb zu dienen. Zum Umlaufvermögen gehören Sachen, deren betrieblicher Zweck nicht im (längerfristigen) Gebrauch, sondern im Verbrauch besteht, wobei Verbrauch insb auch vorliegt, wenn die Wirtschaftsgüter zur Veräußerung bestimmt sind.[804]

Ein Grundstück, bei dem nach dem objektiven Gesamtbild der Verhältnisse die Vermögensumschichtung bzw Vermögensverwertung (zB bei einem gewerblichen Grundstückshändler) und nicht die Vermögensnutzung im Vordergrund steht, gehört nach den EStR auch bei längerer betrieblicher Zugehörigkeit nicht zum Anlage-, sondern zum Umlaufvermögen.[805] Dies gilt auch dann, wenn es während der Zeit bis zur tatsächlichen Veräußerung wie ein Anlagegut vermietet wird, aber gemessen an der betriebsgewöhnlichen Nutzungsdauer nicht dazu bestimmt ist, dem Betrieb dauernd zu dienen.[806] Umlaufvermögen kann bei Unter-

---

802 EStR Rz 6685; Jakom/*Kanduth-Kristen* EStG, 2013, § 30a Rz 18.
803 Jakom/*Laudacher* EStG, 2013, § 6 Rz 91; VwGH 22.2.2007, 2006/14/0022.
804 VwGH 22.2.2007, 2006/14/0022 sowie 25.6.1998, 96/15/0251.
805 EStR Rz 616.
806 VwGH 31.5.1983, 82/14/0188.

bleiben der beabsichtigten Veräußerung und Aufnahme einer betrieblichen Dauerwidmung in Anlagevermögen umgewidmet werden.[807] Betriebsvermögen, das nicht Anlagevermögen darstellt, muss Umlaufvermögen sein und umgekehrt. Aus Gründen der Rechtssicherheit ist der Betriebsgegenstand und der Geschäftszweck laut Satzung ein Indiz für die Beurteilung.

Für die *Zuordnung zum Anlagevermögen bzw zum Umlaufvermögen* ist die wirtschaftliche Zweckbestimmung in Verbindung mit der Zeitkomponente entscheidend.[808] Ein von den objektiven Verhältnissen losgelöstes Wahlrecht besteht nicht. Alleine aus der Eigenschaft eines Wirtschaftsgutes lässt sich die Zuordnung jedenfalls nicht ableiten. Je nach der betrieblichen Funktion gehört das gleiche Grundstück in einem Betrieb zum Umlaufvermögen, im anderen zum Anlagevermögen. Die Rsp stellt grundsätzlich darauf ab, welchem Zweck das Wirtschaftsgut nach objektiven Kriterien dienen soll und kann.[809] Ist Betriebsgegenstand die Errichtung von Gebäuden und deren Vermietung, so gehört das Gebäude im Zweifel zum Anlagevermögen, selbst wenn es später einmal etwa aus Liquiditätsgründen veräußert wird.   I/474

Nach hA erfolgt bezüglich des Begriffsumfangs die *Orientierung am Unternehmensrecht*, da eine eigenständige steuerliche Definition nicht vorliegt.[810] Die Zuordnung in der UGB-Bilanz gilt mangels eigener steuerrechtlicher Vorschriften auch für die Steuerbilanz.[811] Die Bestimmung des § 224 UGB wird jedenfalls nach ganz einhelliger Ansicht als Orientierungshilfe herangezogen.[812] Maßgeblich für die Zuordnung ist (auch nach dem UGB) primär die Zweckbestimmung, also die konkrete unternehmerische Funktion.[813] Diese Zweckbestimmung ergibt sich idR schon aus der objektiven Eigenschaft des Vermögensgegenstandes, der tatsächlichen Nutzung und dem Geschäftszweig.   I/475

In *Zweifelsfällen*, wenn eine objektive Funktionsbestimmung nicht mit Sicherheit möglich ist, ist nach der Rsp die subjektive Widmung relevant.[814] Nach *Laudacher*[815] überlagert die objektive Zweckbestimmung auch kurzfristige nicht zweckdienliche Verwendungen. Ein praktischer Fall hierfür dürfte der Ausweis im Anlagevermögen sein, obwohl die Liegenschaft dafür nicht bestimmt ist und nur die kurzfristige Fruchtziehung im Vordergrund steht. Allerdings fehlt eine eigenständige steuerliche Regel. Nur in Missbrauchsfällen oder bei Anwendung der   I/476

---

807   EStR, Rz 617; VwGH 7.6.1983, 82/14/0318.
808   EStR Rz 606.
809   Jakom/*Laudacher* EStG, 2013, § 6 Rz 61.
810   Jakom/*Laudacher* EStG, 2013, § 6 Rz 61.
811   VwGH 17.12.1993, 93/15/0094; EStR Rz 606.
812   Jakom/*Laudacher* (2013), § 6 Rz 61; HR/*Zorn*/*Petritz*, § 6 Z 1 Rz 8 ff.
813   VwGH 22.2.07, 2006/14/0022.
814   VwGH 13.4.2005, 2001/13/0028; VwGH 22.12.2004, 2001/15/0095; VwGH 22.9.2000, 96/15/0207, 0208; VwGH 13.4.2005, 2001/13/0028); EStR Rz 606.
815   Aao, Rz 61.

wirtschaftlichen Betrachtung wird uE daher ein Abweichen vom unternehmensrechtlichen Ausweis zulässig sein. Es ist idZ zu beachten, dass die Widmung nicht bloß durch die Behauptung anderer subjektiver Zweckwidmung nachgewiesen werden kann.[816] Sich widersprechende Zweckbestimmungen sind gegenüber dem FA anhand objektiver Umstände glaubhaft zu machen.

I/477 Für die *Negativabgrenzung* ist mE auch die Definition des Anlagevermögens laut *UGB* heranzuziehen. Das UGB und dem folgend die Rsp definieren Anlagevermögen als Gegenstände, die bestimmt sind, dauernd dem Geschäftsbetrieb zu dienen (§ 198 Abs 2 UGB).[817] *Dauernd* heißt, dass die Sache während seiner betriebsgewöhnlichen Nutzungsdauer oder zumindest eines größeren Zeitraumes davon dem Geschäftsbetrieb dient. Gegenstände des Anlagevermögens sind zum Gebrauch bestimmt. Im Zweifelsfall kann eine tatsächlich längere Verweildauer im Betrieb ein Indiz für Anlagevermögen sein. Bei Beteiligungen ist etwa die Zweckwidmung im Zeitpunkt des Erwerbs der Beteiligung maßgebend.[818] Demgegenüber sind gem § 198 Abs 4 UGB unter *Umlaufvermögen* Gegenstände zu verstehen, die *nicht* bestimmt sind, dauernd dem Geschäftsbetrieb zu dienen. Umlaufvermögen ist nach objektiv erkennbaren Kriterien zum Verbrauch bzw Absatz im Betrieb bestimmt. Nach EStR Rz 616 ist bei einem Grundstück relevant, ob nach dem objektiven Gesamtbild der Verhältnisse die Vermögensumschichtung bzw Vermögensverwertung und nicht die Vermögensnutzung im Vordergrund steht. Bei einem gewerblichen Grundstückshändler, gehört nach den EStR ein Grundstück auch bei längerer betrieblicher Zugehörigkeit nicht zum Anlage-, sondern zum Umlaufvermögen. Dies gilt nach den EStR[819] auch dann, wenn es während der Zeit bis zur tatsächlichen Veräußerung wie ein Anlagegut vermietet wird, aber gemessen an der betriebsgewöhnlichen Nutzungsdauer nicht dazu bestimmt ist, dem Betrieb dauernd zu dienen.[820]

I/478 **Umwidmung:** Umlaufvermögen kann bei Unterbleiben der beabsichtigten Veräußerung und Aufnahme einer betrieblichen Dauerwidmung in Anlagevermögen umgewidmet werden.[821] Das gilt uE auch umgekehrt. Betriebsvermögen, das nicht Anlagevermögen darstellt, muss Umlaufvermögen sein und umgekehrt.[822] Zum Umlaufvermögen zählen nach der Rsp auch Gebäude und Wohnungen, die ein Bauunternehmer zur nachfolgenden Veräußerung errichtet.[823]

816   Jakom/*Laudacher*, aao; *Bertl/Hirschler*, RWZ 01/70.
817   VwGH 22.02.2007, 2006/14/0022.
818   VwGH 22.9.2000, 96/15/0207; EStR Rz 607.
819   EStR Rz 616.
820   VwGH 31.5.1983, 82/14/0188.
821   VwGH 7.6.1983, 82/14/0318, ebenso EStR Rz 617.
822   EStR Rz 617.
823   VwGH 7.6.1983, 82/14/0318; EStR Rz 618.

Alleine weil die Veräußerung von Anlagevermögen geplant ist, etwa weil Ersatz   I/479
durch eine neue Immobilie beabsichtigt ist, hat keine Umwidmung in das Umlaufvermögen zu erfolgen.

Aufgrund der Regelung des § 30a Abs 3 EStG gilt für ein zunächst privat genutz-   I/480
tes und erst später in das Umlaufvermögen eingelegte Grundstück eine *gespaltene*
Besteuerung. Hinsichtlich der Differenz zwischen einem höheren Teilwert im
Zeitpunkt der Einlage und den niedrigeren Anschaffungs- oder Herstellungskosten ist der besondere Steuersatz anteilig anzuwenden. Damit wird nach den EStR
erreicht, dass private Wertsteigerungen – auch wenn sie im Rahmen betrieblicher
Einkünfte miterfasst werden – jedenfalls unter den besonderen Steuersatz fallen.
MaW: Wurde das veräußerte Grundstück in das Betriebsvermögen eingelegt, ist
hinsichtlich des Unterschiedsbetrages zwischen dem Teilwert im Einlagezeitpunkt und den niedrigeren Anschaffungs- oder Herstellungskosten der besondere Steuersatz gem Abs 1 mit der Option zur Besteuerung zum allgemeinen Steuertarif anzuwenden. Hingegen ist für GuB-Altvermögen (GuB, der zum 31.3.2012
nicht steuerverfangen war) die Pauschalbesteuerung nach § 30 Abs 4 EStG anzuwenden (Wahlrecht), wobei an die Stelle des Veräußerungserlöses der Teilwert
im Einlagezeitpunkt tritt. Dies wurde durch das AbgÄG 2012 klargestellt.

16.9.2. Schwerpunkt in der gewerblichen Überlassung und Veräußerung von Grundstücken

Der Sondersteuersatz kommt auch dann nicht zur Anwendung, wenn *„ein"*   I/481
Schwerpunkt der betrieblichen Tätigkeit in der gewerblichen Überlassung **und**
Veräußerung von Grundstücken liegt. Diese Ausnahme zielt nach EStR Rz 6686
auf (nicht rein vermögensverwaltende) Immobilienentwicklungsgesellschaften
ab, bei denen Grundstücke dem Anlagevermögen angehören (sonst käme bereits
die für Umlaufvermögen bestehende Ausnahme vom besonderen Steuersatz zur
Anwendung). Durch die Bestimmung soll eine Gleichbehandlung mit anderen
nicht immobilen Umsatzgeschäften erreicht werden. Diese Zielsetzung soll nach
den EB zum AbgÄG 2012 durch die Änderung im Gesetz gegenüber dem Stand
nach dem StabG 2012 präziser zum Ausdruck kommen, indem auf eine *„gewerbsmäßige"* Überlassung und Veräußerung abgestellt wird. Das Adjektiv *„gewerbsmäßig"* ist laut den EB zum AbgÄG 2012 dabei *sowohl* auf die Überlassung *als auch*
auf die Veräußerung zu beziehen. Damit soll verdeutlicht werden, dass die Überlassung und Veräußerung von Grundstücken die – nach der Verkehrsauffassung
zu beurteilende – gewerbsmäßige Betätigung ausmachen muss. Eine Überlassung
von Grundstücken ist somit in Betrieben, bei denen Grundstücke nicht gewerbsmäßig überlassen und veräußert werden, nicht von der Ausnahmebestimmung
der Z 2 erfasst. Daher ist laut den EB bspw das Beherbergungsgewerbe nicht vom
besonderen Steuersatz ausgeschlossen, weil die Überlassung und Veräußerung
von Grundstücken dort nicht die Gewerbsmäßigkeit der *betrieblichen* Tätigkeit
begründet.

I/482 Voraussetzung ist eine *betriebliche Tätigkeit*; reine Vermögensverwaltung reicht nicht aus. Eine GmbH, deren Grundstücke nicht einem Betrieb zugehören, sondern die hinsichtlich der Grundstücke bloß vermögensverwaltend tätig ist, kann, wenn die Grundstücke dem Anlagevermögen zuzurechnen sind, den Inflationsabschlag geltend machen. Es muss sich also *sowohl* bei der Überlassung *als auch* bei der Veräußerung um gewerbliche Tätigkeit handeln. Die Gewerblichkeit muss sich *sowohl* auf die Überlassung *als auch* auf die Veräußerung beziehen.[824] Eine gewerbliche Überlassung (zB durch Nebenleistungen oder generell im Rahmen der Beherbergung) ohne gleichzeitige gewerbliche Veräußerung von Grundstücken (in der Art eines gewerblichen Grundstückshandels[825] reicht somit für den Entfall des besonderen Steuersatzes nicht aus. Ebenso reicht eine gewerbliche Veräußerung ohne gleichzeitige gewerbliche Überlassung nicht aus. Tritt neben die gewerbliche Veräußerung eine rein vermögensverwaltende Überlassung, kommt nicht § 30a Abs 3 EStG, sondern der Sondersteuersatz zur Anwendung.

I/483 Allerdings *genügt* es, wenn dieser Schwerpunkt *neben* einem oder mehreren weiteren in der gesamten gewerblichen Tätigkeiten besteht. Nach den EStR liegt ein Schwerpunkt dann vor, *wenn 20 % der gesamten betrieblichen Tätigkeit auf die gewerbliche Überlassung und Veräußerung von Grundstücken entfallen.* Dies kann uE nur eine Zweifelsregel sein. Es muss sich nicht um einen Teilbetrieb handeln, allerding wird mE entgegen den EStR ein gewisses *„Herausheben"* aus der übrigen Tätigkeit nach der Art eines eigenen Geschäftsbereiches erforderlich sein, andernfalls scheint ein Schwerpunkt nicht eindeutig ermittelbar. Fraglich ist auch, ob sowohl Veräußerung als auch Überlassung jeweils 20 % betragen müssen oder ob eine einheitliche Betrachtung erfolgt. Ersteres wäre uE unzutreffend. Die Betrachtung hat gesamtheitlich zu erfolgen. Veräußerung und Überlassung müssen dauerhaft (über einen längeren Zeitraum) und gemeinsam auftreten und sind gemeinsam zu betrachten. Erzielt ein Hotelier bspw dauerhaft 25 % Umsätze aus der Überlassung von Zimmern und verkauft er einmalig bzw außerhalb des üblichen Geschäftsbetriebes ein Grundstück, so liegt kein schädlicher Schwerpunkt iSd § 30a EStG vor, da Überlassung und Veräußerung hier betrieblich nicht zusammengehören bzw keinen einheitlichen Geschäftsbereich darstellen.

I/484 Die EStR stellen als *Maßstab* auf den *Umsatz* ab. Dies ist nicht zwingend. Durch Grundstücksveräußerungen werden häufig aperiodisch hohe Umsätze erzielt. Dem Steuerrecht sind sachlich am konkreten Unternehmensgegenstand orientierte Betrachtungen nicht fremd. Bspw wird im Bereich des Mantelkaufs nicht alleine auf den Umsatz abgestellt. Es wäre daher eine jeweils sachlich angemessene Betrachtung vorzunehmen.

---

824 *Studera/Thunshirn*, Handbuch Besteuerung Grundstückstransaktionen (2013), Rz 513; Jakom/*Kanduth-Kristen* EStG, 2013, § 30a Rz 19.
825 Dazu eingehend jüngst *Studera/Thunshirn*, aao, Rz 827.

Auch der *Zeitpunkt des Vorliegens eines schädlichen Schwerpunkts* ist von Bedeu- **I/485** tung. Die Klassifizierung muss sich uE an den repräsentativen Verhältnissen im Zeitpunkt der Veräußerung orientieren. Wird bspw durch einen einmaligen Verkauf ein Umsatzanteil aus Grundstücksveräußerungen von mehr als 20 % erzielt, so erscheint eine Subsumation unter die Ausnahmebestimmung schon deswegen nicht sachgerecht, weil sie nicht vorhersehbar und eine Rückbeziehung gleichheitswidrig ist.

Die Aussage der EStR ist mE auch deswegen unklar, weil fraglich ist, ob eine dem **I/486** Charakter nach rein vermögensverwaltende Tätigkeit innerhalb eines Betriebes unbeachtlich ist. Für vermögensverwaltende Rechtsträger gilt ja die Ausnahmebestimmung nicht und so fallen diese immer unter den Sondersteuersatz, da diese nicht gewerblich ist.

Abweichend von den EStR wäre mE der *„Schwerpunkt der betrieblichen Tätigkeit* **I/487** *in [...] „* denkmöglich auch unter Berücksichtigung der Konzeption des § 2 Abs 2a 2. TS EStG zu beurteilen, obwohl diese Gesetzesstelle etwas anders textiert ist. Immerhin wäre aber dadurch eine einheitliche Rechtsanwendung gegeben. Ein Schwerpunkt läge demnach (§ 2 Abs 2 EStG) dann vor, wenn nach dem Gesamtbild der wirtschaftlichen Verhältnisse (Relation der wirtschaftlichen Erfolge oder Vermögenswerte zueinander) die Überlassung der Veräußerung von Immobilien überwiegt.

Auch hier gilt, dass bei einer vorangegangenen Einlage des Grundstücks in das **I/488** Betriebsvermögen auf den Unterschiedsbetrag zwischen dem Teilwert im Einlagezeitpunkt und den niedrigeren Anschaffungs- oder Herstellungskosten der besondere Steuersatz gem Abs 1 mit der Option zur Besteuerung zum allgemeinen Steuertarif 2 anzuwenden ist. GuB-Altvermögen wird analog zu Z 1 behandelt, *„gespaltene"* Besteuerung, s oben.

Die Bestimmung des § 30a Abs 3 EStG ist auch bei Veräußerung eines Anteils an **I/489** einer *Mitunternehmerschaft* anwendbar.[826] Im Falle der Veräußerung eines Mitunternehmer-Anteiles wird mE der Schwerpunkt iSd § 30 Abs 3 Z 2 EStG auf Ebene der Mitunternehmerschaft und nicht auf Ebene des Mitunternehmers zu betrachten sein. Allerdings wäre auch eine Betrachtung auf Ebene des Veräußerers (= Gesellschafters) theoretisch denkbar.[827]

16.9.3. Weitere Fälle des § 30a Abs 3 EStG

Der Sondersteuersatz kommt weiters dann nicht zur Anwendung, insoweit der **I/490** Buchwert durch eine vor dem 1.4.2012 vorgenommene Teilwertabschreibung gemindert ist. Nach den EB zum AbgÄG 2012 ist Hintergrund dieser Bestimmung,

---

826 *Prodinger,* SWK 2012, 1005.
827 *Prodinger,* aao.

dass aufgrund der Ergänzung des § 6 Z 2 lit d EStG Teilwertabschreibungen, die nicht mit Gewinnen aus Grundstücksveräußerungen oder Zuschreibungen zu verrechnen sind, nur mehr zur Hälfte ausgleichsfähig. Daher wird durch das AbgÄG 2012 die Zuschreibung von Grundstücken grundsätzlich in den besonderen Steuersatz eingebunden. Gleichzeitig kann der volle Steuersatz für ab 1.4.2012 vorgenommene Teilwertabschreibungen für Wertaufholungen im Realisierungs- bzw Zuschreibungsfall entfallen. Der Tarifsteuersatz ist somit nur mehr bei „alten" Teilwertabschreibungen anzuwenden. Dies gilt insoweit, als „alte" Teilwertabschreibung ein Gewinn durch Zuschreibung, Veräußerung oder Entnahme gegenübersteht. Allfällige nach einer Aufholung „alter" Teilwertabschreibungen eintretende zusätzliche Wertsteigerungen unterliegen dem Steuersatz von 25 %.

I/491   Soweit stille Reserven übertragen wurden, die vor dem 1.4.2012 aufgedeckt worden sind.

I/492   Der besondere Steuersatz gilt gem § 30a Abs 4 EStG idF AbgÄG 2012 nicht für Einkünfte, bei denen der Veräußerungserlös in Form einer Rente geleistet wird und diese nach Maßgabe des § 4 Abs 3 EStG zu Einkünften führt. Diese Ausnahme bezieht sich nur auf die Gewinnermittlung nach § 4 Abs 3 EStG, also auf Einnahmen-Ausgaben-Rechner. Für „Bilanzierer" (Gewinnermittler nach § 4 Abs 1 und § 5 EStG) gilt auch hier der besondere Steuersatz.

16.10. Entnahmen „aus" und Einlagen „in" das Betriebsvermögen

16.10.1. Einlagen

I/493   Ab 1.4.2012 gilt folgende Bewertungsregel für Grundstücke iSd § 30 EStG, die (i) vom Privatvermögen in das Betriebsvermögen oder (ii) vom Betriebsvermögen in ein anderes Betriebsvermögen eingelegt werden, wobei dies auch bei Einlage in das Umlaufvermögen gilt.

Grundstückskategorien:

„Neuvermögen" (bereits zum 31.3.2012 steuerverfangen) sowie **GuB** generell (§ 6 Z 5 lit b EStG) sind mit dem jeweils niedrigeren Wert anzusetzen:

• Anschaffungs- bzw Herstellungskosten oder
• Teilwert

Der Teilwert wird somit nur dann angesetzt, wenn er im Einlagezeitpunkt unter den adaptierten Anschaffungs- bzw Herstellungskosten liegt. Damit werden Wertsteigerungen im außerbetrieblichen Zeitraum stets in den betrieblichen Bereich transferiert. Wertminderungen werden in der außerbetrieblichen Sphäre belassen, wodurch diese bei Veräußerung als Verluste aus privaten Grundstücksveräußerungen iSd § 30 Abs 7 EStG gelten. Gem § 30 Abs 7 EStG sind Verluste aus privaten Grundstücksveräußerungen, auf die der besondere Steuersatz gem § 30a Abs 1 EStG anwendbar ist, nicht vortragsfähig und nur im selben Kalenderjahr – soweit kein Ausgleich innerhalb der begünstigt besteuerten Einkommenskategorie des § 30 EStG erfolgt – zur Hälfte ausschließlich mit Einkünften aus Vermietung und Verpachtung auszugleichen. Dies gilt auch im Falle der Ausübung der Regelbesteuerungsoption (§ 30a Abs 2 EStG).[828]

„Altvermögen": Mit Ausnahme von GuB ist stets mit dem Teilwert im Zeitpunkt der Zuführung anzusetzen.

Wenn das Grundstück dem Umlaufvermögen zuzurechnen ist, gilt gem § 30a Abs 3 EStG Folgendes: Wurde das veräußerte Grundstück in das Betriebsvermögen eingelegt, sind hinsichtlich des Unterschiedsbetrages zwischen dem Teilwert im Einlagezeitpunkt und den niedrigeren Anschaffungs- oder Herstellungskosten Abs 1 und 2 anzuwenden; für GuB, der zum 31.3.2012 nicht steuerverfangen war, ist § 30 Abs 4 EStG anzuwenden, wobei an die Stelle des Veräußerungserlöses der Teilwert im Einlagezeitpunkt tritt. **I/494**

Die Umwidmung von Anlage in das Umlaufvermögen oder umgekehrt führt zu keiner Änderung der Bewertung. **I/495**

Nach den EB zur RV des AbgÄG 2012 ist die Rückkehr zur Bewertung mit dem Teilwert für Gebäude darauf zurückzuführen, dass es praktisch unmöglich sein kann, die historischen Anschaffungs- oder Herstellungskosten zu ermitteln, wenn der Erwerbsvorgang schon lange zurückliegt. Für GuB wird die Ermittlung der historischen Anschaffungskosten hingegen vielfach gar nicht notwendig sein, da die Pauschalbesteuerung für Altvermögen nach § 30 Abs 4 EStG zur Anwendung kommt. Für Gebäude und grundstücksgleiche Rechte des Neuvermögens und für GuB erfolgt die Bewertung bei der Einlage mit dem niedrigerem Anschaffungs- bzw Herstellungskosten oder dem Teilwert. Für Grundstücke, die vor Einlage zur Erzielung außerbetrieblicher Einkünfte gedient haben, wurde eine Regelung zur Adaptierung der Anschaffungs- bzw Herstellungskosten aufgenommen: Die Anschaffungskosten- oder Herstellungskosten sind um Herstellungsaufwendungen zu erhöhen, soweit diese nicht bei der Ermittlung von Einkünften zu berücksichtigen waren. Die Anschaffungskosten sind um die AfA, soweit diese bei der Ermittlung außerbetrieblicher Einkünfte abgezogen wurde, sowie um die in § 28 Abs 6 EStG genannten steuerfreien Beträge zu vermindern. Wurde das eingelegte Grundstück bereits zuvor in einem Betrieb des Steuerpflichtigen genutzt, so ist der Entnahmewert als Einlagewert heranzuziehen. **I/496**

---

828   *Schwandtner* in *Urtz* (Hrsg), Die neue Immobiliensteuer nach dem 1. StabG 2012, 128.

16.10.2. Entnahmen

I/497 Entnahmen sind alle nicht betrieblich veranlassten Abgänge von Werten (zB von Bargeld, Grundstücken und anderen Wirtschaftsgüter des Unternehmens.[829] Entnahmen müssen durch ein nach außen hin erkennbares Verhalten zum Ausdruck gebracht werden.[830] Eine zivilrechtliche Widmung ist nicht erforderlich. Entnahmen werden einer Veräußerung gleichgestellt. Sie sind mit dem Teilwert (§ 6 Z 4 EStG) anzusetzen. Ab 1.4.2012 ist GuB mit dem Buchwert im Zeitpunkt der Entnahme anzusetzen, sofern nicht eine Ausnahme vom besonderen Steuersatz gem § 30a Abs 3 EStG vorliegt (§ 6 Z 4 EStG). Bei der Entnahme aus dem Betriebsvermögen ist GuB gem § 6 Z 4 EStG mit dem Buchwert im Zeitpunkt der Entnahme anzusetzen, sofern nicht eine Ausnahme vom besonderen Steuersatz vorliegt (Grundstücke gem § 30a Abs 3 EStG). Dies gilt als Sonderregelung. Gebäude aus dem Betriebsvermögen sind mit dem Teilwert im Zeitpunkt der Entnahme zu bewerten.

I/498 Der Entnahmewert tritt für nachfolgende steuerrelevante Sachverhalte an die Stelle der Anschaffungs- oder Herstellungskosten.

16.11. Betriebsvermögen: Altbestand, Pauschalbesteuerung und Übergangsbestimmungen

I/499 GuB des Ermittlers nach § 4 Abs 1 und 3 EStG war nach der Rechtslage bis 31.3.2012 nach Ablauf der Spekulationsfrist steuerfrei. GuB wird ab dem 1.4.2012 zur Gänze steuerhängig. Hier wurde dieselbe Übergangsregelung wie für das Privatvermögen übernommen. Gesetzestechnisch erfolgt dies, indem für GuB gem § 4 Abs 3a Z 5 EStG auf die Bestimmung des § 30 Abs 4 EStG verwiesen wird. Bei bebauten Grundstücken gilt dieser partiell nur für den Anteil des GuB am Grundstück. Dieser Verweis gilt aber nicht in den Nichtanwendungsfällen des § 30a Abs 3 EStG.

Zur Diskussion über Pauschalbesteuerung des § 5-Ermittlers siehe *Mayr,* Grund und Boden: Keine 86%-Pauschalregelung bei der Gewinnermittlung nach § 5 EStG!, SWK 22/2013, 962; *Beiser,* Grund und Boden: Fiktive Anschaffungskosten nach § 30 Abs. 4 EStG auch bei einer Gewinnermittlung nach § 5 EStG, SWK 7/2013, 383; *ders,* Grund und Boden und die fiktiven Anschaffungskosten nach § 30 Abs 4 EStG. Eine Auslegung nach Wortlaut, Wille und Gleichheitssatz, SWK 12/2013, 603.

I/500 Für die Abgrenzung, ob ein Grundstück bebaut oder unbebaut ist, gelten die Bestimmungen des BewG.[831] Gem § 55 Abs 2 BewG gelten auch Grundstücke mit

---

829 § 4 Abs 1 S 3 EStG; EStR Rz 435.
830 Jakom/*Marschner* EStG, 2013, § 4 Rz 88 mwN.
831 *Quantschnigg/Schuch,* § 8 Tz 7.1 ff.

Gebäuden als unbebaut, wenn der Wert und die Zweckbestimmung des Gebäudes gegenüber dem Wert und der Zweckbestimmung des GuB von untergeordneter Bedeutung sind, zB Abbruchgebäude, Hütten.[832]

Die Bestimmungen des § 4 Abs 3a EStG gelten für sämtliche Gewinnermittlungsarten. Die pauschale Gewinnermittlung gem § 30 Abs 4 EStG kommt gem § 4 Abs 3a Z 5 allerdings nur für bisher nicht steuerverfangene Grundstücke (Altfälle) zur Anwendung und gilt somit nach hA nicht auch für Ermittler nach § 5 EStG. Beim Ermittler nach § 5 EStG ist GuB immer steuerverfangen und es kann daher niemals die pauschale Besteuerung gem. § 30 Abs 4 EStG zur Anwendung kommen. Somit gilt für die Veräußerung von GuB durch einen Ermittelr nach § 4 Abs 1 oder 3 EStG unter der Voraussetzung, dass die Spekulationsfrist am 31.3.2012 bereits abgelaufen wäre, Folgendes: **I/501**

- Wurde das Grundstück nach dem 31.12.1987 *umgewidmet*, sind als Einkünfte der Unterschiedsbetrag zwischen dem Veräußerungserlös und den mit 40 % des Veräußerungserlöses fiktiv anzusetzenden Anschaffungskosten heranzuziehen. Bmgl für die ESt sind somit 60 % des Veräußerungserlöses.
- Bei allen anderen Grundstücken (jene, die vor dem 31.12.1987 oder gar nicht *umgewidmet* wurden) sind als Einkünfte der Unterschiedsbetrag zwischen dem Veräußerungserlös und den mit 86 % des Veräußerunsgerlöses fiktiv anzusetzenden Anschaffungskosten heranzuziehen. Bmgl für die ESt sind somit 14 % des Veräußerungserlöses.

Als Umwidmung ist Folgendes zu verstehen: Als *Umwidmung* gilt eine Änderung der Widmung, die nach dem letzten entgeltlichen Erwerb stattgefunden hat und die erstmals eine Bebauung ermöglicht, die in ihrem Umfang im Wesentlichen der Widmung als Bauland oder Baufläche iSd Landesgesetze auf dem Gebiet der Raumordnung entspricht. Dies gilt auch für eine spätere Umwidmung in engem zeitlichem und wirtschaftlichem Zusammenhang mit der Veräußerung.

Diese Sonderregelung gilt nur für den GuB. Bei einer Veräußerung ist der Verkaufspreis daher auf GuB und Gebäude aufzuteilen.

Steuerfreier Betrag (§ 4 Abs 10 EStG „alt"): Durch die Möglichkeit, bei Wechsel von der Gewinnermittlung gem § 5 EStG zu einer anderen Gewinnermittlungsart eine Rücklage bzw einen steuerfreien Betrag zu bilden, sollte sichergestellt werden, dass die im Rahmen der Gewinnermittlung gem § 5 EStG entstandenen stillen Reserven steuerhängig bleiben, jedoch nicht sofort versteuert werden müssen. Diese Notwendigkeit entfällt durch das 1. StabG 2012, da GuB in sämtlichen Gewinnermittlungsarten steuerhängig ist. Die Rücklage kann daher letztmalig für Wirtschaftsjahre angewendet werden, die vor dem 1.4.2012 enden. Ist das KJ auch WJ, ist somit letztmalig im KJ 2011 die Bildung zulässig. **I/502**

---

832   Jakom/*Kanduth-Kristen* EStG, 2013, § 30 Rz 62; EStR Rz 6655.

I/503 Rücklagen oder steuerfreie Beträge, die zum 31.3.2012 bestehen, sind fortzuführen. Sie sind im Zeitpunkt des späteren Ausscheidens des GuB aus dem Betriebsvermögen oder im Zeitpunkt der Veräußerung oder Aufgabe des Betriebes insoweit nachzuversteuern, als die stillen Reserven in diesem Zeitpunkt noch vorhanden sind. Aufgrund dieser Übergangsregelung wird die Bestimmung des § 4 Abs 10 EStG somit noch viele Jahre nach ihrer Abschaffung von Bedeutung sein. Gem § 4 Abs 3a sowie § 30 Abs 6 EStG ist ein Auf- oder Abwertungsbetrag nach § 4 Abs 10 Z 3 lit a EStG bei der Veräußerung gewinnwirksam anzusetzen.

16.12. Aufteilung des Kaufpreises in Grund und Boden einerseits bzw in Gebäude andererseits

I/504 Der Verkaufserlös ist zwischen GuB einerseits und Gebäude andererseits aufzuteilen. Eine im Kaufvertrag vorgenommene Aufteilung ist hilfreich und sinnvoll, muss jedoch sachgerecht sein. Ansonsten erfolgt die Aufteilung im Schätzungsweg nach der *Proportionalmethode*,[833] wobei der Sachwertmethode der Vorrang zukommt.[834] Demnach ist zunächst der Verkehrswert des GuB einerseits und jener des Gebäudes andererseits zu ermitteln. Im Verhältnis dieser Verkehrswerte ist der auf die Gesamtliegenschaft entfallende tatsächliche Veräußerungserlös auf GuB und auf Gebäude zu verteilen.[835] Die Ermittlung eines auf das Gebäude entfallenden Differenzwertes ist nur dann zulässig, wenn der Wert des GuB festgestellt werden kann und der Kaufpreis weitestgehend dem Verkehrswert entspricht.[836] Es empfiehlt sich ein Sachverständigengutachten erstellen zu lassen.

16.13. Schätzung der Anschaffungs- und Herstellungskosten

I/505 Soferne keine Dokumentation der Anschaffungskosten (mehr) vorhanden ist, ist unklar, ob eine Schätzung zulässig ist. Nach *Hammerl/Mayr*[837] ist dies *nur* bei Pauschalbesteuerung („Altbestand") zulässig. Gerade bei der Pauschalbesteuerung ist aber die Kenntnis der Anschaffungskosten unerheblich, weil nur der Verkaufspreis für die Steuerberechnung Bedeutung hat. Diese Einschränkung ist dem Gesetz mE auch nicht eindeutig zu entnehmen. Daher ist eine Schätzung nach den allgemeinen Regelungen generell zulässig. Schon der Teilwert ist bspw eine Schätzung.

---

833 EStR Rz 588, 3881; VwGH 15.3.1988, 87/14/0067.
834 VwGH 23.4.1998, 96/15/0063.
835 EStR Rz 588 mwN.
836 EStR Rz 588 mwN.
837 RdW 2012, 169; aA *Urtz*, aao, 84 f und *Studera/Thunshirn*, Handbuch Besteuerung Grundstückstransaktionen (2013), Kap 3.4.8.5.3.

16.14. Exkurs: Veräußerung von Industrieanlagen, Betriebsvorrichtungen

Die Bestimmungen betreffend die Grundstücksveräußerungen umfassen gem § 30 Abs 1 EStG nur GuB samt Gebäude und grundstücksgleiche Rechte. Dabei kommt es nicht auf den zivilrechtlichen, sondern auf den ertragsteuerlichen Begriff des Grundstücks an. Betriebsanlagen und Betriebsvorrichtungen sind idR als selbständiges Wirtschaftsgut und nicht als Teil des Gebäudes anzusehen. Werden sie veräußert, kommen die Sonderbestimmungen für Grundstücksveräußerungen daher nicht zur Anwendung.

I/506

17. Sonderfall: ImmoESt bei Personengesellschaften[838]

17.1. Einordnung der Personengesellschaft in Bezug auf die ImmoESt

I/507 Personengesellschaften werden als solche ertragsteuerlich nicht als Steuersubjekt anerkannt. Es wird durch die Ebene der Gesellschaft auf deren Gesellschafter *durchgegriffen (Transparenzprinzip)*.[839] Dies gilt auch für die ImmoESt.[840] Anders ist die Betrachtung nach zivil-, unternehmens-, grunderwerbsteuer- und umsatzsteuerrechtlichen Grundsätzen.[841] Aus Sicht des EStG sind Einkünfte der Personengesellschaft entweder betrieblich oder außerbetrieblich; ihre Tätigkeit ist inhaltlich zu beurteilen.[842] So kann eine GmbH & Co KG (nur) außerbetriebliche Einkünfte haben. Veräußert daher zB eine KG Grundstücke, ist nach den allgemeinen Abgrenzungskriterien zu unterscheiden, ob sie als gewerblicher Grundstückshändler oder als gewerblicher Vermieter einzustufen ist.[843] Daran knüpfen sich hinsichtlich der ImmoESt ganz unterschiedliche Rechtsfolgen.

I/508 Die rechtsdogmatische Einordnung der Personengesellschaft war und ist str.[844] Die Diskussion ist jüngst neu entbrannt. Der UFS hat gegen die hM[845] entschie-

---

838 Dieser Teil ist weitgehend an den Beitrag von *Thunshirn*, Immobilienertragsteuer: Aspekte der Anwendung auf Personengesellschaften, in Kammer der Wirtschaftstreuhänder (Hrsg), Personengesellschaften, Gedenkschrift Karl Bruckner (2013), 169, angelehnt.

839 Grundlegend *Stoll*, Ertragsbesteuerung der Personengesellschaften (1977), 35 ff sowie *Zorn*, Besteuerung der Geschäftsführung (1992), 35 ff; uva *Quantschnigg/Schuch*, ESt-HB (1993), § 2 Tz 40, § 23 Tz 17 f; Jakom/*Laudacher* EStG, 2013, § 2 Rz 72 und Rz 109; Jakom/*Kanduth-Kristen* EStG, 2013, § 32, Rz 46 sowie § 31 Rz 22; *Beiser*, Steuern[10], Rz 249.

840 Umfassend *Thunshirn* in GS Karl Bruckern (2013); *Studera/Thunshirn*, Handbuch Besteuerung Grundstückstransaktionen, Rz 608 ff und 950 ff; BMF ESt-Wartungserlass, Rz 6709.

841 Eingehend *Harrer*, Die Personengesellschaft (2010), 63 ff; *Studera/Thunshirn*, aao, Rz 852, 860 ff.

842 Jakom/*Laudacher* EStG, 2013, § 2 Rz 109; *Quantschnigg/Schuch*, ESt-HB (1993), § 28 Tz 86 f sowie § 23 Tz 17; Jakom/*Baldauf* EStG, 2013, § 23 Rz 171; *Beiser*, Steuern[10], Rz 249.

843 Jakom/*Baldauf* EStG, 2013, § 23 Rz 171; *Quantschnigg/Schuch*, ESt-HB (1993), § 28 Tz 86 f; *Studera/Thunshirn*, Handbuch Besteuerung Grundstückstransaktionen (2013), Rz 917 ff; *Fuhrmann/Lang*, Die vermögensverwaltende Personengesellschaft – Abgrenzungsfragen und Gestaltungsüberlegungen im Zusammenhang mit einer betrieblichen Tätigkeit, in Kammer der Wirtschaftstreuhänder (Hrsg), Personengesellschaften, Gedenkschrift Karl Bruckner (2013), 213.

844 *Studera/Thunshirn*, Handbuch Besteuerung Grundstückstransaktionen, Rz 871.

845 Uva *Doralt* in Doralt/*Ruppe*, Steuerrecht I[10], Rz 559; *Ritz*, BAO[4], § 188, Rz 5; *Petritz/Reinhold*, Ausgewählte ertragsteuerliche Problemstellungen im Bereich der Abgrenzung Vermögensverwaltung und Gewerbebetrieb unter besonderer Berücksichtigung der Abfärbetheorie, in Kammer der Wirtschaftstreuhänder (Hrsg), Personengesellschaften, Gedenkschrift Karl Bruckner (2013), 237.

---

den, dass die Veräußerung eines Anteils an eine vermögensverwaltenden Personengesellschaft nicht als Spekulationsgeschäft (§ 30 EStG, „alte" Rechtslage) hinsichtlich der Veräußerung eines Grundstücks anzusehen ist. Es sei also nicht durchzublicken. Es komme daher die 1-jährige Spekulationsfrist für die Veräußerung sonstiger Wirtschaftsgüter zum Tragen.[846] Der Gesetzgeber hat daraufhin mit einer ausdrücklichen Regelung reagiert und das Transparenzprinzip verankert. Die Anschaffung oder Veräußerung einer unmittelbaren oder mittelbaren Beteiligung an einer Personengesellschaft stellt eine anteilige Anschaffung oder Veräußerung der dieser Personengesellschaft zuzuordnenden Wirtschaftsgüter dar (§ 32 Abs 2 EStG idF AbgÄG 2012).

Bei vermögensverwaltenden Personengesellschaften kann demnach eine private **I/509** Grundstücksveräußerung iSd § 30 EStG sowohl bei Anteilsveräußerung als auch bei Veräußerung eines Grundstückes durch die Gesellschaft vorliegen.[847] Dasselbe gilt im Ergebnis nach hA für eine Mitunternehmerschaft. IdF liegen dann betriebliche Einkünfte (§ 30a EStG) vor.[848]

Der Fruchtnießer an einem Mitunternehmeranteil gilt idR als Mitunternehmer. **I/510** Der entgeltliche Verzicht auf ein Fruchtgenussrecht an einem Mitunternehmeranteil führt daher zu einer Betriebsveräußerung und damit gegebenenfalls zu einer anteiligen Grundstücksveräußerung.[849]

Aufgrund des *Transparenzprinzips* fallen Personengesellschaften generell inso- **I/511** weit unter die ImmoESt, als ihre Gesellschafter dem oben genannten Personen angehören. Sind zB an einer vermögensverwaltenden Grundstücks-KG eine natürliche Personen mit 90 % und eine unbeschränkt steuerpflichtige inländische GmbH mit 10 % beteiligt, so fallen 90 % des anteiligen Grundstücksveräußerungsgewinns unter die ImmoESt, während 10 % zu den Einkünften aus Gewerbebetrieb einer unter § 7 Abs 3 KStG fallenden Körperschaft zählen und daher nicht unter § 30b und c EStG subsumierbar sind.

Anteile an (Personen-)Gesellschaften fehlen im Katalog des § 30 EStG. Anteile **I/512** gelten jedenfalls nicht als grundstücksgleiche Rechte. Als letztere kommen nur zivilrechtlich selbständige Rechte in Frage, die den für Grundstücke geltenden zivilrechtlichen Vorschriften hinsichtlich des Erwerbes unterliegen und für sich gesondert übertragbar sind. Anteile an Personengesellschaften gelten wie zuvor

---

846 *Posch*, Spekulationsfrist bei Veräußerung eines Gesellschaftsanteils an einer vermögensverwaltenden KG, UFSJ 2012, 22; *Prodinger*, Spekulationsfrist bei Veräußerung eines Anteils an einer grundstücksverwaltenden Personengesellschaft, SWK 2012, 613.

847 *Beiser*, SWK-Spezial Die neue Immobilienbesteuerung idF AbgÄG 2012, Rz 30; *Studera/Thunshirn*, Handbuch Besteuerung Grundstückstransaktionen, Rz 608 ff; *Doralt/Kempf*, EStG[12], § 30 Rz 56; *Doralt* in *Doralt/Ruppe*, Steuerrecht I[10], Rz 559.

848 *Doralt* in *Doralt/Ruppe*, Steuerrecht, Band I[10], Rz 528 ff; *Studera/Thunshirn*, aao, Rz 608 ff.

849 *Doralt*, EStG[16], § 24 Rz 101 mit Hinweis auf BMF ÖStZ 96, 60.

erläutert jedoch nach hA hinsichtlich der dem Anteil innewohnenden Grundstücke als Grundstücke iSd § 30 EStG.[850]

§ 32 Abs 2 EStG

(2) Die Anschaffung oder Veräußerung einer unmittelbaren oder mittelbaren Beteiligung an einer Personengesellschaft stellt eine Anschaffung oder Veräußerung der anteiligen Wirtschaftsgüter dar.

Grunderwerbsteuerlich gelten solche Anteile nicht als Grundstück und deren Veräußerung verwirklicht keinen GrESt-Tatbestand.

I/513 Konzeptionell besteht wie für die Anwendung des § 30c EStG eine zweifache Anknüpfung.[851] Nach dem Wortlaut des § 30c EStG wird für die Mitteilungs- und Selbstberechnungspflicht vorausgesetzt, dass

- aus einem Erwerbsvorgang Einkünfte gem § 2 Abs 3 Z 1–3 oder 7 EStG erzielt werden **und**
- dieser Erwerbsvorgang zu einer Abgabenerklärung gem § 10 Abs 1 GrEStG (§ 30c Abs 1 EStG) bzw einer Selbstberechnung gem § 11 GrEStG (§ 30c Abs 2–4 EStG) führt.

Soferne der Vorgang nicht unter das GrEStG fällt, ist der Anwendung des § 30c EStG der Boden entzogen.[852] § 30c EStG setzt primär einen ertragsteuerlich relevanten Veräußerungsvorgang voraus, der zu Einkünften iSd EStG führt. Aber selbst wenn ein ertragsteuerlich relevanter Veräußerungsvorgang vorliegt, entfällt mangels GrESt-Tatbestandes die Verpflichtung des Parteienvertreters und es kommt zur Vorauszahlungspflicht des Verkäufers (§ 30b EStG). Wie erwähnt gilt § 30c EStG auch im betrieblichen Bereich, jedoch nicht bei betrieblichen Immobilienunternehmen.[853]

I/514 Fallbeispiele für das Auseinanderfallen von EStG und GrEStG:[854]

- Eintritt eines neuen Gesellschafters in eine Mitunternehmerschaft oder vermögensverwaltende Personengesellschaft.
- Einlage in das Betriebsvermögen einer Mitunternehmerschaft oder vermögensverwaltenden Personengesellschaft mit Quotenverschiebung ohne Änderung des zivilrechtlichen Eigentums am Grundstück.

---

850 *Beiser*, SWK-Spezial Die neue Immobilienbesteuerung idF AbgÄG 2012, Rz 30; *Studera/Thunshirn*, aao, Rz 934; *Doralt/Kempf*, EStG[12], § 30 Rz 56; *Doralt* in *Doralt/Ruppe*, Steuerrecht I[10], Rz 559; *Kanduth-Kristen*, Veräußerung von Mitunternehmeranteilen unter besonderer Berücksichtigung der Grundstücksbesteuerung nach dem 1. StabG 2012, in Kammer der Wirtschaftstreuhänder (Hrsg), Personengesellschaften, Gedenkschrift Karl Bruckner (2013), 203.

851 *Studera/Thunshirn*, aao, Rz 603ff; *Bodis/Schlager*, RdW 2012, 173 f.

852 *Thunshirn/Studera*, ecolex 2012, 922.

853 Zum Begriffsumfang siehe *Studera/Thunshirn*, Handbuch, Rz 513.

854 S umf *Studera/Thunshirn*, Handbuch, Rz 606 ff sowie *Thunshirn* in GS Bruckner (2013); so auch *Beiser*, aao, Rz 30.

- Veräußerung eines Anteils an einer Personengesellschaft.
- Übergang einer betrieblichen Mitunternehmerschaft in eine vermögensverwaltende Personengesellschaft.
- Quotenverschiebungen innerhalb einer Mitunternehmerschaft oder vermögensverwaltenden Personengesellschaft.[855]

17.2. Differenzierung: ImmoESt

Zur Beurteilung des Umfangs der ImmoESt bzw der Verpflichtungen gem § 30b und c EStG ist bei Personengesellschaften zu *differenzieren*: *Welche Art* von Personengesellschaft liegt vor? *Welche Qualifikation* haben deren Gesellschafter?   I/515

17.2.1. Differenzierung: Art der Personenvereinigung

Als Personengesellschaften gelten neben den *Handelsgesellschaften*[856] die GesbR, die stille Gesellschaft (echte stille oder atypisch stille Ges) sowie die EWIV. Weiters werden Unterbeteiligungen als Personenvereinigung angesehen.[857] Zivilrechtlich, umsatz- und grunderwerbsteuerlich gelten OG, KG und EWIV abweichend vom Ertragsteuerrecht als eigener Rechtsträger. Sie können als solche Eigentum an einem Grundstück erwerben und veräußern, ohne dass sich ihre Gesellschafterstruktur ändern muss. Bei der OG, KG und EWIV kann daher eine ertragsteuerliche Grundstücksveräußerung sowohl bei zivilrechtlicher Veräußerung der Anteile (Wirkung des Transparenzprinzips) als auch bei Grundstücksveräußerung auf Gesellschaftsebene vorliegen.   I/516

Anders die *GesbR*. Sie ist eine Vereinigung von mindestens zwei Gesellschaftern, welche sich durch einen Gesellschaftsvertrag gegenseitig verpflichten, die Erreichung eines gemeinsamen Zwecks in der durch den Vertrag bestimmten Weise zu fördern und insb die vereinbarten Beiträge zu leisten (§§ 1175 ff ABGB). *Der Unterschied zur schlichten Miteigentümergemeinschaft* (Bruchteilsgemeinschaft) liegt darin, dass letztere keinen auf Dauer angelegten gemeinsamen Zweck verfolgt und kein diesbezüglicher Vertrag (zumindest schlüssig) abgeschlossen wurde. Nicht jede vertragliche Gemeinschaft ist eine GesbR; jede GesbR muss einen gemeinsamen wirtschaftlichen oder ideellen Zweck haben. Die GesbR ist nach hA nicht rechtsfähig.[858] Da es sich um eine Gesellschaft handelt, muss das Gesellschaftsvermögen von jenem der Gesellschafter getrennt sein; es besteht insofern Sondervermögen der GesbR. Im Unterschied zur *Miteigentumsgemeinschaft* stellt   I/517

---

855 Eingehend *Studera/Thunshirn*, Handbuch, Rz 606; BMF 8.2.2010, BMF-010206/0026-VI/2010, Abschn 2.3.2; zust *Urtz* in *Urtz*, Die neue Immobiliensteuer nach dem 1. StabG 2012, ÖStZ Spezial (2012), 180.

856 Sie gelten als Leitbilder einer Personengesellschaft, vgl *Beiser*, SWK 2009, 779.

857 *Stoll*, Publikums-(Abschreibungs-)Gesellschaften (1985), 83; *Doralt* in *Doralt/Ruppe*, Steuerrecht I¹⁰, Rz 530.

858 *Harrer*, Die Personengesellschaft (2010), 67 ff mwN.

das Gesellschaftsvermögen *„gemeinschaftliches Vermögen"* (Gesamthandeigentum) dar; die Gesellschafter können daher nur gemeinsam darüber verfügen und nicht wie beim ideellen Miteigentum jeder über seinen Anteil. Dennoch ist nicht die GesbR im Grundbuch eingetragen, sondern deren Gesellschafter. Anders als bei der OG haftet jeder Gesellschafter idR nur für seinen Anteil. Die hL nimmt daher an, dass der Gesellschafter für Gesellschaftsschulden neben der Gesellschaft nur anteilig – nicht wie bei der OHG solidarisch – hafte. Anders bei Gesellschaftsforderungen: Hier kann nicht jeder Gesellschafter seinen Anteil, sondern nur Zahlung zur gesamten Hand verlangt werden. *Miteigentümergemeinschaft und Wohnungseigentümergemeinschaft* gelten daher nicht als GesbR.[859] Sie werden aber steuerlich ähnlich behandelt. Abweichend von der OG/KG/EWIV stellt daher die Grundstücksveräußerung durch eine GesbR selbst zivilrechtlich und grunderwerbsteuerlich immer eine anteilige Grundstücksveräußerung durch die Gesellschafter oder besser Grundstücksmiteigentümer dar. Ihre Gesellschafter sind zivilrechtliche Miteigentümer an Gesellschaftsvermögen.[860] Dasselbe gilt für *Veräußerungen durch Mit- und Wohnungseigentümergemeinschaften.* Einen nicht der GrESt unterliegenden Anteilsverkauf gibt es hier nicht.

I/518 Die *stille Gesellschaft* ist eine reine *Innengesellschaft* und kann nicht Trägerin von Eigentum an einem Grundstück sein. Sie muss auch nicht nach außen hin in Erscheinung treten.[861] Eigentümer am Grundstück ist daher immer der Geschäftsherr. Die Abtretung eines Anteils an einer stillen Gesellschaft oder die Abschichtung kann daher keinen grunderwerbsteuerlichen Tatbestand verwirklichen (Ausnahme: es kommt in diesem Zuge zu einem Grundstückstausch, etwa weil statt dem Entgelt für die Abtretung oder als Abschichtungserlös nicht Geld, sondern ein Grundstück geleistet wird). Die Abtretung oder Abschichtung des Anteils an einer atypisch stillen Gesellschaft kann aber im Rahmen der grundstücksbesitzendem *Mitunternehmerschaft* entsprechend der Beteiligung gem § 23 Z 2 EStG für den stillen Gesellschafter eine anteilige ertragsteuerliche Grundstücksveräußerung verwirklichen.[862] Der Erfolg der Mitunternehmerschaft wird nämlich aufgrund des Transparenzprinzips unmittelbar den Gesellschaftern zugerechnet. § 30c EStG kommt bei solchen Konstellationen mangels Verwirklichung eines GrESt-Tatbestandes nicht zur Anwendung, wohl aber besteht Vorauszahlungspflicht gem § 30b EStG. Veräußert der Geschäftsherr ein Grundstück, so kommt auch hinsichtlich des auf den atypisch stillen Gesellschafter entfallenden Anteils § 30c EStG zur Anwendung.

---

859   *Petritz-Klar/Petritz*, taxlex 2011, 448.
860   *Harrer*, Die Personengesellschaft (2010), 69 ff mwN; *Nowotny* in *Kalss/Nowotny/Schauer*, Österreichisches Gesellschaftsrecht (2008), Rz 2/27.
861   VwGH 29.11.1994, 93/14/0150; *Stoll*, Publikums-(Abschreibungs-)Gesellschaften (1985), 83; *Doralt* in *Doralt/Ruppe*, Steuerrecht I[10], Rz 528.
862   *Stoll*, Publikums-(Abschreibungs-)Gesellschaften (1985), 83; *Doralt* in *Doralt/Ruppe*, Steuerrecht I[10], Rz 528 f.

Eine *typisch stille Gesellschaft* stellt keine Mitunternehmerschaft dar. Weder Gewinnanteile noch die Veräußerung oder Abschichtung einer echten stillen Gesellschaft gelten als (private) Grundstücksveräußerung. Veräußert der Geschäftsherr ein Grundstück, so unterliegt der dem echten stillen Gesellschafter dadurch zukommende Gewinnanteil niemals den § 30 ff EStG. Der Geschäftsherr versteuert den gesamten Grundstücksveräußerungsgewinn.

Dieselben Grundsätze gelten bei einer *Unterbeteiligung*. Hat der Unterbeteiligte I/519
nur Anspruch auf einen Gewinnanteil, so entspricht dessen Stellung jener eines echten stillen Gesellschafters. Hat er hingegen auch Anspruch an den stillen Reserven und am Firmenwert, so ist er als Mitunternehmer (§ 23 Z 2 EStG) anzusehen.[863] Aufgrund des Wortlauts des § 32 Abs 2 EStG vermitteln stille Beteiligungen an vermögensverwaltenden Personengesellschaften keine Veräußerung der anteiligen Wirtschaftsgüter. Das Transparenzprinzip gilt für stille Gesellschaften oder Unterbeteiligungen im Bereich der außerbetrieblichen Einkünfte nicht. Eine private Grundstückveräußerung kann daher bei solchen Tatbeständen niemals vorliegen.

17.2.2. Differenzierung: Art der Gesellschafter

Für die ImmoESt ist weiters beachtlich, welche *Art von Einkünften* der jeweilige I/520
Gesellschafter erzielt. Sind bspw eine natürliche Person (A) und eine Körperschaft nach § 7 Abs 3 KStG Gesellschafter einer vermögensverwaltenden Grundstücks-KG, so erzielt die natürliche Person A im Fall einer Grundstücksveräußerung durch die KG Einkünfte aus privater Grundstücksveräußerung (§ 30 EStG), während die beteiligte Kapitalgesellschaft K aufgrund § 7 Abs 3 KStG Einkünfte aus Gewerbebetrieb erzielt.[864] Da §§ 30 b und c EStG gem § 24 Abs 3 Z 4 KStG nicht auf Körperschaften, sofern diese unter § 7 Abs 3 KStG fallen, anzuwenden ist, unterliegt nur der Gewinnanteil von A der ImmoESt und der Selbstberechnungspflicht iSd § 30c EStG. Für den auf K entfallenden Anteil gilt weder die Vorauszahlungspflicht (§ 30b EStG) noch die Mitteilungs- und Selbstberechnungspflicht (§ 30c EStG).[865] Ist im selben Beispiel keine Kapitalgesellschaft an der KG beteiligt, sondern eine natürliche Person (B), welche aber den Anteil an der vermögensverwaltenden KG im Betriebsvermögen hält, so kommt § 30b und c EStG für beide Gesellschafter A und B zur Anwendung; allerdings entfaltet die Selbstberechnung nur für A die Abgeltungswirkung, während B veranlagungspflichtig ist, da seine Einkünfte unter die betrieblichen Einkünfte fallen.

---

863 *Thunshirn* in GS Karl Bruckner (2013); *Doralt* in *Doralt/Ruppe*, Steuerrecht I[10], Rz 530; *Doralt/Kauba* in *Doralt*, EStG (16. Lfg), § 23 Tz 236 f.

864 Uva *Ritz*, BAO[4], § 188 Rz 5.

865 Siehe jedoch das Immobilienertragsteuer-Handbuch des BMF, https://www.bmf.gv.at/EGovernment/FINANZOnline/InformationenfrWirt_3161/InformationenzurImm_13552/Handbuch_Immobilienertragsteuer(2).pdf (Abruf: 1.5.2013).

17.3. Veräußerungstatbestände iSd GrEStG bei Personengesellschaften

17.3.1. Asset Deal

I/521   Der Begriff der „*Gesellschaft*" iSd § 1 Abs 3 GrEStG bezieht sich nach hA zwar in erster Linie auf Kapitalgesellschaften, aber nach der Rsp gelten auch die OG, KG und EWIV als Gesellschaft.[866] Transaktionen auf Ebene der (Personen-)Gesellschaft OG, KG und EWIV – als durch diese als Verkäufer – unterliegen daher den Tatbeständen des § 1 GrESt so wie bei jeder anderen Person. Veräußert die Gesellschaft ein Grundstück iSd GrEStG, liegt ein Tatbestand des GrEStG vor und es kommt im Falle einer grunderwerbsteuerlichen Abgabenerklärung (Selbstberechnung) bei Vorliegen der übrigen Voraussetzungen zur Anwendung des § 30c EStG für die Gesellschaft. Ertragsteuerlich wird hingegen auf die Gesellschafter durchgeblickt. Dies gilt auch bei Veräußerung oder Sacheinlage von Grundstücken durch einen Gesellschafter in die Personengesellschaft, wobei solche Vorgänge zwar einen Tatbestand des GrEStG verwirklichen, nicht immer jedoch auch zugleich eine ertragsteuerliche Veräußerung darstellen, da – insoweit es zu keiner Quotenverschiebung kommt – aufgrund des Transparenzprinzips keine ertragsteuerliche Realisierung vorliegt.[867]

I/522   Dasselbe gilt im Ergebnis für die *stille Gesellschaft*. Eine Veräußerung durch den Geschäftsherrn führt zu einem GrESt-Tatbestand beim Geschäftsherrn (und nicht beim stillen Gesellschafter). Soferne eine Mitunternehmerschaft vorliegt, kommt ertragsteuerlich das Transparenzprinzip zur Anwendung. Ähnliche Überlegungen gelten für die Unterbeteiligung.

I/523   Diese Überlegungen gelten nicht für die *GesbR* sowie für bloße *Miteigentümergemeinschaften*. Die Grundstücksveräußerung durch eine GesbR selbst stellt zivilrechtlich und grunderwerbsteuerlich immer eine anteilige Grundstücksveräußerung durch die Gesellschafter oder besser Grundstücksmiteigentümer dar. Es liegt daher begrifflich keine Veräußerung auf Ebene der Gemeinschaft vor, sondern auf Ebene des Beteiligten bzw Gesellschafters. Auch hier kommt § 30c EStG zur Anwendung.

I/524   Für die Anwendung des § 30c EStG reicht es aus, wenn aus dem zugrundeliegenden Veräußerungsvorgang (dh dem Grunderwerbsteuertatbestand) Einkünfte iSd § 2 Abs 3 Z 1–3 oder 7 EStG erzielt werden. Veräußert eine Personenhandelsgesellschaft ein Grundstück, so erzielen dadurch deren Gesellschafter Einkünfte im obigen Sinne. § 30c EStG setzt keine Identität von Verkäufer (iSd GrEStG) und jener Person voraus, die dadurch Einkünfte erzielt. Dasselbe gilt für den stil-

---

866   VwGH 17.11.1983, 81/16/0189; *Fellner*, Gebühren und Verkehrsteuern II, Grunderwerbsteuer[11], § 1 Rz 300 ff.

867   *Studera/Thunshirn*, Handbuch Besteuerung Grundstückstransaktionen (2013), Rz 1033, 1036 sowie 1047 ff mwN; EStR Rz 5928.

len Gesellschafter. Veräußert der Geschäftsherr ein Grundstück, so erzielt der atypisch stille Gesellschafter (ebenso wie der mitunternehmerische Unterbeteiligte) aufgrund des Transparenzprinzips Einkünfte iSd EStG.

17.3.2. Share Deal

Transaktionen hinsichtlich der *Gesellschaftsanteile* verwirklichen bei den Handelsgesellschaften (OG, KG EWIV) idR, von Ausnahmen abgesehen, keinen Tatbestand iSd GrEStG. Der Begriff der „Gesellschaft" iSd § 1 Abs 3 GrEStG bezieht sich zwar in erster Linie auf Kapitalgesellschaften, aber nach der Rsp gelten auch die OG, KG und EWIV als Gesellschaft[868] und es wird bei der GrESt nicht durchgeblickt. Die Rsp zur Personenhandelsgesellschaft war lange schwankend.[869] Der VwGH[870] hat in nunmehr stRsp entschieden, dass die Vereinigung aller Anteile einer Gesellschaft schon begrifflich das Fortbestehen sowohl der Gesellschaft als auch der Gesellschaftsanteile voraussetzt. Der Wechsel von Gesellschaftern einer OG/KG begründet jedoch für sich alleine noch keine GrESt-Pflicht. Dies gilt selbst bei der Übertragung von Anteilen eines 100 %-Personengesellschafters, da auch hier ein zweiter Gesellschafter (0 %-Gesellschafter) zum Bestehenbleiben der Personengesellschaft notwendig ist. Wenn es tatsächlich aus welchen Gründen auch immer zur Vereinigung aller Anteile bei Personengesellschaften kommt, liegt kein Tatbestand nach § 1 Abs 3 GrEStG, sondern eine Anwachsung iSd § 142 UGB und ein Erwerbsvorgang gem § 1 Abs 1 Z 2 GrEStG vor. Nach hA gilt dies auch dann, wenn der zweite Gesellschafter bloß Arbeitsgesellschafter ist. Die Finanzämter entscheiden gelegentlich anders. Nach hA[871] bleibt daher für eine Anteilsvereinigung iZm Personengesellschaft nur für jenen Fall Raum, in dem die Anteile an einer grundstücksbesitzenden Personengesellschaft in der Hand von Unternehmen vereinigt werden, die Teil einer umsatzsteuerlichen Organschaft iSd § 2 Abs 2 UStG sind. Dies gilt auch, wenn Konzernunternehmen (iSe USt-Organkreises) sämtliche Anteile an der OG/KG halten und diese in der Folge in einem Erwerbsakt an einen einzigen Dritten (§ 1 Abs 3 Z 1, 1. Variante GrEStG) oder an einen andere USt-Organkreis (Z 1, 2. Variante) übertragen. Bei Anteilsverschiebungen innerhalb eines bestehenden USt-Organkreises gilt dasselbe.[872]

Kommt es aufgrund einer Anteilsabtretung bei einer OG/KG zu einer *Anwachsung* auf den letzten verbleibenden Gesellschafter (§ 142 UGB), so verwirklicht streng juristisch nach dem oben Gesagten erst die Anwachsung und nicht schon die Abtretung einen GrESt-Tatbestand. Das auslösende Moment für Einkünfte ist

I/525

I/526

---

868   VwGH 17.11.1983, 81/16/0189; *Fellner*, aa0, § 1 Rz 300 ff mwN.
869   Nach VwGH 27.5.1970, 663/69 war § 1 Abs 3 Z 1 GrEStG 1955 verwirklicht, wenn ein Anteil an einer KG auf den anderen Gesellschafter überging.
870   VwGH 17.11.1983, 81/16/0189.
871   VwGH (verstärkter Senat) 29.11.1978, 473/75 u 2149/75.
872   *Petritz-Klar/Petritz*, taxlex 2011, 448.

nach ertragsteuerlichen Verständnis die Anteilsabtretung und nicht die Anwachsung. Daran ändert es auch nichts, dass Abtretung und Anwachsung automatisch bzw sprichwörtlich in der juristischen Sekunde erfolgen. Die Anwendung des § 30c EStG ist jedoch mE trotzdem fraglich: Einerseits ist ein durch Anwachsung eingetretener Grunderwerbsteuertatbestand (§ 1 Abs 1 Z 2 GrEStG) nicht mit der Anteilsabtretung gleichzusetzen. Der als Tatbestandsmerkmal des § 30c EStG erforderliche *„zugrundeliegende Veräußerungsvorgang"* ist nämlich die Abtretung. Anderseits existiert zwischen Anteilsabtretung und anwachsungsbedingtem liquidationslosem Erwerb keine juristische Lücke. Abtretung und Anwachsung bedingen einander, gehören logisch zusammen und die Anwachsung ist nichts anderes als eine juristische Fiktion. Insofern könnte mit guten Argumenten die Anwachsung gem § 142 UGB durchaus als „zugrundeliegender" Veräußerungsvorgang angesehen werden, der (gemeinsam) mit der (grunderwerbsteuerlich irrelevanten) Anteilsabtretung zu Einkünften iSd § 2 Abs 3 Z 1–3 oder 7 EStG führt.

I/527 **Transaktionen auf Ebene der Gesellschafter einer GesbR** verwirklichen – da die GesbR grunderwerbsteuerlich als Bruchteilsgemeinschaft gilt – *immer* einen Tatbestand iSd § 1 Abs 1 bzw Abs 2 GrEStG. Insofern fallen *Share-Deal-Transaktionen* bei einer GesbR, anders als bei der OG/KG/EWIV, *immer* unter § 30c EStG.

I/528 **Transaktionen auf Ebene bzw hinsichtlich der Anteile an einer stillen Gesellschaft** verwirklichen idR *keinen* Tatbestand iSd GrEStG, es sei denn, Gegenstand der Einlage oder der Abschichtung ist ein Grundstück iSd GrEStG (Anwendung der Tauschprinzipien). Nur idF kann es zur GrESt-Pflicht kommen. Scheidet aber etwa ein stiller Gesellschafter gegen Geld aus, oder tritt er seine Beteiligung ab, so fällt dies wegen Fehlens eines Tatbestandes iSd § 10 bzw § 11 GrEStG niemals unter § 30c EStG. Mangels Selbstberechnung durch den Parteienvertreter kommt bei Vorliegen der übrigen Voraussetzungen gem § 30b Abs 4 EStG die Pflicht zur Entrichtung einer besonderen Vorauszahlung zur Anwendung.

17.4. Die Mitteilungspflichten (§ 30c EStG) bei Personengesellschaften

17.4.1. Die wörtliche Regelung des § 30c EStG

I/529 Das BMF hat im Handbuch ImmoESt jüngst die Details für die Erfassung veröffentlicht.[873]

- **Mitteilungspflicht 1:** Sofern der Parteienvertreter nur eine Abgabenerklärung gem § 10 GrEStG, nicht aber eine Selbstberechnung der GrESt (§ 11 GrEStG) vornimmt, ist er (nur) zur Meldung nach § 30c Abs 1 EStG an das FA für Gebühren, Verkehrsteuern und Glücksspiel verpflichtet. Diese Mittei-

---

873 https://www.bmf.gv.at; Immobilienertragsteuer(2).pdf (Abruf: 1.5.2013).

lung hat die am Veräußerungsgeschäft beteiligten Parteien unter Angabe ihrer StNr und die Höhe der nach den Angaben des Steuerpflichtigen zu entrichtenden besonderen Vorauszahlung gem § 30b Abs 4 EStG zu enthalten. Die Mitteilung muss auch die Bmgl, die Höhe der besonderen Vorauszahlungen und die Einkunftsart enthalten.[874] Da § 30c Abs 1 ertragsteuerlich zu interpretieren ist und wörtlich von den *„am Veräußerungsgeschäft beteiligten Parteien unter Angabe ihrer Steuernummer und die Höhe der nach den Angaben des Steuerpflichtigen zu entrichtenden besonderen Vorauszahlung"* spricht, sind darunter bei einer ertragsteuerlich transparenten Personenvereinigung die Gesellschafter anzusehen. Auch in der FINON-Maske sind daher die Gesellschafter unter „Sonstige ImmoESt-Beteiligte" zu erfassen.

- **Mitteilungspflicht 2:** Wenn der Parteienvertreter eine Selbstberechnung gem § 11 GrEStG vornimmt, ist er zur Meldung gem § 30c Abs 2 Z 1 EStG verpflichtet. Auch hier sind aus denselben Erwägungen die Veräußerer aus ertragsteuerlicher Sicht anzuführen (auch in der FINON-Maske sind daher die Gesellschafter unter „Sonstige ImmoESt-Beteiligte" zu erfassen). Der Parteienvertreter hat dem für den Steuerpflichtigen zuständigen FA wenn aus dem zugrundeliegenden Erwerbsvorgang Einkünfte gem § 2 Abs 3 Z 1 bis 3 oder 7 EStG erzielt werden Folgendes mitzuteilen:
    - die am Veräußerungsgeschäft beteiligten Parteien unter Angabe ihrer Steuernummer
    - die für die Selbstberechnung der ImmoESt notwendigen Daten, also insb die Einkunftsart, Berechnungsbasis bzw den Hinweis auf eine allfällige Befreiung
    - Die Mitteilung hat die steuerpflichtige Person zu bezeichnen (kann vom zivilrechtlichen „Verkäufer" abweichen).
    - Die selbstberechnete ImmoESt (§ 30c Abs 2 Z 2).

Unterbleibt die Selbstberechnung wegen einer Ausnahme des § 30c Abs 4 EStG, so ist in der Meldung anzugeben, warum die Selbstberechnung unterbleibt.

I/530

17.4.2. Spezifische Auskunfts- und Offenlegungspflichten gegenüber dem Parteienvertreter

Auskunftspflichtig sind gegenüber dem Parteienvertreter aufgrund ausdrücklicher Bestimmung in § 30c Abs 2 Z 2 EStG die *„Steuerpflichtigen".* Der Begriff ist iSd EStG auszulegen. Die Auskunftspflicht ergibt sich aufgrund des § 30c EStG als abgabenrechtliche Pflicht[875] und nicht aus der Vereinbarung mit dem Parteienvertreter. Daher sind im Zuge einer Mitteilung nach § 30c Abs 1 EStG bereits auch Treuhandverhältnisse offenzulegen, da der Treugeber als Veräußerer iSd EStG anzusehen ist. Die Verpflichtung ergibt sich nur aus § 30c Abs 2 EStG *(„Da-*

I/531

---

874   BMF, Handbuch Immobilienertragsteuer; zust *Urtz,* aao, 30.
875   *Ritz,* BAO⁴, § 119 Rz 2; *Thiele,* ÖStZ 1998, 34;

bei hat der Steuerpflichtige [...]") und es bedarf keiner ausdrücklichen vertraglichen Vereinbarung, da es sich um eine abgabenrechtliche Offenlegungs- und Wahrheitspflicht iSd §§ 119 ff BAO handelt, die sich direkt aus § 30c EStG ergibt.[876]

I/532 Die Mitteilungspflichten gegenüber dem FA betreffen hingegen den Parteienvertreter, nicht die Parteien. Die Verpflichtung beruht auf § 30c EStG. Die Bestimmungen der §§ 119–139 BAO gelten auch für Personen, die zur Einbehaltung und Abfuhr von Abgaben verpflichtet sind. Der Parteienvertreter gilt daher als Abgabepflichtiger iSd § 77 Abs 1 BAO[877] und ihm obliegen abgabenrechtliche Offenlegungs- und Wahrheitspflichten hinsichtlich der ImmoESt.[878] Die Pflichten haben öffentlich-rechtlichen Charakter und brauchen nicht privatrechtlich vereinbart zu werden.

17.4.3. Mitteilungs- und Auskunftspflichten bei Personengesellschaften

17.4.3.1. Allgemeine Regelung

I/533 Bei Grundstücksveräußerung durch eine Personengesellschaft ist in § 30c EStG nicht geregelt, wie vorzugehen ist. Da nicht die Gesellschaft, sondern deren Gesellschafter der ImmoESt unterliegen, gelten mE als *„die am Veräußerungsgeschäft beteiligten Parteien"* bzw als *„Steuerpflichtige"* die Gesellschafter der Personengesellschaft und nicht die Gesellschaft selbst. Das bedeutet, dass der Veräußerer iSd des GrEStG (die Gesellschaft) von jenem iSd EStG (der Gesellschafter) abweichen. Dem könnte entgegengehalten werden, dass § 30c EStG widersprüchlich einerseits von *„Einkünften"* und andererseits nur von *„beteiligten Parteien"* spricht. Als *„beteiligte Partei"* könnte wohl auch die verkaufende Personengesellschaft zu verstehen sein. Aufgrund der allgemeinen Grundsätze ist jedoch § 30c EStG mE so zu interpretieren, dass jedenfalls die Gesellschafter als *„beteiligte Partei"* zu nennen sind, da nur diese Schuldner der ImmoESt sein können.

I/534 Erfolgt kein direkter Grundstücksverkauf, sondern werden Anteile an einer Personengesellschaft verkauft bzw unterliegt die Realisierung aus anderen Gründen nicht dem GrEStG, so gilt dies zwar ertragsteuerlich als (anteilige) Grundstücksveräußerung (für die vermögensverwaltende Gesellschaft: § 32 Abs 2 EStG), jedoch fällt dieser Vorgang – da eine Abgabenerklärung gem § 10 GrEStG entfällt – nicht unter § 30c EStG. Es bleibt bei der Vorauszahlungsplicht gem § 30b EStG.

---

876 Näher *Ritz*, BAO⁴, § 119 Rz 1.
877 Analog zur Lohnsteuer *Ritz*, BAO⁴, § 77 Rz 4.
878 *Ritz*, BAO⁴, § 79 Rz 1.

17.4.3.2. Auskunftsplichten gegenüber dem Parteienvertreter

Die Bestimmungen über die Offenlegungs- und Wahrheitspflichten (§§ 119 ff **I/535** BAO) gelten analog auch dann für Personenvereinigungen (Personengemeinschaften) ohne eigene Rechtspersönlichkeit, wenn sie nicht Abgabenpflichtige iSd § 77 BAO sind.[879] Gem § 79 BAO sind für die Rechts- und Handlungsfähigkeit die Bestimmungen des bürgerlichen Rechtes anzuwenden. Die Rechtsfähigkeit der Personengesellschaft des UGB beginnt mit Firmenbucheintragung und endet mit ihrer Abwicklung.[880] Gem § 81 BAO sind die abgabenrechtlichen Pflichten einer Personenvereinigung (Personengemeinschaft) ohne eigene Rechtspersönlichkeit von den zur Führung der Geschäfte bestellten Personen (dies ergibt sich aus dem Gesellschaftsvertrag bzw aus dem UGB)[881] und, wenn solche nicht vorhanden sind, von den Gesellschaftern (Mitgliedern) zu erfüllen. Bei der OG ist mangels abweichender vertraglicher Regelung jeder Gesellschafter einzelvertretungsbefugt, bei einer KG ist dies jeder Komplementär. Wären danach mehrere Personen (zB mehrere Geschäftsführer, Gesellschafter) abgabenrechtlich vertretungsbefugt, so hat das Gebilde eine dieser Personen oder einen Dritten als gemeinsamen Bevollmächtigten namhaft zu machen (§ 81 Abs 2 BAO). Bei der GesbR sind mangels abweichender vertraglicher Regelung alle Mitglieder zusammen vertretungsbefugt, ebenso beim Miteigentum.[882]

Die Auskunftspflichten des § 30c EStG gegenüber dem Parteienvertreter sind **I/536** grundsätzlich von den Vertretern der Personengesellschaft wahrzunehmen. Diese haben die Verpflichtungen aus § 33c Abs 2 Z 2 EStG (schriftliche Bestätigung gegenüber dem Parteienvertreter) zu gewährleisten. Die Gesellschafter bzw Mitunternehmer trifft allerdings eine korrespondierende Auskunftspflicht gegenüber dem Vertreter der Gesellschaft (Mitunternehmerschaft).[883] Die Auskunftspflicht der Gesellschafter besteht auch auf Verlangen des Vertreters. Der Vertretene hat den Vertreter darüber zu informieren, wenn dieser von einem abgabenrechtlich relevanten Sachverhalt, der den Vertretenen betrifft, keine Kenntnis hat bzw haben kann (zB wenn der Gesellschafter seinen Anteil ohne Wissen der anderen Gesellschafter abtritt).

Die Verpflichtung des Vertreters der Personengemeinschaft besteht aber idR nur **I/537** dann, wenn die Einkünfte gemeinsam festgestellt werden. Dies ist gem § 188 Abs 1 BAO bei Veräußerung eines Anteils an einer vermögensverwaltenden Personengesellschaft nicht der Fall,[884] weil diese Einkünfte nicht gemeinsam festgestellt werden können. Veräußert eine vermögensverwaltende Personengesellschaft direkt ein Grundstück, so trifft mE die Auskunftspflicht gegenüber den

---

879 *Ritz*, BAO[4], § 79 Rz 1; *Ellinger/Iro/Kramer/Sutter/Urtz*, BAO[11], § 119 Anm 5.
880 *Ritz*, BAO[4], § 79 Rz 6 ff.
881 *Ritz*, BAO[4], § 81 Rz 1; Jakom/*Kanduth-Kristen* EStG, 2013, § 30c Rz 6.
882 *Ritz*, BAO[4], § 81 Rz 1.
883 *Leitner*, Österreichisches Finanzstrafrecht[2], 167.
884 *Ritz*, BAO[4], § 188 Rz 11; *Bergmann*, Personengesellschaften im Ertragsteuerrecht (2009), 128.

Parteienvertreter den Vertreter der Gesellschaft (§ 81 BAO). Bei Veräußerung durch Wohnungseigentums- und Miteigentumsgemeinschaften trifft die Auskunftspflicht jeden einzelnen Miteigentümer.

Es wird ergänzend bemerkt, dass jedem Gesellschafter das Recht zusteht, eine Regelbesteuerungsoption bzw Veranlagungsoption in Anspruch zu nehmen. Da iZm § 30c EStG keine Bescheide ergehen, sind die §§ 185 ff BAO im Rahmen des § 30c EStG nicht anzuwenden.

I/538 Die Parteistellung im allfälligen nachfolgenden Feststellungsverfahren nach §§ 185 ff BAO ergibt sich aus § 78 Abs 2 lit a bzw Abs 3 BAO. Nach § 78 Abs 2 lit a BAO sind, wenn die Erlassung von Feststellungsbescheiden vorgesehen ist, Parteien diejenigen, an die solche Bescheide ergehen (§ 191 Abs 1 und 2 BAO). Parteien sind somit bei der Personenvereinigung (Personengemeinschaft) ohne eigene Rechtspersönlichkeit deren Gesellschaftern (Mitglieder).

17.5. Ermittlung der ImmoESt bei Personengesellschaften

17.5.1. Mitunternehmerschaften

I/539 Die Veräußerung erfolgt zwar zivil- und gesellschaftsrechtlich (ebenso nach dem UStG und GrEStG) durch die Gesellschaft, ertragsteuerlich veräußern *dagegen anteilig die Gesellschafter*. Die Anschaffungskosten- und Herstellungskosten der Grundstücke werden aufgrund § 24 Abs 1 lit e BAO anteilig den Gesellschaftern zugerechnet, ebenso die Veräußerungserlöse. Ergänzende Anschaffungs- oder Herstellungskosten aus Ergänzungsbilanzen einzelner Gesellschafter sind *individuell* zu erfassen.[885] Wie *Beiser*[886] festhält, ergeben sich aus abweichenden Anschaffungs- oder Herstellungskosten folgerichtig unterschiedliche Gewinn- oder Überschusstangenten auf Ebene der Gesellschafter. Es sei somit nach *Beiser „systematisch und teleologisch folgerichtig, Grundstücksveräußerungen einer OG/KG ertragsteuerrechtlich nach dem Durchgriffsprinzip und nach § 24 Abs 1 lit. e BAO anteilig den Gesellschaftern zuzurechnen und bei diesen (unter Berücksichtigung ergänzender Anschaffungs- oder Herstellungskosten) nach den §§ 30, 30a bis c und § 4 Abs 3a EStG zu besteuern. Das AbgÄG 2012 stelle dies in § 32 Abs 2 EStG klar."*

I/540 Für die Ermittlung der ImmoESt sind die allgemeinen Bestimmungen heranzuziehen.[887] Daher gelten insbesondere die Bestimmungen der §§ 4–12 sowie 30a–c

---

885 *Beiser*, SWK-Spezial Die neue Immobilienbesteuerung idF AbgÄG 2012,Rz 30.
886 *Beiser*, SWK-Spezial Die neue Immobilienbesteuerung idF AbgÄG 2012,Rz 30; ebenso *Kanduth-Kristen*, Veräußerung von Mitunternehmeranteilen unter besonderer Berücksichtigung der Grundstücksbesteuerung nach dem 1. StabG 2012, in Kammer der Wirtschaftstreuhänder (Hrsg), Personengesellschaften, Gedenkschrift Karl Bruckner (2013), 203.
887 Jakom/*Marschner* EStG, 2013, § 4 Rz 267; *Kanduth-Kristen*, Veräußerung von Mitunternehmeranteilen unter besonderer Berücksichtigung der Grundstücksbesteuerung nach dem 1. StabG 2012, in Kammer der Wirtschaftstreuhänder (Hrsg), Personengesellschaften, Gedenkschrift Karl Bruckner (2013), 203.

(bzw § 30 EStG, soferne in den die betrieblichen Einkünften betreffenden Regelungen darauf verwiesen wird). Wie in § 30 Abs 3 S 4 EStG sind nach Z 5 die Anschaffungskosten um jene von Grundstücksteilen zu erhöhen, die im Zuge einer Änderung der Widmung an die Gemeinde übertragen wurden. Ein Abzug von Betriebsausgaben iZm der Veräußerung ist nicht zulässig (§ 20 Abs 2 EStG).[888] Ausgenommen davon sind Aufwendungen, die auf die Mitteilung der Selbstberechnung und Entrichtung der ImmoESt gem § 30c EStG entfallen, außer es kommt die pauschale Ermittlung des Veräußerungsgewinnes nach § 4 Abs 3a Z 3 lit a EStG zur Anwendung. Abziehbar sind auch anlässlich der Veräußerung entstehende Minderbeträge aus Vorsteuerberichtigungen gem § 6 Z 12 EStG.

Die Selbstberechnung der ImmoESt ist kein Feststellungsverfahren. Allerdings ist   **I/541** für die Ermittlung der auf die Gesellschafter entfallenden Gewinnanteile die (zweistufige) Systematik der §§ 185 BAO maßgeblich. Die Einkünfte einer Personengesellschaft sind gem § 188 BAO gemeinsam festzustellen und den einzelnen Gesellschaftern direkt zuzurechnen. Sind an einer Mitunternehmerschaft wiederum Mitunternehmerschaften beteiligt, kommt es zu einem Durchgriff auf die dahinter stehenden Personen.[889] Bei mehrstöckigen Personengesellschaften sind mehrere hintereinander geschaltete Verfahren durchzuführen.[890] Die Gewinnermittlung erfolgt in zwei Stufen.[891] Sind Gesellschafter eine natürliche Person und eine Person, deren Anteil zum Betriebsvermögen gehört, findet kein Feststellungsverfahren statt. Sind als Gesellschafter mehrere natürliche Personen und eine Kapitalgesellschaft beteiligt, ist eine Feststellung nur hinsichtlich der natürlichen Personen möglich. Grundstücksveräußerungen und -entnahmen, die dem besonderen Steuersatz gem § 30a unterliegen, sind aus dem (Veräußerungs-)Gewinn auszuscheiden und analytisch zu besteuern, sofern nicht zur Regelbesteuerung optiert wird.[892]

Ausgangspunkt für die zweistufige Gewinnermittlung ist der (unternehmensrechtliche)   **I/542** Gesamtgewinn der Gesellschaft. Der Gewinn ist auf der Ebene der Gesellschaft, somit das Gesellschaftsvermögen betreffend, nach einheitlichen Grundsätzen und für einen einheitlichen Gewinnermittlungszeitraum zu ermitteln.[893] Hinsichtlich des Gesellschaftsvermögens ist bei der Ausübung von Rückstellungs- und Bewertungswahlrechten sowie bei Inanspruchnahme von Investitionsbegünstigungen und der Bildung und Übertragung von Rücklagen einheitlich vorzugehen. Eine gesellschafterbezogene Betrachtungsweise ist ua für die Erfül-

---

888 Im Detail *Studera/Thunshirn*, Handbuch, Rz 473 ff sowie Katalog der nichts abzugsfähigen Ausgaben ebendort, Rz 481 ff; zustimmend *Kanduth-Kristen*, Veräußerung von Mitunternehmeranteilen unter besonderer Berücksichtigung der Grundstücksbesteuerung nach dem 1. StabG 2012, in Kammer der Wirtschaftstreuhänder (Hrsg), Personengesellschaften, Gedenkschrift Karl Bruckner (2013), 203.
889 EStR Rz 5851 mit H auf VwGH 17.6.1992, 87/13/0157.
890 EStR Rz 5851.
891 EStR Rz 5852.
892 Jakom/*Kanduth-Kristen* EStG, 2013, § 24 Rz 90/h.
893 Uva Jakom/*Baldauf* EStG, 2013, § 23 Rz 176.

lung der Behaltefrist des § 12 Abs 1 EStG sowie für die Inanspruchnahme von Progressionsermäßigungen anzustellen. Der unternehmensrechtliche Gewinn ist um steuerlich nicht anzuerkennende Betriebseinnahmen und Betriebsausgaben, die die Mitunternehmerschaft selbst betreffen, zu bereinigen. Der sodann adaptierte steuerliche Gewinn ist den Gesellschaftern nach dem entsprechenden Gewinnverteilungsschlüssel zuzurechnen. Auf der Ebene der Gesellschafter werden jene Positionen zugerechnet, die den einzelnen Gesellschafter betreffen. Etwaige Ergänzungs- und Sonderbilanzen sind zu berücksichtigen. Ergänzungsbilanzen beinhalten den einzelnen Gesellschafter betreffende Wertkorrekturen zu den Ansätzen in der Gesellschaftsbilanz. Sie sind insbesondere erforderlich bei von der Gesellschaftsbilanz abweichenden Anschaffungskosten wegen späterem Erwerb eines Gesellschaftsanteiles, bei Übertragung stiller Rücklagen bzw Inanspruchnahme von Investitionsbegünstigungen. In Sonderbilanzen werden jene Umstände dargestellt, die den Gesellschafter nicht in Bezug auf die Gesellschaftsbilanz betreffen. Demnach sind in Sonderbilanzen insbesondere vom einzelnen Gesellschafter der Gesellschaft zur Verfügung gestellte private Wirtschaftsgüter, die als Sonderbetriebsvermögen auszuweisen und die daraus resultierenden Sonderbetriebseinnahmen und –ausgaben, die in die Gewinnermittlung miteinzubeziehen sind, aufzunehmen. Sowohl Share-Deal als auch Asset-Deal (Direktverkauf auf Ebene der Gesellschaft) unterliegen grundsätzlich den § 30a ff sowie dem § 4 Abs 3a EStG. Für Personengesellschaften ergeben sich folgende Sonderthemen:

I/543   **Befreiungsbestimmungen (§ 4 Abs 3a Z 1 EStG):** Die Befreiungsbestimmungen sind einheitlich auf Ebene der Gesellschaft als (direkten) Eigentümer des Grundstückes anzuwenden. Die Voraussetzungen für die Befreiungen können mE nur auf Ebene der Gesellschaft vorliegen. Eine Anwendung iZm einer Share-Deal-Transaktion *setzt voraus,* dass die Befreiung *gleichzeitig* auf Ebene der Gesellschaft vorliegt, was etwa bei Verkauf des Anteils aus Anlass einer Wertminderung iSd § 4 Abs 3a Z 1 EStG der Fall sein könnte.

I/544   **Betriebsausgabenabzug (§ 4 Abs 3a Z 2 EStG):** Der vorgesehene eingeschränkte Betriebsausgabenabzug gilt für Veräußerungen auf Gesellschaftsebene und auch auf Ebene der Mitunternehmer.

I/545   **Veräußerung von Grund und Boden des Anlagevermögens,** der zum 31.3.2012 nicht steuerverfangen war (§ 4 Abs 3a Z 3 lit a EStG: Pauschalbesteuerung): Es fragt sich, ob die Anwendung der Pauschalbesteuerung einheitlich zu erfolgen hat. Nach allgemeinen Grundsätzen hat die Gewinnermittlung nach einheitlichen Grundsätzen zu erfolgen, soweit es sich um Gesellschaftsvermögen handelt.[894] Investitionsbegünstigungen sind, soweit es sich um gemeinschaftliches Vermögen handelt, grundsätzlich einheitlich auszuüben (Ausnahme: Gewinnfreibetrag).[895]

---

894   Uva Jakom/*Baldauf* EStG, 2013, § 23 Rz 176.
895   *Quantschnigg/Schuch,* ESt-HB (1993), § 23 Tz 35.1.

Von diesem Grundsatz besteht allerdings iZm § 12 EStG eine Ausnahme.[896] Bei der Fristenberechnung nach § 12 EStG wird bei der Personengesellschaft auf den einzelnen Gesellschafter durchgeblickt. Hinsichtlich der einzelnen Wirtschaftsgüter des Gesellschaftsvermögens beginnt bei einem entgeltlichen Anteilserwerb die Frist neu zu laufen, weil das Wirtschaftsgut während der Behaltefrist (anteilig) demselben Steuerpflichtigen zuzurechnen sein muss.[897] Aufgrund der Absicht des Gesetzgebers, die ursprüngliche Steuerfreiheit für Grund und Boden im betrieblichen Bereich durch Aufnahme in die Pauschalbesteuerung zu berücksichtigen, wird mE auch bei Anwendung des § 4 Abs 3 Z 3 lit a EStG das Wahlrecht, die Pauschalbesteuerung anzuwenden, jedem einzelnen Gesellschafter zustehen. Dies wird auch durch das Transparenzprinzip und den neuen § 32 Abs 2 EStG fundiert.[898] Jedes andere Ergebnis wäre unbillig und nicht iSd Gesetzes. Grundstücksveräußerungen und -entnahmen, die dem besonderen Steuersatz gem § 30a EStG unterliegen, sind, wie oben erwähnt, aus dem (Veräußerungs-)Gewinn auszuscheiden und analytisch zu besteuern. Das Ergebnis gilt gleicherweise für den Anteilsverkauf wie auch für den Verkauf auf Gesellschaftsebene.[899]

Anwendung des Inflationsabschlags (§ 4 Abs 3a Z 3 lit b EStG): Aus den selben Erwägungen wie zur Pauschalbesteuerung ist der Inflationsabschlag ebenso auf Ebene jedes Gesellschafters zu berücksichtigen. Eine einheitliche Ausübung würde zu unsachlichen Ergebnissen führen.   **I/546**

Bei *Veräußerung der Anteile* sind die für das Ausscheiden von GuB nach der früheren Rechtslage entwickelten Grundsätze heranzuziehen.[900] Im Rahmen der Anteilsveräußerung ist der anteilig auf Grundstücke bzw Grund und Boden entfallende Veräußerungsgewinn aus der Bmgl auszuscheiden. Es ist der Veräußerungserlös insoweit zu kürzen, als er auf Grundstücke iSd § 30 EStG entfällt. Die Kürzung hat in dem Verhältnis zu erfolgen, das dem Anteil der Grundstücke am Gesamtbetrag der Verkehrswerte aller veräußerten Wirtschaftsgüter (einschließlich Firmenwert) entspricht. Die Verkehrswerte sind unabhängig vom konkret vereinbarten Kaufpreis zu ermitteln.[901] An eine Aufteilung des Gesamtkaufprei-   **I/547**

---

896   Uva Jakom/*Kanduth-Kristen* EStG, 2013, § 12 Rz 10 und 14.
897   *Kanduth-Kristen*, Veräußerung von Mitunternehmeranteilen unter besonderer Berücksichtigung der Grundstücksbesteuerung nach dem 1. StabG 2012, in Kammer der Wirtschaftstreuhänder (Hrsg), Personengesellschaften, Gedenkschrift Karl Bruckner (2013), 203; *Quantschnigg/Schuch*, ESt-HB (1993), § 12 Tz 86.
898   *Beiser*, SWK-Spezial Die neue Immobilienbesteuerung idF AbgÄG 2012, Rz 30; zustimmend zur Durchgriffsbetrachtung *Kanduth-Kristen*, Veräußerung von Mitunternehmeranteilen unter besonderer Berücksichtigung der Grundstücksbesteuerung nach dem 1. StabG 2012, in Kammer der Wirtschaftstreuhänder (Hrsg), Personengesellschaften, Gedenkschrift Karl Bruckner (2013), 203.
899   *Beiser*, SWK-Spezial Die neue Immobilienbesteuerung idF AbgÄG 2012, Rz 31.
900   Jakom/*Kanduth-Kristen* EStG, 2013, § 24 Rz 82; *Kanduth-Kristen*, Veräußerung von Mitunternehmeranteilen unter besonderer Berücksichtigung der Grundstücksbesteuerung nach dem 1. StabG 2012, in Kammer der Wirtschaftstreuhänder (Hrsg), Personengesellschaften, Gedenkschrift Karl Bruckner (2013), 203.
901   EStR Rz 5659.

ses im Kaufvertrag ist die Abgabenbehörde nicht gebunden, wenn sie sich als formalrechtliche Gestaltung darstellt und nicht den wahren wirtschaftlichen Gehalt wiedergibt.[902] Die Aufteilung ist in wirtschaftlicher Betrachtungsweise zu überprüfen und die einzelnen Kaufpreisanteile sind im Wege einer Schätzung zu ermitteln.[903] Nur ergänzend sei angemerkt, dass dies nicht gilt, wenn der Steuerpflichtige die Regelbesteuerung beantragt. Oder wenn der besondere Steuersatz gem § 30a EStG nicht anwendbar ist. *Bei Veräußerung eines Mitunternehmeranteils sind weiters folgende Besonderheiten zu beachten:*

- Der Veräußerungsgewinn ist *gesondert* für jeden Mitunternehmer zu ermitteln.[904]
- *Rücklagen* sind anlässlich des entgeltlichen Ausscheidens eines Mitunternehmers anteilig im Ausmaß der Gewinnbeteiligung aufzulösen.[905]
- Der Mitunternehmeranteil umfasst auch allfälliges *Sonderbetriebsvermögen* (selbst wenn die Veräußerung an einen Dritten und nicht an den Anteilserwerber erfolgt).[906]

I/548 Wird nur ein *Teil des Mitunternehmeranteils* veräußert, so gilt mE dasselbe Ergebnis. Allfällige Begünstigungen stehen anteilig zu. Wird ein Bruchteil eines Mitunternehmeranteils veräußert, den der Veräußerer zuvor *sukzessive* zu unterschiedlichen Anschaffungkosten erworben hat, ist der Buchwert des veräußerten Anteils im Wege einer Durchschnittsbewertung zu ermitteln.[907]

17.5.2. Vermögensverwaltende Personengesellschaften

I/549 Gem § 32 Abs 2 EStG stellt die Anschaffung oder Veräußerung einer unmittelbaren oder mittelbaren Beteiligung an einer Personengesellschaft eine Anschaffung oder Veräußerung der anteiligen Wirtschaftsgüter dar. Damit wird das Transparenzprinzip verankert. Die Anwendung der §§ 30 ff EStG erfolgt so, wie wenn die Gesellschaft nicht bestünde. Zu beachten ist, dass bei einer Hausgemeinschaft oder Personengesellschaft mit VuV-Einkünften die ImmoESt nicht im Feststellungsverfahren auszuweisen ist, da Veräußerungen nicht davon erfasst sind.[908] Im Falle einer vermögensverwaltenden Gesellschaft, welche nicht veranlagungspflichtig ist, steht die Veranlagungs- und die Regelbesteuerungsoption jeden Gesellschafter unabhängig voneinander zu. Bei Veräußerung durch eine vermögensverwaltende Personengesellschaft richtet sich die Realisierung der Einkünfte

---

902 Jakom/*Kanduth-Kristen* EStG, 2013, § 24 Rz 82.
903 Jakom/*Kanduth-Kristen* EStG, 2013, § 24 Rz 82; UFS 29.6.2009, RV/2744-W/06.
904 Jakom/*Kanduth-Kristen* EStG, 2013, § 24 Rz 90.
905 Jakom/*Kanduth-Kristen* EStG, 2013, § 24 Rz 90.
906 *Quantschnigg/Schuch*, ESt-HB (1993), § 24 Tz 80; Jakom/*Kanduth-Kristen* EStG, 2013, § 24 Rz 90; *Hirschler* in *Ludwig/Widinski*, FS Bruckner (2008), 94.
907 BFH 3.2.1997, IV R 15/96, *Quantschnigg/Schuch*, aaO, § 24 Tz 81; Jakom/*Kanduth-Kristen* EStG, 2013, § 24 Rz 90.
908 EStR Rz 6681.

nach dem Zufluss des Veräußerungserlöses an die Personengesellschaft, wobei die Einkünfte den Gesellschaftern unmittelbar zugerechnet werden.

17.6. Zuflussprinzip bei Personengesellschaften

Als Zuflusszeitpunkt iSd § 30c EStG gilt bei Veräußerung auf Ebene der Gesell-   I/550
schaft hinsichtlich der steuerpflichtigen Gesellschafter der Zufluss an die Gesellschaft. Dies ist mE unabhängig davon, ob bzw wann der Gesellschafter über seinen Anteil verfügen kann.[909] Das Zuflussprinzip ist für die ImmoESt gem § 30b Abs 1 letzter Satz EStG auch bei Bilanzieren zu beachten.[910]

17.7. Abfuhr der ImmoESt bei Personengesellschaften und -gemeinschaften

Bei der Abfuhr der ImmoESt ist nach den EStR zu differenzieren:[911]   I/551

- Bei einer Veräußerung von Grundstücken durch eine Personengesellschaft wird die Summe der auf die jeweiligen Miteigentümer oder Mitunternehmer entfallenden ImmoESt-Beträge als ImmoESt für die Gemeinschaft auf deren Abgabenkonto abgeführt.
- Bei einer Veräußerung von Grundstücke durch mehrere Miteigentümer (bzw eine GesBR) ist die ImmoESt für jeden einzelnen Miteigentümer gesondert auf deren Abgabenkonten abzuführen.
- Bei einer schlichten Miteigentumsgemeinschaft erfolgt eine direkte Zurechnung an die Miteigentümer.

Bei einer Hausgemeinschaft mit VuV-Einkünften ist die ImmoESt nicht im Fest-   I/552
stellungsverfahren auszuweisen, da Veräußerungen nicht davon erfasst sind.[912]

17.8. Besonderheiten bei gemischter Schenkung von Anteilen an Personengesellschaften

Gegenstand einer gemischten Schenkung können auch Anteile an grundstücks-   I/553
besitzenden Personengesellschaften sein. Es sei nur ergänzend erwähnt, dass Sacheinlagen, Vermögenstransfer im Zuge der Aufteilung des ehelichen Vermögens gem § 83 EheG, Sachdividenden uä nicht als Schenkung anzusehen sind. Eine gemischte Schenkung ist keine Veräußerung, solange *„der Schenkungscha-*

---

909   EStR Rz 6709; *Urtz*, aao, 181; *Perthold/Vaishor*, SWK-Spezial 2012, 22; *Kanduth-Kristen*, Veräußerung von Mitunternehmeranteilen unter besonderer Berücksichtigung der Grundstücksbesteuerung nach dem 1. StabG 2012, in Kammer der Wirtschaftstreuhänder (Hrsg), Personengesellschaften, Gedenkschrift Karl Bruckner (2013), 203
910   *Studera/Thunshirn*, Handbuch Besteuerung Grundstückstransaktionen, Rz 607; *Urtz*, aao 181; EB zum StabG 2012; EStR Rz 6706.
911   EStR Rz 6709.
912   EStR Rz 6681.

rakter des Geschäfts überwiegt".[913] Es muss somit ein offenbares Missverhältnis zwischen Leistung und Gegenleistung bestehen.[914] Steuerlich wird auch bei der gemischten Schenkung Unentgeltlichkeit des gesamten Vorgangs angenommen (keine „Teilentgeltlichkeit").[915] Dies gilt dann, wenn neben den übrigen Voraussetzungen die Gegenleistung 50 % des gemeinen Wertes des übertragenen Wirtschaftsgutes nicht erreicht. Diese Grundsätze gelten auch für die Schenkung von (Teil-)Betrieben und Anteilen an Personengesellschaften.[916] Bei der Schenkung von Mitunternehmeranteilen kommt es zu einer einheitlichen Betrachtung bzw Saldierung von Aktiva und Passiva des gesamten Betriebes.[917] Dabei wird nicht auf die einzelnen Vermögensgegenstände abgestellt, sondern aufgrund der einheitlichen Betrachtung auf den gesamten Betrieb („Nettobetrachtung"). Bei der Mitunternehmerschaft stellt der jeweilige Mitunternehmeranteil eine betriebliche Einheit dar. Trotz des Transparenzprinzips wird bei der Überwiegensregel nicht auf die Ebene der Gesellschaft, sondern auf jene des Anteils abgestellt (unter Einbeziehung auch der zum Sonderbetriebsvermögen gehörigen Schulden). Auch die Schenkung eines Anteils mit negativem Kapitalkonto und positivem Verkehrswert stellt einen unentgeltlichen Vorgang dar.[918] Die Überwiegensregel kommt auf Ebene des Betriebes nicht zur Anwendung. Die mit dem Betrieb übernommenen Schulden sind daher solange irrelevant, als der Wert des Betriebes noch ≥ Null ist. Die Übernahme der Steuerlatenz ist die gesetzlich gewollte Folge einer Schenkung und daher keine Gegenleistung, wenn eine gesellschaftsrechtliche Auffüllungsverpflichtung fehlt.[919] Wird ein überschuldeter Mitunternehmeranteil lediglich gegen Schuldübernahme übertragen, liegt außerhalb von nahen Verwandten idR keine Schenkung vor. Die übernommenen Schulden gelten als Veräußerungserlös. Das gilt aber nur bei entgeltlicher Übertragung.[920] Wird ein bloß buchmäßig überschuldeter Betrieb (stille Reserven einschließlich Firmenwert > buchmäßige Überschuldung) zwischen nahen Angehörigen übertragen, liegt idR eine Schenkung vor.[921] Ist der von nahen Angehörigen übernommene Betrieb nicht bloß buchmäßig, sondern real überschuldet, ist davon auszugehen, dass die Übernahme der Nettoverbindlichkeiten aus außerbetrieblichen Gründen erfolgt; ein Veräußerungsgewinn entsteht idF nur insoweit, als im übertragen

913   VwGH 3.3.1967, 721/66; 21.10.1966, 1484/65; *Dorazil/Taucher*, ErbStG⁴, § 3 Tz 9.3.
914   VwGH 14.10.1991, 93/15/0134; 29.6.1995, 93/15/0134; *Dorazil/Taucher*, aao, § 3 Tz 9.3; UFS 21.6.2010, RV/0696-W/08; *Bruckner*, PSR 2009/14 mwN; EStR Rz 2000, 5571; abw BMF 17.12.2008 betreffend Anzeigepflicht für Schenkungen (§ 121a BAO): demnach liegt eine gemischte Schenkung vor, wenn die Leistung des einen Teils ungefähr 20–25 % geringer ist – ist aber nur iZm § 121a BAO anwendbar!
915   EStR Rz 5571 f; VwGH 18.9.1964, 1118/64, 21.10.1966, 1484/65, 24.6.2009, 2007/15/0113.
916   Jakom/*Lenneis* EStG, 2013, § 15 Rz 44; *Dringel*, NZ 1989, 321 ff.
917   Jakom/*Laudacher* EStG, 2013, § 6 Rz 173 f.
918   FN 919; UFS vom 10.1.2013, RV/2204-W/12; BMF 11.2.2002, ecolex 2003, 133.
919   UFS vom 11.1.2013, RV/2205-W/12.
920   EStR Rz 5679.
921   EStR Rz 5680; VwGH 23.10.1990, 90/14/0102 und 29.6.1995, 93/15/0134.

Betriebsvermögen stille Reserven einschließlich Firmenwert enthalten sind. Wird ein überschuldeter Betrieb von einem fremden Dritten übernommen, ist idR davon auszugehen, dass der Wert des übertragenen Betriebes den Betriebsschulden entspricht.[922]

Bei der vermögensverwaltenden Personengesellschaft existiert für die Beurteilung, ob bei einer gemischten Schenkung auf die Ebene der Gesellschaft („Überwiegensregel" bezogen auf die Summe der Aktiva minus Passiva) oder auf die Ebene des Anteils (Nettowert des Anteils) abzustellen ist, keine Rechtsprechung oder Literatur. Siehe Kap I/9.3.10.2. 　I/554

17.9. Ausländische Personengesellschaften

Die Gesellschafter einer ausländischen Gesellschaft werden bei Vorliegen der sonstigen Voraussetzungen mit den von der Gesellschaft erzielten Einkünften erfasst, sofern die Gesellschaft nach den inländischen Regeln einer inländischen Personengesellschaft vergleichbar ist und ein Anknüpfungspunkt für die beschränkte Steuerpflicht iSd § 98 EStG vorliegt. Dies ist etwa dann der Fall, wenn die ausländische Personengesellschaft Grundstücke in Ö besitzt; vgl Kap I/2.2.2. 　I/555

922　EStR Rz 5681a.

Teil II

Vertragliche Gestaltung und haftungsrechtliche Verantwortung

1. Auswirkungen auf die Vertragsgestaltung und Vertragsabwicklung

Vorauszuschicken ist, dass sich der folgende Beitrag ausschließlich mit dem The- **II/1**
ma „Grundstücksveräußerung durch eine natürliche Person" und den damit zusammenhängenden Konsequenzen für den Rechtsanwalt als *Vertragserrichter*
und Parteienvertreter beschäftigt. Nicht unerwähnt bleiben sollte, dass die neuen
Regelungen betreffend ImmoESt ganz generell für jene Parteienvertreter gelten,
die zur Mitteilung und Selbstberechnung der ImmoESt „vorgesehen" sind; somit
sind neben den Rechtsanwälten auch Notare umfasst.

1.1. Allgemeines

Mit dem 1. StabG 2012 (BGBl I 2012/22) kam es zu einer grundlegenden Verän- **II/2**
derung im System der Besteuerung von Grundstücksveräußerungserlösen von
Privaten. Bis zur Einführung des 1. StabG 2012 waren derartige Gewinne nur
dann von der Steuerpflicht umfasst, wenn die Veräußerung im Rahmen der Spekulationsfrist (idR zehn Jahre) stattgefunden hat.

Seit dem 1.4.2012 unterliegt grundsätzlich – soferne keine Ausnahme zum Tragen kommt – jede Veräußerung von Grundstücken im Anwendungsbereich des
EStG dem besonderen Steuersatz gem § 30a Abs 1 EStG in Höhe von (derzeit)
25 %. Dadurch wurden erstmals Grundstücksveräußerungen durch Private der
Veräußerung von Grundstücken im betrieblichen Bereich weitestgehend angegli-
chen.

Ausgenommen von dieser Besteuerung sind lediglich die sog Befreiungstatbe- **II/3**
stände gem § 30 Abs 2 EStG:

1. Hauptwohnsitzbefreiung
2. Herstellerbefreiung (Errichterbefreiung)
3. Befreiung für bestimmte behördliche Eingriffe
4. Befreiung bei Flurbereinigung, Grundstückszusammenlegung und Baulandumlegung

Das Vorliegen allfälliger Befreiungstatbestände wird – soweit bisher überblickbar
– durch das FA, insb auf Grund der sog Durchführungsverordnung äußerst restriktiv geprüft, sodass die Einstufung unter einen der genannten Ausnahmetatbestände nicht immer einfach durchzusetzen sein wird. In Praxis wird der berufs-

mäßige Parteienvertreter überwiegend mit der Ausnahmeregelung der Hauptwohnsitzbefreiung sowie der Herstellerbefreiung („Häuslbauer") konfrontiert
sein, sodass sich in diesem Beitrag enthaltene Formulierungsvorschläge im Zuge
der Vertragsgestaltung vorwiegend auf diese Befreiungstatbestände beziehen.

II/4 Nach der *bisherigen* Rechtslage (vor Inkrafttreten des 1. StabG) hatte der Vertragserrichter und Parteienvertreter bei der Abwicklung von Liegenschaftsveräu-
ßerungen grundsätzlich zwei Möglichkeiten:

1. Der Vertragserrichter und Parteienvertreter hat die GrESt und Eintragungsgebühr im Wege der Selbstberechnung ermittelt und (fristgerecht) an das FA
für Gebühren und Verkehrssteuern abgeführt. Durch bloße „Vorlage" des
Kaufvertragsdokumentes mit dem entsprechenden Selbstberechnungsver-
merk beim jeweiligen Grundbuchsgericht konnte der Vertragserrichter und
Parteienvertreter idR zeitnah die grundbücherliche Durchführung des zugrundeliegenden Rechtsgeschäfts bewirken.

2. *Daneben* bestand auch die Möglichkeit, die Selbstberechnung der GrESt und
Eintragungsgebühr nicht vorzunehmen, sondern dem FA für Gebühren und
Verkehrssteuern den Kaufvertrag „lediglich" anzuzeigen und die bescheidmä-
ßige Vorschreibung der GrESt abzuwarten. Durch Bezahlung der mittels Bescheid festgesetzten GrESt wurde für den Parteienvertreter eine weitere „War-
tefrist", nämlich das Einlangen der sog Unbedenklichkeitsbescheinigung, in
Gang gesetzt. Die Vorlage dieser Unbedenklichkeitsbescheinigung beim jeweiligen Grundbuchsgericht war wiederrum Voraussetzung für die grundbücherliche Durchführung des Vertrages und damit zusammenhängend für die
Einverleibung des Eigentumsrechtes für den Erwerber.

Der erwähnte „Warteprozess", der trotz oftmaliger telefonischer Urgenzen des
Parteienvertreters beim zuständigen FA, mitunter einige Monate in Anspruch
nehmen konnte, erklärt auch, warum sich Parteienvertreter in der Vergangenheit
zumeist für den Weg der Selbstberechnung entschieden haben.

II/5 Im Rahmen der Neugestaltung der Besteuerung von Grundstücksveräußerungen
wurde dem Vertragserrichter und Parteienvertreter pro futuro eine wirtschaftliche Wahlmöglichkeit de facto verwehrt.

Macht der Parteienvertreter – iSe raschen grundbücherlichen Erfassung und somit im Interesse des Klienten – von der Selbstberechnung der GrESt gem § 11
GrEStG Gebrauch, so ist er zugleich auch verpflichtet, die ImmoESt selbst zu berechnen und fristgerecht an das FA abzuführen. Wie bereits erwähnt, ersetzt die
Vorlage einer sog Selbstberechnungserklärung gegenüber dem Grundbuchsgericht die Unbedenklichkeitsbescheinigung und ermöglicht damit eine zeitnahe
grundbücherliche Durchführung des Kaufvertrages. Für den Parteienvertreter
gehen im Falle der Selbstberechnung weitreichende Informations- und Aufklä-

rungspflichten und damit ein nicht unerheblicher Zeitaufwand einher, der sich künftig hin wohl auch auf die Honorargebarung auswirken wird/sollte.

Gem § 30c Abs 4 EStG kann die Selbstberechnung der ImmoESt durch den Par- **II/6** teienvertreter trotz Selbstberechnung der GrESt (gem § 11 GrEStG) nur dann unterbleiben, wenn

- die Einkünfte nach § 30 Abs 2 EStG befreit sind oder
- der Zufluss voraussichtlich später als ein Jahr nach dem Veräußerungsgeschäft erfolgt oder
- bei der Veräußerung von Grundstücken im Rahmen des Betriebsvermögens die stillen Reserven übertragen oder einer Übertragungsrücklage zugeführt werden oder
- der Veräußerungserlös in Form einer Rente geleistet wird oder
- das betreffende Grundstück im Zuge einer Zwangsversteigerung veräußert wird.

Der Vertragserrichter und Parteienvertreter kann sich alternativ auch entschei- **II/7** den, die GrESt (und damit auch die ImmoESt) nicht selbst zu berechnen, sondern dem FA in altbewährter Methode den Vertrag „lediglich" anzuzeigen (Abgabenerklärung gem § 10 GrEStG); dies mit der weiteren Verpflichtung, gleichzeitig mit dieser Abgabenerklärung dem FA den Veräußerungsvorgang zu melden und die Parteien des zugrundeliegenden Geschäftes genau zu bezeichnen. In diesem Fall ist dem FA jedoch auch die Bemessungsgrundlage bekanntzugeben, wodurch die besondere Vorauszahlungsverpflichtung des Veräußerers im Ausmaß von 25 % der Bemessungsgrundlage ausgelöst wird. Für den Veräußerer birgt diese Alternative den möglicherweise nicht unerheblichen Nachteil in sich, dass diese Vorauszahlung an das FA erst im Zuge der Einkommenssteuererklärung (für das laufende Jahr) berücksichtigt werden kann.

Eine Ausnahme von der Vorauszahlungsverpflichtung des Veräußerers besteht **II/8** nur dann, wenn

- die Einkünfte nach § 30 Abs 2 EStG befreit sind oder
- bei der Veräußerung von Grundstücken im Rahmen des Betriebsvermögens die stillen Reserven übertragen oder einer Übertragungsrücklage zugeführt werden.

Diese für den Vertragserrichter und Parteienvertreter mangels Selbstberechnung „angenehmere" Variante wird aufgrund der oben erwähnten zeitversetzten Berücksichtigung der geleisteten Vorauszahlung vom Veräußerer in aller Regel nicht bevorzugt werden.

1.2. Vertragsgestaltung

1.2.1. Allgemeine Erstinformation

II/9 Vor dem Hintergrund der seit 1.4.2012 in Geltung stehenden Bestimmungen sind Vertragserrichter und Parteienvertreter (noch mehr als bisher) gefordert, nachweislich auf die *Erstinformation* aber auch auf die bestehenden Aufklärungspflichten zu achten. Im sog Erstgespräch mit dem Verkäufer (welcher nicht unbedingt der „eigene" Mandant sein muss), ist einerseits das allfällige Vorliegen eines Befreiungstatbestandes gem § 30 Abs 2 EStG zu erörtern, anderseits ist dem Verkäufer auch unmissverständlich darzulegen, dass dieser Tatbestand nicht nur zu behaupten, sondern auch zu bescheinigen ist. Dies bedeutet in weiterer Folge, dass beim Ausnahmetatbestand der Hauptwohnsitzbefreiung die bloße Vorlage eines Meldezettels mitunter nicht ausreicht, sondern letztlich bei einer näheren Überprüfung durch das FA (welche auch zu einem späteren Zeitpunkt erfolgen kann) das Vorliegen dieses Befreiungstatbestandes entsprechend nachzuweisen ist. Für den Vertragserrichter und Parteienvertreter hat dies zur Folge, dass er über sein Gespräch Protokoll zu führen und die ihm offengelegten Bescheinigungsmittel für die Inanspruchnahme eines Befreiungstatbestandes so aufzubewahren hat, dass dieser Ablauf bei einer allfälligen Prüfung durch das FA dokumentiert ist.

II/10 Ergibt sich anlässlich des ersten Informationsgespräches, dass ein Befreiungstatbestand gem § 30 Abs 2 EStG nicht vorliegt und die Steuerpflicht des Verkäufers ausgelöst wird, so sind bereits in diesem Gespräch die Eckdaten der Besteuerung (Höhe des Steuersatzes, Bemessungsgrundlage, Fälligkeit etc) zu erörtern.

Soweit es der angedachte Veräußerungsvorgang erlaubt bzw bedingt, wird das Erstgespräch auch der Abklärung dienen, in welcher Form die Abfuhr der ImmoESt erfolgen wird. Insbesondere wird zu erörtern sein, ob der Veräußerer die Selbstberechnung der Grunderwerbsteuer und damit zusammenhängend auch der ImmoESt wünscht. Im Falle der Selbstberechnung ist der Veräußerer bereits im Vorfeld darauf hinzuweisen, dass die ImmoESt dem Parteienvertreter zeitgerecht und abzugsfrei zur Verfügung steht. Ob der Vertragserrichter künftig hin die ImmoESt vorab auf ein eigens dafür eingerichtetes Anderkonto überwiesen erhält oder er aber im Zuge der Abwicklung der entsprechenden Treuhandschaft verbunden ist, diesen Betrag vom Treuhanderlag zu entrichten, wird die Praxis zeigen.

II/11 Aufgrund der weitreichenden Informations- und Dokumentationspflichten ist der Vertragserrichter und Parteienvertreter gut beraten, über dieses Erstgespräch und die im Zuge dessen erteilten Informationen, ein entsprechendes Protokoll anzufertigen.

1.2.2. Formulierungsvorschläge

Je nach Fallkonstellation ergeben sich für den Vertragserrichter iZm der Ausge- **II/12**
staltung eines Kaufvertrages unterschiedliche „Gestaltungsmodelle" und sollen
an dieser Stelle für die häufigsten Fälle beispielhafte Formulierungsvorschläge ab-
gebildet werden.

1.2.2.1. Veräußerung ohne Gewinn

Auch wenn ein derartiger Fall in der Praxis eher selten vorkommen wird, so ist **II/13**
dennoch auf die erforderliche Vertragsformulierung Bedacht zu nehmen. Zu beachten ist, dass der „landläufige" Gewinn nicht mit jenem des EStG – als jenem
der für die ImmoESt von Relevanz ist – konform geht.

> „Für Zwecke der Gebühren- und Steuerbemessung erklärt die Verkäuferin, dass sie
> durch die Veräußerung des gegenständlichen Kaufobjektes keinerlei Gewinn (Einkünf-
> te im Sinne des EStG) erzielt hat [...] dies erklärt auch, warum der Verkaufspreis bei
> der vorangehenden Erwerbsurkunde und der hier gegenständlichen Kaufvertragsur-
> kunde gleich hoch ist. Ein Gewinn wurde nicht erzielt."

Empfehlenswert ist es, in den jeweiligen Vertragstext eine Begründung für den
gleichbleibenden Verkaufspreis im Verhältnis zum seinerzeitigen Einkaufspreis
einzufügen.

Der Vertragserrichter hat in einem derartigen Fall wie gewohnt die Selbstberechnung der GrESt durchzuführen und dem FA gleichzeitig bekannt zu geben, dass
eine ImmoESt *„mangels Gewinn (Vorliegen von sog „Einkünften")"* nicht anfällt.
Ungeachtet dessen ist es für den Vertragserrichter (auch in diesem Fall) unerläss-
lich, die diesbezüglichen Angaben des Verkäufers einer entsprechenden Überprüfung zu unterziehen.

1.2.2.2. Veräußerung mit Gewinn (Vorliegen von sog „Einkünften")

Zum steuerlichen Gewinn siehe oben. Hier sind im Wesentlichen zwei Fallkonstellationen zu unterscheiden:

Vorliegen eines Befreiungstatbestandes (hier: Hauptwohnsitzbefreiung)

> „Für Zwecke der Gebühren- und Steuerbemessung wird festgestellt, dass dieser Kauf- **II/14**
> vertrag von einer ImmoESt gem § 30 Abs 2 EStG befreit ist, da die kaufgegenständliche
> Liegenschaft/Wohnung der Verkäuferin von Geburt an als Hauptwohnsitz dient/für
> eine bestimmte Dauer gedient hat. Dem Vertragserrichter wurde der Hauptwohnsitz
> durch Vorlage unbedenklicher Urkunden (zB Meldezettel) nachgewiesen."

Hinsichtlich der erwähnten „unbedenklichen Urkunden" ist darauf hinzuweisen,
dass die Vorlage eines Meldezettels grundsätzlich ausreichend erscheint, es sei
denn, dem Vertragserrichter und Parteienvertreter sind der Urkunde zuwider-
laufende Umstände/Tatsachen bekannt (Wissentlichkeit).

Sollte dem Vertragserrichter kein Meldezettel des Veräußerers zur Verfügung stehen, ist es zweckmäßig alternative „Bescheinigungsmittel" (zB. Energiebezugsverträge) anzufordern.

Nichtvorliegen eines Befreiungstatbestandes

II/15 Wie bereits erwähnt muss der Vertragserrichter und Parteienvertreter entscheiden, ob er künftig hin eine Selbstberechnung der GrESt und damit auch zwingend der ImmoESt vornimmt oder aber den gegenständlichen Rechtsvorgang dem FA lediglich anzeigt (Abgabenerklärung gem § 10 GrEStG).

Selbstberechnung erfolgt durch den Vertragserrichter und Parteienvertreter

Fall 1

II/16 Die ImmoESt wird nicht durch den Kaufpreis *„abgedeckt"*, sondern vom Verkäufer unabhängig davon auf das allgemeine Gebührenanderkonto des Vertragserrichters überwiesen.

Diesbezüglich wird es sinnvoll sein, dafür Sorge zu tragen, dass neben dem Kaufpreis, der GrESt und der Eintragungsgebühr eben auch die ermittelte ImmoESt vor Vertragsunterfertigung/längstens am Tag der Vertragsunterfertigung zur Disposition steht. Sollte – aus welchen Gründen auch immer – bereits im Zuge der Vertragserstellung erkennbar sein bzw feststehen, dass einer dieser Beträge erst nach Kaufvertragsunterfertigung auf das Konto des Vertragserrichters überwiesen werden soll, so ist im Zuge der Vertragserrichtung (Formulierung) diesem Umstand durch Einräumung von Rücktrittsrechten oä Rechnung zu tragen:

> „Neben dem Kaufpreis gem Punkt [■] und der Grunderwerbsteuer und Eintragungsgebühr gem Punkt [■] dieses Kaufvertrages, verpflichtet sich der Verkäufer die ermittelte ImmoESt vor Vertragsabschluss auf das allgemeine Gebührenanderkonto des Vertragserrichters und Treuhänders bei der [■] zu erlegen."

Im Falle der Selbstberechnung ist auch die entsprechende Bevollmächtigung/Beauftragung des Vertragserrichters und Treuhänders in den Kaufvertrag sowie die Treuhandvereinbarung aufzunehmen:

> „Der Vertragserrichter wird von beiden Vertragsteilen einseitig unwiderruflich angewiesen, die Grunderwerbsteuer sowie die ImmoESt (diesbezüglich erfolgt die Beauftragung nur seitens des Verkäufers) im Wege der Selbstberechnung zu ermitteln und an das zuständige FA abzuführen."

II/17 In diesem Zusammenhang ist darauf hinzuweisen, dass trotz der vom Gesetzgeber (nunmehr) vorgesehenen „Entkoppelung" der Eintragungsgebühr von der GrESt/ImmoESt (keine Selbstberechnung der Eintragungsgebühr durch den Parteienvertreter), im Vertragstext – wie auch bisher – auf die Eintragungsgebühr Bezug zu nehmen ist; diese wird anlässlich der grundbücherlichen Durchführung vom jeweiligen Grundbuchsgericht über das Gebührenkonto des Vertragserrichters eingezogen. Alternativ wird die Eintragungsgebühr dem Erwerber direkt vom Grundbuchsgericht vorgeschrieben.

Fall 2

Die ermittelte ImmoESt soll vom *Kaufpreiserlag* einbehalten werden.   II/18

In diesem Zusammenhang ist insbesondere auf die Auszahlungsbedingungen bzw die entsprechenden Formulierungen im Vertragstext Augenmerk zu legen, zumal der Kaufpreis gem dem Statut der jeweiligen Rechtsanwaltskammern auf ein eigens dafür eingerichtetes Treuhandanderkonto des Vertragserrichters überwiesen wird. Vor dem Hintergrund, dass ein Teil des Treuhanderlages (Kaufpreis) nicht an den Verkäufer, sondern an das zuständige FA abzuführen ist, sind die entsprechenden Daten des Veräußerers und des für ihn zuständigen Finanzamtes (Steuernummer, Bankverbindung etc) nicht nur in der Treuhandvereinbarung, sondern auch in der entsprechenden Meldung an die Rechtsanwaltskammer aufzunehmen.

Keine Selbstberechnung der ImmoESt durch den Vertragserrichter und Parteienvertreter

Wie bereits erwähnt, steht dem Vertragserrichter alternativ auch die Möglichkeit   II/19
offen, die GrESt und ImmoESt nicht im Wege der Selbstberechnung abzuführen, sondern dem FA den Veräußerungsvorgang „*lediglich*" anzuzeigen (Abgabenerklärung gem § 10 GrEStG). Damit verbunden ist die Verpflichtung des Vertragserrichters, den Veräußerungsvorgang an sich, sowie die Parteien des Veräußerungsgeschäftes (inkl. Steuernummer, SV-Nummer) dem FA zu melden; dies unter gleichzeitiger Bekanntgabe der Bemessungsgrundlage.

In diesem Fall hat der Veräußerer eine besondere Vorauszahlung in Höhe von 25 % der jeweiligen Bemessungsgrundlage an das FA zu entrichten. Diese entspricht sowohl hinsichtlich der Höhe als auch hinsichtlich der Fälligkeit der ImmoESt an sich.

> „Für Zwecke der Gebühren- und Steuerbemessung wird festgestellt, dass dieser Kaufvertrag von der ImmoESt nicht befreit ist. Da der Vertragserrichter nicht angewiesen wurde, die GrESt und die ImmoESt selbst zu berechnen, obliegt es dem Verkäufer die ihn treffende ImmoESt frist- und termingerecht an das zuständige FA im Wege der besonderen Vorauszahlung abzuführen. Der Veräußerer wird diesbezüglich alle Vorkehrungen mit seinem Steuerberater selbst treffen.
>
> Der Vertragserrichter wird von beiden Vertragsteilen einseitig unwiderruflich angewiesen, dem FA den Veräußerungsvorgang unter Bekanntgabe der personenbezogenen Daten der Vertragsparteien sowie die Bemessungsgrundlage im Betrag von [■] bekannt zu geben."

1.3. Veräußerung hypothekarisch belasteter Grundstücke

II/20 Abweichend oder in Ergänzung zu den beiden oben beschriebenen Fallkonstellationen wird der Vertragserrichter und Parteienvertreter im Veräußerungsfall gelegentlich bzw in aller Regel damit konfrontiert sein, dass die zu veräußernden Liegenschaften bzw Wohnungseigentumsobjekte mit *Restkaufpreishypotheken* oder *Hypotheken* sonstiger Art belastet sind. Im Zuge der Vertragsgestaltung wird es daher – wie auch bisher – notwendig sein, mit den Pfandgläubigern vorab Kontakt aufzunehmen, um die Löschung bzw die Übernahme derartiger Hypothekardarlehen zu klären.

II/21 *Verschärft* wird die Situation künftig hin dadurch, dass im Falle der Selbstberechnung der GrESt und ImmoESt durch den Vertragserrichter und Parteienvertreter letztlich auch entsprechend Vorsorge zu treffen ist, dass im Falle der Selbstberechnung, der auf die ImmoESt entfallende Betrag frist- und termingerecht durch den Verkäufer (vorab) zur Verfügung gestellt wird, oder vom Verkaufspreis/Treuhanderlag an das FA abgeführt werden kann. In der Praxis wird sich dem Parteienvertreter das Problem stellen, dass der Kaufpreis mitunter zur Abdeckung der Pfandrechte einerseits, sowie zur Abfuhr der ImmoESt andererseits, nicht ausreicht.

In einem derartigen Fall ist der Vertragserrichter und Parteienvertreter aufgerufen, mit den Pfandgläubigern entsprechende Vereinbarungen zu treffen, die eine „Freistellung" des für die ImmoESt erforderlichen Betrages ermöglichen.

1.4. Checkliste

II/22 Die bisher (hoffentlich bereits) in Verwendung stehenden Checklisten anlässlich der Abwicklung einer Liegenschaftstransaktion werden von den Vertragserrichtern und Parteienvertretern zu überarbeiten und an den jeweiligen Veräußerungsfall entsprechend anzupassen sein.

Zur Orientierung wird in diesem Beitrag eine Checkliste bzw eine Ergänzung angeboten, die dem Vertragserrichter und Parteienvertreter künftig hin als Leitfaden und damit als Hilfestellung dienen kann:

- Erstgespräch mit entsprechender Aufklärung durch den Vertragserrichter über die allenfalls zu entrichtende ImmoESt für den Verkäufer;
- Erörterung und nachweisliche Übergabe eines entsprechenden Dokumentes über die (neue) Steuerpflicht, sowie das Vorliegen/Nichtvorliegen allfälliger Befreiungstatbestände;
- Einbeziehung eines Steuerberaters zur Berechnung und Ermittlung der ImmoESt/Bmgl;
- Schriftliche Bestätigung des Verkäufers über den Erhalt dieser Belehrung;

- Für den Fall der entsprechenden Beauftragung zur Vertragserrichtung → Aufforderung zur Übergabe der für die Beurteilung notwendigen Dokumente:
  - Ursprünglicher Titel (Kaufvertrag, Schenkungsvertrag etc) über den vorangehenden Eigentumserwerb
  - Meldezettel
  - Investitionsnachweise
  - Nachweise über Aufwendungen jedweder Art bezogen auf das Kaufobjekt
  - Bekanntgabe der Daten des Steuerberaters des Verkäufers
  - Miteinbeziehung eines Steuerberaters für den Fall, dass der Verkäufer keinen Steuerberater hat oder nennen kann
  - Entgeltlichkeit der Tätigkeit des Vertragserrichters und Parteienvertreters iZm der Ermittlung der ImmoESt
  - Entgeltlichkeit der Tätigkeit des allenfalls beigezogenen Steuerberaters
  - Entsprechende Formulierung von Schad- und Klagloserklärungen in der Treuhandvereinbarung und der Vollmacht
- Neuformulierung der entsprechenden zu unterfertigenden Vollmacht und Treuhandvereinbarung

2. Haftungstatbestände für Parteienvertreter nach dem Steuerrecht

2.1. Systematik

II/23 In § 30c Abs 3 EStG findet sich eine ausdrückliche Haftung der Parteienvertreter für die

- *Entrichtung* sowie für die
- *Richtigkeit* der ImmoESt.

Die Haftung für die Richtigkeit setzt *Wissentlichkeit* voraus, jene für die Abfuhr setzt kein Verschulden voraus. § 30c EStG ist eine *abgabenrechtliche öffentlich-rechtliche Norm*.[1] Sie begründet keine privatrechtlichen Schadenersatzansprüche. Neben dieser abgabenrechtlichen Haftung können sich aber Haftungen auf schadenersatzrechtlicher Grundlage (Haftung aus Vertrag) gegenüber dem allenfalls geschädigten Verkäufer sowie Haftungen nach dem FinStrG ergeben.

2.2. Haftungstatbestände nach § 30c EStG

2.2.1. Allgemeines

II/24 Gem § 30c Abs 3 hat der Parteienvertreter die selbstberechnete ImmoESt zu entrichten *und* haftet hierfür. Ist die Fälligkeit noch nicht eingetreten, erlischt die Verpflichtung zur Entrichtung nach einem Jahr ab Vornahme der Mitteilung nach Abs 2 Z 1. Zusätzlich haften die Parteienvertreter für die Richtigkeit der ImmoESt nur, wenn diese *wider besseren Wissens* unrichtig berechnet wird.[2] Die Bestimmung des § 30c enthält somit *zwei Haftungstatbestände*:

- Haftung für die *Abfuhr* der selbstberechneten (möglicherweise auch unrichtig berechneten) ImmoESt
- Haftung für die *Richtigkeit* der Selbstberechnung

---

1   *Thunshirn*, Immobilienertragsteuer: Haftungstatbestände für Parteienvertreter, ecolex 2013, Heft 9/ 2013, 757; zust EStR Rz 6732; *Grill*, Die Haftung des Parteienvertreters für die ImmoESt, 17/2013, 390.

2   *Bodis/Schlager*, RdW 2012/182, 173; *Studera/Thunshirn*, Handbuch Besteuerung Grundstückstransaktionen, Kap 3.4.8.10; *Beiser*, SWK-Spezial Die neue Immobilienbesteuerung idF AbgÄG 2012, (2013), Rz 79; ErlRV zum 1. StabG 2012 (1680 BlgNR 24. GP); BMF 3.9.2012, BMF-010203/0402-VI/ 6/2012, RdW 2012/594, 549, Absch 5.3.

Das Wesen der ImmoESt liegt anders als bei den Abfuhrsteuern *nicht* in der Erhe- **II/25**
bung der Steuer durch die auszahlende Stelle (dies wäre der Käufer). Die Regelung ist ähnlich jener des GrEStG. Es wird somit eine Person in das Besteuerungs-
verfahren eingebunden, die eine Steuer für einen anderen abführen muss und dafür unbeschränkt gegenüber haftet.[3] Gem § 7 BAO werden Personen, die nach
Abgabenvorschriften für eine Abgabe haften, durch Geltendmachung dieser Haftung zu Gesamtschuldnern. Gem § 224 BAO werden persönliche Haftungen
durch Erlassung von Haftungsbescheiden geltend gemacht. In diesen ist der Haftungspflichtige unter Hinweis auf die gesetzliche Vorschrift, die seine Haftungs-
pflicht begründet, aufzufordern, die Abgabenschuld, für die er haftet, binnen einer Frist von einem Monat zu entrichten. Die Geltendmachung der Haftung ist
Ermessenssache.[4] Gem § 20 BAO sind hierbei Billigkeit und Zweckmäßigkeit zu
berücksichtigen, wobei sich die Ermessensübung vor allem am Zweck der Norm
zu orientieren hat. Aus dem Zweck der Haftungsbestimmung als Besicherungsin-
stitut ergibt sich deren Nachrangigkeit im Verhältnis zur Inanspruchnahme des
steuerpflichtigen Veräußerers. Der Parteienvertreter soll nur dann in Anspruch
genommen werden, wenn die Einbringung beim Hauptschuldner gefährdet, er-
schwert oder aus rechtlichen Gründen nicht möglich oder zulässig ist (bspw bei
Insolvenz).

Die *Haftungseinschränkung* des § 9 Abs 2 BAO kommt iZm § 30c EStG *nicht* zum **II/26**
Tragen. Gem § 9 Abs 2 BAO haften Notare ua wegen Handlungen, die sie in Ausübung ihres Berufes bei der Beratung in Abgabensachen vorgenommen haben,
nur dann, wenn diese Handlungen eine Verletzung ihrer Berufspflichten enthalten. § 9 Abs 1 BAO regelt die Haftung von Vertretern. Da die Verpflichtung des
§ 30c EStG keine Vertretungshandlung darstellt, sondern eine autonome eigenständige Pflicht des Parteienvertreters,[5] kommt mE diese Haftungseinschränkung
nicht zur Anwendung.

2.2.2. Abfuhrhaftung

Die *Abfuhrhaftung* bezieht sich auf die vom Parteienvertreter „selbstberechnete" **II/27**
ImmoESt. Der Terminus ist etwas verwirrend. Selbst zu berechnen ist die Immo-
ESt, wenn der Parteienvertreter auch die GrESt selbstberechnet. Für die Mitteilung nach § 30c Abs 1 EStG besteht keine Haftung, wohl aber ein allfälliger Fi-
nanzstraftatbestand, siehe Kap II/3. Ergibt die Selbstberechnung einen steuerpflichtigen Gewinn,[6] so ist ImmoESt zu entrichten, es sei denn, die Ausschluss-

---

3   *Lang/Loukota*, EG-Grundfreiheiten und beschränkte Steuerpflicht, 3.1; *Macher*, Besteuerung auslän-
     discher Unternehmer, SWI 1996, 212; zustimmend *Grill*, Die Haftung des Parteienvertreters für die
     ImmoESt, 17/2013, 390.
4   VwGH vom 27.11.2003, 2003/15/0087; jüngst UFS 3.6.2013, RV/0146-G/13.
5   Analog zur GrESt jüngst UFS Wien 9.3.2010, FSRV/0049-W/09; zur Qualifikation nach dem FinStrG
     s Kap II/3.
6   ESt nach dem EStG oder KSt nach dem KStG.

gründe des § 30c Abs 4 EStG oder andere Ausschlussgründe liegen vor.[7] Es ist *gleichgültig, wer die Steuerberechnung* vornimmt. Falls der Parteienvertreter die Berechnung einem Steuerberater delegiert, berührt dies nicht seine (Selbstberechnungs-)Pflicht respektive seine Haftung. Wie bspw ebenso bei der LSt ist die Haftung auch dann nicht ausgeschlossen, wenn den Parteienvertreter an der unrichtigen Berechnung bzw Einbehaltung kein Verschulden trifft.[8] Konzeptionell besteht für die Anwendung des § 30c EStG eine doppelte Anknüpfung: § 30c setzt einen ertragsteuerlich relevanten Veräußerungs-(Realisierungs-)vorgang[9] voraus, der zu Einkünften führt. Die Selbstberechnung knüpft darüber hinaus zusätzlich an die GrESt-Pflicht[10] und bedingt auch die Selbstberechnung der GrESt. Andernfalls entsteht keine Verpflichtung für den Parteienvertreter. Die Selbstberechnungspflicht gilt nicht nur für Verkäufe, sondern auch für alle anderen Formen, die zu einer „Realisierung" iSd EStG führen, wie etwa auch Tausch, Sacheinlage uä.[11] Die Haftung besteht unabhängig davon, ob durch die ImmoESt Abgeltungswirkung eintritt oder nicht.[12]

II/28 Die Abfuhrhaftung knüpft letztlich an den *Zufluss* des Veräußerungserlöses iSd § 19 EStG.[13] *Fließt der Veräußerungserlös nicht zu, so entsteht auch keine Haftung.* Vom Vertragsabschluss bis zum Zufluss besteht die Abfuhrhaftung daher potenziell. Auch *„geldwerte Vorteile"* können zufließen.[14] Dies ist insb bei Tausch oder Sacheinlage von Bedeutung, auch idF kommt es zum ImmoESt auslösenden Zufluss. In zeitlicher Hinsicht ist von Bedeutung, wann ein Zufluss sich wirtschaftlich in einer Vermehrung des Vermögens Veräußerers niederschlägt. Er setzt die Erlangung von wirtschaftlichem Eigentum voraus.[15] Zugeflossen ist eine Einnahme, sobald der Empfänger über sie *tatsächlich und rechtlich verfügen kann.*[16] IF der *befreienden Schuldübernahme* als Teil des Veräußerungspreises liegt der Zufluss im Zeitpunkt der Zustimmung zur Schuldübernahme durch den Gläubiger vor.[17] Wird die Grundstückstransaktion mittels eines Treuhänders abgewickelt, ist die Weiterleitung des vom Erwerber auf dem Treuhandkonto erlegten Betrages nach dem Kaufvertrag idR erst nach Sicherung der lastenfreien Grundbuch-

---

7   *Studera/Thunshirn*, Handbuch Besteuerung Grundstückstransaktionen (2013), Kap 3.4.8.10.
8   Bzgl § 83 EStG: nicht verfassungswidrig, da idR ein Regress des ArbG bei seinem ArbN mögl ist, VfGH 26.2.1988, B 597/87; *Thunshirn*, Immobilienertragsteuer: Haftungstatbestände für Parteienvertreter, ecolex 2013, Heft 9/2013, 757.
9   Etwa auch Tausch, Sacheinlage uva; s detailliert *Thunshirn/Studera*, aao, Rz 387 ff; *Thunshirn*, Immobilienertragsteuer: Haftungstatbestände für Parteienvertreter, ecolex 2013, Heft 9/2013, 757
10   *Bodis/Schlager*, RdW 2012, 173 f; EStR Rz 6701.
11   MwN eingehend *Studera/Thunshirn*, aao, Kap 3.2.16; *Wolf*, SWK 9/2013, 494.
12   EStR Rz 6706.
13   EStR Rz 6707; *Bodis/Schlager*, RdW 2012/182, 173.
14   EStR Rz 6656; Jakom/*Lenneis* EStG, 2013, § 15, Rz 8; Jakom/*Baldauf* EStG, 2013, § 19 Rz 26; *Wiesner*, EStG, § 19 Rz 25; *Doralt*, EStG[15], § 19 Rz 30.
15   Jakom/*Baldauf* EStG, 2013, § 19 Rz 26.
16   VwGH 29.4.2010, 2007/15/0293; 19.6.2002, 98/15/0142; *Thunshirn*, Immobilienertragsteuer: Haftungstatbestände für Parteienvertreter, ecolex 2013, Heft 9/2013, 757.
17   EStR Rz 6757 sowie 6656.

seintragung erlaubt. Zum Zufluss kommt es idF dann, wenn die Auszahlung an den Verkäufer (seine Gläubiger) *möglich* ist.[18] Ist der Zeitraum zwischen der Auszahlungsmöglichkeit und der tatsächlichen Auszahlung kurz, kann auf die tatsächliche Auszahlung abgestellt werden.[19]

Die *Abfuhrpflicht* (Haftung) trifft den Parteienvertreter *ex lege*. Sie beruht auf öffentlichem Recht (EStG) und hat keinen privatrechtlichen Charakter. Eine vertragliche Vereinbarung ist nicht erforderlich aber wohl auch nicht schädlich. Es handelt es sich um eine reine Abfuhrhaftung wie jene in § 13 Abs 4 GrEStG. Der Parteienvertreter haftet daher nicht für die ImmoESt in objektiv richtiger Höhe, sondern nur für die Abfuhr der selbstberechneten ImmoESt. Wie nach § 13 Abs 4 GrEStG haftet der Parteienvertreter daher nicht, wenn er die ImmoESt unrichtig (ausgenommen „wider besseres Wissen") berechnet hat.[20] Die Haftung setzt kein Verschulden voraus. IdZ ist anzumerken, dass es hier etliche „Fallstricke" geben kann: **II/29**

Wenn etwa die kreditgebende Bank im Nachhinein einen höheren Betrag zur Kreditabdeckung bzw für die Pfandfreilassung verlangt und der Kaufpreis etwa zur Gänze an die Bank fließt, bleiben dem Parteienvertreter möglicherweise keine Mittel mehr zur Entrichtung der ImmoESt. Auch wenn der Verkäufer aus welchen Gründen immer (zB weil er insolvent wird, weil er stirbt, etc) die ImmoESt nicht an den Parteienvertreter zahlt und der Kaufpreis nicht ausreicht, besteht die Abfuhrhaftung. Bei manchen Tatbeständen fließt gar kein Kaufpreis, etwa bei einer Sacheinlage außerhalb des UmgrStG.

Gem § 30c Abs 2 Z 2 EStG hat der Steuerpflichtige dem Parteienvertreter *„die für die Ermittlung der Bemessungsgrundlage erforderlichen Unterlagen vorzulegen und deren Richtigkeit und Vollständigkeit schriftlich zu bestätigen."* Dies ist eine lex specialis. Daneben gelten die allgemeinen Wahrheits- und Offenlegungspflichten der BAO. Der Parteienvertreter ist verpflichtet, die vorgelegten Unterlagen (sachkundig und sorgfältig) zu prüfen und die ImmoESt anhand dieser Unterlagen selbst zu berechnen. **II/30**

Über den Umfang der vorgelegten Informationen und Unterlagen herrscht Unklarheit. Das BMF vertritt nach EStR Rz 6711 ff eine mE überschießende Sicht:

> „Kann oder will der Veräußerer seine Angaben entgegen seiner Verpflichtung gem § 30c EStG nicht mittels Unterlagen belegen, darf nach den EStR der Parteienvertreter diese nicht berücksichtigen, sofern die Berücksichtigung dazu führen würde, dass geringere Einkünfte der ImmoESt-Selbstberechnung zu Grunde gelegt werden."

---

18   *Studera/Thunshirn*, aao, Rz 607; *Perthold/Vaishor*, SWK-Spezial 2012, 22; EStR Rz 6656; UFS 1.8.2012, RV/0090-G/08
19   EStR Rz 6656.
20   EStR Rz 6713.

Die Verpflichtung zur – wie in den EStR verlangten – umfassenden Urkunden-vorlage ist dem Gesetz mE nicht zu entnehmen, insb ist keine Nachweispflicht angesprochen. Auch sind keine Originaldokumente verlangt. ME sind daher, wenn es anders nicht geht, auch Ersatzdokumente und Schätzungen denkbar.[21] Gem § 138 Abs 1 BAO hat auf Verlangen des FA der Steuerpflichtige und die zur Abfuhr von Abzugsteuern verpflichteten Personen[22] in Erfüllung ihrer Offenle-gungspflicht zur Beseitigung von Zweifeln den Inhalt ihrer Anbringen zu erläu-tern und zu ergänzen sowie dessen Richtigkeit zu beweisen. Die Mitwirkung des Abfuhrpflichtigen soll nach hA immer dann in Betracht kommen, wenn es sich um Umstände handelt, bei denen dieser der Beweisführung näher steht als die Behörde.[23] Allerdings ergibt sich aus § 138 Abs 1 BAO keine generelle Verschie-bung der Beweislast.[24] Die hA[25] sieht Aufträge nach § 138 BAO insb dann gebo-ten, wenn die behördlichen Mittel zur Sachverhaltsermittlung entscheidend ver-mindert erscheinen. Eine erhöhte Mitwirkungspflicht besteht nach hA ganz ge-nerell im Bereich der Befreiungs- und Begünstigungsbestimmungen.[26] Der VwGH geht davon aus, dass es bei *steuerlichen Begünstigungen Aufgabe der Partei ist,* selbst einwandfrei und unter Ausschluss jeden Zweifels die Umstände darzu-legen, die für eine Begünstigung sprechen.[27] Kann ihnen ein Beweis nach den Umständen nicht zugemutet werden, genügt die Glaubhaftmachung.[28] § 138 BAO erlaubt es dem FA aber nicht, den Umfang der gesetzlich geregelten Offen-legungspflichten zu erweitern. Nach hA findet jede Mitwirkungsverpflichtung ihre Grenzen in der Unzumutbarkeit und Unmöglichkeit.[29] Die Voraussetzung der Vorlage aller relevanten Unterlagen wird daher dort ihre Grenze finden. Eine erhöhte Nachweispflicht erscheint daher insofern übereinstimmend mit den EStR nur bei Begünstigungen/Befreiungen denkbar. Wie *Schilcher* darauf hin-weist, erscheint aber generell fraglich, *welche Normen überhaupt als Begünsti-gungsbestimmungen zu anzusehen sind.*[30] Die Berücksichtigung von Anschaf-fungs-, Herstellungskosten sowie Betriebsausgaben und Werbungskosten ist eine Folge des Leistungsfähigkeitsprinzips und daher keine Begünstigung.[31] Die Be-rücksichtigung des Inflationsabschlags ist mE ebenso nicht als Begünstigung zu

---

21 *Thunshirn,* Immobilienertragsteuer: Haftungstatbestände für Parteienvertreter, ecolex 2013, Heft 9/ 2013, 757; *Studera/Thunshirn,* Handbuch Besteuerung Grundstückstransaktionen (2013), Rz 590; glA *Urtz,* ImmoESt, 84 f; aA *Hammerl/Mayer,* RdW 2012, 169.

22 *Schilcher,* Grenzen der Mitwirkungspflichten im Lichte des Gemeinschaftsrechts, 2.1.2.4.

23 *Ritz,* BAO⁴, § 138 Rz 1; *Stoll,* BAO II, 1558; VwGH 24.2.2004, 99/14/0247; *Schilcher,* aao, 2.2.2.

24 *Ritz,* BAO⁴, § 138, Rz 7; *Stoll,* in Geheimnisschutz, 188, FN 8; *Stoll,* BAO II, 1562; *Thunshirn,* Immo-bilienertragsteuer: Haftungstatbestände für Parteienvertreter, ecolex 2013, Heft 9/2013, 757.

25 *Stoll,* BAO II, 1558; *Ritz,* BAO⁴, § 138 Tz 1 unter Verweis auf VwGH 12.6.1990, 89/14/0173.

26 VwGH 18.11.2003, 98/14/0008; 17.12.2003, 99/13/0070; 25.2.2004, 2003/13/0117; Stoll, BAO II, 1558 ff; *Jirousek/Lang,* Praxis des Internationalen Steuerrechts, 1.

27 VwGH 25.4.2001, 99/13/0221; 28.11.2002, 2002/13/0077; 29.1.2003, 99/13/0179; *Schilcher,* aao, 2.2.2. mwN.

28 EStR Rz 1098 (bzgl Betriebsausgaben); *Tumpel,* Fachlexikon Steuern (2007), „Glaubhaftmachung".

29 *Schilcher,* aao, 2.2.2. mwN.

30 *Schilcher,* aao, 2.2.2.; *Heinrich,* in *Holoubek/Lang* (Hrsg), Allgemeine Grundsätze, 162.

31 *Ritz,* BAO⁴, § 115 Rz 12; *Schilcher,* aao, 2.2.2.

verstehen, sondern soll die Besteuerung von Scheingewinnen verhindern.[32] Hingegen erscheint die Pauschalbesteuerung als steuerliche Begünstigung und erfordert daher eine höhere Nachweispflicht.[33] Entgegen den EStR ist mE daher eine Schätzung der ImmoESt in Ausnahmefällen (wenn etwa der Kaufvertrag nicht mehr auffindbar ist, aber zB Zahlungsbelege uä existieren) zulässig.[34] Bei der Pauschalbesteuerung wird dies auch von *Hammerl/Mayr* als zulässig erachtet.[35]

Der Parteienvertreter hat keine Zwangsgewalt wie eine Behörde. Können die Einkünfte aus der Grundstücksveräußerung ohne die Berücksichtigung dieser nicht belegten Angaben nicht ermittelt werden, kann der Parteienvertreter die Immo-ESt-Selbstberechnung gem den EStR nicht durchführen.[36] Den Parteienvertreter trifft eine Prüfpflicht bezüglich der vorgelegten Unterlagen; zu dessen Umfang s Kap I/1.3.[37] Die Folgen der Verletzung bzw des Fehlens der nach den EStR vorzulegenden Unterlagen sind unklar. Die EStR enthalten keine klaren Aussagen dazu, welche Art der beiden Haftungen des § 30c EStG damit angesprochen ist. ME kann daraus jedenfalls keine Verschärfung der Abfuhrhaftung resultieren. Allerdings könnte eine Verletzung dieses Sorgfaltsmaßstabes zu einer Haftung „wider besseres Wissen" führen, siehe dazu Kap II/2/1.3. **II/31**

Der Parteienvertreter *kann* (*wörtlich*; daher Wahlrecht gem § 30c Abs 4 EStG), auch wenn eine Selbstberechnung der GrESt erfolgt, die Selbstberechnung der ImmoESt unterlassen, wenn die Ausnahmefälle des § 30c Abs 4 EStG vorliegen. **II/32**

2.2.3. Haftung für die Richtigkeit der selbstberechneten ImmoESt

Der 2. Haftungstatbestand ist als verschuldensabhängig konzipiert. Der Begriff „*wider besseres Wissen*" bedeutet Wissentlichkeit iSd des FinStrG (§ 33 Abs 2) bzw des StGB. Die Haftung setzt daher Wissentlichkeit voraus. *Wissentlich handelt gem § 5 Abs 3 StGB jemand, der den Umstand oder den Erfolg, für den das Gesetz Wissentlichkeit voraussetzt, nicht bloß für möglich, sondern ein Vorliegen oder Eintreten für gewiss hält.* **II/33**

MaW: *Nur positives* Wissen über die Unrichtigkeit von zugrundeliegenden Angaben der Steuerpflicht oder über die vorgenommene Selbstberechnung selbst führt zu einer Haftung für die wissentlich falsch berechnete ImmoESt.[38]

---

32 MwN *Beiser*, SWK Heft-Nr 18/2012, 826.
33 *Beiser*, SWK 18/2012, 826.
34 *Studera/Thunshirn*, Handbuch Besteuerung Grundstückstransaktionen (2013), Rz 590; glA *Urtz*, ImmoESt, 84 f.
35 *Hammerl/Mayr*, RdW 2012, 169.
36 EStR Rz 6711; *Thunshirn*, Immobilienertragsteuer: Haftungstatbestände für Parteienvertreter, ecolex 2013, Heft 9/2013, 757.
37 EStR Rz 6711.
38 *Bodis/Schlager*, RdW 2012/182, 173; *Thunshirn*, Immobilienertragsteuer: Haftungstatbestände für Parteienvertreter, ecolex 2013, Heft 9/2013, 757; *Beiser*, aao, Rz 79; *Thunshirn/Studera*, ecolex 2012, 921; *Wilhelmer*, RdW 2013/263.

Wissentlichkeit verlangt *„sicheres"* Wissen bzw *subjektive Gewissheit.*[39]

II/34 Unrichtig ist die ImmoESt dann, wenn sie objektiv[40] auf Grundlagen der vorliegenden Umstände nicht dem Gesetz entspricht. Dabei ist es gleich, ob die Unrichtigkeit in fehlerhaften Sachverhaltsannahmen (zB falsche Anschaffungskosten), in Rechenfehlern oder in einer fehlerhaften Rechtsanwendung (zB unrichtige Anwendung der Befreiung) liegt.

II/35 Die *zeitliche Komponente* der (fehlenden) Wissentlichkeit muss spätestens im Zeitpunkt der Selbstberechnung vorliegen. Dies folgt aus § 30c Abs 3 EStG (*„wenn wider besseren Wissens auf Grundlage der Angaben des Steuerpflichtigen berechnet wird").* Erlangt der Parteienvertreter erst nach der Selbstberechnung Wissen darüber, dass die Selbstberechnung unrichtig war, führt dies zu keiner Haftung. Als *spätester* Zeitpunkt wird jener der Abfuhr der ImmoESt gelten. Berechnet der Parteienvertreter die ImmoESt wesentlich vor dem Abfuhrzeitpunkt, was die Regel sein wird, muss er mE danach hervorkommende Sachverhalte, die zu einer Änderung der bereits selbst berechneten ImmoESt führen berücksichtigen. Tut er dies wissentlich nicht, so ist er nach § 30c EStG haftbar. Allerdings ist er nicht zu besonderen Nachforschungen verpflichtet. Es ist jedoch zu bedenken, dass unabhängig davon für den Parteienvertreter eine finanzstrafrechtliche Haftung bereits bei leichter Fahrlässigkeit besteht. Diese Haftung bezieht sich zwar nicht auf die ImmoESt, aber kann – wirtschaftlich gleichbedeutend – zu einer Geld- oder Freiheitsstrafe führen.

II/36 Maßstab für die wissentliche Unrichtigkeit sind gem § 30c Abs 3 EStG die Angaben des Steuerpflichtigen. Die ImmoESt ist gem § 30c EStG *„nach den Angaben des Steuerpflichtigen"* zu berechnen, zu erklären und abzuführen. Der Parteienvertreter ist jedenfalls verpflichtet, die vorgelegten Unterlagen (sachkundig und sorgfältig) zu prüfen und die ImmoESt anhand dieser Unterlagen selbst zu berechnen. Die Prüfung darf, wie *Bodis/Schlager* festhalten, nicht *„bloß oberflächlich"* erfolgen.[41] Über den *genauen Umfang der Prüfpflicht* herrscht dennoch Unklarheit. Während die Lehre[42] bislang davon ausging, dass der Parteienvertreter auf die Angaben der Steuerpflichtigen vertrauen darf und ihn keine Nachforschungs-, Erkundungs- oder besondere Überprüfungspflicht trifft,[43] verlangt das BMF jüngst eine *Belegpflicht.*[44] Bislang verlangte das BMF bloß eine Plausibilitätsprüfung.[45] Diese strengere Pflicht/Haftung gilt nach Rz 6714 der EStR immer dann, wenn der Parteienvertreter Unterlagen und Angaben des Veräußerers der Berechnung der ImmoESt zugrundelegt, von denen er – nach dem Wortlaut der

39 *Kienapfel/Höpfl,* Strafrecht, Allgemeiner Teil[13]; Z 15 Rz 12.
40 *Langheinrich/Ryda,* FJ 2012, 185, Pkt 5.3.2.
41 *Bodis/Schlager,* RdW 2012, 182 ff.
42 *Studera/Thunshirn,* Handbuch Besteuerung Grundstückstransaktionen (2013), Rz 602 ff.
43 *Beiser,* NZ 2013/91.
44 EStR Rz 6710 ff.
45 BMF-Info zur ImmoESt, BMF-010203/0402-VI/VI/6/2012, Pkt 5.3.

EStR „*offenkundig*" Kenntnis hat, dass sie nicht den Tatsachen entsprechen. Den Veräußerer trifft eine umfassende „*Offenlegungs- und Wahrheitspflicht*" nach § 119 BAO (und § 139 BAO) iVn §§ 30, 30a–c und § 4 Abs 3a EStG. Es besteht daher kein Grund, die Haftung des Parteienvertreters derart zu verschärfen. Auch der Umfang der vorzulegenden Unterlagen ist in EStR Rz 6712 ff äußert umfangreich und mE überschießend. Dieser umfangreiche Belegkatalog ist mE nicht eindeutig gesetzlich gedeckt, s Kap II/1.2. Ob eine Verletzung dieser Vorgaben der EStR zur Haftung wegen „wider besseres Wissen" führen kann, ist unklar. Die *Wissentlichkeit* muss sich auf die Richtigkeit der berechneten ImmoESt beziehen. Alleine die Nichtvorlage der in den EStR verlangen Unterlagen führt mE noch nicht zu „wider besseres Wissen". Nicht der Parteienvertreter hat sich „freizubeweisen", sondern die Behörde hat Wissentlichkeit hinsichtlich der Fehlerhaftigkeit nachzuweisen.

Nachträglich erlangtes besseres Wissen begründet zwar keine Haftung mehr, wohl aber eine Pflicht zur Offenlegung nach § 139 BAO. Durch eine solche Offenlegung von Berechnungsfehlern wird eine richtige Bemessung der ESt nach §§ 30, 30a–c und § 4 Abs 3a EStG in einem Veranlagungsverfahren ermöglicht. Eine nachträgliche Entrichtung der ImmoESt iF *später hervorgekommener Mängel* ist dem § 30c EStG fremd. Allerdings ist der Parteienvertreter, macht er eine Selbstanzeige iSd § 29 FinStrG, verpflichtet, die ausstehende Abgabenschuld zu entrichten, da er „Haftender" iSd § 29 FinStrG ist. Die Haftung ist unbefristet. § 30c EStG legt keine Frist fest. Aus verfassungsrechtlichen Gründen wird die Haftung allerdings mit der Verjährung der ImmoESt entfallen. **II/37**

Die EB sowie die EStR sehen den Haftungsumfang *möglicherweise* weiter. In EStR Rz 6714 wird die Überprüfungspflicht einer Reihe von Unterlagen, wie in Rz 6711 dargelegt, verlangt. Möglicherweise meinen die EStR, dass bereits dann, wenn der Parteienvertreter sich diese Unterlagen nicht vorlegen lässt, Wissentlichkeit vorliegen solle. Dies steht mE jedoch gegen den Wortlaut des Gesetzes. Alleine aus der erlassmäßigen Forderung nach Vorlage bestimmter Unterlagen kann noch keine Wissentlichkeit hinsichtlich der Unrichtigkeit unterstellt bzw angenommen werden. Die EB sowie die EStR (Rz 6714) enthalten auch einige mE eher „verwirrende" Beispiele, siehe dort: **II/38**

1. Ein Parteienvertreter ist mit der Abwicklung eines Grundstücksgeschäftes betreffend eine Eigentumswohnung und mit der Durchführung der Selbstberechnung gem § 11 GrEStG beauftragt. Dadurch ist er verpflichtet, dem für die Erhebung der Einkommensteuer des Veräußerers zuständigen Finanzamt Mitteilung zu machen und die Selbstberechnung der ImmoESt vorzunehmen. Der Veräußerer legt dem Parteienvertreter den Kaufvertrag vom seinerzeitigen Wohnungserwerb im Jahr 2005 vor und bestätigt schriftlich die Richtigkeit und Vollständigkeit seiner Angaben. Auf Basis der darin genannten Anschaffungskosten ermittelt der Parteienvertreter die Einkünfte gem § 30 Abs 3

EStG und entrichtet die ImmoESt. Es besteht keine Haftung des Parteienvertreters für die Richtigkeit der ImmoESt. Allerdings ist dem Parteienvertreter bekannt, dass die Wohnung dem Steuerpflichtigen nicht als Hauptwohnsitz dient. Nimmt der Parteienvertreter eine Selbstberechnung gem § 11 GrESt vor und berechnet und entrichtet dennoch wider besseren Wissens keine ImmoESt, haftet der Parteienvertreter für die Richtigkeit der ImmoESt. Darüber hinaus besteht auch in diesem Fall eine Steuererklärungspflicht des Veräußerers gem § 42 Abs 1 Z 5 EStG.

2. Ein Parteienvertreter ist mit der Abwicklung eines Grundstücksgeschäftes betreffend eine Eigentumswohnung und mit der Durchführung der Selbstberechnung gem § 11 GrEStG beauftragt. Dadurch ist er verpflichtet, dem für die Erhebung der Einkommensteuer des Veräußerers zuständigen Finanzamt Mitteilung zu machen und die Selbstberechnung der ImmoESt vorzunehmen. Für die Ermittlung der ImmoESt bestätigt der Steuerpflichtige durch den Grundbuchsauszug sowie durch eine schriftliche Erklärung, dass das Grundstück seit Generationen im Besitz seiner Familie ist und durch eine Bestätigung der Gemeinde, dass seit 1988 keine Umwidmung vorgenommen wurde. Der Parteienvertreter berechnet die ImmoESt auf Basis des § 30 Abs 4 Z 2 EStG. Es kommt zu keiner Haftung des Parteienvertreters. Allerdings ist dem Parteienvertreter bekannt, dass das Grünlandgrundstück des Veräußerers vor kurzem umgewidmet wurde, um den Bau eines Einkaufszentrums zu ermöglichen. Ermittelt der Parteienvertreter dennoch auf Basis der Angaben des Steuerpflichtigen die ImmoESt, kommt es zur Haftung des Parteienvertreters für die Richtigkeit der ImmoESt.

II/39   Es ist festzuhalten, dass aus den beiden hier abgedruckten Beispielen nicht eindeutig „Wissentlichkeit" ersichtlich ist. Alleine der Begriff „bekannt" bedeutet noch nicht Wissentlichkeit. Dies setzt eben „sicheres" Wissen bzw „Gewissheit" voraus.

2.3. Zivilrechtliche und strafrechtliche Haftungstatbestände

2.3.1. Zivilrechtliche Haftung

II/40   Unabhängig von § 30c EStG haftet der Parteienvertreter aus Vertrag bzw aus Schadenersatz als Sachverständiger iFd Verletzung seiner Verpflichtungen, also wenn er etwa die ImmoESt trotz richtiger Informationen des Veräußerers unrichtig berechnet oder eine unrichtige rechtliche Beurteilung vornimmt. Ein Schaden kann bspw durch Säumnisfolgen entstehen.

2.3.2. Strafrechtliche Haftung

II/41   Im Falle einer finanzstrafrechtlichen Verurteilung kann den Parteienvertreter eine Geld- oder Freiheitsstrafe treffen. Bei *vorsätzlichen Finanzvergehen* haften gem § 11 BAO rechtskräftig verurteilte Täter und andere an der Tat Beteiligte gemeinsam für den Betrag, um den die Abgaben verkürzt wurden. Der Haftungstatbestand ist durch *jede Art der Beteiligung* am Finanzvergehen erfüllt, ohne dass es darauf ankommt, welche Bedeutung dem Tatbeitrag für die Verwirklichung der Tat beizumessen ist. Die Haftung setzt eine *rechtskräftige Verurteilung im Finanzstrafverfahren* voraus. Der Haftungspflichtige selbst muss wegen eines *Vorsatzvergehens* rechtskräftig verurteilt worden sein, es ist aber nicht erforderlich, dass alle Täter oder an der Tat Beteiligten das Finanzvergehen vorsätzlich begangen haben. Die Geltendmachung der Haftung unterliegt dem Ermessen der Behörde. Dabei ist neben der Nachrangigkeit der Haftungsinanspruchnahme insb auf den Grad des Verschuldens des Haftenden in der Relation zu jenem des Abgabenschuldners sowie darauf Bedacht zu nehmen, wer durch den Verkürzungserfolg bereichert wurde. Die Haftung besteht auch dann, wenn der Beteiligte dem Personenkreis des § 9 Abs 2 BAO (Notare, Rechtsanwälte und Wirtschaftstreuhänder) angehört.

Entdeckt der Parteienvertreter *im Nachhinein* einen Fehler in der Berechnung, so **II/42** kann er zur Vermeidung seiner allfälligen Strafbarkeit Selbstanzeige einbringen. Diesfalls hat er die verkürzte Abgabe rechtzeitig an das FA zu zahlen. Wenn es nicht möglich ist, den Veräußerer zu einer Zahlung der verkürzten Abgabe zu bewegen, muss der Parteienvertreter die Steuer (vorerst) selbst einzahlen.

3. Finanzstrafrechtliche Verantwortung

3.1. Allgemeines

II/43 Die Verletzung der Verpflichtungen des § 30c EStG durch den Parteienvertreter kann einen Tatbestand des FinStrG verwirklichen. § 30c EStG richtet sich direkt an den Parteienvertreter. Die strafrechtliche *Garantenstellung* ergibt sich aus § 30c EStG.[46] *Außerhalb des § 30c EStG kommt dieser als Bestimmungs-(Beitrags-)Täter in Betracht.* Strafbar ist auch der Versuch. Den Käufer trifft keine Verpflichtung aus § 30 ff EStG. Allerdings kann er als Beteiligter strafbar sein, wenn er gemeinsam mit dem Verkäufer an einem Abgabendelikt mitwirkt.

II/44 Strafbar ist nur, wer *schuldhaft* handelt. *Vorsätzlich* handelt, wer einen Sachverhalt verwirklichen will, der einem gesetzlichen Tatbild entspricht. IdR und allgemein für die ImmoESt genügt *dolus eventualis*.[47] *Fahrlässig* handelt, wer die Sorgfalt außer Acht lässt, zu der er nach den Umständen verpflichtet und nach seinen geistigen und körperlichen Verhältnissen befähigt und die ihm zuzumuten ist, und deshalb nicht erkennt, dass er einen Straftatbestand verwirklichen könne.[48] Fahrlässig handelt auch, wer es für möglich hält, einen solchen Sachverhalt zu verwirklichen, ihn aber nicht herbeiführen will. Alle Finanzvergehen können auch durch Unterlassen verwirklicht werden.[49]

II/45 *Unmittelbarer Täter* ist, wer neben einer Ausführungshandlung eine ihn selbst treffende steuerliche Pflicht verletzt. Die *„Pflichtenträgerschaft"* umfasst neben dem Parteienvertreter[50] *alle jene, die dessen Pflichten wahrnehmen, wie insb (faktische) Geschäftsführer, leitende Mitarbeiter*[51] *und Delegierte, wobei auf die tatsächlichen Umstände abzustellen ist.*[52] Daher kommt auch der mitwirkende Steu-

---

46   Generell *Thunshirn*, Immobilienertragsteuer: Finanzstrafrechtliche Aspekte für Parteienvertreter, ecolex 2013, Heft 9/2013, 752; zum Umfang *Studera/Thunshirn*, Handbuch Besteuerung Grundstückstransaktionen (2013), Rz 601 ff; allg *Leitner/Brandl*, taxlex 2011, 437, sowie *Leitner/Plückhahn*, Finanzstrafrecht kompakt², Rz 21.

47   Uva *Leitner/Plückhahn*, Finanzstrafrecht kompakt², Rz 31.

48   *Seiler/Seiler*, Kommentar zum FinStrG³, § 8.

49   Uva *Leitner/Plückhahn*, aao, Rz 21; *Schmoller*, ÖJZ 2011/43; ders in *Leitner* (Hrsg), Finanzstrafrecht (2010), 5 ff.

50   IZm dem analog anwendbaren § 10 GrEStG ausdrücklich UFS 9.3.2010, FSRV/0049-W/09: *„Den Beschuldigten selbst traf als Vertragsverfasser gemäß § 10 GrEStG eine originäre gesetzliche Anzeige- und Offenlegungspflicht, welche er unabhängig von seiner Vertreterstellung wahrzunehmen hatte, ohne dass es einer Beauftragung durch die abgabepflichtige GmbH bedurft hätte."*

51   *Dannecker/Dannecker*, JZ 20/2010, 981.

52   *Leitner/Plückhahn*, aao, Rz 38.

erberater als unmittelbarer Täter in Frage.[53] Relevant ist dies, wenn die Ermittlung der ImmoESt an einen Steuerberater „delegiert" wird.

Geringfügigkeit: Die Finanzstrafbehörde hat von der Einleitung oder von der II/46 weiteren Durchführung eines Finanzstrafverfahrens und von der Verhängung einer Strafe abzusehen, wenn das Verschulden des Täters geringfügig ist und die Tat keine oder nur unbedeutende Folgen nach sich gezogen hat. Sie hat jedoch dem Täter mit Bescheid eine Verwarnung zu erteilen, wenn dies geboten ist, um ihn von weiteren Finanzvergehen abzuhalten. Unter den im Abs 1 angeführten Voraussetzungen können die Behörden und Ämter der Bundesfinanzverwaltung von der Erstattung einer Anzeige absehen.

3.2. Selbstanzeige

Eine Besonderheit des FinStrG ist die strafbefreiende Wirkung einer *Selbstanzeige* II/47 (§ 29 FinStrG). Der Täter muss dabei die Verfehlung *rechtzeitig* der zuständigen Behörde darlegen. Die Selbstanzeige wirkt nur für den Anzeiger und für die Personen, *für die sie erstattet* wird. Gem § 29 Abs 3 FinStrG ist eine strafaufhebende Selbstanzeige *ausgeschlossen*, wenn

- zum Zeitpunkt der Selbstanzeige *Verfolgungshandlungen* (§ 14 Abs 3 FinStrG) gegen den Anzeiger oder gegen andere an der Tat Beteiligte gesetzt waren (lit a);
- zum Zeitpunkt der Selbstanzeige die Tat bereits ganz oder zum Teil *entdeckt und dies dem Anzeiger bekannt war* oder *unmittelbar bevorstand* (lit b);
- wenn bei einem vorsätzlich begangenen Finanzvergehen die Selbstanzeige anlässlich einer finanzbehördlichen Nachschau, Beschau, Abfertigung oder Prüfung von Büchern oder Aufzeichnungen nicht schon bei Beginn der Amtshandlung erstattet wird (lit c).

§ 29 Abs 3 lit a FinStrG unterscheidet sich von den anderen Ausschlussgründen insb im Hinblick auf die Kenntnis des Selbstanzeigers, da nur das objektive Vorliegen einer Verfolgungshandlung gefordert ist.[54] Abs 3 lit b stellt nicht nur darauf ab, dass die Tat bereits ganz oder tw entdeckt wurde oder unmittelbar bevorstand, sondern dies muss dem (Selbst-)Anzeiger auch tatsächlich bekannt sein. Abs 3 lit c erfordert zwar keine Kenntnis eines Verdachts, jedoch hat der Selbstanzeiger Kenntnis von der finanzbehördlichen Nachschau, Beschau, Abfertigung oder Prüfung von Büchern oder Aufzeichnungen sowie davon, dass bei diesen Überprüfungen Verdachtsmomente für ein Finanzvergehen zutage treten könnten.

---

53 *Leitner/Plückhahn*, aao, Rz 38; *Lässig* in WK² FinStrG, § 11 Rz 3; aA *Leitner/Toifl/Brandl*, Österreichisches Finanzstrafrecht³, Rz 298.
54 *Leitner/Brandl*, taxlex 2011, 437; *Dannecker/Kert*, taxlex 2006, 656;

II/48 **Verfolgungshandlungen** sind die Vorladung, die Aufforderung zur schriftlichen Rechtfertigung, die Anordnung der Vorführung oder Festnahme, die Anhaltung, die Festnahme, die Hausdurchsuchung, die Aufnahme der Tatbeschreibung, die Vernehmung, das Ersuchen um Vernehmung sowie ein Rechtshilfeersuchen. [55] Rein behördeninterne Vorgänge wie das Anlegen eines Aktenvermerks stellen daher noch keine nach außen erkennbaren Verfolgungshandlungen dar.[56] Das gilt auch gilt für die Entgegennahme einer (mündlichen) Anzeige durch die Finanzstrafbehörde 1. Instanz.[57]

II/49 War mit der Verfehlung eine Abgabenverkürzung oder ein sonstiger Einnahmenausfall verbunden, so tritt die Straffreiheit nur insoweit ein, als der Behörde ohne Verzug die für die Feststellung der Verkürzung oder des Ausfalls bedeutsamen Umstände offen gelegt werden,[58] und binnen einer Frist von einem Monat die sich daraus ergebenden Beträge, die vom Anzeiger geschuldet werden, oder für die er zur Haftung herangezogen werden kann, tatsächlich mit schuldbefreiender Wirkung entrichtet werden.

II/50 Wenn auch für eine Selbstanzeige eine besondere formale Gestaltung wie etwa eine ausdrückliche Bezeichnung des Anbringens als Selbstanzeige nicht erforderlich ist, so geht aus § 29 Abs 5 FinStrG hervor, dass in Fällen, in denen mehrere Personen als Täter des Finanzvergehens in Betracht kommen, die Personen, für die das Anbringen als Selbstanzeige wirken soll, ausdrücklich genannt werden müssen.[59]

II/51 Durch die bloße Abgabe einer Steuererklärung durch den Verkäufer oder durch die Entrichtung einer Vorauszahlung iSd § 30b EStG wird uE keine strafbefreiende Selbstanzeige verwirklicht. Eine Selbstanzeige ist jedoch im Rahmen einer Steuererklärung natürlich zulässig. Diesfalls ist jedoch die ImmoESt binnen *Monatsfrist* zu entrichten. Erfolgt im Rahmen einer Vorauszahlung durch den Verkäufer (§ 30b EStG) eine Selbstanzeige, so hat die Vorauszahlung ebenso binnen Monatsfrist zu erfolgen. Es ist idZ uE unerheblich, ob die Zahlung durch den Steuerpflichtigen (als Vorauszahlung) oder durch den Parteienvertreter (als ImmoESt) erfolgt. Jedenfalls sind eine ausreichende Offenlegung der Verfehlung und die Bezeichnung jener Personen notwendig, für die die Selbstanzeige wirken soll.

II/52 Der *strafbare Verkürzungsbetrag* sowohl der vorsätzlichen als auch der fahrlässigen Abgabenverkürzung umfasst nur jene Abgabenbeträge (ungerechtfertigte

---

55 *Fellner*, Finanzstrafgesetz I §§ 13 und 14 FinStrG Rz 35; *Dannecker/Kert*, taxlex 2006, 656;
56 *Dannecker/Kert*, taxlex 2006, 656; *Reger/Hacker/Kneidinger*, Finanzstrafgesetz I, § 14 Rz 14.
57 mwN *Fellner*, Finanzstrafrecht I, §§ 13 und 14 FinStrG, Rz 34.
58 *Leitner/Brandl*, taxlex 2011, 437; *Schrottmeyer/Stocker*, ecolex 2010, 1196; VwGH 21.9.2009, 2009/ 16/0111.
59 VwGH 27.2.2002, 2001/13/0207; 14.4.1993, 92/13//0278.

Gutschriften), deren Verkürzung iZm den Unrichtigkeiten bewirkt wurde, auf die sich das Verschulden (= Vorsatz bzw Fahrlässigkeit) des Täters bezieht.[60]

Die *Monatsfrist* beginnt bei der ImmoESt (als Selbstberechnungsabgabe) mit der Selbstanzeige.[61] Die Selbstanzeige wirkt nur für den Anzeiger und für die Personen, für die sie erstattet wird. Die bloße Abgabe einer ESt- oder GrESt-Erklärung oder die verspätete Entrichtung einer Vorauszahlung (§ 30b EStG) trotz Vorliegens der Verpflichtung gem § 30c EStG gilt nicht als Selbstanzeige. Eine Selbstanzeige ist jedoch im Rahmen einer Steuererklärung zulässig, wenn dem § 29 FinStrG entsprochen wird. Erfolgt im Rahmen einer verspäteten Vorauszahlung durch den Verkäufer (§ 30b EStG) eine Selbstanzeige, so hat die Vorauszahlung ebenso binnen Monatsfrist zu erfolgen. Es ist idZ mE unerheblich, ob die Zahlung durch den Steuerpflichtigen (als Vorauszahlung) oder durch den Parteienvertreter (als ImmoESt) erfolgt. **II/53**

3.3. Strafrechtliche Aspekte bei Delegation (Übertragung) der Selbstberechnung an Dritte

Die Verpflichtung des § 30c EStG trifft den Parteienvertreter. Ungeachtet dessen besteht kein Verbot, die Berechnung (Ermittlung) der ImmoESt an einen Dritten (Steuerberater) zu delegieren. Dieser kann dadurch *unmittelbarer Täter*[62] wie auch *Beitragstäter* sein. Fest steht, dass die Delegation generell nicht zur Überwälzung der strafrechtlichen Verantwortung auf einen Dritten führt.[63] Soferne diese jedoch so erfolgt, dass die korrekte Wahrnehmung der Pflichten gewährleistet ist, führt sie idR zum Entfall der Strafbarkeit mangels Verschulden.[64] *Mangelnde Sorgfalt bei der Auswahl und Überwachung* führen jedoch zur Fahrlässigkeit des Parteienvertreters,[65] ebenso das Übersehen von offenkundigen Mängeln. Dazu zählen mE bspw auch die fehlende Vorlage der Dokumentation, die mangelhafte Führung des Fristenbuchs[66] und offenkundige Rechenfehler. Der Umfang der Dokumentation ergibt sich aus §§ 30 ff EStG und aus den einschlägigen EStR. Jedenfalls ist auch eine stichprobenweise Prüfung zu empfehlen.[67] In Einzelfällen kann auch *dolus eventualis* vorliegen.[68] Bei einem geprüften Berufsvertreter wird nach hA ganz generell ein Überwachungsverschulden kaum in Frage kommen.[69] **II/54**

---

60 *Leitner/Plückhahn*, Finanzstrafrecht kompakt², Rz 173.
61 *Seiler/Seiler*, aao, § 29 Rz 23.
62 *Thunshirn*, Immobilienertragsteuer: Finanzstrafrechtliche Aspekte für Parteienvertreter, ecolex 2013, Heft 9/2013, 752; ausdrücklich etwa *Binder*, taxlex 2009, 243; OGH 27.2.2001, 14 Os 127/00.
63 *Seiler/Seiler*, aao, § 8, Rz 51.
64 Uva *Seiler/Seiler*, aao, § 9 Rz 51.
65 VwGH 9.7.2008, 2008/13/0050; UFS 29.10.2010, FSRV/0087-W/10; *Seiler/Seiler*, aao, § 9 Rz 51.
66 Zur GrESt: UFS Wien 9.3.2010, FSRV/0049-W/09.
67 *Seiler/Seiler*, aao, § 9 Rz 58; *Thunshirn*, Immobilienertragsteuer: Finanzstrafrechtliche Aspekte für Parteienvertreter, ecolex 2013, Heft 9/2013, 752.
68 *Seiler/Seiler*, aao, § 8, Rz 63 mwN.
69 *Leitner*, Österreichisches Finanzstrafrecht², 50; aA *Seiler/Seiler*, aao, § 9 Rz 62.

IdR wird daher den Parteienvertreter keine strafrechtliche Verantwortung treffen, wenn er die Ermittlung der ImmoESt an einen versierten (spezialisierten) Steuerberater delegiert und diesen angemessen überwacht.

3.4. Irrtum und vertretbare Rechtsansicht

II/55 Gem § 9 FinStrG gilt Irrtum als *Schuldausschließungsgrund*. Ist der Irrtum *unentschuldbar*, liegt Fahrlässigkeit vor, ist er *entschuldbar*, liegt weder Vorsatz noch Fahrlässigkeit vor. Eine *entschuldbare Fehlleistung* ist nicht strafbar. Dies gilt grundsätzlich auch für Experten. Insb bei komplexen Fällen kann daher auch der Parteienvertreter mitunter einem entschuldbaren Irrtum unterliegen.[70]

In der Praxis ist für Parteienvertreter auch von Bedeutung, *ob die Beiziehung eines Steuerberaters bei Zweifelfragen schuldausschließend wirkt*. Zwar gilt ganz allgemein, dass wer (wie der Parteienvertreter) rechtskundig ist, die einschlägigen Rechtsvorschriften kennen muss,[71] andererseits liegt aber, wenn sich jemand bei einem Experten oder bei der Abgabenbehörde erkundigt und eine falsche Auskunft erhält, idR ein schuldausschließender Irrtum vor, es sei denn, die Auskunft ist erkennbar falsch oder es müssen Zweifel an deren Richtigkeit bestehen. Ganz generell gilt, dass sich der Parteienvertreter wie jeder Steuerpflichtige auf eine *vertretbare Rechtsauffassung* berufen darf, die im Wortlaut der Norm unstrittig Deckung findet, auch wenn sich in der Folge herausstellt, dass seine Auffassung unzutreffend ist.[72] Ist die Rechtsansicht unvertretbar, ist zu prüfen, ob der Irrtum vorwerfbar ist. Vertretbarkeit wird im Übrigen von der Rsp restriktiv gesehen.[73]

3.5. Formalaspekte

3.5.1. Anzeigepflichten, Bedeutung der Einhaltung der Formvorschriften des § 30c EStG bzw der EStR

II/56 In finanzstrafrechtlicher Hinsicht genügt nach hA für die Erfüllung einer Anzeigepflicht, wenn der Abfuhrverpflichtete dem FA alle Daten zur Verfügung stellt, die erforderlich sind, damit dieses die Abgabe festsetzen kann. Werden Steuererklärungen nicht in der vorgeschriebenen elektronischen Form übermittelt, so wird davon auszugehen sein,[74] dass in der Eingangsphase diesbezüglicher Vorsatz idR nicht unterstellt werden kann. Nachfolgend bei vorauszusetzender Systemge-

---

70 Vgl UFS Wien 9.3.2010, FSRV/0049-W/09.
71 *Seewald* in *Schrottmeyer* (Hrsg), Finanzstrafrecht in der Praxis I (2007), 155.
72 Auch keine Fahrlässigkeit: *Seiler/Seiler*, aao, § 9, Rz 47; *Seewald*, aao, 153; zum Vertretbarkeitskalkül und zu Fragen der wissentlichen Anwendung einer von der Finanzbehörde abweichenden Rechtsauffassung *Leitner/Toifl/Brandl*, aao, Rz 331; *Thunshirn*, Immobilienertragsteuer: Finanzstrafrechtliche Aspekte für Parteienvertreter, ecolex 2013, Heft 9/2013, 752.
73 *Seiler/Seiler*, aao, § 9, Rz 47.
74 *Tanzer*, SWK 2004, S 409; zust *Leitner/Huber*, taxlex 2005, 288; *Gassner*, SWK 2005, S 379; aA *Seiler/Seiler*, aao, § 51 Rz 11.

läufigkeit kann bei *hartnäckiger Verweigerung* eine *Finanzordnungswidrigkeit* (§ 51 Abs 1 lit a FinStrG) erblickt werden.[75]

3.5.2. Zwangsstrafen

Die Verpflichtungen nach § 30c EStG können durch Zwangsstrafe erzwungen werden, wobei der Grund hierfür irrelevant ist (§ 111 BAO). Dies gilt auch für die elektronische Übermittlung, da eine gesetzliche Verpflichtung besteht. Vor Festsetzung muss eine Aufforderung ergehen. Sofern hierauf auf andere Weise entsprochen wird, darf keine Zwangsstrafe ergehen. Sie darf daher nicht mehr verhängt werden, wenn der Androhung befolgt wurde und zB statt der (verpflichtenden) elektronischen Erklärung eine Erklärung in Papierform eingebracht wird. **II/57**

3.5.3. Verspätungszuschlag

Gem § 135 BAO kann, falls nicht entschuldbar, die Frist zur Einreichung einer Abgabenerklärung nicht gewahrt wird, ein Zuschlag bis zu 10 % der festgesetzten Abgabe verhängt werden. Bei der Selbstberechnung ist der selbst berechnete Betrag Basis. Das gilt sinngemäß für den Parteienvertreter iSd § 30c EStG als Abfuhrpflichtigen.[76] Ein Verschulden des Vertreters trifft zwar generell den Vertretenen. Da der Parteienvertreter aber hier *nicht* als Vertreter fungiert, sondern eine eigenständige Pflicht wahrnimmt, ist der Verspätungszuschlag nur ihm gegenüber festzusetzen. **II/58**

3.6. Verjährung der Strafbarkeit

Die Verjährungsfrist beginnt, sobald die mit Strafe bedrohte Tätigkeit abgeschlossen ist oder das mit Strafe bedrohte Verhalten aufhört (Letzteres gilt für Unterlassungsdelikte, wo der Beginn der Verjährungsfrist den Wegfall der Handlungspflicht voraussetzt).[77] Gehört zum Tatbestand ein *Erfolg*, so beginnt die Verjährungsfrist erst mit dessen *Eintritt* zu laufen. Die Verletzung des § 30 c EStG stellt ein unechtes bzw erfolgsbezogenes Unterlassungsdelikt dar.[78] Sie beginnt aber nie früher als die Verjährungsfrist für die Festsetzung der Abgabe, gegen die sich die Straftat richtet. Gem § 31 Abs 1 FinStrG beginnt die Verjährung der Strafbarkeit nicht vor dem Beginn der *abgabenrechtlichen Bemessungsverjährung*.[79] Dies bedeutet, dass – da es sich bei der ImmoESt um eine ESt-Schuld handelt – die Frist mit Ende der gesetzlichen Erklärungspflicht für die ESt be- **II/59**

---

75   *Leitner/Huber*, taxlex 2005, 288.
76   *Ritz*, BAO⁴, § 133 Rz 12.
77   *Fellner*, SWK 9/2011, 461; *Seiler/Seiler*, aao, § 31 Rz 7.
78   *Schmoller*, ÖJZ 2011/43, 397 mwN; *Leitner/Toifl/Brandl*, Finanzstrafrecht³, Rz 522; *Achatz*, in *Leitner* (Hrsg), Finanzstrafrecht 1996–2002 (2006), 227; *Twardosz/Schratter*, SWK 1/2013, 35.
79   Eingehend *Wieser*, FJ 2000, 301.

ginnt.[80] Daher sind auch die bei der ESt des Steuerpflichtigen relevanten *Unterbrechungshandlungen* bei der ImmoESt zu berücksichtigen.[81] Für die ImmoESt beginnt mE die Verjährungsfrist daher zweifellos nicht mit dem Ablauf des Abfuhrzeitpunktes gem § 30c EStG. Die Frist beträgt für *Finanzordnungswidrigkeiten* iSd §§ 49 FinStrG drei Jahre, für *Finanzordnungswidrigkeiten* (§ 51 FinStrG) ein Jahr und für die *übrigen Finanzvergehen* fünf Jahre. Bei versuchter Hinterziehung gehen die Höchstgerichte davon aus, dass die Verjährung zu laufen beginnt, sobald die Straftat abgeschlossen ist.[82]

3.7. IZm der ImmoESt typisch denkbare Finanzvergehen

3.7.1. Unterlassen oder unrichtige Selbstberechnung

II/60 Wird die Selbstberechnung entgegen § 30c EStG unterlassen oder erfolgt sie unrichtig, kann Abgabenhinterziehung oder fahrlässige Abgabenverkürzung vorliegen. *Abgabenhinterziehung* (§ 33 FinStrG) besteht *im vorsätzlichen Bewirken einer Abgabenverkürzung unter Verletzung einer abgabenrechtlichen Anzeige-, Offenlegungs- oder Wahrheitspflicht*. Bei Selbstberechnungsabgaben ist die Verkürzung dann bewirkt, wenn sie (bis zum Stichtag) ganz (tw) nicht entrichtet wurden (§ 33 Abs 3 lit b FinStrG). Der (zumindest bedingte) *Vorsatz* muss sich auf die Verletzung der abgabenrechtlichen Verpflichtung wie auch auf die *Abgabenverkürzung* erstrecken. Als *„Verletzung"* gilt sowohl die Verspätung als auch die unvollständige (fehlerhafte) Offenlegung. Der Eintritt einer Abgabenverkürzung (= *Taterfolg*) ist *Tatbestandsmerkmal*. Kausalität der Verletzung wird aber nicht gefordert. *Unmittelbarer Täter* kann nur jemand sein, den eine abgabenrechtliche Anzeige-, Offenlegungs- oder Wahrheitspflicht selbst trifft. Dies ist gem § 30c EStG der mit der Selbstberechnung befasst Parteienvertreter.[83] Der Verkäufer und Käufer können idR selbst nicht unmittelbare Täter sein, da sie nicht gem § 30c EStG zur Mitteilung/Selbstberechnung verpflichtet sind, wohl aber Beitragstäter. *Allfällige Auftragnehmer bzw Delegierte* (zB der mit der Berechnung der ImmoESt beauftragte Steuerberater oder Mitarbeiter) können aber dann unmittelbare Täter sein, wenn sie die Berechnung der ImmoESt übernommen haben (Kap I/2.).

Beispiele für Abgabenhinterziehung

Parteienvertreter wirkt vorsätzlich an einem Vertrag mit Schwarzgeldzahlung mit; Parteienvertreter nimmt nicht vertretbare Rechtsmeinung in Kauf (dolus eventualis); Par-

---

80 *Thunshirn*, Immobilienertragsteuer: Finanzstrafrechtliche Aspekte für Parteienvertreter, ecolex 2013, Heft 9/2013, 752; analog zur KESt Jakom/*Marschner*, EStG, 2013, § 96 Rz 12; VwGH 12.12.07, 2006/15/0004.

81 *Thunshirn*, Immobilienertragsteuer: Finanzstrafrechtliche Aspekte für Parteienvertreter, ecolex 2013, Heft 9/2013, 752; zur KESt: VwGH 25.11.2010, 2009/15/0157; zust zur KESt *Marschner*, aao.

82 Umfassend *Juhász*, JBl 2011, 214; *Leitner*, SWK 6/2010, 301; *Leitner/Toifl/Brandl*, aao, Rz 501 f.

83 Analog zur GrESt UFS Wien 9.3.2010, FSRV/0049-W/09.

teienvertreter überzeugt sich nicht vom Hauptwohnsitz und nimmt einen Irrtum billigend in Kauf, obwohl objektiv Zweifel vorliegen.

§ 34 FinStrG stellt die *fahrlässige Begehung* der in § 33 Abs 1 FinStrG umschriebenen Tat unter Strafe. Ansonsten sind die Tatbestandsmerkmale des § 33 Abs 1 und 3 FinStrG ident. Es genügt leichte Fahrlässigkeit.[84] **II/61**

Auch die iZm einer fehlerhaften Abgabenerklärung eingetretene Abgabenverkürzung ist nach § 33 Abs 1 bzw § 34 FinStrG strafbar, da der Fehler regelmäßig zur Erfüllung des Tatbestandsmerkmales (Verletzung einer abgabenrechtlichen Offenlegungspflicht) aus. Dies gilt nicht, wenn der Steuerpflichtige den abgabenrechtlich maßgebenden Sachverhalt über die abgefragten Inhalte hinaus etwa im Erklärungsformular der Abgabenbehörde, zB als Beilage, zur Kenntnis bringt.[85] **II/62**

Zu beachten ist, dass die einmal eingetretene Verwirklichung eines Tatbestandes iSd § 33 (wie auch § 34) FinStrG grundsätzlich nicht wieder rückgängig gemacht werden kann.[86] Strafbefreiung tritt idF *nur* mehr durch Selbstanzeige iSd § 29 ein. **II/63**

Haftungsprivileg: Berufsmäßige Parteienvertreter sind in Ausübung ihres Berufes bei Vertretung oder Beratung in Abgabensachen bei fahrlässiger Abgabenverkürzung nur strafbar, wenn sie ein schweres Verschulden (grobe Fahrlässigkeit) trifft (§ 34 Abs 3 FinStrG). Das Haftungsprivileg greift aber nur dann, wenn der Begünstigte die Verkürzung als berufsmäßiger Vertreter in Abgabensachen bewirkt hat. Es gilt nicht in eigenen Angelegenheiten.[87] Es ist fraglich, ob auf die in § 30c EStG umschriebenen Pflichten das Haftungsprivileg Anwendung findet. Es ist nämlich eine eigenständige Verpflichtung des Parteienvertreters normiert. Seine Tätigkeit ist weder beratend noch vertretend. ME kommt daher *das Haftungsprivileg dem Parteienvertreter nicht zu Gute*. IdS auch die Judikatur zum GrEStG.[88] **II/64**

Beispiele für fahrlässige Abgabenverkürzung

Parteienvertreter nimmt keine weiteren Überprüfungen vor, obwohl der Kaufpreis offenkundig weit unter dem üblichen Marktpreisen liegt; Parteienvertreter vergießt auf die Vorlage einer Hauptwohnsitzbestätigung, Parteienvertreter legt unentschuldbar eine unrichtige (nicht vertretbare) Rechtsmeinung zugrunde (hier kann auch *dolus eventualis* vorliegen, wenn der Parteienvertreter die Unrichtigkeit in Kauf nimmt). Parteienvertreter übersieht, dass der Verkäufer eine gemeinnützige GmbH ist und Immo-ESt abzuführen wäre.

---

84   Eingehend uva *Seiler/Seiler*, Kommentar zum FinStrG³, § 8 Rz 34 ff).
85   *Leitner/Plückhahn*, Finanzstrafrecht kompakt², Rz 137.
86   OGH 19.1.2012, 13 Os 125/11y; *Doralt/Ruppe*, Grundriss I⁹, Rz 985; *Quantschnigg*, ÖStZ 1985, 161 ff.
87   *Seiler/Seiler*, aao, § 34 Rz 13. Nach der Rsp kommt das Haftungsprivileg grundsätzlich auch Mitarbeitern zu Gute.
88   UFS Wien 9.3.2010, FSRV/0049-W/09 zum analog anwendbaren § 10 GrEStG; zur ImmoESt *Thunshirn*, Immobilienertragsteuer: Finanzstrafrechtliche Aspekte für Parteienvertreter, ecolex 2013, Heft 9/2013, 752.

II/65 Es ist darauf hinzuweisen, dass die § 33 Abs 1 und § 34 FinStrG mangels Taterfolg nicht erfüllt sind, wenn die Mitteilung und Selbstberechnung (§ 30c EStG) richtig und vollständig ist, jedoch ImmoESt nicht entrichtet wird. Unterbleibt die Mitteilung (Selbstberechnung) oder ist sie fehlerhaft, erfolgt aber die rechtzeitige Einzahlung der richtigen ImmoESt oder Vorauszahlung (§ 30b EStG), liegt mangels Abgabenverkürzung ebenso kein Tatbestand des § 33 oder § 34 FinStrG vor, sondern ev jener nach § 51 FinStrG. Abhängig vom strafbestimmenden Betrag ist eine Geld- oder Freiheitsstrafe angedroht.[89]

II/66 **Verjährung:** Taten gem ‚§§ 33 und 34 FinStrG verjähren in fünf Jahren. Die Verjährungsfrist beginnt mit dem Ablauf des 15. Tages des auf den Kalendermonat des Zuflusses zweitfolgenden Kalendermonats (§ 30c Abs 3 iVm § 30b Abs 1 EStG [= Fälligkeit]).[90]

II/67 **Strafdrohung** für die Verletzung des § 33 Abs 1 FinStrG: Strafbestimmender Wertbetrag ist der Verkürzungsbetrag. Das ist jener Betrag, mit dem eine Abgabe in Folge des Finanzvergehens zu niedrig festgesetzt wurde bzw ungerechtfertigt gutgeschrieben wurde. Eine Differenzierung nach der Tatsache der endgültigen und nur vorübergehenden Verkürzung erfolgt nicht. Allerdings ist eine bloße Steuerverkürzung auf Zeit strafmildernd zu berücksichtigen.[91]

II/68 Abhängig vom strafbestimmenden Betrag ist eine *Geldstrafe* oder eine *Freiheitsstrafe* angedroht. Die Verhängung einer Geldstrafe ist zwingend. Gem § 33 Abs 5 gilt als Obergrenze der Geldstrafdrohung für Abgabenhinterziehung das zweifache des Verkürzungsbetrages. Bei gewerbsmäßiger Begehung kommt es zu einer Erhöhung der Geldstrafdrohung auf das dreifache des Verkürzungsbetrages. Daneben kann auf eine Freiheitsstrafe erkannt werden. Die angedrohte primäre Freiheitsstrafe beträgt bis zu zwei Jahre, bei gewerbsmäßiger Begehung bis zu drei Jahre. Bei Überschreiten des strafbestimmenden Wertbetrages von 500.000 € kann eine Freiheitsstrafe von bis zu fünf Jahren verhängt werden. Eine Freiheitsstrafe darf nach § 15 Abs 2 FinStrG nur verhängt werden, wenn dies aus spezial- oder generalpräventiven Gründen erforderlich ist. Im verwaltungsbehördlichen Finanzstrafverfahren darf eine Freiheitsstrafe nur vom obligatorisch zuständigen Spruchsenat bis zu einem Höchstausmaß von drei Monaten verhängt werden.[92]

II/69 Die Strafdrohung des § 34 beträgt max 100 % des Verkürzungsbetrages; eine primäre Freiheitsstrafe ist nicht vorgesehen. Die Zuständigkeit für fahrlässige Abgabenverkürzungen liegt bei den Finanzstrafbehörden. Ausnahmsweise besteht aber gerichtliche Zuständigkeit, wenn das Gericht nach § 53 Abs 1 oder 2 FinStrG zur Ahndung zuständig ist.

---

89 Uva *Seiler/Seiler*, aao, § 33 und § 34.
90 Analog zur KEst: UFS Linz 27.7.2009, FSRV/0035-L/06; 27.7.2009, FSRV/0062-L/06; allgemein *Leitner/Plückhahn*, Finanzstrafrecht kompakt[2], Rz 235
91 *Leitner/Plückhahn*, Finanzstrafrecht kompakt[2], Rz 148.
92 *Leitner/Plückhahn*, Finanzstrafrecht kompakt[2], Rz 149.

3.7.2. Unterlassen der Entrichtung der ImmoESt bei Abgabe einer Selbstberechnungserklärung

Wenn eine richtige (§ 30c EStG entsprechende) Mitteilung rechtzeitig erfolgt, **II/70** kann zwar nicht mehr § 33 bzw 34 FinStrG, jedoch § 49 Abs 1 lit a EStG verwirklicht werden, wenn die ImmoESt nicht entrichtet wird. *Strafbar ist nur die vorsätzliche verspätete Entrichtung von Selbstbemessungsabgaben.*[93] Wissentlichkeit ist kein Tatbestandsmerkmal. Einer Finanzordnungswidrigkeit macht sich somit schuldig, wer Abgaben, die selbst zu berechnen sind (= ImmoESt) nicht spätestens am 5. Tag nach deren Fälligkeit entrichtet. Die ImmoESt ist spätestens am 15. Tag des auf den Kalendermonat des Zuflusses zweitfolgenden Kalendermonats zu leisten. Die Fallfrist des § 49 Abs 1 lit a endet daher am 20. Tag des auf den Kalendermonat des Zuflusses zweitfolgenden Kalendermonats. Die Rsp duldet auch keine geringfügigen Fristüberschreitungen. Gegenüber § 33 Abs 1 ist § 49 Abs 1 lit a FinStrG subsidiär. Die fahrlässige verspätete Entrichtung ist nicht strafbar. Die Bekanntgabe des geschuldeten Betrags spätestens bis zum 5. Tag nach Fälligkeit schließt die Strafbarkeit aus. Danach kommt nur mehr Selbstanzeige in Betracht.

Strafdrohung und Zuständigkeit: Die Obergrenze der angedrohten Geldstrafe **II/71** beträgt 50 % des strafbestimmenden Wertbetrages (= des nicht oder verspätet entrichteten/abgeführten Abgabenbetrages). Eine Freiheitsstrafe ist unzulässig. Zuständig ist die Finanzstrafbehörde zuständig. Anders als nach § 33 FinStrG hat das Gericht Finanzordnungswidrigkeiten niemals zu ahnden und zwar auch nicht bei subjektiver (§ 53 Abs 3 FinStrG) oder objektiver (§ 53 Abs 4 FinStrG) Konnexität.

3.7.3. Verwendung falscher Urkunden oder Beweismittel, von Scheingeschäften und -handlungen

Abgabenbetrug (§ 39 FinStrG) liegt vor, wenn neben der Abgabenhinterziehung **II/72** eine *besondere Wertbetragskomponente wie auch eine besondere Betrugskomponente* verwirklicht wird. Dolus eventualis reicht aus.

Die *Wertbetragskomponente* ist gegeben, wenn gerichtliche Zuständigkeit vorliegt.

Die besondere Betrugskomponente kann durch Verwendung falscher oder verfälschter Urkunden (Daten oder Beweismittel) oder durch Scheingeschäfte bzw Scheinhandlungen verwirklicht werden. Der Urkundenbegriff ist in § 74 Abs 1 Z 7 StGB definiert.[94] Demnach ist unter einer Urkunde eine Schrift zu verstehen,

---

93 Zum Begriff der „Selbstbemessungsabgabe" uva *Ritz*, SWK 3/2006, 83; *Leitner/Toifl/Brandl*, aao, Rz 1412.

94 *Seiler/Seiler*, aao, § 39 Rz 5 ff; *Leitner/Plückhahn*, aao, Rz 213.

die errichtet wurde, um ein Recht oder ein Rechtsverhältnis zu begründen, abzuändern oder aufzuheben oder eine Tatsache rechtserheblicher Bedeutung zu beweisen. Eine Urkunde ist falsch, wenn sie nicht vom scheinbaren Aussteller stammt. Eine Urkunde ist verfälscht, wenn sie nachträglich unbefugt verändert oder ein Anschein erweckt wurde, sie stamme in dieser Fassung vom angegebenen Aussteller. Lugurkunden sind hingegen Urkunden mit unwahrem Inhalt, die den Begriff der falschen oder verfälschten Urkunde nicht erfüllen. Lugurkunden können allerdings den Beweismittelbetrug erfüllen, wobei auf die unterschiedliche Regelung in § 147 StGB hinzuweisen ist.[95] Unter den Tatbestand der falschen Beweismittel fallen nach der Rsp zum FinStrG auch Lugurkunden.

II/73 Strittig ist allerdings der Begriffsumfang der *„Verwendung von falschen oder verfälschten Urkunden usw"*. Ein Teil der Lehre nimmt an, dass *„Verwendung"* nur dann vorliegt, wenn die entsprechenden Urkunden zur Täuschung der Abgabenbehörde *bis zur Tatvollendung* vorgelegt wurden.[96] *Bis dahin* liegt allerdings nach manchen Autoren *Versuch* vor.[97] Nach einem anderen Teil der Lehre erfüllt *bereits die Errichtung* derartiger Urkunden *mit der Bereitschaft sie gegebenenfalls auch zu verwenden* den Tatbestand des § 39 Abs 1.[98] Diese Ansicht scheint richtiger, da andernfalls bei Selbstberechnungsabgaben der Anwendung des § 39 FinStrG der Boden entzogen wäre, da hier niemals Urkunden vorgelegt werden.

II/74 Die Begriffe *„Scheingeschäfte oder andere Scheinhandlungen"* entsprechen dem § 23 BAO. Ein Scheingeschäft liegt vor, wenn die Parteien vereinbaren, dass das offen geschlossene Geschäft nicht oder nicht so gelten soll, wie die Erklärungen lauten. Scheinhandlungen sind andere nicht gewollte und in Täuschungsabsicht erfolgte Handlungen ohne vertraglichen Charakter. Ein Umgehungsgeschäft ist kein Scheingeschäft, ebenso nicht die rechtsmissbräuchliche Gestaltungen. Erst nach Erfüllung des Grundtatbestandes (Abgabenhinterziehung) begangene Betrugshandlungen führen nicht zum Abgabenbetrug, etwa wenn unrichtige Beweismittel erst im Zuge einer Außenprüfung zur Untermauerung einer bereits bewirkten Abgabenverkürzung produziert werden.[99]

II/75 Unter Abgabenbetrug fällt daher in der Praxis bei Vorliegen von Vorsatz sowie Erreichen des strafbestimmenden Betrages mE die Erstellung (str, siehe Rz II/73) von Kaufverträgen mit *falschem Kaufpreis* (zu niedriger Kaufpreis, der restliche

---

95 *Seiler/Seiler*, aao, § 39 Rz 7; *Brandel/Leitner/Schrottmeyer/Toifl*, Die Finanzstrafgesetz-Novelle 2010, § 39, 2.1.1.3., 2.3.
96 *Brandl/Leitner/Schrottmeyer/Toifl*, aao; zust *Seiler/Seiler*, aao, § 39 Rz 12; *Leitner*, ÖJZ 2012/31 sowie *Schmoller, Dannecker* sowie analog *Ehrke-Rabel*; aA *Reger* (letzteren im Tagungsbericht Finanzstrafrecht, zitiert in *Bieber*, taxlex 2012, 239); weiters zustimmend *Schmoller* in *Leitner* (Hrsg), Finanzstrafrecht 2012 (2013), 262.
97 *Seiler/Seiler*, aao, § 39 Rz 121; ebenso *Lässig* in WK² FinStrG, § 39 Rz 6; aA *Leitner* ÖJZ 2012/31.
98 *Reger*, ÖStZ 2010/1069; *Seiler/Seiler*, aao, § 39 Rz 121; *Lässig* in WK² FinStrG, § 39 Rz 6; ErläutRV 874 BlgNR 24. GP 11.
99 *Leitner/Plückhahn*, aao, Rz 218; *Leitner*, ÖJZ 2012/31; *Seiler/Seiler*, aao, § 39 Rz 13.

Kaufpreis wird *„schwarz"* bezahlt), mit falscher *Aufteilung* von Grundstück und Einrichtung und ähnliche Fälle.

Als Lugurkunde gilt wohl auch ein erst *verspätet* errichteter vom tatsächlich Vereinbarten abweichender Kaufvertrag, dem ein mündlicher oder anderer nicht für die Grundbuchseintragung geeigneter Vertrag voranging. Abgabenbetrug ist unter den obigen Voraussetzungen mE bewirkt, wenn die ImmoESt aufgrund der qualifizierten Merkmale ganz oder tw nicht abgeführt wurde. Bis dahin liegt *Versuch* vor.

Es ist unklar, ob *nur solche Verkürzungsbeträge* in die Wertbetragskomponente   **II/76** aufzunehmen sind, die betrügerisch iSd § 39 Abs 1 lit a und b EStG erfolgt sind,[100] oder *ob es genügt, dass nur ein Teil der Verkürzung betrügerisch herbeigeführt* wurde. Die Folgen der unterschiedlichen Meinungen sind von Bedeutung: Hat der Parteienvertreter etwa als Beitragstäter zB den Kaufvertrag vorsätzlich zu spät erstellt, sodass die ImmoESt von zB 200.000 € zB ein Monat verspätet entrichtet wird, und hat er bei der Kaufvertragserstellung vorsätzlich einen um 100.000 € zu niedrigen Kaufpreis (= Schwarzzahlung) vorgenommen, so ist eine Abgabenhinterziehung iHv 225.000 € bewirkt. Davon sind nur 25.000 € durch eine Lugurkunde iSd § 39 Abs 1 lit b FinStrG herbeigeführt worden. Nach der einen Auffassung wäre bereits insg ein Abgabenbetrug vorliegend. Abgabenbetrug ist primär mit Freiheitsstrafe bedroht. Siehe dazu die einschlägige Literatur.[101]

Ist der Abgabenbetrug *gleichzeitig* auch gewerbsmäßig (§ 38 Abs 1 FinStrG) ist   **II/77** aufgrund der Subsidiaritätsklausel in § 38 Abs 1 FinStrG ausschließlich § 39 FinStrG anwendbar.[102]

Strafdrohung: Abgabenbetrug ist *primär* mit Freiheitsstrafe bedroht. Gem § 39   **II/80** Abs 3 wird der Abgabenbetrug mit einer Freiheitsstrafe bis zu 3 Jahren geahndet; daneben kann eine Geldstrafe bis zu 1 Mio € verhängt werden. Verbände sind mit einer Verbandsgeldbuße bis zu 2,5 Mio € zu bestrafen. Gem § 39 Abs 3 lit b FinStrG ist ein Abgabenbetrug mit einem 250.000 € übersteigenden Wertbetrag mit Freiheitsstrafe von sechs Monaten bis zu fünf Jahren bedroht. Neben der vier Jahre nicht übersteigenden Freiheitsstrafe kann eine Geldstrafe bis zu 1,5 Mio € verhängt werden. Verbände sind mit einer Verbandsgeldbuße bis zu 5 Mio € zu bestrafen. Ist der strafbestimmende Wertbetrag höher als 500.000 €, so beträgt die Freiheitsstrafe mindestens ein, max zehn Jahre. IdF kann neben einer acht Jahre nicht übersteigenden Freiheitsstrafe eine Geldstrafe bis zu 2,5 Mio € verhängt werden. Verbände sind idF mit einer Verbandsgeldbuße bis zum vierfachen des strafbestimmenden Wertbetrages zu bestrafen. Das Überschreiten der Qualifikationsgrenzen des Abs 3 erfordert den diesbezüglichen Vorsatz des Täters.

---

100 So etwa *Leitner*, ÖJZ 2012/31 und *Seiler/Seiler*, aao, § 39 Rz 11.
101 Uva *Leitner/Plückhahn*, aao, Rz 223 sowie *Seiler/Seiler*, aao, § 39 Rz 19.
102 Finanzstrafrecht kompakt², § 39 Rz 222.

3.7.4. Bloße Abgabe einer unrichtigen Mitteilung iSd § 30c Abs 1 EStG oder Nichtabgabe

II/81 § 51 FinStrG ist gegenüber anderen Finanzvergehen *subsidiär*. Alleine die mangelhafte Erstellung bzw Abgabe einer Mitteilung nach § 30c Abs 1 EStG, ohne hierdurch etwa eine Abgabenverkürzung begangen zu haben, ist gem § 51 FinStrG nur dann strafbar, wenn Vorsatz zugrundeliegt. Liegt eine Pflicht nach § 30c EStG vor, so reicht es nicht, wenn der Verkäufer rechtzeitig die Vorauszahlung (§ 30b EStG) entrichtet und der Parteienvertreter untätig bleibt. Allerdings kann keine Abgabenverkürzung mehr eintreten. § 51 FinStrG ist idF anwendbar.

3.8. Finanzstrafrechtliche Haftungsaspekte

3.8.1. Vertreterhaftung

II/82 § 30c EStG führt zu keiner Vertreterhaftung, da er eine eigenständige Verpflichtung des Parteienvertreters darstellt.[103] Der Vertretene ist ohne eigenes Mitwirken bzw ohne das jeweils tatbestandsmäßig geforderte Verschulden nicht strafbar. Sie trifft jedoch dessen Vertreter (zB Geschäftsführer der RA-GmbH).

II/83 Allerdings haftet der Vertretene gem § 28 FinStrG in den Fällen der gesetzlichen, behördlichen oder rechtsgeschäftlichen Vertretung für im Rahmen seiner Tätigkeit für den Vertretenen verwirklichte Finanzvergehen, wenn den Vertretenen ein Verschulden iSd § 28 Abs 4 FinStrG trifft. Die Haftung bezieht sich auf die über den Vertreter verhängte Geldstrafe. *Dienstgeber* (welche als Parteienvertreter iSd § 30c EStG fungieren) haften für Geldstrafen, die einem ihrer Dienstnehmer wegen eines Finanzvergehens auferlegt werden, *wenn* der Dienstnehmer das Vergehen im Rahmen seiner dienstlichen Obliegenheiten begangen hat und den Dienstgeber hieran ein *Verschulden* iSd § 28 Abs 4 FinStrG trifft. Dies wird hinsichtlich der ImmoESt praktisch dann von Bedeutung sein, wenn ein Dienstgeber mit der Abwicklung der ImmoESt betraut ist.

II/84 Die Haftung ist *subsidiär*. Sie darf nur in Anspruch genommen werden, wenn die Geldstrafen aus dem beweglichen Vermögen des Bestraften nicht eingebracht werden können. Der Einbringungsversuch kann unterbleiben, wenn Einbringungsmaßnahmen offenkundig aussichtslos sind. Insoweit Einbringungsmaßnahmen beim Haftenden erfolglos blieben, sind die entsprechenden Ersatzfreiheitsstrafen am Bestraften zu vollziehen.

II/85 Ein Verschulden iSd § 28 Abs 4 FinStrG liegt nur vor, wenn der Vertretene oder der Dienstgeber

(i) sich bei der Auswahl oder Beaufsichtigung des Vertreters oder Dienstnehmers auffallender Sorglosigkeit schuldig macht,

---

103 Analog zur GrESt UFS Wien 9.3.2010, FSRV/0049-W/09.

(ii) der Dienstgeber vom Finanzvergehen des Vertreters oder Dienstnehmers wusste und es nicht verhinderte, obwohl ihm die Verhinderung zuzumuten war, oder

(iii) vom Finanzvergehen, dessen Verhinderung ihm zuzumuten gewesen wäre, aus auffallender Sorglosigkeit nichts wusste.

Bei *Personenvereinigungen* (zB KG oder OG) genügt das Verschulden eines Mitglieds der Vereinigung, das durch Gesetz oder Vertrag zur Führung der Geschäfte berufen ist (des Komplementärs oder OGisten). Die Haftung tritt auch dann ein, wenn das Verschulden jemanden trifft, der nicht dem vorgenannten Personenkreis angehört, dem aber für den Gesamtbetrieb oder für das betreffende Sachgebiet die Verantwortung übertragen wurde. **II/86**

Die Haftung des § 28 FinStrG wird bei juristischen Personen und Vermögensmassen, die keine eigene Rechtspersönlichkeit besitzen, durch das Verschulden auch nur einer Person begründet, die einem mit der Geschäftsführung oder mit der Überwachung der Geschäftsführung betrauten Organ angehört. *Personenvereinigungen haften für die Finanzstrafe mit ihrem Vermögen.* Soweit Wertersätze in diesem Vermögen nicht Deckung finden, haftet darüber hinaus jedes Mitglied der Personenvereinigung mit seinem privaten Vermögen für den Teil des Wertersatzes, der seiner Beteiligung an der Personenvereinigung anteilsmäßig entspricht. Diese Haftung besteht unabhängig von der unternehmensrechtlichen Haftungsregelung; sie trifft daher *auch Kommanditisten.*

Bei *Gesamtrechtsnachfolge* geht die Haftung auf den Rechtsnachfolger über. Ein solcher Haftungsübergang tritt auch bei den keine Gesamtrechtsnachfolge begründenden Umgründungen nach dem UmgrStG ein. **II/87**

Die Haftung darf nur in Anspruch genommen werden, wenn keine Verbandsgeldbuße nach § 28a FinStrG zu verhängen ist. **II/88**

3.8.2. Haftung der Beteiligten für Geldstrafen

Bei *vorsätzlichen Finanzvergehen* haften gem § 11 BAO rechtskräftig verurteilte Täter und andere an der Tat Beteiligte für den Betrag, um den die Abgaben verkürzt wurden. Der Haftungstatbestand ist durch jede Art der Beteiligung am Finanzvergehen erfüllt, ohne dass es darauf ankommt, welche Bedeutung dem Tatbeitrag für die Verwirklichung der Tat beizumessen ist.[104] Die Haftung setzt eine rechtskräftige Verurteilung im Finanzstrafverfahren voraus.[105] Der Haftungspflichtige selbst muss wegen eines Vorsatzvergehens rechtskräftig verurteilt wor- **II/89**

---

104 VwGH 16.12.1999, 97/16/0006; Ritz, BAO⁴, § 11; Rz 3.
105 VwGH 14.12.1994, 93/16/0011, unter Berufung auf *Stoll*, BAO, 142 f; VwGH 27.1.1999, 98/16/0411 und 10.3.1998, 95/16/0324; Ritz, BAO⁴, § 11 Rz 4; *Bibus*, Wiederaufnahme, in *Koller/Schuh/Woischitzschläger*, Betriebsprüfung III, 24.

den sein, es ist aber nicht erforderlich, dass alle Täter oder an der Tat Beteiligte das Finanzvergehen vorsätzlich begangen haben.[106]

II/90 Bei der *Ermessensübung* ist außer auf die Nachrangigkeit der Haftungsinanspruchnahme insb auf den Grad des Verschuldens des Haftenden in der Relation zu jenem des Abgabenschuldners sowie darauf Bedacht zu nehmen, wer durch den Verkürzungserfolg bereichert wurde.[107] Die Haftung besteht auch dann, wenn der Beteiligte dem Personenkreis des § 9 Abs 2 (Notare, Rechtsanwälte und Wirtschaftstreuhänder) angehört.[108]

3.8.3. Haftung nach dem VbVG

II/91 Gem § 28a FinStrG gelten die 1. und 2. Abschn VbVG auch für vom Gericht zu ahndende Finanzvergehen. Die Verbandsgeldbuße ist, sofern in den Tatbeständen nicht anderes bestimmt wird, jedoch nach der für die Finanzvergehen, für die der Verband verantwortlich ist, angedrohten Geldstrafe zu bemessen. Grundvoraussetzung der VbVG ist, dass der Entscheidungsträger oder der sonstige Mitarbeiter die Straftat zu Gunsten des Verbands begangen hat. Zu Gunsten des Verbands bedeutet, dass der Verband bereichert worden oder dass ihm Aufwand erspart geblieben ist. Die Verbandsverantwortlichkeit wird aber auch dadurch begründet, dass der Entscheidungsträger oder der sonstige Mitarbeiter durch die Straftat Pflichten verletzt hat, die den Verband treffen.[109] Nur ergänzend sei angemerkt, dass – falls eine Rechtsanwalts- oder Notarskapitalgesellschaft tätig wird – nach Maßgabe des § 28a FinStrG die abstrakte Haftung nach dem VbVG besteht.

---

106 VwGH 30.5.2000, 99/14/0141; Ritz, BAO⁴, § 11 Rz 4.
107 *Ritz*, BAO⁴, § 11 Rz 5; *Kopecky*, Haftung, 63; *Stoll*, BAO, 145; *Tanzer/Unger*, BAO 2010, 13.
108 *Stoll*, BAO, 137; *Ellinger* ua, BAO³, § 11 Anm 7; *Tanzer/Unger*, BAO 2010, 13.
109 *Scheil*, wobl 2006, 349.

Stichwortverzeichnis